Hanspeter Reiter
Die 166 besten Checklisten Call Center und Telefonmarketing

Hanspeter Reiter

Die 166 besten Checklisten
Call Center und Telefonmarketing

verlag
moderne industrie

Die Deutsche Bibliothek – CIP-Einheitsaufnahme

Die **166 besten Checklisten Call Center und Telefonmarketing** / Hanspeter Reiter. –
Landsberg/Lech : mi, Verl. Moderne Industrie, 1999
ISBN 3-478-24490-0

© 1999 verlag moderne industrie, 86895 Landsberg/Lech
internet: http://www.mi-verlag.de

Alle Rechte, insbesondere das Recht der Vervielfältigung und Verbreitung sowie der Übersetzung, vorbehalten. Kein Teil des Werkes darf in irgendeiner Form (durch Fotokopie, Mikrofilm oder ein anderes Verfahren) ohne schriftliche Genehmigung des Verlages reproduziert oder unter Verwendung elektronischer Systeme gespeichert, verarbeitet, vervielfältigt oder verbreitet werden.
Satz: abc Media-Services, Buchloe
Druck: Himmer, Augsburg
Bindearbeiten: Thomas, Augsburg
Printed in Germany 240490/069901
ISBN 3-478-24490-0

Inhaltsverzeichnis

Auf ein Wort
Tele-Marketing: Kommunikations- und Vertriebsform der Zukunft 11

I.   Ausstattung bedeutet Dynamik 15
    1. Mensch am Arbeitsplatz 15
    2. Die Zukunft hat schon begonnen 15
    3. Hilfe durch externe Partner 15

1	*Checkliste:* Installation eines Call Center	16
2	*Checkliste:* Organisationsformen für ein Call Center	21
3	*Checkliste:* Die Telefonanlage: Basisausstattung als Muß	23
4	*Checkliste:* Die Telefonanlage: Profi-Ausstattung	29
5	*Checkliste:* Die Telefonanlage: Spezial-Ausstattung	35
6	*Checkliste:* Die Telefonanlage: Extras am Arbeitsplatz	38
7	*Checkliste:* Computeranlage: Ihre Hardware-Auswahl	43
8	*Checkliste:* Rund um den PC: Call-Center-Software	47
9	*Checkliste:* Computer-Anlage: Peripherie	55
10	*Checkliste:* Extras für Ihr Follow-up/das Fulfillment	59
11	*Checkliste:* Das Communication-Center: Tele-Kontakt der Zukunft?	60
12	*Checkliste:* Telefonarbeitsplatz: Integration	63
13	*Checkliste:* Telefonarbeitsplatz: Umfeld	66
14	*Checkliste:* Telefonarbeitsplatz: Effizientes Arbeiten „auf dem Tisch"	69
15	*Checkliste:* Telefonarbeitsplatz: Organisation auf dem Tisch und im Schrank	74
16	*Checkliste:* Telefonarbeitsplatz: Wände – optimal gestaltet	77
17	*Checkliste:* Spiegel beim Telefonieren: Für und Wider	80
18	*Checkliste:* Stehplatz beim Telefonieren: Für und Wider	84
19	*Checkliste:* Großraumbüro: Für und Wider	88
20	*Checkliste:* Beleuchtung im Call Center	93
21	*Checkliste:* Schallschutz im Call Center	97
22	*Checkliste:* Einsatzmöglichkeiten von Tele-Marketing: generelle Organisationsformen	100
23	*Checkliste:* Ziele und Einsatzchancen: Tele-Marketing „inbound"	104
24	*Checkliste:* Ziele und Einsatzchancen: Tele-Marketing „outbound"	112
25	*Checkliste:* Tele-Arbeit und Tele-Marketing	116
26	*Checkliste:* Virtuelles Call Center	121

II. Der Mitarbeiter ist der Engpaß 123
    1. Chance für Seiten- und Quereinsteiger 123
    2. Aus- und Fortbildungsoffensive 123
    3. Hilfe durch externe Partner 124

27	*Checkliste:* Call Center und Tele-Marketing: Im Mittelpunkt – der Mensch	125
28	*Checkliste:* Ausbildung und andere Voraussetzungen für Erfolg im Tele-Marketing	131
29	*Checkliste:* Kriterien für die Personalauswahl „Tele-Marketing"	136

30	*Checkliste:* Mitarbeiter fürs Tele-Marketing finden: Anzeigen und anderes	138
31	*Checkliste:* Die telefonische Bewerbung	142
32	*Checkliste:* Specials für die telefonische Bewerbung	146
33	*Checkliste:* Der „Infotag" trennt die Spreu vom Weizen	148
34	*Checkliste:* Einzelgespräch mit Bewerbern	154
35	*Checkliste:* Der Telefontest als Praxisphase	156
36	*Checkliste:* Modelle der Zusammenarbeit	160
37	*Checkliste:* Meetings und laufende Fortbildung	168
38	*Checkliste:* Entlohnung der Mitarbeiter im Call Center und im Tele-Marketing: Modelle	173
39	*Checkliste:* Entlohnung der Mitarbeiter im Call Center und im Tele-Marketing: Specials	177
40	*Checkliste:* Controlling im Tele-Marketing: Kosten im Griff	180
41	*Checkliste:* Rennlisten und andere Effizienz-Multiplikatoren	185
42	*Checkliste:* Rennlisten und andere Effizienz-Multiplikatoren: Übersichtsvorlagen	189
43	*Checkliste:* Mitarbeitermotivation und Menschenführung	190
44	*Checkliste:* Motivation: Theoretischer Hintergrund	197
45	*Checkliste:* Der Coach im Tele-Marketing: Leiter, Pate und Karrierevorbild	200
46	*Checkliste:* Eignung zum Coach	204
47	*Checkliste:* Schulungen: intern oder extern	206
48	*Checkliste:* Die Produktschulung für den Telefonkontakt	213
49	*Checkliste:* Schulung für Gesprächsabläufe am Telefon (Situationen üben)	220
50	*Checkliste:* Organisation am Telefon	224
51	*Checkliste:* Einsatz von Medien in der Telefon-Schulung	227
52	*Checkliste:* Benchmarks im Tele-Marketing: generell	232
53	*Checkliste:* Benchmarks inbound: Service-Grad	237
54	*Checkliste:* Benchmarks inbound: Kundenzufriedenheit	241
55	*Checkliste:* Aktivitäten zur Erhöhung der Kundenzufriedenheit	246
56	*Checkliste:* Benchmarks outbound: Erfolgskontrolle „Quantität"	247
57	*Checkliste:* Benchmarks outbound: Qualitätsfaktoren	252

III. Aktionsplanung: Von der Idee bis zur Nachkalkulation ... 257
    1. Intern oder extern? ... 257
    2. Die Ansprechpartner für Telefonaktionen ... 257
    3. Wichtige externe Partner ... 258

58	*Checkliste:* Aktionsbriefing	259
59	*Checkliste:* Zusammenarbeit mit Externen	266
60	*Checkliste:* Rechtsfragen im Tele-Marketing: Erlaubnis	268
61	*Checkliste:* Weitere Rechtsfragen im Tele-Marketing	272
62	*Checkliste:* Wer ruft an? Die Gesprächspartner „inbound"	275
63	*Checkliste:* Response-Aktionen vorbereiten	279
64	*Checkliste:* Werbeinformation einbringen: Auftritt	283
65	*Checkliste:* Werbeinformation einbringen: Inhalte	287
66	*Checkliste:* Wen ansprechen? Die Adressen fürs Outbound	290

67	*Checkliste:* Adressenquellen für aktives Telefonieren: intern	294
68	*Checkliste:* Adressen: Rechtliche Aspekte	299
69	*Checkliste:* Adressenquellen für aktives Telefonieren: extern	301
70	*Checkliste:* Adressen aufwerten und veredeln	305
71	*Checkliste:* Kostenfaktor Adresse	309
72	*Checkliste:* Gesprächsbericht und Call-Report	313
73	*Checkliste:* Gesprächsbericht und Call-Report: Beispiel I	318
74	*Checkliste:* Gesprächsbericht und Call-Report: Beispiel II	319
75	*Checkliste:* Statistiken und Auswertungen	320
76	*Checkliste:* Auswertungen: Darstellung	323
77	*Checkliste:* Planung und Controlling: Budgeting	327
78	*Checkliste:* Planung und Controlling: Break-even-Analyse	332
79	*Checkliste:* Kostenfaktor Telefongebühr: Provider	334
80	*Checkliste:* Produkt: Was bieten Sie an?	337
81	*Checkliste:* Produkt: Wie bieten Sie's an?	339
82	*Checkliste:* Produkt im Markt	342
83	*Checkliste:* Produktinformation	344
84	*Checkliste:* Der Mitbewerb in der Aktionsplanung	348
85	*Checkliste:* Telefonverkauf spezial: Upgrading	351
86	*Checkliste:* Telefonverkauf spezial: Cross-Selling	353
87	*Checkliste:* Telefonverkauf spezial: Sonderverkäufe	356
88	*Checkliste:* Organisationsplanung	357
89	*Checkliste:* Gesicherte Termine vereinbaren	360
90	*Checkliste:* Termin absichern nach dem Gespräch	363
91	*Checkliste:* Aufträge/Bestellungen bestätigen	367
92	*Checkliste:* Bestellungen revisionieren	370
93	*Checkliste:* Aufträge ausführen: Telefon-Specials	372
94	*Checkliste:* Reklamationen aktiv betreuen: Vorbereitet sein	376
95	*Checkliste:* Reklamationen aktiv betreuen: Verhalten	378
96	*Checkliste:* Tele-Marketing outsourcen: Für und Wider	383
97	*Checkliste:* Call Center: Abrechnungsformen und Modelle der Zusammenarbeit	387
98	*Checkliste:* Telefonagentur oder Call Center: Auswahlkriterien	390
99	*Checkliste:* Telefonagentur oder Call Center: Zusammenarbeit	395
IV.	**Kommunikation: des Pudels Kern**	**399**
	1. Sprechen und Sprache	399
	2. Hör doch mal zu	399
	3. Der Gesprächsleitfaden	399
	4. Hilfe von außen	400
100	*Checkliste:* Persönlicher Verkauf: Direktvertrieb	401
101	*Checkliste:* Persönlicher Verkauf: Kommunikation generell	403
102	*Checkliste:* Was ist anders am Telefon als bei der direkten personalen Kommunikation?	407

103	*Checkliste:* Nonverbales – auch am Telefon!	413
104	*Checkliste:* Was ändert sich mit Einsatz eines Bildtelefons?	420
105	*Checkliste:* Frau oder Mann am Telefon?	424
106	*Checkliste:* Rhetorik am Telefon: Aktivsprache	428
107	*Checkliste:* Rhetorik am Telefon: Direktsprache	430
108	*Checkliste:* Rhetorik am Telefon: Positivsprache	433
109	*Checkliste:* Kommunikation/Rhetorik: Sprechgeschwindigkeit klären	435
110	*Checkliste:* Kommunikation/Rhetorik: Sprechgeschwindigkeit anpassen	438
111	*Checkliste:* Kommunikation/Rhetorik: Lautstärke klären	441
112	*Checkliste:* Kommunikation/Rhetorik: Lautstärke anpassen	443
113	*Checkliste:* Intonation, Modulation und Betonung: Leben ins Telefongespräch bringen	446
114	*Checkliste:* Anpassen an den Gesprächspartner („Spiegeln")	450
115	*Checkliste:* Gesprochene Sprache – was heißt das?	455
116	*Checkliste:* Gesprochene Sprache: Gesprächsführung	459
117	*Checkliste:* Stil, Dialekt und Fachsprache: Wirkung und Wirksamkeit am Telefon	461
118	*Checkliste:* Trainings für „zielgerechten Stileinsatz"	465
119	*Checkliste:* Wortschatz am Telefon: Sprechen Sie bildhaft!	467
120	*Checkliste:* Das „Neurolinguistische Programmieren" in Kurzform	474
121	*Checkliste:* Wortschatz am Telefon: NLP-Typen	478
122	*Checkliste:* Effizienter Gesprächseinstieg am Telefon: outbound	484
123	*Checkliste:* Effizienter Gesprächseinstieg am Telefon: inbound	487
124	*Checkliste:* So trainieren Sie den Gesprächseinstieg	489
125	*Checkliste:* Öffnender Gesprächsausstieg am Telefon: Der Abschluß	490
126	*Checkliste:* Öffnender Gesprächsausstieg am Telefon: Nach dem Abschluß	492
127	*Checkliste:* Argumentarium fürs Telefonieren: Die drei Vorteile	496
128	*Checkliste:* Argumentarium fürs Telefonieren: Nutzenbeweis	500
129	*Checkliste:* Einwandbehandlung am Telefon	502
130	*Checkliste:* Einwandbehandlung am Telefon: Einwände konkret	512
131	*Checkliste:* Fragestrukturen im Telefongespräch	515
132	*Checkliste:* Fragen im Telefongespräch einsetzen	521
133	*Checkliste:* Telefongespräch: Zusammenfassung als Strategie für gelungene Kommunikation	524
134	*Checkliste:* Strukturen für den Aufbau des Gesprächsleitfadens	530
135	*Checkliste:* Varianten Marktforschung und Recherche	539
136	*Checkliste:* Varianten Marktforschung und Recherche: Tiefergehende Sonderformen	544
137	*Checkliste:* Leitfaden für Telefoninterviews: Marktforschung	547
138	*Checkliste:* Leitfaden für Besuchsterminierung	552
139	*Checkliste:* Leitfaden für Besuchsterminierung: Beispiel	555
140	*Checkliste:* Leitfaden für Messeterminierung	557
141	*Checkliste:* Leitfaden für Messeterminierung: Beispiel	561
142	*Checkliste:* Leitfaden für Verkauf Business to business	563
143	*Checkliste:* Leitfaden für Verkauf Business to business: Beispiel	567
144	*Checkliste:* Leitfaden für Verkauf an Privatkunden	570

145	*Checkliste:* Leitfaden für Verkauf an Privatkunden: Beispiel	574
146	*Checkliste:* Leitfaden „blanko" als Struktur	576
147	*Checkliste:* Leitfaden bei eingehendem Anruf (als Chance für qualifiziertes und qualifizierendes Gespräch)	580
148	*Checkliste:* Bestellannahme: Mustergespräch	585
149	*Checkliste:* Bestellannahme: konkretes Beispiel	590
150	*Checkliste:* Reklamation: Mustergespräch	591
151	*Checkliste:* Reklamation: konkretes Beispiel	594
152	*Checkliste:* Service-Hotline: Mustergespräch	595
153	*Checkliste:* Service-Hotline: konkretes Beispiel	598
154	*Checkliste:* Kundenbetreuung: Mustergespräch	599
155	*Checkliste:* Kundenbetreuung: konkretes Beispiel	602
156	*Checkliste:* Blankoleitfaden „inbound"	603
V.	**Highlights: bestens ans Ziel**	**605**
157	*Checkliste:* Vergleich „vorher – nachher": Gesprächsentwicklung, Punkt für Punkt!	606
158	*Checkliste:* Die „don'ts" am Telefon	612
159	*Checkliste:* Positives Verhalten am Telefon	617
160	*Checkliste:* Zielgerichtete Gesprächsführung am Telefon	621
161	*Checkliste:* Entscheidungsfördernde Alternativangebote	625
162	*Checkliste:* Passendes Umfeld, gelungene Umgebung: Kurzcheck	627
163	*Checkliste:* Special „Verlage": Argumente, Abläufe und Ansprechpartner	630
164	*Checkliste:* Special „Finanzdienstleister"	637
165	*Checkliste:* Special „Direktvertrieb"	642
166	*Checkliste:* Checklisten-Einsatz	646
VI.	**Glossar zum Tele-Marketing**	**647**

Auf ein Wort

Tele-Marketing: Kommunikations- und Vertriebsform der Zukunft

Call Center sind die einzige Boom-Branche zur Jahrtausendwende

Arbeitsplatzoffensive durch Telefonkräfte – gute Hoffnung durch Call-Center-Investitionen in Millionenhöhe: Der Tenor in der Berichterstattung der Medien zu Beginn des 21. Jahrhunderts ist meist positiv, wenn es um Tele-Marketing geht. Dabei ist diese Form des persönlichen Kontakts zu Geschäftszwecken genaugenommen schon über 100 Jahre alt, kaum älter ist das Telefon als solches (wenn es auch deutlich früher erfunden wurde). Ein Café in Berlin soll schon in den 90er Jahren des 19. Jahrhunderts seine Torten per Telefon den „oberen Zehntausend" angeboten haben ...

Liegt also der Ursprung des Tele-Marketing tatsächlich im aktiven Anruf – „outbound", wie das heute heißt? Ende der 70er Jahre jedenfalls schwappte „Telefonmarketing" vom großen amerikanischen Markt nach Europa – und herein nach Deutschland in Form des Telefonverkaufs. Erst seit Anfang der 90er Jahre, verstärkt seit Mitte des Jahrzehnts, wurde dann „inbound" forciert. Im Zusammenhang mit der großen Service-Offensive, die viele Branchen erfaßte, sorgsam beobachtet von den Forschern (z.B. dem Kundenzufriedenheits-Barometer des Prof. Meyer in München), zunächst nur zögerlich genutzt von den Verbrauchern. Am Ende des 20. Jahrhunderts hat sich das Tele-Marketing „inbound" voll durchgesetzt: Mancher Anbieter (etwa Versender) erhält mehr als 90 Prozent der Bestellungen übers Telefon. Das Verbraucherverhalten hat sich entsprechend geändert. Verstärkt wird der Trend hin zum Telefonkontakt schließlich auch durch die Marktöffnung der Telekommunikation mit deutlich günstigeren Tarifen und geradezu einer Revolution in der technischen Entwicklung (Geschwindigkeit Telefonnetz, Multifunktionalität der Endgeräte, Mehrwertdienste).

Seither kehrt auch die Hinwendung zum aktiven Tele-Marketing in den Markt zurück: Call Center forcieren das Outbound als Ergänzung zum schlichten Entgegennehmen von Anrufen, ob sie nun Dienstleister sind im Auftrag anderer Unternehmen oder integrierte Abteilungen von Unternehmen (also inhouse tätig). In Zeiten immer teurerer Außendienstbesuche (250, 400 oder gar 700 DM pro Kontakt werden genannt), begleitet von der weiter steigenden Flut an schriftlicher Werbung, wird der semipersönliche Telefonanruf immer wichtiger: Von Jahr zu Jahr geradezu sprunghaft gewachsen ist der Anteil der telefon-aktiven Unternehmen, inzwischen wieder etwas abgeflacht gegenüber Online-Services. Eine Vielfalt von Aufgaben ist übers Telefon optimal zu erledigen, bis hin zu Interviews für die Marktforschung (laut Branchenverband ADM schon ebenso üblich wie face to face).

Kundenbindungssysteme und Dialogmarketing

Sie verstärken diesen Trend, der in den USA bereits an Schwung verloren hat, geradezu eine Gegenbewegung wurde dort entfacht. Das hat einmal zu tun mit den geringen Einschränkungen rechtlicher Natur (anders bei uns), was zu einer absoluten Überflutung der Verbraucher mit Anrufen führte, ob im Büro oder zu Hause. Dazu kam die Übertechnisierung: Statt Menschen meldeten sich Maschinen am Telefon, auch Inbound-Kontakte landen häufig bei sprachgesteuerten Voice-Computern: absolut kontraproduktiv zum Aspekt „persönlicher Kontakt", den Anrufer (bzw. Angerufener) ja suchen – den Dialog nämlich.

Auf ein Wort

Als auf lange Sicht noch wichtigstes Instrument des Dialogmarketing wird das Telefonieren weiter an Bedeutung gewinnen, im Einklang mit Online-Marketing statt im Gegensatz dazu. Call Center werden bereits zu Communication Centers ausgebaut, rasante Entwicklungen bahnen sich an. Begriffe schwirren durch den Markt, die sich nach und nach klären dürften. So geht vieles durcheinander an klassischen und modernen Termini, die häufig unterschiedlich verstanden werden: Call Center Agent, Telefonverkäufer, Verkaufsförderer, Tele-Marketer, Telefon-Kontakter, Tele-Seller, Dialog-Marketer, One-to-one-Marketer ...

Die Branche beginnt sich zu etablieren

Wie der Volksmund so sagt: Ein Wirtschaftszweig gilt als anerkannt, wenn diese drei Aspekte greifen:

1. Arbeitsamt vergibt Kennziffern, IHKs bieten zertifizierte Kurse (später folgt eine eigenständige Berufsausbildung mit IHK-Abschluß).
2. Gewerkschaften beginnen, Ansprüche geltend zu machen und Betriebsräte zu fordern (Kennzeichen auch für die wachsende Größe einzelner Unternehmen).
3. Große Seminar- und Kongreßanbieter nehmen das Thema auf.

Konstatieren wir also: Es ist soweit. Erste Unternehmen beginnen mit Schließungen oder splitten sich auf, um hauptamtliche Arbeitnehmer-Vertretungen zu vermeiden. Wenn Sie Call Center Agents suchen, sagen Sie dem Arbeitsamt (SIS) den Code 7032 (Stand 1999). Euro-Forum, Management Institut etc. bieten „Call Center XYZ", Messen sind etabliert. Schon länger gibt es Medien im Markt (neben Büchern, Audio- und Video-Kursen), die zeitaktuell Branche, Unternehmen und Menschen durchleuchten. Zu nennen sind: TeleTalk, Call Center konkret, Call Center Profi, Dialog Profi, TeleMarketing Praxis.

Auch Verbände sind aktiv. Wer Kontakt und Beratung sucht, findet dies z.B. bei: DDV Council TeleMedien, Call Center Forum, Call Center Akademie.

Wie groß ist der Markt wirklich?

Aus den Zahlen des zuständigen DDV ergeben sich für 1999 rund 5 Mrd. DM (aus gesamt 45 Mrd. fürs Dialog-Marketing). Geschätzte 100.000 Agents sind inbound und outbound aktiv, die demnach jeweils für nur 50.000 DM Umsatz sorgen würden. Doch das ist wohl die Eigenleistung (z.T. ja mit Teilzeitkräften erbracht). Der Faktor 10 ist zu rechnen, was den bewegten Umsatz angeht, also mindestens 50 Mrd. DM. Das entspricht anderen Meßzahlen: So bewegt ein größeres Dienstleistungs-Call-Center z.B. 300 Mio. DM Umsatz mit 500 Agenten (also je 600.000 DM, Zahl für 1998). Prognostiziert sind Zuwachsraten von 30 Prozent jährlich, alle Bereiche des Telefonkontakts zusammengefaßt.

Tele-Marketing als integrierte Leistung

Selten ist der telefonische Kontakt zu Kunden (um den geht es ja) für sich allein zu sehen. Übergänge und Zusammenhänge sind vielfältig, etwa:

☐ Telefon zwischen Außendienst und (schriftlichem) Dialog-Marketing: Betreuung der

Auf ein Wort

B-Kunden (im Kundenbewertungssystem nach dem ABC-Schema)

☐ Telefon als Partnerinstrument zum Außendienst: Terminvereinbarung, Nachverkaufen, Messe-Einladung

☐ Telefon als Form der Kundenbetreuung (Service-Line, Hotline, Reklamationsmanagement)

☐ Telefon als Bestellinstrument (telefonische Bestellannahme, Cross-Selling und Upgrading)

☐ Telefon in Verbindung mit Online-Systemen und/oder klassischen Reponse-Medien (Direct Mail, DRTV, Beilagen und Anzeigen in Printmedien usw.).

Je nachdem, wer wen anruft und in welcher Situation erreicht, ergeben sich höchst unterschiedliche Dialog- und Kommunikationssituationen. Da diese ausschließlich übers Sprechen (und Hören) funktionieren, ist meist nach dem Gespräch weiterer Kontakt erforderlich, etwa über Ansichtslieferungen oder schriftliche Informationen (Call – Mail – Call). Vielerlei Aspekte sind in der Praxis zu beachten:

Kritische Erfolgsfaktoren im Tele-Marketing

Je ein Kapitel ist den entscheidenden Faktoren gewidmet, mit denen der Erfolg eines systematisch eingesetzten Tele-Marketing steht und fällt. Unabhängig davon, ob inbound oder outbound, inhouse oder extern, integriert oder standing alone. Die Schwergewichte mögen unterschiedlich sein, je nach Branche, Unternehmensgröße oder Organisationsform. Doch gelten immer diese vier:

1. Ausstattung
2. Mitarbeiter
3. Aktionsplanung
4. Kommunikation

Eine Art Zusammenschau finden Sie im Kapitel 5: Wie präsentiert sich diese Form des persönlichen Kontakts, welcher Telefon-Knigge verhilft zum Erfolg?

Alles was recht ist: Was ist erlaubt, was verboten?

Gerade rund um den Telefonkontakt gilt es, besonders auf Rechtsfragen zu achten. Deshalb gibt es zu den diffizilen Kriterien in bezug auf Kontaktadressen und deren Verarbeitung einen eigenen Bereich im 3. Kapitel. Beleuchtet sind dort die hauptsächlichen Aspekte:

☐ Ist der Telefonkontakt erlaubt? (Ausdrücklich, konkludent)

☐ Wie steht es um den Datenschutz? (Adressen etc.)

☐ Persönlichkeitsrechte (von Kunden und Mitarbeitern)

Alle relevanten Gesetze spielen auch hier mit: BGB, HGB, UWG. Entscheidend ist die jeweils aktuell gültige Rechtslage.

I. Ausstattung bedeutet Dynamik

In diesem Bereich bewegt sich am meisten, sei es Telefonie, Datenverarbeitung (in engem Einklang) oder auch Ergonomie am Agenten-Arbeitsplatz. Rasante Entwicklung durch ISDN und Revolutionen in Rechnerkapazität und -schnelligkeit ermöglichen gezieltes Zuordnen bestimmter Gesprächspartner (inbound wie outbound) quasi ohne Zeitverlust. Neu-Investitionen im Call-Center-Bereich sind durch hohe Summen je Arbeitsplatz gekennzeichnet, mit erheblicher Bandbreite: Je nach Ausstattung bewegt sich das zwischen ca. 15.000 und 150.000 DM (!), abhängig von Aufgaben und Zieldefinitionen. Zu warnen ist vor einer Übertechnisierung: Überzogener Einsatz von Sprachcomputern statt Menschen hat in den USA bereits zu heftiger Gegenbewegung geführt. Achten Sie bei der Gestaltung Ihres Call Centers also darauf, die Technik zwar zu nutzen – doch den Menschen für den Gesprächspartner am Telefon nach wie vor im Vordergrund zu behalten.

1. Mensch am Arbeitsplatz

Wird eine möglichst hohe Auslastung je teuren Arbeitsplatz angestrebt, geht die Tendenz automatisch hin zur Mehrfachnutzung. Beim Ziel „7 x 24 Stunden wöchentlich für Sie da", etwa definiert von der Advance-Bank, kennt der Agent zwar seine „Wabe" – den Arbeitsraum seines Teams, zu dem er gehört. Zu welchem Telefonplatz er seinen „Rolly" bei Schichtantritt bewegt, hängt davon ab, was eben frei ist. Die Ausstattung jedes Platzes ist gleich, individuelle Asseccoires in Maßen bringt jeder selbst mit.

Durchgesetzt hat sich fürs Telefonieren das Mehrplatzbüro, bis hin zum Großraum. Um so wichtiger sind Schallschutz, Beleuchtung und Raumklima. Headsets und Motivations-Dekkenhänger gehören genauso dazu wie Team-Meetings, Pausenräume und Bewegungsanreize. Hier ist noch viel zu tun, Normierungen sind in der Entwicklung.

2. Die Zukunft hat schon begonnen

Viel wird gesprochen und geschrieben über Internet-Telefonie, Video- und Bildtelefon, Trends vom Call Center zum Communication Center, mit Parallel-Kommunikation per Telefon und Internet. Wo alles schneller wird, wachsen zugleich die Erwartungen der Nutzer: Dreh- und Angelpunkt wird also sein, das Mögliche auch machbar zu gestalten – also etwa die Wartezeiten für Anrufer am Telefon deutlich zu verkürzen, statt mit Musikeinlagen zu „würzen". Denn wer in der sogenannten Hotline fünf, sechs Minuten den Zähler sozusagen ticken hört, wird die Vorteile rasanter Technikentwicklung für sich kaum nachvollziehen können: Ist da „weniger oft mehr"?

3. Hilfe durch externe Partner

Suchen Sie Beratung und Angebote? Wenden Sie sich z.B. an die genannten Verbände. Oder an

☐ Hersteller bzw. deren Handelspartner (Telekommunikationsanlagen und Datenverarbeitungs-Hard-/Software, Headsets usw.)
☐ Beratungsunternehmen, die sich speziell auf die Gestaltung, den Aufbau und die Inneneinrichtung inkl. Technik für Call Center spezialisiert haben.

Die Fachpresse informiert regelmäßig darüber, dort inserieren diese Anbieter auch. Ein möglicher Allround-Kontakt mit vielen Referenzen: BLConCept, Hamburg. Austausch mit Kollegenunternehmen per Internet etwa über http://www.call-center-forum.de.

1 *Checkliste*
Installation eines Call Center

	relevant	nicht relevant	Anmerkungen

1. Gründe, ein Call Center zu installieren (Je mehr Kriterien für Sie zutreffen, desto mehr spricht dafür, eine Abteilung oder ein Profit Center oder ein rechtlich eigenständiges Tochter-/Schwester-Unternehmen zu definieren, die/das die Aufgaben der Telefonkontakte konzentriert wahrnimmt.)

☐ Art und Menge von Kundenkontakten

⇨ hohe Anzahl direkter Kundenkontakte nach außen (bisher auch über Außendienst, Mailing und/oder Katalog)

- viele mittlere und kleine Kunden (B/C nach ABC-Analyse)

- jene 80% Ihrer Kunden, mit denen Sie nur 20% des Umsatzes machen

⇨ Anzahl der angebotenen Artikel/Leistungen

- geringe Anzahl erklärungsbedürftiger Produkte

- hohe Anzahl von Produkten, doch geringer Erklärungsbedarf

⇨ hohe Anzahl eingehender Kundengespräche

- Bestellungen, Anfragen

- Service, Reklamationen

⇨ hohe Wiederholungsfrequenz gleichartiger Gesprächssituationen

- Vielzahl von Varianten geringer Frequenz (beratungsintensiv, „backoffice" = Vermittlung an Spezialisten)

Checkliste 1

Installation eines Call Center

	relevant	nicht relevant	Anmerkungen
• wenige Varianten, die häufig vorkommen (z.B. eine Gesprächsart 50%, „front-office", also Routine ohne vertiefende Information)			
⇨ Sind die Kontakte rechtlich zulässig (outbound)?			
• Business-Kunden (sehr wahrscheinlich o.k., auch Neukundengewinnung)			
• Privatkunden (zu prüfen, auch für Cross-Selling)			
• Gibt es sensible Daten (Datenschutz!)?			
⇨ hohe regelmäßige Werbefrequenz			
• starke Spitzen (Saison, Einführung, Relaunch)			
• hoher Response bei geringer Penetration (wegen Sonderaktionen, siehe Preisausschreiben etc.)			
☐ Art und Menge von Mitarbeiterkontakten			
⇨ Außendienstbetreuung und -führung			
• häufige und regelmäßige Kontakte mit Abstimmungsbedarf, der vordefiniert ist			
• Routen, Termine und Kundenkontakte sind bekannt			
⇨ Filialen, Niederlassungen, Außenstellen sind vorhanden			
⇨ Service vor Ort			
• Einsatz des Service-Personals wird zentral koordiniert			
• spezielle Service-Nummer ist kommuniziert			

Ausstattung bedeutet Dynamik

1 Checkliste
Installation eines Call Center

	relevant	nicht relevant	Anmerkungen

⇨ hoher Anteil routinemäßig wiederkehrender Situationen, die verallgemeinert werden können

• Absprachen sollen rasch realisiert werden

• Koordination und Zusammenfassung sind erforderlich

⇨ Tele-Worker im Einsatz (mit individuellen Kontakten)

• definierte Ansprechpartner im Haus stehen telefonisch zur Verfügung

• Informationsaustausch wird aktiv von der Zentrale forciert (z. B. Abfragen von Erfolgen usw.)

⇨ _____

☐ Art und Menge von Lieferantenkontakten

⇨ viele Lieferanten mit gleichartigen Gesprächskontakten

• häufig abzustimmende Liefertermine

• Koordination „just in time"

⇨ wenige Lieferanten, variierende Kontakte (standardisierbar)

⇨ Frachtkoordination ist erforderlich

☐ Art und Menge anderer Kontakte

⇨ Presse/Medien: regelmäßig, wiederkehrend

⇨ Institutionen (Ämter, IHK, Ministerien): regelmäßig, wiederkehrend

⇨ _____

☐ neue/erweiterte Unternehmensziele

⇨ Kundenkontakte verbessern

Checkliste **1**

Installation eines Call Center

	relevant	nicht relevant	Anmerkungen
• intensiver (häufiger, gezielter, individueller als bisher)			
• persönlicher (zumindest mündlich statt nur schriftlich)			
• Kundenbindungs-Offensive (Club- und ähnliche Systeme)			
⇨ neue Kundenkontakte schaffen			
• Zielgruppen im bestehenden Markt erweitern			
• neue Märkte definieren und testen			
⇨ Qualität verbessern			
• Kundenzufriedenheit abfragen			
• Kundenzufriedenheit verbessern (z.B. Beratung nach Erstkauf)			
⇨ Umsatz/Rendite erhöhen			
• Kosten senken			
• Zusatzverkäufe schaffen (Upgrading, Cross-Selling)			
⇨ Informationen sammeln: Recherche per Telefon			
• rascher mehr erfahren durch „erweiterten Desk Research"			
• Controlling/Vergleich bestehender interner/externer Daten			
⇨ _____			

2. Klassische Aufgaben/Stellen
   (Die Mitarbeiter dieser Funktionen würden ggf. künftig im Call Center mit tätig werden.)

☐ inbound
⇨ Telefonzentrale
• Empfang

Ausstattung bedeutet Dynamik

1 Checkliste
Installation eines Call Center

	relevant	nicht relevant	Anmerkungen
Vermittlung			
Kundenbetreuung			
Reklamationsbearbeitung			
Service, Hotline			
Interessentenberatung			
Vertriebs-/Verkaufsinnendienst			
Sachbearbeitung (Angebote, Auftragsbearbeitung)			
Assistenz (Koordination, Betreuung, Organisation)			
Abteilung Öffentlichkeitsarbeit Presseassistenz			
Werbeabteilung Responsebearbeitung			
Rechtsabteilung Sachbearbeitung			
outbound			
Vertriebssteuerung			
Außendienstbetreuung			
Terminierer für Außendienstbesuche			
Verkaufsförderer im Innendienst (Messe, POS …)			
Telefonverkauf			
Rack-jobbing, Merchandising			
Aktions- und Saisonverkauf			
Betreuung von B- und C-Kunden			
Inkasso			
Bonitätsprüfung Erst-/Großaufträge			
Mahnen per Telefon (3. Mahnung, „Rechtsanwaltsmahnung")			

Checkliste 2

Organisationsformen für ein Call Center

	relevant	nicht relevant	Anmerkungen
☐ Gründe für zentrale Organisation			
⇨ einheitliche Kontaktnummern für Service, Bestellung usw. sind kommuniziert, werden jedoch zentral zugesteuert			
• 0800/0180/0190er Nummern, ISDN generell			
• Vanity-Nummern (Buchstabenzuordnung: erleichtern das Merken beim Kunden)			
⇨ geeignete Räume sind zentral vorhanden/leicht zu beschaffen			
• Logistik und Peripherie bereits vorhanden			
• durch Umplanen/Umbau/Umzug aus vorhandenem Bestand realisierbar			
⇨ geeignetes Personal ist zentral vorhanden (s.o.)			
• und/oder am Ort der Zentrale leicht(er) zu finden und/oder zu schulen			
• oder aus früheren Mitarbeitern reaktivierbar			
⇨ Telefongebühren spielen geringe Rolle			
• Intranet ist vorhanden und/oder Mengenvereinbarung mit Provider vorhanden			
• Gespräche sind i.d.R. kurz			
☐ Gründe, die für dezentrale Organisation sprechen			
⇨ einheitliche Kontaktnummern für Service, Bestellung usw. sind kommuniziert, werden jedoch dezentral zugesteuert			

Ausstattung bedeutet Dynamik

2 *Checkliste*
Organisationsformen für ein Call Center

	relevant	nicht relevant	Anmerkungen
• Zusteuerung erfolgt automatisch zum örtlich zuständigen Partner, der direkt aktiv wird			
• ist bei allen o.g. Verbindungen möglich!			
⇨ Kundenkontakte sind dezentral gesteuert			
• raschere Zuordnung und Reaktion möglich			
• Telefongebühren bei regionaler Aktivität günstiger			
⇨ geeignete (hier auch kleinere) Räume sind dezentral vorhanden			
• Logistik und Peripherie bereits dezentral vorhanden			
• leicht vor Ort zu finden			
⇨ geeignetes Personal ist dezentral vorhanden (s.o.)			
• und/oder dezentral (in dann überschauberer Menge) leicht(er) zu finden/zu schulen			
• und/oder aus „verzogenen" Mitarbeitern zu reaktivieren			

Checkliste **3**

Die Telefonanlage: Basisausstattung als Muß

	relevant	nicht relevant	Anmerkungen

1. Wahl einer leistungsfähigen ISDN-Anlage
   (zugleich Check für die Zukunftsfähigkeit Ihrer vorhandenen Anlage)

☐ Systemdetails

⇨ Digitaltechnik als Standard vorhanden

- vollelektronische Nebenstellenanlage mit Prozeßsteuerung?
- als PBX-Anlage (mit hauseigenem Kabelnetz, Telekom-Netz endet „am Haus")

⇨ DV-gestützter Verbindungsaufbau mit Vermittlungsfunktionen

- melden, verbinden, trennen
- Nummernspeicher, Wiederwahl
- makeln, Rückfrage auslösen, umkoppeln
- Dreierkonferenz

⇨ Kontrollprogramm, Redundanz vorhanden

- Gebührenübertragung vorhanden
- Gebührenprogramm ist anpaßbar an Veränderungen

⇨ Warteschlange für eingehende Anrufe

- feste/variable Rufumleitung
- Anrufschutz, automatisches Melden

⇨ Kapazität der Anlage

- Telefonleitungen: momentan erforderliche Zahl + 100 % Erweiterung möglich

Ausstattung bedeutet Dynamik

3 Checkliste
Die Telefonanlage: Basisausstattung als Muß

	relevant	nicht relevant	Anmerkungen
• Nebenstellen (= Telefonarbeitsplätze): Amtsleitungen x 3 = ausreichend für den momentanen Bedarf			
⇨ Ansagegeräte			
• integriert wie erforderlich (Voice-Box …)			
• grundsätzlich anschließbar (Anrufantworter …)			
⇨ Teambildung/Gesprächszusteuerung möglich			
☐ Betriebsvorgaben			
⇨ Abmessungen im Verhältnis zu vorhandenen/möglichen Räumlichkeiten			
• Zentraleinheit, Peripherie und Endgeräte aufstellbar?			
• Verbindungen sinnvoll realisierbar (Kabelschächte …)?			
⇨ Raumwerte			
• empfohlene Temperatur und Luftfeuchtigkeit realisierbar?			
• Abluftschächte und -anlage vorhanden?			
⇨ Elektrikwerte			
• Anschluß, Stromverbrauch, erforderliche Leitungszahl, Kabelschächte vorhanden?			
• Strom-Notfallaggregat integriert?			
⇨ Wartung, Garantie und Hotline			
• Vor-Ort-Betreuung vorhanden?			
• Fernwartung/Eigenwartung (Wartungskonsole!) durch Teleführung möglich?			
• Alarmsystem vorhanden?			

Checkliste 3

Die Telefonanlage: Basisausstattung als Muß

	relevant	nicht relevant	Anmerkungen

- Autodiagnostiksystem vorhanden?
- ⇨ Innerbetrieblich zu beachten:
- _____
- _____
- ☐ Kosten-Nutzen-Vergleich
- ⇨ erforderliche Investition je Arbeitsplatz/je Mitarbeiter
- im Vergleich verschiedener Anbieter
- im Vergleich zu vorhandener Anlage (Abschreibung)
- ⇨ Finanzierungsform
- Leasing/Miete
- Kauf (Altanlage in Zahlung geben? Gebrauchtanlage?)
- aktuelle steuerliche Situation (eigene Planung? Gesetze, Steuerberater)?
- ⇨ Wartungskosten extern
- Servicevertrag sinnvoll?
- Garantiezeit?
- Elektronikversicherung?
- ⇨ Betreuungskosten intern
- Ausbildung/Schulung Betreuungspersonal
- Operator ausschließlich für die Anlage erforderlich?
- Anpassung/Änderung (intern/extern)
- ☐ Peripherie-Ausstattung
- ⇨ DV-Schnittstelle(n)
- zum zentralen Server Ihrer DV-Anlage

Ausstattung bedeutet Dynamik

3 *Checkliste*
Die Telefonanlage: Basisausstattung als Muß

	relevant	nicht relevant	Anmerkungen

- zu Workstations direkt
- ⇨ Direkt-Output von Telefonanlage
- Drucker (Auswertungen …)
- Terminal (Bildschirmgröße und -auflösung wunschgemäß?)
- ⇨ Ansagegeräte
- ⇨ Speichererweiterung möglich (Steckplätze)
- ⇨ Gesprächsaufzeichnung/-dokumentation (rechtlich zulässig und erforderlich?)
- Voraussetzung für Ihr Geschäft? (Banken …)
- Technische Voraussetzungen erfüllt? (Kapazität, Band, Sicherung …)

2. Endgeräte am Tele-Marketing-Arbeitsplatz

- ☐ Agentenarbeitsplatz
- ⇨ Headset („Freihandbedienung", Leichtsprechgerät)
- Handapparat als Alternative vorhanden
- Mithöreinrichtung (Lautsprecher, Ohrmuschel)
- ⇨ Display: Art und Größe o.k.?
- Inhalte darstellbar: wie gewünscht?
- und/oder direkt über Bildschirm (mit Online-Zugang)
- ⇨ manuelle Wahlmöglichkeiten vorhanden
- Direktwahl nach außen?
- Supervisor-Ruf?

Die Telefonanlage: Basisausstattung als Muß

Checkliste 3

	relevant	nicht relevant	Anmerkungen
Gesprächsweiterleitung?			
Warteschlange sichtbar?			
_____			

- ☐ Supervisor-Arbeitsplatz
- ⇨ Ausstattung Endgerät
- • Headset, Handapparat, Aufzeichnung
- • Display: Art und Größe wie gewünscht
- ⇨ PC-Schnittstelle
- ⇨ Kommunikation mit Agentenplätzen vorhanden
- • Unterstützung, Controlling einzelner Agenten
- • Organisation von Teams, Zusteuerung manuell
- • _____
- ⇨ Auswertungsmodule
- • inbound: Wartezeiten, Gesprächslänge, Agentenauslastung
- • outbound: Gesprächsfrequenz, -länge, Agentenauslastung
- 3. Referenzen des Anbieters gewünscht?
- ☐ System/Anbieter
- ⇨ Wie lange bereits aktiv/im Markt?
- ⇨ Spezielle Baureihe – wie lange lieferbar?
- • Update – letztes?
- • Updates – wie häufig?
- ⇨ Schulung/Ausbildung für Operator

Ausstattung bedeutet Dynamik

3 Checkliste
Die Telefonanlage: Basisausstattung als Muß

	relevant	nicht relevant	Anmerkungen
• Vor/bei Installation: Umfang und Kosten o.k.?			
• Fortbildung: Häufigkeit und Kosten o.k.?			
☐ Erfolgte Installationen			
⇨ generell im Markt vorhanden: mindestens …			
⇨ vergleichbare bei anderen Call Centern: ……………………			
⇨ Referenz direkt kontaktbar/anzuschauen: mindestens drei			

Checkliste **4**

Die Telefonanlage: Profi-Ausstattung

	relevant	nicht relevant	Anmerkungen

Für den professionellen Einsatz Ihres teuren Personals im Tele-Marketing (im Mittel 70 % der Gesamtkosten!) sollten Sie über effizienzsteigernde Extras verfügen: zur Anrufverteilung, automatischen Wiederwahl und Wiedervorlage zum vereinbarten Termin (mit Anwahl!) usw.

1. ACD (Automatic Call Distribution) zur gleichmäßigen Verteilung der Anrufe, raschen Kontaktaufnahme und optimalen Auslastung der Mitarbeiter

☐ Basisfunktionen des ACD-Systems

⇨ Einrichtung der Call-Vektoren

- Definitionen en detail realisierbar? (Kundenzuordnung, Schnittstellen, Agentengruppierung)

- Einrichtung/Änderung einfach möglich, ohne externen Service-Mitarbeiter?

⇨ Inbound-Warteschlange zur Verteilung der eingehenden Anrufe auf die freien Agenten

- Sichtbarmachung möglich („Wartefeldanzeiger")

- automatische Zusteuerung des zugehörigen Programms (Leitfaden …) auf Endgerät (PC) des Agenten je nach Art von Anruf(er) (durch Erkennen der angerufenen Zielnummer, ANI)

- „intelligente" Steuerung der Anrufer im Inbound (z. B. Teilnehmer an Vielfliegerprogramm einer Fluglinie wird an die erste Stelle in einer Warteschleife gesetzt)

Ausstattung bedeutet Dynamik

29

4 Checkliste
Die Telefonanlage: Profi-Ausstattung

	relevant	nicht relevant	Anmerkungen
• Warnmeldung bei Überschreiten der vorgegebenen Höchstwartezeit? (Agent, Supervisor)			
⇨ Power Dialing zur automatischen Anwahl outbound			
• Termin/Uhrzeit-Wiedervorlage mit Zusteuerung auf gleichen Agenten			
• … und Weitergabe an Stellvertreter bei Abwesenheit des zuständigen Agenten			
⇨ Auswertungsmodule			
• Anrufwartezeiten (Zahl Signale, Zeit in Sek.)			
• Anrufeintreffzeit, -dauer und -verteilung			
• Anruflänge, Gesamtgesprächszeiten gleicher Gesprächspartner (outbound)			
⇨ Haltezeiten: wann steigt ein Anrufer aus (z.B. 10% nach 20 Sek., 40% nach 60 Sek. …)			
• Überwachungsfunktion manuell ergänzt („Aufsichtsplatzanzeige")			
☐ Zusatzfunktionen des ACD-Systems			
⇨ Ist Routing möglich?			
• Weiterleitung an externe Stelle (für Spitzenzeiten: Mitarbeiter, Geschäftsstelle)			
• Einsatz eines externen Call Centers (für Aktionen und Spitzenzeiten)			
⇨ „Least Cost Routing" integriert (zur Vorabwahl und automatischen Anwahl des günstigsten Providers), alternativ: Integration eines Call Managers möglich?			

Checkliste 4

Die Telefonanlage: Profi-Ausstattung

	relevant	nicht relevant	Anmerkungen
⇨ Anrufweiterleitung individuell steuerbar			
• z.B. landsmannschaftliche Zuordnung aufgrund Anrufherkunft („bayerischer" Agent erhält alle Anrufe 089-…)			
• manuelle Weiterschaltung?			
⇨ weitere Vermittlungsfunktionen			
• Unterstützen komplexer Anlagen (Chef-Sekretärin-Kombi, „Telefonzentrale")			
• Themen wie Umkoppeln, Auslösen, Trennen usw.			
⇨ ID (Identifikation) je Agent eindeutig?			
• Zusteuerung von Gesprächen			
• Auswertungsmodule anzuhängen?			
☐ CAS: Computer Aided Selling (Elemente für aktives Tele-Marketing)			
⇨ Zuordnung Mitarbeiter/Kunde ist vorgegeben			
⇨ System führt die richtigen Gesprächspartner automatisch zusammen			
• Predictive Dialing (Vor-Info per Pop-up)			
• Preview Dialing (zunächst Anzeigen der Kundendaten, dann Wählen per Mausklick)			
• Power Dialing (diverse Funktionen, etwa automatische Wahlwiederholung etc.)			
⇨ System fordert Dateneingabe durch Mußfelder			

Ausstattung bedeutet Dynamik

4 Checkliste
Die Telefonanlage: Profi-Ausstattung

	relevant	nicht relevant	Anmerkungen
• Tele-Marketer pflegt während/nach Gespräch die Kundendaten			
• Daten stehen allen potentiellen Partnern im System zur Verfügung			
⇨ Zusatzmodule stehen zur Verfügung, zur Aktivierung			
• elektronisches Telefonbuch (Adressen ohne Tel.-Nr./mit falscher Tel.-Nr.)			
• elektronisches Straßenverzeichnis (Adresse ist unvollständig)			
• elektronische Firmendaten (z.B. Gesprächspartner nach Funktionen, s. Führungskräfte der Wirtschaft …)			
• _____			
2. IVR (Interactive Voice Response) – Einsatz von Sprachcomputern			
☐ Basis: die Voice-Box			
⇨ Entgegennehmen von Gesprächen bei Abwesenheit des „Nummerneigners"			
• Aufzeichnungsmöglichkeit für Nachrichten des Anrufers			
• Hinweis auf Erreichbarkeit des Angerufenen			
• Abhören von Sprachspeichern (Scall, T-NetBox)			
⇨ Hinterlassen individueller Nachrichten (geschützt durch Code/Password = nur für den gewünschten Empfänger abrufbar, vergleichbar Fernabfrage beim klassischen Anrufbeantworter)			
• Rückruffunktion vorhanden? (System wählt individuell hinterlassene Nummer des nicht anwesenden			

Checkliste **4**

Die Telefonanlage: Profi-Ausstattung

	relevant	nicht relevant	Anmerkungen

Teilnehmers an, z.B. im Hotel, und hinterläßt Nachricht)

⇨ Motivieren des Gesprächspartners durch Anrufbeantwortertext (auch bei externen Geräten)

• kurze Ansage = Ungeduld und Kostendruck entfällt

• Name des Angerufenen und Kurz-Info (statt herkömmlicher Telekom-Forderung „Nummer etc.")

• aktivierende Aufforderung („Nennen Sie [nach dem Signal] Ihren Namen, Telefon, Stichwort")

• versprechen Sie rasche Reaktion

• verzichten Sie im Geschäftsleben auf Gags, die privat denkbar sind (prominente Sprecher …)

☐ Sprachcomputer führt den Anrufer

⇨ Führung durch Tasteneingabe („Wenn Sie …, drücken Sie die 1 – …")

• Audiotex-Dienste (Preisausschreiben, Umfrage, Infos)

• Fax-Abrufe (Polling)

• Telefonkonferenzen

• Verbindung zu Live-Kontakt möglich

⇨ Führung durch Spracherkennung („Wenn Sie …, sagen Sie ‚ja' – …")

⇨ Einsatz von Schutzsystemen

• Password

• PIN Code

⇨ Warten überbrücken

Ausstattung bedeutet Dynamik

4 *Checkliste*
Die Telefonanlage: Profi-Ausstattung

	relevant	nicht relevant	Anmerkungen
verbale Hinweise („Unsere Leitungen sind derzeit besetzt. Sie werden sofort an den ersten freien Mitarbeiter weitergeleitet.")			
Musikeinspielung (vom digitalen integrierten Gerät)			

Checkliste **5**

Die Telefonanlage: Spezial-Ausstattung

	relevant	nicht relevant	Anmerkungen

1. Integrierbare und integrierte Telefonie-Server-Systeme: CTI (Computer Telephony Integration)
   (Software, die alle aufgeführten Extrafunktionen vereint, durch Schnittstellen mit allen herkömmlichen ISDN-Telefonanlagen verknüpfbar ist und so die gewünschten Funktionen über vorhandene oder ergänzbare PC-Hardware steuert.)

☐ Welche Software ist für Sie einsetzbar?
   (Ziele: systemneutral, einfach zu implementieren, umfassender Investitionsschutz)

⇨ bedient spezifische Schnittstellen Ihrer Telefonanlage
   (z. B. S0, V.24 – möglichst vieler weiterer = universell einsetzbar, auch künftig, sollten Sie eine andere Anlage einsetzen wollen!)

⇨ unterstützt Ihre Telefonanlage (Hersteller/Typ klären – möglichst vielseitig)

⇨ übernimmt alle Funktionen Ihrer Anlage (und möglichst vieler anderer)

⇨ ist auf Ihrem/möglichst jedem Betriebssystem einsetzbar (Netzwerk wie Novell, Windows NT, AS/400, OS/400, Unix ...) und adaptierbar über standardisierte Netzwerkkarten (Ethernet, Token Ring)

⇨ ist in der Lage, beliebig viele Clients virtuell zu verknüpfen

⇨ ist wirtschaftlich einsetzbar: Kostenanalyse

• Kosten für den Erwerb: gesamt, umgelegt auf Arbeitsplatz

Ausstattung bedeutet Dynamik

5 Checkliste
Die Telefonanlage: Spezial-Ausstattung

	relevant	nicht relevant	Anmerkungen
• Kosten für den Unterhalt			
• Vorgabe und Controlling über Einsatz eines Pflichtenhefts			
☐ API (Application Programming Interface) vorhanden? (Ermöglicht Integration und Weiterentwicklung von eigenen Programmelementen)			
⇨ Installation kurzfristig möglich (Definition in Stunden)			
⇨ Verbindung zu DV (einerseits) und Telefonanlage (andererseits) einfach (Steckkabel)?			
• 3rd Party Control zumindest als Option vorhanden (direkte Verbindung Telefon – PC entfällt)			
• allgemein bekannte „Middleware" ermöglicht reibungsloses Arbeiten			
• Standard ist erfüllt (typischerweise: Bezeichnungen wie „CSTA, TAPI, TSAPI", aber auch völlig eigenständige wie „CSB Phone Master, CallPath, CT-Connect, SunXTL, CAM, CIT, S.100")			
⇨ Referenzen in Ihrer Branche vorhanden?			
⇨ Elektronisches Telefonbuch integriert?			
• Anruflisten individuell programmierbar?			
• Erforderliche Treiber in der Software enthalten?			
2. Mehrwert-Dienste			
☐ Kommunikationssondernummern			
⇨ 0800			

Die Telefonanlage: Spezial-Ausstattung

Checkliste 5

	relevant	nicht relevant	Anmerkungen

- Freecall = frühere 0130
- als Partizipation (über Agenturen z.B.)
⇨ frühere 0180X
⇨ frühere 0190X
⇨ Vanity-Nummern (leicht merkbar durch Buchstabenwiedererkennung)
☐ Kosten
⇨ diese Nummern nur möglich
- mit ISDN-Anschluß
- übers Festnetz der Telekom
⇨ Kosten sparen durch „Shared-Use-Vanity"
- entspricht geografischer Zuteilung zu Ihren Vor-Ort-Partnern im Verbund
- mit anderen End-Usern zusammen beim Dienstleister auflaufend, Trennung dort durch Agent

Ausstattung bedeutet Dynamik

6 *Checkliste*
Die Telefonanlage: Extras am Arbeitsplatz

	relevant	nicht relevant	Anmerkungen

1. Endgeräte

☐ Headsets „for a better understanding" (Sprech-Garnitur, Leichtsprechgerät, Kopfhörer mit Kehlkopfmikrofon …)

⇨ Haupt- oder Zusatzausstattung am Telefonplatz

- für freihändiges Sprechen unumgänglich (Ergonomie!)
- Vermeiden von Spätschäden des Agenten (Schulterprobleme durch Hörereinklemmen)
- zur Wahl: gleichzeitiger Hörerbetrieb (siehe kinästhetischer Typ, Checkliste 84), mit Mute-Schalter

⇨ Basisgeräte: Varianten

- monaural (rechtes oder linkes Ohr)
- binaural (gleichzeitig beide Ohren): Umfeldgeräusche werden besser ausgefiltert
- Geräuschkompensation (direkt am Mikro/erst innen im Gerät = unterschiedlich effizient)
- Gewicht des Geräts? (Evtl. Zusatzausstattung beachten!)

⇨ Zusatzausstattung

- Stellplatz für Headset bei Doppelbedienung (zugleich mit Hörer)
- Zwischenstecker für Brillenträger
- Rechts-/Links-Ohr beiderseits möglich?
- mit Ohrring/Ohrbügel
- mit Überkopfbügel (mehr Halt bei raschen Kopfbewegungen)

Checkliste **6**

Die Telefonanlage: Extras am Arbeitsplatz

	relevant	nicht relevant	Anmerkungen

⇨ bei Gerätewechsel Kompatibilität beachten (und vor Kauf klären)

- Diverse elektrische Werte stimmen überein?
- Lösung über Zwischenstecker möglich (Adapter)?
- beiderseits bestätigen lassen

⇨ schnurlose Headsets

- Funkstandard DECT, 150 m Reichweite
- Neue Technologien: Hersteller fragen!
- Spezialtechniken (Lautwertregelung, Schnelltrennkupplung, Stummschaltung am Headset)

⇨ Wie testen Sie Headsets?

- Wie ist das „Feeling" mit dem Fremdgerät am Kopf? (Anprobieren: Tragekomfort, Gewicht …)
- Wie hört sich die Stimme an? Austausch mit „vertrauter Stimme" (wechselweise!)

⇨ Was investieren Sie? (Stand Anfang/ Mitte 1999)

- Billiggeräte für unter DM 100
- Qualitativ hochwertige Geräte (siehe obige Kriterien) DM 200–400

☐ Schnurloses Telefon

- unabhängig einsetzbar
- gleicher Agent verschiedene Plätze
- wechselnder Agent
- beachten: volle Ladung und Höchstentfernung zur Feststation

Ausstattung bedeutet Dynamik

6 Checkliste
Die Telefonanlage: Extras am Arbeitsplatz

	relevant	nicht relevant	Anmerkungen
⇨ eher kinästhetische Typen (siehe Checkliste 121) benötigen „Apparat im Griff" statt Headset!			
• Vorsicht auch hier vorm Hörereinklemmen (weil beide Hände benötigt werden 121)			
• dafür am besten geeignet: „klassische" Form statt Mini-Ausführung!			
⇨ alternativ/ergänzend: überlange Kabelverbindungen			
⇨ Einsatz am Stehpult (ergänzender Telefonarbeitsplatz, fern vom Schreibtisch – siehe Checkliste 14)			
☐ Bildtelefon (s.a. Checkliste 104)			
⇨ Video-Telefon-Konferenz			
⇨ Profigeräte			
• aktuellen Stand von diversen Anbietern erfragen			
⇨ Massenmarktgeräte			
⇨ Internet-Telefonie			
• Voraussetzungen erfüllt? (Internetanschluß, Nutzung parallel für mehrere Anwender möglich)			
• zusätzliche Soft- und Hardwareausstattung (Video und Sound), aktuellen Stand erfragen			
2. Mithören und Aufzeichnen			
☐ Mithören			
⇨ Mithörmuschel für „stummes Hören"			
• fest installiert			
• anschließbar			
⇨ Lauthören als integrierte Funktion			

Checkliste **6**

Die Telefonanlage: Extras am Arbeitsplatz

	relevant	nicht relevant	Anmerkungen

⇨ Raumlautsprecher/-Mikrokombination

- als Ergänzung für Trainingsgespräche
- als Alternative für Freihandsprechen (statt Headset)

⇨ Remote Monitoring (Mithören/Aufzeichnen von Supervisor-Platz aus)

⇨ _____

☐ Aufzeichnen von Gesprächen (rechtliche Restriktionen beachten!)

⇨ einseitig (= nur Gesprächsteil des Agenten, dafür nur seine Zustimmung erforderlich)

⇨ beidseitig (o.k. eingeholt?)

⇨ üblich sind kurzzeitige Aufzeichnungen zu Übungszwecken

- sofortiges Hören und Coachen
- sofortiges Löschen der Aufzeichnung

⇨ externes Gerät – mehr Umfeldgeräusche?

3. Extras am Telefon (ohne PC-Unterstützung)

☐ Display

⇨ Telefonnummer, Gesprächsteilnehmer

- optische Identifikation des Anrufers (ISDN-Anschluß?)
- Zuordnung des Namens, wenn vorhanden

⇨ Gesprächsdauer, Gebührenanzeige

- einzeln

Ausstattung bedeutet Dynamik

6 Checkliste
Die Telefonanlage: Extras am Arbeitsplatz

	relevant	nicht relevant	Anmerkungen
• Summenfunktionen			
• Korrekte Angabe je nach Provider?			
☐ Speicherfunktionen			
⇨ Vorwahlspeicher (z.B. für Provider-Einsatz fürs Gebührenmanagement)			
• als generelle Vorwahl			
• als Kurzwahl, entscheidbar			
⇨ Speichern der letzten X Gespräche (aktiv /reaktiv)			
⇨ Kurzwahlspeicher generell			
• Zugriff über Server			
• individuell am Endgerät			

Checkliste **7**

Computeranlage: Ihre Hardware-Auswahl

	relevant	nicht relevant	Anmerkungen
1. Zentraleinheit/Server			
☐ Konfiguration			
⇨ Basiswerte			
• Prozessor? (Intel …)			
• Geschwindigkeit (… Hz)			
⇨ Speicherplatz			
• Speicher (GB)			
• Arbeitsspeicher (MB RAM) erweiterbar?			
⇨ Laufwerke			
• Festplatte			
• Diskettenlaufwerk			
• weitere Laufwerke			
⇨ freie Steckplätze			
• COMs für …			
• weitere			
☐ Datenverkehr			
⇨ online			
• virtuelle Standleitung (via ISDN)			
• Intranet?			
• Einwahl und Übertragung nach Erfordnis			
• E-Mail-Attachment (wenn File genügend klein)			
⇨ Datensicherung			
• Paßwortschutz (ggf. geschlossene Nutzergruppe)			
• automatischer Backup			
• Zusatzsicherung			

Ausstattung bedeutet Dynamik

7 *Checkliste*
Computeranlage: Ihre Hardware-Auswahl

	relevant	nicht relevant	Anmerkungen
• Anti-Viren-Schutz			
• Firewall …			
⇨ Bundesdatenschutzgesetz			
• Datenschutzbeauftragter?			
• Externes Verarbeiten von Daten?			
☐ Betriebssystem			
⇨ PC			
⇨ MAC			
⇨ UNIX/LINUX			
⇨ modernes Netzwerk			
2. Workstations			
☐ Desktop			
⇨ Basisrechner			
• Speicher			
• Geschwindigkeit			
⇨ Laufwerke			
• Festplatte			
• Diskette			
• CD-ROM			
• ZIP-Laufwerk			
⇨ Steckkarten			
• ISDN/Modem			
• Grafik			
• Sound-Card			
⇨ Tastatur			
• Einteilung			
• Art und Größe (Fehlergefahr?)			
• mit Handunterlagen			

Checkliste 7

Computeranlage: Ihre Hardware-Auswahl

	relevant	nicht relevant	Anmerkungen

⇨ Laptop-Unit – einsteckbar in Desktop

⇨ Bildschirm, je nach anzuschauenden Daten

- Größe (Erkennbarkeit von Schrift, Übersichtlichkeit)
- Auflösung und Farbe (Grafik? Tabellen? Abbildungen?)
- evtl. mit Schutzschild (transparent, angenehmer für die Augen und strahlenabhaltend)

☐ Transportable Systeme

⇨ Laptop-Desktop-Einsteck

- komplette Peripherie an jedem Arbeitsplatz
- inkl. Arbeitsplatzrechner, ggf. parallel zu Laptop (wenn angeschlossen)

⇨ Laptop

- als Ausstattung für Tele-Marketer „unterwegs" (etwa Außendienst)
- fürs komplette mobile Büro (statt Standgeräten an den Arbeitsplätzen hat jeder Mitarbeiter auch den eigenen Computer „dabei")
- für Kombination „Inhouse/Tele-Working"

⇨ Palmtop

- andockbar an größere PCs
- als schnurlose Variante (z. B. Fahrpreisausrechner der Bahn AG)
- ohne Erfordernis einer Daueranbindung (im CTI, siehe Checkliste 3)

Ausstattung bedeutet Dynamik

7 Checkliste
Computeranlage: Ihre Hardware-Auswahl

	relevant	nicht relevant	Anmerkungen
☐ Betriebssystem			
⇨ entspricht dem vom zentralen Server genutzten (siehe dort)			
⇨ evtl. ergänzt durch ein eigenes Betriebssystem (Einzelplatz zusätzlich zu Netzwerk, etwa beim Laptop)			
3. Generelle Planung			
☐ Verbindung zur Telefonanlage			
⇨ CTI			
⇨ API			
⇨ Spezial-Software			
☐ Controlling			
⇨ Dokumentation: Pflichtenheft			
⇨ Kosten: Angebote			

Checkliste **8**

Rund um den PC: Call-Center-Software

	relevant	nicht relevant	Anmerkungen
1. Standardsoftware (Integration in Unternehmensabläufe)			
☐ Auftragsbearbeitung			
⇨ Kundenablaufdaten			
• Kommunikation			
• Reaktionsverhalten			
• _____			
⇨ Artikeldaten			
• Details (Name, Größe, Gewicht, Farbe …)			
• Lieferfähigkeit (aktueller Bestand, Mindestbestand = Bestellen, Lagerplatz, Versandkosten …)			
• Alternativartikel (wenn vergriffen)			
⇨ Debitorenbuchhaltung			
• Fakturierung (Valuta, Skonto, Verzugszinsen)			
• Verbuchung, Steuern …			
• Mahnabläufe, Inkasso, Rechtsanwalt …			
⇨ Kreditorenbuchhaltung			
• Zahlungsverkehr			
• steuerliche Meldung			
⇨ FiBu (Finanzbuchhaltung)			
• Personalbuchführung			
• Kostenauswertungen			
• _____			
☐ Textverarbeitung			
⇨ Kontaktbriefesystem			
• Auftragsbestätigung lt. Telefonat			

Ausstattung bedeutet Dynamik

8 Checkliste
Rund um den PC: Call-Center-Software

	relevant	nicht relevant	Anmerkungen
• Gesprächsbestätigung (z.B. Telefonat, Mahnung, Bestellung telefonisch aufgenommen …)			
• Info-Brief (mit Unterlagen)			
• Dankeschön-Brief (Begrüßung, Weihnachten, Nachbestellung …)			
⇨ Serienbriefe			
• gleiche Textsorten, jedoch „gebündelt" (Preisvorteile!)			
• Nachfaßbriefe an bestimmte Gruppen			
• Vertröstebriefe			
• Telefonvorbereitung (Einladung Messe, Terminvorschlag …)			
• Dauerkontaktbriefe (z.B. Geburtstagsgratulation …)			
⇨ Verbindung zu Datenbank(en) möglich/gegeben?			
• ACCESS			
• Excel			
• andere			
⇨ Verbindung zu …			
• Auftragsbearbeitung (Rechnung, Mahnung …)			
• Spezialsoftware (s.u.)			
• Ausgabe (Drucker, Modem …)			
• _____			
☐ Statistik, Auswertungen („Berichtswesen")			
⇨ Reporting im PC			

Checkliste **8**

Rund um den PC: Call-Center-Software

	relevant	nicht relevant	Anmerkungen

- automatische Übernahme aufgrund Geschehen „real time" und lfd. Fortschreibung
- Auswertung nach Vorgabe automatisch
- Auswertung auf Wunsch (Query?)

⇨ Selektionsvielfalt

- nach Region (PLZ, andere Gebietseinteilung)
- nach Kundenart (Branche, Funktion, Alter, Umsatz ...)
- nach betriebswirtschaftlichen Aspekten (letzter Kauf, Umsatz gesamt ...)

⇨ Kombinationsbreite

- Überkreuzselektionen
- Cluster-Bildungen
- Ausschlußkriterien
- Hierarchisierung im Dublettenabgleich

⇨ Exportierbarkeit der Daten

- Externe Weiterverarbeitung möglich, z.B. beim Kunden?
- Re-Import gesichert, auch mit Änderungen?

⇨ Datenaufbereitung

- Tabellen
- Grafiken (Diagramme)
- ☐ Kommunikation

⇨ Kundendaten im Zugriff

- automatisch (in Verbindung mit Telefonnummer zur Identifikation) – nur bei ISDN

Ausstattung bedeutet Dynamik

8 Checkliste
Rund um den PC: Call-Center-Software

	relevant	nicht relevant	Anmerkungen

- abrufbar/zusteuerbar (ggf. aus hauseigener Datenbank, unabhängig vom externen Netz)
- für alle jederzeit (und zur gleichen Zeit immer nur für einen)

⇨ Kundenhistorie im Zugriff

- Grunddaten im 1. Schritt (nach Definition)
- Details auf Wunsch (z.B. per Pop-up-Menü)
- für alle jederzeit

⇨ Kommunikationsdaten im Zugriff

- Anrufzeiten gewünscht?
- Wiedervorlage, Termin?
- spezielle Kommunikationswege (Durchwahl, Fax, E-Mail…)

⇨ Beschwerdemanagement

2. Spezialsoftware

☐ Vertriebssoftware

⇨ Kunden-Verkäufer-Zuordnung

- betriebswirtschaftliche Größen (Umsatz intern/bekannt, Einkommen …)
- nach Regionen
- nach Branchen/Berufsgruppen
- nach Struktur (z.B. Key Accounts, Zentrale, Filialisten usw.)
- _____

⇨ Erfolgskontrolle

- Werbung, z.B. Interessentengenerierung

Checkliste 8

Rund um den PC: Call-Center-Software

	relevant	nicht relevant	Anmerkungen
• Umwandlung (Termine in Aufträge)			
• einzeln/Teams, Einzelkunde, Gruppe			
• _____			
⇨ Kostenerfassung			
• Personal			
• Kontaktgebühren			
• andere Kosten:			
• _____			
• Kosten (%) zu Erfolg (Werbekosten …)			
• DM-Differenz zu Umsatz (Deckungsbeitrag)			
☐ Versandhandelssoftware			
⇨ integrierte und integrationsfähige Programme			
• Adreßmodul			
• Kundenaktivitätsmodul			
• Auftragsmodul			
• Artikelmodul			
• Buchhaltungsmodul (Debitoren/Kreditoren, Mahnung …)			
• Geschäftsführungsmodul (Auswertungen, Statistiken)			
⇨ Verbindungen offen zu …			
• Datenbankanwendungen (auch extern, siehe Telekom-Datei, Straßendatei der Post usw.)			
• CTI-Anwendungen (Direktverbindung zur Telefonanlage? Schnittstellen?)			
⇨ „vorher und nachher"			

Ausstattung bedeutet Dynamik

8 Checkliste
Rund um den PC: Call-Center-Software

	relevant	nicht relevant	Anmerkungen
• Einkauf (Angebote, Einkaufsstaffeln …)			
• Werbemittel (Kataloggestaltung)			
• Liefern und Leisten (siehe Vorgaben des Zustellunternehmens, Pressepost usw.)			
• Rücksendungen („Remission")			
⇨ spezieller Kunden-Service			
• Kundenbewertung (Scoring, RFMR …)			
• Interessentenbetreuung			
• Kunden-Club (Infos, Zeitung, Aktionen …)			
☐ Tele-Marketing-Software			
⇨ Gesprächsführung			
• Präsentation und Leitfaden durchs Gespräch			
• Möglichkeit, selbst eigene Gespräche anzupassen = Leitfaden zu formulieren			
• outbound/inbound			
• Beispiel: CD-Phone (im Handel)			
⇨ Controlling			
• Reporting am Bildschirm/nachträgliche Eingabe aufgrund Papiernotizen auf Report beim Telefonat			
• Auswertungs-Tools, wunschgemäß anpaßbar			
• übersetzbar in Standardsoftware (z.B. der Kunde nutzt)			
⇨ Datenaufbereitung			
• Datenbank-Links vorhanden?			

Rund um den PC: Call-Center-Software

Checkliste 8

	relevant	nicht relevant	Anmerkungen

- Selektion nach Wunsch möglich?
- Kontrollierte Datenaktualisierung möglich?
- ⇨ Moderne Routing-Strategien für Inbound
- Skill Based (an welchen Agenten vermitteln?)
- Available Agent (Verfügbarkeit)
- Auslastung (most idle/least occupied)
- Wartezeit (estimated waiting time)
- Kundenwert (customer value, siehe „Vielflieger zuerst in der Warteschleife")
- andere statistische Parameter

3. Generelle Planung

- ☐ Informationsfindung und Entscheidungsvorbereitung
- ⇨ Messen
- Besuch von Fachmessen
- Auswerten von Ausstellungskatalogen
- ⇨ Fachpublikationen
- Fachzeitschriften
- Newsletter, Brancheninformationsdienst
- Loseblattwerke
- Bücher (Aktualität?)
- ⇨ Internet
- Stichwort per Suchmaschine (z.B. Software Tele-Marketing)

8 Checkliste
Rund um den PC: Call-Center-Software

	relevant	nicht relevant	Anmerkungen
• Beteiligung an Forum (Info-Austausch)			
• anderweitig gefundenen Anbieter direkt aufsuchen (Website, E-Mail …)			
⇨ Anbieterdatenbanken			
• Buchnachschlagewerke			
• elektronische Datenspeicher (CD-ROM)			
⇨ _____			
☐ Controlling			
⇨ Dokumentation			
• Pflichtenheft			
• Handbuch			
• Hilfe-Tool, aus Programm aufrufbar			
• Hotline, Online-Hilfe „rund um die Uhr"			
⇨ Kosten			
• Angebote einholen (mindestens 3, evtl. unterschiedliche Hersteller, diverse Händler)			
• neben Erstkaufkosten auch Folgekosten berücksichtigen (Hotline, Lizenzen …)			

Checkliste **9**

Computer-Anlage: Peripherie

	relevant	nicht relevant	Anmerkungen

1. Drucker
- ☐ Text
- ⇨ Matrix- (Nadel-) Drucker?
  - Schnelligkeit ist wichtig
  - Druckbild ist weniger wichtig
  - Durchschlag ist wichtig (Rechnung, Lieferschein …)
  - schwarzweiß genügt
  - Massendruck erforderlich
- ⇨ Inkjet-Drucker?
  - geringe Druckmenge
  - gutes Druckbild wichtig
  - personalisierte Briefe
  - Schnelligkeit weniger wichtig
- ⇨ Laser-Drucker?
  - Schnelligkeit ist wichtig
  - Druckbild ist wichtig
  - evtl. auch Farbe gefragt
- ☐ Grafik
- ⇨ Farb-Plotter interessant?
  - spezielle Grafikanwendungen
  - spezielle Vorlagen erforderlich (Präsentation, Druck …)
- ⇨ Laser-Drucker gefragt?
  - sehr gute Auflösung
  - Farbe
- ⇨ Inkjet-Drucker ausreichend?
  - Verwischbarkeit
  - Vermischung

Ausstattung bedeutet Dynamik

55

9 Checkliste
Computer-Anlage: Peripherie

	relevant	nicht relevant	Anmerkungen

⇨ Repro-Druck erforderlich?

• Direktausgabe als Film

• Ausgabe auf Datenträger

☐ Adressen

⇨ Ausgabe im Mixdruck auf Brief, personalisiert mit Anrede, evtl. mit weiteren Füllern im Text?

⇨ Ausgabe auf Kuvert?

• Formate?

• Vorgaben Post!

⇨ Ausgabe im CS-Format (Cheshire)?

• für maschinelle Weiterverarbeitung?

• als Kontrollliste/Ablage

⇨ Ausgabe auf Etiketten?

• 2bahnig?

• 4bahnig?

⇨ _____

☐ Laufende Wartung

⇨ Extern erforderlich?

⇨ Operating intern?

• Ausbildung/Schulung?

• Als Stelle zu definieren?

2. Rund um den Rechner

☐ Bildschirm

⇨ flimmerfrei

⇨ strahlungsarm

⇨ frei von Spiegelung

⇨ kontrastreich

⇨ groß genug (15, möglichst 17 Zoll)

Checkliste **9**

Computer-Anlage: Peripherie

	relevant	nicht relevant	Anmerkungen

⇨ beweglich (drehbar, neigbar)

⇨ Ausrichtung parallel zum Lichteinfall

⇨ Sichtabstand ca. 50 cm

☐ Tastatur/Maus

⇨ Größe, Einteilung o.k.?

⇨ Handauflagefläche

- Variabel?
- Auch für Linkshänder geeignet?

3. Spezialgeräte als elektronische Speicher

☐ „Lebenserwartung" Ihrer Ablagesysteme

⇨ Papieralterung

- Säureentwicklung
- Vergilben
- Verblassen (beschichtete Papiere, siehe Fax!)

⇨ „Non-Paper-Systeme": Lebensdauer der Datenzuordnung

- Magnet
- Licht

⇨ Elektronik: Lebensdauer der Lesbarkeit

- Kompatibilität in der Hard- und Softwareentwicklung?
- Überleben eigentlich „überalteter" Hard- und Software?

☐ CD-ROM

⇨ universelle Datenquelle, Laufwerk erforderlich

Ausstattung bedeutet Dynamik

9 Checkliste
Computer-Anlage: Peripherie

	relevant	nicht relevant	Anmerkungen
• Entsprechen die Anforderungen …?			
• Im Notfall externe Anbindung möglich?			
⇨ CD-WORM (Write or read memory)			
⇨ DVD – die neue Technologie?!			
☐ Disketten			
⇨ Lesbarkeit			
• Schreibschutz beachten			
• Wechsel Betriebssystem?			
• Wechsel Software (konvertieren, umformatieren)			
⇨ Speicherkapazität			
⇨ ZIP-Laufwerk zur Aufnahme und Wiedergabe erheblicher Datenmengen			
• Steckplatz möglich			
• Anschluß möglich			
☐ Wechselplatte			
⇨ Datensicherung			
⇨ Datentransport			
⇨ Datenarchiv			
• große Datenmengen			
• kürzerfristiges Umspeichern			

Checkliste **10**

Extras für Ihr Follow-up/das Fulfillment

	relevant	nicht relevant	Anmerkungen
☐ Lettershopping (Postfertigmachen)			
⇨ Kuvertieren			
• Sammeln			
• Falzen			
• Einstecken			
⇨ Portofreimachen			
• Freistempler			
• Briefmarkenfreimachung			
⇨ Direktadressierung			
• Brief			
• Karte/Schein			
• Kuvert			
⇨ automatische Unterschrift oder „Originalunterschrift" per Stift			
☐ Buchbinderische Verarbeitung im Vorfeld			
⇨ Falzmaschinen „standing alone"			
• personalisierte Teile vorbereiten			
• nichtpersonalisierte Teile je nach Einsatz unterschiedlich falzen			
⇨ Weiterverarbeitung			
• Klammern, Heften			
• Perforieren			
• Spiral-/Klebebindung			
• Prägungen und andere Aufwertungen			

Ausstattung bedeutet Dynamik

11 Checkliste
Das Communication-Center: Tele-Kontakt der Zukunft?

	relevant	nicht relevant	Anmerkungen

1. Herkömmliche Technologie

☐ Voraussetzungen im Call Center (ergänzend zu CTI, siehe Checkliste 5)

⇨ Internet-Anbindung ist gegeben
- dauernd
- aufschaltbar

⇨ Zugriff auf gleiche Website während des Telefonats
- Kunde reagiert auf Internet-Angebot, Agent „schlägt" die Site auf
- Agent erhält automatisch Site zugeordnet, die zum Angebot paßt (gesteuert über Telefonnummer, die angerufen wird)
- während des Telefonats sehen Kunde und Agent die gleiche Site

⇨ Mitsprache des (inhouse oder externen) Call Centers
- Gestaltung der Website (mit Links etc.)
- Wartung und Aktualisierung aufgrund der direkten Tele-Kontakte
- Definition des verantwortlichen Ansprechpartners

☐ DRO statt/ergänzend zu DRTV, DRR und klassischer Direktwerbung

⇨ Rückruf aufgrund E-Mail des Interessenten
- möglichst mit Detailzuordnung (wann unter welcher Telefonnummer erreichbar?)
- Zusteuerung Front-/Back-office, je nach Kontaktwunsch/-fragen

Checkliste **11**

Das Communication-Center: Tele-Kontakt der Zukunft?

	relevant	nicht relevant	Anmerkungen

⇨ alternativ: Antwort per Internet

• E-Mail zurück

• Web-chat (= Unterhaltung schriftlich)

⇨ „call me"-Button

• Web call back (Rückruf verlangt)

• Web call through (Kunde wählt selbst angegebene Nummer)

⇨ click now

2. Zukunftstechnologie

☐ Die Zukunft hat begonnen: „Call now"-Button

⇨ Kunde reagiert per Internet (-Telefonie)

• Rückruf soll sofort erfolgen

• Kunde erhält Direktverbindung (Wer trägt die Kosten?)

⇨ auch das Telefonieren findet über Internet statt

• zeitgleich bei beiden Teilnehmern (wenn zugeschaltet sowie Hardware/ Software beiderseits vorhanden)

• evtl. Konferenzschaltungen (Investgüterentscheid?) bzw. Weiterleiten an andere/n Gesprächsteilnehmer

⇨ neben Voice (Sound) auch Video im Einsatz?

• ermöglicht Bildtelefonkontakt

• auch hier: nur wenn beiderseits entsprechende Ausstattung vorhanden!

⇨ Voraussetzungen zusätzlich:

• Telefonie-Software für Internet

Ausstattung bedeutet Dynamik

11 Checkliste

Das Communication-Center: Tele-Kontakt der Zukunft?

	relevant	nicht relevant	Anmerkungen
• Soundcard und Mikro			
• Telefon-Gateway ACD-Internet?			
☐ Multimedia-Kiosk-Terminal			
⇨ moderne Fortsetzung des Internet-Cafés			
⇨ Datentransfer?			
• real time online			
• gesammelt durch Online-Abruf			
• Abholung (Diskette, CD-ROM)			
⇨ regelmäßige Wartung und Aktualisierung			
⇨ inkl. Beduftung als Anlock-Mittel?			

Checkliste **12**

Telefonarbeitsplatz: Integration

	relevant	nicht relevant	Anmerkungen

1. Call Center: Gestaltung

☐ Aufbau/Architektur

⇨ Größe und Einteilung

- Arbeitsplatz-/Mitarbeiterzahl
- Raum/Fläche zur Verfügung (je ca. 10 qm?)
- Raumgliederung
- Kosten

⇨ Wer plant wann und wie?

- Planungsphasen verteilen: Bestandsaufnahme/IST, Planung/Konzeption, Implementierung/Umsetzung, Monitoring/Kontrolle
- externer Architekt/Berater/„Bauherr"
- intern Führungskräfte beteiligen
- Mitarbeiter beteiligen
- Wer koordiniert, leitet, entscheidet (Budget, Zeit [mindestens 6 Monate], Abläufe)?

⇨ Spezialisten beauftragen?

- Unternehmensberater Tele-Marketing
- Planungsbüros für Call-Center-Gestaltung
- Kollegenunternehmen, Verband kontakten

⇨ Technische Ausstattung optimieren

- Telefonanlage
- EDV-Anlage
- Verknüpfung von Telefon und EDV

☐ Anbindung, Infrastruktur

⇨ Nähe zu Vorgesetzten

Ausstattung bedeutet Dynamik

12 Checkliste
Telefonarbeitsplatz: Integration

	relevant	nicht relevant	Anmerkungen
⇨ Nähe zu anderen Abteilungen			
⇨ kurze Wege			
• innerhalb der Abteilung/des Call Centers			
• von und zu Ein- und Ausgang			
⇨ Aufteilung Call Center/Nebenräume			
• 60% Großraum-„Telefonie"			
• möglichst am Ende einer „Flucht", um Störungen durch zuviel Begehen zu vermeiden			
☐ Modelle/Möbelausstattungen			
⇨ Großraum „offen"			
⇨ Kleinbüro			
⇨ Schallkabinen			
• wandseits			
• im Raum			
⇨ Rondellkombination			
⇨ Arbeitsplätze in Kleingruppen			
• Zweiergruppe „gegenüber"			
• Dreiergruppe			
• Viereergruppe (je zwei nebeneinander/gegenüber)			
• Sterngestaltung			
⇨ Einrichtung			
• Tische			
• Stühle, höhenverstellbar			
• Fußstütze			
☐ Call Center „spezial"			
⇨ Schallschutz (siehe Checkliste 21)			

Checkliste **12**

Telefonarbeitsplatz: Integration

	relevant	nicht relevant	Anmerkungen

⇨ Beleuchtung (siehe Checkliste 20)

⇨ Arbeitsplatzausstattung (siehe Checklisten 14, 15, 18)

⇨ Kabelführung (Telefon- und DV-Anlage, siehe Checkliste 4)

2. Telefonarbeitsplatz einzeln integriert ins Umfeld

☐ Arbeitsplatz, der getrennt ist von der „sonstigen Tätigkeit"

⇨ Telefon weiter entfernt als Armlänge

⇨ Telefon auf Schwenkarm

⇨ Telefon an Extraplatz

⇨ der Telefonarbeitsplatz als Stehplatz (siehe Checkliste 18)

⇨ mehrere Mitarbeiter teilen sich ein Telefon; setzt klare Absprachen voraus

• Entgegennehmen abwechselnd „auf Zuruf"

• zeitliche Zuordnung je Mitarbeiter (Tag, Stunde …)

☐ Vorteile des getrennten Platzes

⇨ Mitarbeiter löst sich vom Umfeld

⇨ Mitarbeiter löst sich vom momentanen Vorgang

⇨ Mitarbeiter konzentriert sich auf den Gesprächspartner am Telefon

Ausstattung bedeutet Dynamik

13 Checkliste
Telefonarbeitsplatz: Umfeld

	relevant	nicht relevant	Anmerkungen

1. Zusatzräume (max. 40% des Raumbedarfs)

☐ Sozialraum

⇨ Pausen

- bei ausschließlicher Telefontätigkeit: 5 Minuten je Stunde
- bei Entgegennehmen von Telefonaten: Absprache wegen Erreichbarkeit
- Übergänge nutzen, wenn Arbeitsplatz geteilt wird (absprechen!)

⇨ Rauchen

- nicht am Telefon
- achten von Nichtrauchern

⇨ Essen/Trinken

- nicht am Telefon
- Verköstigung ermöglichen (Kantine, Automat ...)

⇨ Gespräche

- Abstand gewinnen von Tätigkeit, die hohe Konzentration erfordert
- Teamnähe schaffen

⇨ bewußt andere Reize setzen

- Audio: Musik (beruhigend für inbound, eher „anheizend" für outbound)
- Video & Fernsehen (was fürs Auge!)
- für größere Unternehmen: betriebseigener Rundfunk/TV

⇨ Sanitärräume, Vorgaben beachten!

☐ Meeting und Schulungen

⇨ Besprechungsraum

Checkliste 13

Telefonarbeitsplatz: Umfeld

	relevant	nicht relevant	Anmerkungen
• für Kurz- und Routinebesprechungen			
• zum Austausch und zur Abstimmung			
• lfd. „Wochen-Meeting"			
⇨ Schulungsraum mit Ausstattung			
• für Themenschulungen			
• für Einsatz von Schulungsmedien			
⇨ auch mal bewußt extern aktiv sein			
• weg vom Alltag, anderen Blickwinkel gewinnen			
• andere Umgebung läßt neues Gruppengefühl entstehen			
⇨ bewußt ins Call Center integriert			
• um auf diese Weise Praxisnähe zu bewahren			
• Beispiele aktiv einbeziehen			
⇨ Trainings „on the job"			
• Echtsituation nutzen			
• Arbeitsabläufe möglichst reibungslos weiterlaufen lassen			
⇨ _____			
☐ Andere Räume			
⇨ EDV			
⇨ Personalleitung			
⇨ Geschäftsführung			
⇨ Lagerräume (evtl. extern?)			
⇨ Parken (Vorgaben!)			
• Tiefgarage?			
• Stellplätze im Freien?			

Ausstattung bedeutet Dynamik

13 Checkliste
Telefonarbeitsplatz: Umfeld

	relevant	nicht relevant	Anmerkungen
2. Abläufe			
☐ Konzeption/Planung			
⇨ Neubau			
• Baugenehmigung			
• Bauplanung			
• Erschließung, Außenanlagen			
⇨ Innenarchitektur			
• Entwurf, Skizze			
• Möblierungsskizze (kostenlos!)			
⇨ Beleuchtungsplanung			
• Tageslicht			
• künstliches Licht			
• Farben im Raum			
⇨ Raumakustikplanung			
• Bodenbelag			
• Decken			
• Wände			
⇨ schlüsselfertige Gesamtplanung			
⇨ _____			
☐ Realisierung			
⇨ Ausschreibung			
• Vorbereitung			
• Durchführung			
⇨ Bauleitplanung			
• Bauleitung			
• Baukosten-Controlling			
• Bauzeitenplanung			
• Bauherrenberatung			

Checkliste **14**

Telefonarbeitsplatz:
Effizientes Arbeiten „auf dem Tisch"

	relevant	*nicht relevant*	Anmerkungen

1. Produktinformationen im Blick und zur Hand
   (je nach Größe, Art des Angebots und nach Organisationsform zentral im Call Center sichtbar bzw. im Blickfeld der betreffenden Abteilung[en])

☐ Originalprodukte

⇨ in Betrieb/in Ruhestellung

⇨ Muster/Modelle in 3D

⇨ Darstellung in bewegter Form (Video)

⇨ Darstellung in 2D (Plakat/Poster)

⇨ Dienstleistungen: Alternativpräsentation
   Sinne ansprechend: bewegt = Video (etwa TV-Spots), zu hören = Audio (etwa Funk-Spots)

⇨ aktive Nutzung durch Agent anregen

• Gratismuster, wenn machbar (für zu Hause, Familie …)

• Einkauf mit Personalrabatt möglich? (ggf. Sammelbestellung)

• Incentive für Mitarbeiter ausloben: Wer z.B. mindestens 100 Verkäufe hat, erhält 1 Produkt gratis (bzw. Rückvergütung, wenn vorher mit Rabatt gekauft)

☐ Hilfs- und Organisationsmittel

⇨ Tisch-Butler: überschaubarer Sammler und Präsentierer

• Hilfsmittel mit einer Hand bedienbar (bleibt aufgeklappt, anders Kataloge!)

• von mehreren Seiten bedienbar

• immer zwei Seiten A 4 aufgeschlagen sichtbar

Ausstattung bedeutet Dynamik

14 Checkliste

Telefonarbeitsplatz: Effizientes Arbeiten „auf dem Tisch"

	relevant	nicht relevant	Anmerkungen

- geeignet für mittlere Informationsmenge
- ⇨ Werbemittel an der Hand
- Katalog ...
- Präsentationsfolder
- Prospekte
- Gebrauchsanleitung (z.B. technische Produkte)
- Handbuch (z.B. Software-Hotline)
- ⇨ Darstellung per PC abrufbar (auf Bildschirm)
- direkt aus dem Programm (von Festplatte, aus Server im Netz)
- von externem elektronischem Speicher (CD-ROM, Diskette ...)
- ⇨ Produktkartei in Kasten
- unterschiedliche Größen und Formate: Welche ist angemessen und erforderlich?
- Rollkartei
- ⇨ schwenkbare Elemente auf dem Tisch
- Telefonschwenkarm (vor allem wenn „gemischter" Tisch für Schreib- und Telefonierarbeiten)
- Vielzweckschwenkarm (auch für Telefon – z.B. für zwei gegenüberliegende Arbeitsplätze „in Teilung")
- ⇨ Präsentationsklappständer, unterschiedliche Größen und Formate
- ☐ Maßstab für die Ausstattung des Tele-Marketers: Was hat/weiß der Kunde?

Checkliste **14**

Telefonarbeitsplatz:
Effizientes Arbeiten „auf dem Tisch"

	relevant	nicht relevant	Anmerkungen

⇨ Info-Status

- vorm Erstkontakt „aktiv" (outbound)
- bzw. generell „inbound"

⇨ Info-Paket, das Agent ggf. dem Kunden zukommen läßt

- Basis fürs Zweit- und Folgegespräch outbound
- als Muster zur eigenen Kenntnis und Beschreibung dem Gesprächspartner gegenüber (outbound, inbound „Was kriege ich da eigentlich?")

⇨ Produkterlebnis

- Kennt Mitarbeiter das Produkt „live"?
- Schulungen?

2. Aktionsunterlagen im Blick/zur Hand

☐ Gesprächspartner/Zielgruppe

⇨ grundsätzliche Definition: „Wer mit wem zu welchem Ziel?"

- soziodemografisch (z.B. Branche bei Business, Alter bei privat)
- psychografisch (z.B. Bedarf, Interessen, Verbrauchertyp)

⇨ Details zum Kontakt

- auf Monitor abrufbar/automatisch dargestellt
- auf Papier (z.B. Adressenausdruck mit Details, z.B. „Dossier")
- Karteikarte, Karteiblatt … Klapp-/Rotiersystem

☐ Gesprächsführung

⇨ Skript, Leitfaden

Ausstattung bedeutet Dynamik

14 Checkliste
Telefonarbeitsplatz: Effizientes Arbeiten „auf dem Tisch"

	relevant	nicht relevant	Anmerkungen
• als Papierausdruck auf dem Tisch (evtl. mehrere, z.B. im Ordner)			
• als Karteiblatt aus Kasten (mit Reiter)			
⇨ Zusätze zum Leitfaden			
• Argumentarium (die drei entscheidenden Vorteile …)			
• Einwandbehandlung (Fragen und Antworten)			
⇨ direkt auf Monitor mit Benutzerführung			
• eigene Software, mit Pop-up-Menü			
• Entwicklung aus Vorgabe (etwa „CD-phone")			
⇨ Checkliste für Mindestabfrage			
☐ Bestellunterlagen			
⇨ erforderlicher Bestellcheck (Mindestanforderungen, Kannfragen …)			
• auf Monitor (befüllbar)			
• als Ausdruck (Agent füllt aus)			
• als Kundenvordruck (Agent führt Kunde/faxt den Vordruck für sofortige Antwort/schickt den Vordruck per Post zum Kunden)			
⇨ spezielle Bestellergänzung zu den Produktunterlagen			
• Preisliste, Artikelnummernliste, Kundenliste …			
• AGB (Allgemeine Geschäftsbedingungen)			
3. Arbeitsunterlagen griffbereit			
☐ Schreibutensilien			
⇨ Papier …			

Checkliste **14**

Telefonarbeitsplatz:
Effizientes Arbeiten „auf dem Tisch"

	relevant	nicht relevant	Anmerkungen
⇨ Unterlage (je nach Arbeitsplatz, z.B. Schreibplatte)			
⇨ Stifte			
⇨ Direkteingabe am PC			
• Manuskripthalter am PC, auf dem Tisch			
• Scanner zur direkten Übernahme			
☐ Motivationsextras			
⇨ Mottokarte alternativ: Motto des Tages auf dem Monitor (nach dem Einschalten, als Bildschirmschoner)			
⇨ Smiley-Figur alternativ: als Bildschirmschoner auf dem Monitor			
⇨ Erfolgsgeräusche			
• das Glöckchen (der sanfte Ton)			
• der Gong (das mächtigere Geräusch)			
⇨ Spiegel auf dem Tisch			
☐ Persönliche Unterlagen: Nur das Nötigste …			
⇨ Tisch möglichst freihalten			
⇨ Bild? Aschenbecher? Geschirr?			
⇨ alles Weitere bitte in die Schubladen oder darunter (Tasche)			
☐ Berichtswesen			
⇨ Gesprächsreport auf Papier			
⇨ direkte Eingabe in die EDV			
⇨ Kombination			
• Mitschreiben beim Telefonieren			
• dann Einscannen in den PC			

Ausstattung bedeutet Dynamik

15 Checkliste
Telefonarbeitsplatz: Organisation auf dem Tisch und im Schrank

	relevant	nicht relevant	Anmerkungen

1. Unterlagen in Schreibtischschubladen (individuelle Unterlagen, ausschließlich/primär für den betreffenden Mitarbeiter)

☐ Fallweise benötigte eigene individuelle Arbeitsunterlagen

⇨ vertiefende Information, selten gebraucht

- technische Beschreibung für gelegentliche Kundenfragen
- Ergänzungsprogramm, selten angefragt
- Mitbewerberunterlagen

⇨ Unterlagen für Aktionen, die zu anderen Zeiten telefoniert werden

- Austausch bei „Schichtwechsel"
- Zugriff im „Notfall"

⇨ Vergangenheitsablage, die gelegentlich benötigt werden kann

- Kundenhistorie (soweit nicht über PC verfügbar)
- andere Historie (etwa Artikel, nicht mehr im PC verfügbar)

⇨ _____

☐ Unterlagen von Kollegen, bei wechselnder Arbeitsplatzbesetzung

⇨ Zuordnung und Beschriftung der Schubladen

⇨ Sollten Schubladen absperrbar sein?

⇨ Leerschublade, Mitarbeiter bringt/nimmt Unterlagen jeweils mit

☐ „Versteckte" Vorgänge gleich zur Hand

Checkliste **15**

Telefonarbeitsplatz:
Organisation auf dem Tisch und im Schrank

	relevant	nicht relevant	Anmerkungen
⇨ schwenkbare Elemente			
⇨ Hängeregistratur			
⇨ Ablagefächer			
2. Unterlagen in Schränken (versteckt) und Regalen (offen sichtbar) (alles das, was für alle zugänglich sein sollte)			
☐ Stellbare Info-Unterlagen			
☐ Ordner			
☐ Nachschlagewerke			
☐ Fachbücher			
⇨ _____			
☐ Produkte			
⇨ Originale			
⇨ Modelle, Muster			
⇨ Werbemittel			
• Kataloge, Prospekte, Broschüren			
• Displays, Präsentationsfolder			
☐ „Zufahrt" und „Zugang" zu wichtigen Unterlagen gewährleistet?			
⇨ am individuellen Arbeitsplatz			
• Ist rasches Rüberfahren mit dem Stuhl machbar?			
• Genügen wenige Schritte?			
⇨ im Großraumbüro (Call Center!)			
• Genügen wenige Schritte, um ggf. auch Telefonat kurz zu unterbrechen und Unterlagen zu besorgen?			
• alternativ: Gespräch unterbrechen, Rückruf vereinbaren			

Ausstattung bedeutet Dynamik

15 Checkliste

Telefonarbeitsplatz: Organisation auf dem Tisch und im Schrank

	relevant	nicht relevant	Anmerkungen
☐ Spezialablagen für umfangreichere Unterlagen			
⇨ Rollschranksystem			
⇨ Ordnerrondell			
⇨ Elektrorolliersystem			
⇨ … oder einfach elektronisch!			
• CD-ROM (DVD-ROM …)			
• Online (Netzwerk, Festplatte)			

3. Das mobile Büro

	relevant	nicht relevant	Anmerkungen
☐ Fahrbares Schubladenelement des Mitarbeiters beinhaltet alle erforderlichen Unterlagen			
⇨ komplettes Untertischelement			
⇨ Schublade, einsteckbar			
⇨ Ist für entsprechend sichere „Lagerung" gesorgt?			
• „Spind" etc. abschließbar?			
• Einfache Abholung/Zufahrt gesichert?			
☐ Zugangsberechtigung			
⇨ verschließbare Elemente			
⇨ Aktivierung durch persönliche Codes			
• Steckkarten zur Identifikation			
• Identifikation durch Körpermerkmale (Fingerabdruck, Augen …)			
• Paßwortsicherung			

Checkliste **16**

Telefonarbeitsplatz: Wände – optimal gestaltet

	relevant	nicht relevant	Anmerkungen

1. Mehrfachnutzen von Schallschutzwänden
(zur Basisfunktion „Schallschutz" siehe Checkliste 21)

☐ Informationsfunktion

⇨ Produkt- und Aktions-Infos

• Plakat, Präsentationsfolder

• Kurz-Infos, Datenübersicht

⇨ Gesprächsführung

• Leitfaden/Skript gut lesbar angebracht?

• Tele-Prompting-System integriert?

⇨ individuelle Information für den Mitarbeiter „dahinter"

⇨ Info-Fläche „andere Tätigkeiten" (außerhalb Call Center)

⇨ _____

☐ Motivationsfunktion

⇨ Lob und Bestätigung für Mitarbeiter

• „Mitarbeiter des Monats" o. ä.

• „winner of the month" o. ä.

• „Rennlisten" mit Zwischenstand, Verkaufszahl …

⇨ News im Unternehmen und rundum

• Unternehmens-News, Markt-News

• Neues über Mitarbeiter (Geburtstage, Jubiläen usw.)

⇨ Smiley u. ä.: optische Positiv-Signale

⇨ positive Einstellung durch Transparenz der Wände

Ausstattung bedeutet Dynamik

16 Checkliste
Telefonarbeitsplatz: Wände – optimal gestaltet

	relevant	nicht relevant	Anmerkungen

- offener Blick zu Kollegen, optische Erweiterung des Raumes
- möglichst freihalten von Behängen usw.
- ☐ Ordnungsfunktion
- ⇨ Metalltrennwände als Planungstafeln (mit Magnetelementen, z. B. Einsatzpläne, Anwesenheit)
- ⇨ Wegeführung innerhalb des Großraumbüros
- ⇨ bei wechselnder Besetzung des „geschützten" Arbeitsplatzes
- Benennung des jeweils anwesenden Mitarbeiters
- Tagesplanung: „Wann ist wer an diesem Platz"?
- ⇨ _____

2. Raumwände gut genutzt
- ☐ Information und Austausch
- ⇨ News „to whom it may concern"
- ⇨ rechtlich erforderliche Bekanntmachungen
- Notausgangssystem
- Verhalten im Katastrophenfall
- Vorgaben der Berufsgenossenschaft
- ⇨ Entwicklungen
- Ziele und Zielerreichungsgrad
- Vergleichswerte zur Kenntnis aller Mitarbeiter
- ☐ Ein- und Ausgangs-„Post"
- ⇨ echter Postausgang (für extern)

Checkliste **16**

Telefonarbeitsplatz:
Wände – optimal gestaltet

	relevant	nicht relevant	Anmerkungen
⇨ Postein-/-ausgang intern			
• Verteilfächer Mitarbeiter			
• Sammelfach „Meeting"			
⇨ Quelle			
• Formularnachschub			
• Blankonachschub			
⇨ Handlager für Infos usw.			
• Verzeichnis „Wo finde ich was?" (Sortierung alphabetisch, nach Formular-Nummer …)			
• Nachschubhinweis (größere Mengen zu finden …)			
• Nachschubanforderung (wenn nur mehr …, liegt Formular dazwischen)			

Ausstattung bedeutet Dynamik

17 Checkliste
Spiegel beim Telefonieren: Für und Wider

	relevant	nicht relevant	Anmerkungen
1. Positive Aspekte eines Spiegels am Telefon			
☐ Sie beobachten die eigene Mimik und Gestik			
⇨ Freude ausstrahlen stimmt positiv			
• lächelnder Agent sieht seine positive Stimmung widergespiegelt			
• Gesprächspartner „hört" dieses Lächeln durch die Stimme!			
⇨ wenn eher hängende Mundwinkel: Selbst-Controlling			
• bewußt lächeln (wenige Sekunden genügen, die Stimmung zu heben)			
• kurze Pause zum Relaxen (bzw. sich bewegen) hebt die Stimmung			
⇨ Unterstützt der Agent seine Aussagen durch (softe) Mimik und Gestik (Körpersprache kommt auch über die Stimme!)?			
• etwa „Nicken" bei Ja			
• zurückhaltendes Gestikulieren (etwa Handbewegung)			
⇨ Kontrollieren der Körperhaltung (auch die kommt über die Stimme!)			
• gerade und zugleich entspannte Haltung			
• Zurücklehnen und Öffnen des Oberkörpers			
⇨ Sie bemerken Ablenkungen rechtzeitig			
• Kau- und Schluckbewegungen			
• abgewandter Körper usw.			
☐ Sie schaffen sich ein Gegenüber			

Spiegel beim Telefonieren: Für und Wider

Checkliste 17

	relevant	nicht relevant	Anmerkungen

⇨ Visueller Typ (siehe Checkliste 84) schafft sich gern ein Bild

• Agent selbst ist stark visuell orientiert: Spiegel macht es ihm leichter

• Gesprächspartner ist stark visuell – Agent stellt sich leichter auf ihn ein

⇨ Agent sieht den Gesprächspartner quasi vor sich

• Es entsteht das Gefühl eines „Vis-à-vis-Gesprächs"

• Gemeinsamkeitsgefühl verstärkt sich

⇨ Agent bestätigt/lobt sich selbst

• Selbstmotivation ist wichtig (vor allem bei „Einzelkämpfern")

• Diese Form ersetzt Lob durch Führungskraft, das meist nur selten (am laufenden Band) möglich ist

☐ Im Call Center erweitert sich die Umgebung

⇨ „optische Täuschung" schafft künstlich erweitertes Umfeld

⇨ das Gruppengefühl ist verstärkt („ich bin nicht allein")

⇨ Dynamik hinter dem Agentenplatz ersetzt statische Situation

⇨ Agent kann durch optische Signale „ferngesteuert" werden

• Supervisor agiert (an Stelle von Einschalten ins Gespräch)

2. Gelegentlich genannte Negativaspekte eines Spiegels am Telefon

☐ Nachlassen der Konzentration

⇨ Raumerleben lenkt ab?

Ausstattung bedeutet Dynamik

17 Checkliste
Spiegel beim Telefonieren: Für und Wider

	relevant	nicht relevant	Anmerkungen
• mehr Raum erkennbar (sonst wohl eher eingeschränktes Gesichtsfeld)			
• Bewegung lenkt ab (Kollegen bewegen sich im Raum)			
⇨ Agent achtet mehr auf „sich im Spiegel" als auf den Gesprächspartner			
• Ist Agent eher ein „visueller" Typ? (siehe Checkliste 121) Dann Entscheid, ob Spiegel verhängen oder eben deshalb belassen (zur Unterstützung)			
• Ist Agent eher „selbstbezogen"? Dann braucht er den Spiegel erst recht (zur Bestätigung)			
⇨ Spiegel wird anderweitig genutzt			
• Schminken, Frisieren etc.			
• bewußtes Beobachten der Umgebung/Kollegen			
• Reaktion der Aufsichts-/ Führungsperson erforderlich!			
☐ Einwand: „Spiegel paßt nicht zu jedem/will nicht jeder."			
⇨ Lösung „Spiegel auf Wunsch" (vermeiden Sie Zwang)			
• Spiegel testen lassen			
• Austausch im Meeting „für und wider"			
⇨ Großspiegel verhängen (gerade bei Mehrfachnutzung eines Arbeitsplatzes durch diverse Mitarbeiter)			
• sinnvolle Alternative: z.B. Prospekte = Informationswert			

Checkliste **17**

Spiegel beim Telefonieren: Für und Wider

	relevant	nicht relevant	Anmerkungen
• andere Person abbilden („neutraler Dritter"), somit einen Teil der positiven Effekte übertragen			
⇨ Stellspiegel auf den Tisch			
• gehört zur Arbeitsplatzeinrichtung			
• individuelles Arbeitsgerät des Mitarbeiters			

Ausstattung bedeutet Dynamik

18 Checkliste
Stehplatz beim Telefonieren: Für und Wider

	relevant	nicht relevant	Anmerkungen
1. Positive Aspekte			
☐ Konzentration auf den Gesprächspartner			
⇨ Tele-Marketer (inbound) löst sich von seiner Tätigkeit			
• vergißt vorübergehend, womit er sich vorher beschäftigt hat			
• stellt sich voll auf den Anrufer ein			
⇨ Tele-Marketer (outbound) hat nur die wichtigsten Daten vor sich			
• ist gezwungen, sich vorzubereiten			
• telefoniert ohne Ablenkung durch zu viele Unterlagen			
⇨ Anspannung statt Relaxing (beim Sitzen)			
☐ Dynamik im Gespräch durch Bewegung			
⇨ agile Verkäufer müssen „bewegt" telefonieren			
• Hin- und Hergehen entspricht dem Naturell			
• bei Einsatz eines Headsets ist (sanftes) Gestikulieren möglich			
⇨ bei Verlassen des „normalen" Arbeitsplatzes und Hinbewegen zum Telefonieren kommt der Kreislauf in Schwung			
⇨ Agent bewegt sich „auf den Gesprächspartner" zu			
⇨ Agent wirkt größer als im Sitzen			
• stärkt Selbstbewußtsein, läßt sicherer sprechen			

Checkliste **18**

Stehplatz beim Telefonieren: Für und Wider

	relevant	nicht relevant	Anmerkungen
• gleichberechtigt partnerschaftliches Verhältnis zum Gesprächspartner kommt durch die Stimme rüber (Motto: „Machen Sie sich nicht kleiner, als Sie sind!")			
☐ Agent spricht deutlicher und verständlicher			
⇨ Der Klangkörper vergrößert sich			
• die Stimme wird voller			
• die Stimme wird tiefer, wohltönender			
⇨ die Atmung ist freier (statt gequetscht in Sitzhaltung)			
⇨ der Kopf ist erhoben			
• Agent spricht eher „auf den anderen zu"			
• Agent spricht selbstbewußter, sicherer			
☐ Gesundheitliche Aspekte			
⇨ Wechsel zwischen Sitzen und Stehen bedeutet weniger Verspannungen			
⇨ Kreislauf kommt in Schwung			
⇨ Haltung bessert sich; als Alternative Kniestuhl für Sitz-Telefonplatz?			
2. Gelegentlich genannte Negativ-Aspekte			
☐ Es kommt zuviel Dynamik ins Spiel			
⇨ Ablenkung durch Bewegung im Raum			
• Entsprechendes Stellen der Plätze (und ggf. Spiegel) kann Gesichtsfeld wieder einschränken.			

Ausstattung bedeutet Dynamik

18 Checkliste
Stehplatz beim Telefonieren: Für und Wider

	relevant	nicht relevant	Anmerkungen
• Optische Begrenzung auch hier durch Stell-/Schallschutzwände möglich.			
⇨ Ablenkung durch Gestikulieren			
• Ist Selbstkontrolle durch Spiegel möglich?			
• Manche Agententypen benötigen das Gestikulieren für gute Gespräche.			
⇨ Stehplatz bietet zuwenig Ablage- und Vorlagefläche			
• Liegt in der Beschränkung vielleicht sogar der Vorteil?			
• Ist ein PC erforderlich (ein wirklicher Grund gegen Stehplatz – Lösung: Kombi-Arbeitsplatz!)?			
⇨ gesundheitliche Aspekte			
• Wie lange ist der Agent tätig?			
• Ausnahmesituationen, die individuell bedingt sind (z.B. Behinderungen etc.)			
☐ Nicht alle Tele-Marketer wollen so etwas			
⇨ Sie bieten Stehplatz nach Wahl			
• nur einige der Telefonplätze sind zum Stehen			
• das Stehpult ist höhenverstellbar und kann so individuell angepaßt werden			
⇨ Sie schreiben Stehplatz vor – und zugleich ...			
• bieten Sie höhenverstellbare Sitzmöglichkeiten			
• die Sitzmöglichkeit im Pausenraum			
⇨ motivieren Sie zum Stehplatz			
• nur Profis kriegen einen solchen			

Checkliste **18**

Stehplatz beim Telefonieren: Für und Wider

	relevant	nicht relevant	Anmerkungen
• lassen Sie „Telefonieren im Stehen" am herkömmlichen Platz (zeitweise) üben			
• Stehplätze sind optisch frei einsehbar = Vorbildfunktion = Auszeichnung			
⇨ testen Sie Stehplätze im Vergleich			
• gleicher Mitarbeiter telefoniert im Stehen/im Sitzen zu unterschiedlichen Zeiten: Ergebnisse?			
• verschiedene Mitarbeiter telefonieren unterschiedlich – Ergebnisse anders?			
3. Voraussetzungen			
☐ Voraussetzungen am Stehplatz			
⇨ ausreichende Ablagefläche			
• bewußt beschränken auf das Nötigste!			
• Fächer unterhalb der (gekippten) Arbeitsfläche?			
⇨ Stehhöhe ist anpassbar			
⇨ Möglichkeit ist geboten, zumindest vorübergehend zu sitzen			
⇨ Ergonomische Vorgaben von seiten Gewerkschaft etc.?			
☐ Ergänzende Voraussetzungen			
⇨ längere Spiralschnur, wenn Agent in Bewegung			
⇨ zusätzliche Ablage- und Quellenfläche			
• siehe Wände			
• siehe Schränke, Regale			
• siehe Teile, die dazugestellt werden können			

Ausstattung bedeutet Dynamik

19 Checkliste
Großraumbüro: Für und Wider

	relevant	nicht relevant	Anmerkungen
1. Call Center: Konzentration aufs Telefonieren			
☐ Optimale Raumnutzung			
⇨ hohe Ähnlichkeit der Arbeitssituation			
• Austauschbarkeit von Arbeitsplätzen ist gegeben			
• homogene Gestaltung erlaubt Großraumeinrichtung			
⇨ variable Möglichkeiten, Plätze zusammenzustellen			
• tragende Elemente einbeziehbar (Säulen z. B.)			
• angenehmeres Erleben durch unterschiedliche Optik			
⇨ mehr „Freiraum" je Arbeitsplatz			
• Verlust durch ungünstig gestaltete Kleinbüros (auf gleicher Fläche z.B. drei Plätze im Großraum möglich, nur zwei im kleineren Büro)			
• Offenheit nach außen für alle möglich (Gänge, Fenster = natürliches Licht …)			
⇨ Raumklima			
• Temperatur (18 – 22 Grad)			
• Luftfeuchte (50 – 70 % relativ) – ggf. durch Luftbefeuchter steuern (und durch Pflanzen)			
• Lüftung			
⇨ Farbgebung			
• helle, freundliche Farben			
• aktivierende (outbound) bzw. beruhigende Farben (inbound)			

Checkliste **19**

Großraumbüro: Für und Wider

	relevant	nicht relevant	Anmerkungen
⇨ Beleuchtung (siehe Checkliste 20)			
☐ Optische Abgrenzung und Öffnung			
⇨ Gestaltung von Kleinräumen durch Trennwände			
• variabel im Raum			
• fest im Raum (doch nur z. B. nach zwei Seiten)			
• Zusammenstellen von Gruppenarbeitsplätzen			
⇨ Wahl von transparentem Material für Abtrennungen			
⇨ Hängeelemente statt Stellelemente			
⇨ halbhohe Abtrennungen als Variante			
☐ Gelegentliche Argumente gegen Großraum			
⇨ Schall schwer einzudämmen			
• ungestörtes Telefonieren kaum möglich			
• Lösungen durch „Entschallung" und Headset			
⇨ Wege werden zu weit			
• Ist das bei Einzelbüros tatsächlich anders?			
• optische Wegeführung und mehrere Zugangsmöglichkeiten sichern			
• Sozialräume je nach Belegschaftszahl anpassen (und entsprechend naheliegend gestalten)			
⇨ individuelle Gegebenheiten der Mitarbeiter werden nicht berücksichtigt			
• Raucher/Nichtraucher (am Arbeitsplatz ist Rauchen ohnehin verboten)			

Ausstattung bedeutet Dynamik

19 Checkliste
Großraumbüro: Für und Wider

	relevant	nicht relevant	Anmerkungen

- individuelle Ausstattung genauso machbar
- ☐ Motivatorische Aspekte „Großraum-Call-Center"
- ⇨ Mithören bei den Kollegen hilft
- hören, womit die anderen Erfolg haben
- Austausch über Erfahrungen „on the job"
- den anderen bei Negativerlebnissen helfen
- ⇨ Multiplizieren von Erfolgserlebnissen
- durch einfaches Mithören
- durch Signale (akustisch, optisch)
- ⇨ leitender Ansprechpartner für mehr Mitarbeiter direkt erreichbar
- und zwar am besten, wenn selbst im Großraum integriert (z.B. zentral)
- Coach oder Entscheider durch optische Signale ansprechbar
- ⇨ Controllingfunktion der Gruppe
- Beobachtung durch andere „zwingt" zum konzentrierten Arbeiten
- Ablenkungen werden eher wahrgenommen und verhindert

2. Telefonarbeitsplätze integriert in Großraumbüro

- ☐ Großraumbüro als Basisorganisationsform
- ⇨ Schallisolation
- speziell für die Telefonplätze

Checkliste **19**

Großraumbüro: Für und Wider

	relevant	nicht relevant	Anmerkungen
• als Abgrenzung eines Teilbereichs, der fürs Telefonieren reserviert ist			
⇨ Zusammenfassen der telefonzentrierten Arbeitsplätze			
• z.B. Sachbearbeitung (Reklamation, Service)			
• z.B. Schadensbearbeitung (Versicherungen)			
• _____			
☐ Integration des Telefonierens ins „große Ganze"			
⇨ im „Hintergrund"			
• möglichst weit entfernt von Publikumsverkehr			
• ohne Durchgangscharakter			
⇨ Nähe zu technischen Einrichtungen (wegen Kabellängen und -verläufen)			
• Telefonanlage direkt am Zentrum des Telefonierens			
• DV-Anlage möglichst nahe an Telefonanlage			
☐ Gelegentliche Einwände gegen „Telefonieren im Großraumkomplex" (siehe oben „Großraumbüro")			
3. Leitungsfunktionen integriert im Großraum			
☐ Management (Geschäftsführung, Call-Center-Leitung, Abteilungsleitung)			
⇨ auch bei Großraum extern O.K., wenn			
• Controllingmittel über technische Geräte (CTI …)			

Ausstattung bedeutet Dynamik

19 *Checkliste*
Großraumbüro: Für und Wider

	relevant	nicht relevant	Anmerkungen

- sichergestellt, daß der Manager sich auch bei den Agenten blicken läßt
- Zugangserlaubnis („open door")
⇨ Lösungen im Großraumbüro
- zusätzlicher externer Raum für Sondergespräche
- „Büro im Raum" komplett für sich (geschlossen für Schall, evtl. halboffen durch transparente Teilwände)
⇨ voll integriert, wenn
- dem Naturell des Managers entsprechend
- überschaubare Gruppe aktiv = mittleres Großraumbüro
☐ Supervisor, Teamleiter, Trainer/Coach
⇨ „on the job" auf jeden Fall integriert!
- erlebt Gesamtsituation
- reagiert auf Veränderungen
- kann sofort und unmittelbar eingreifen
- Ergänzung ggf. durch Controllingmittel über CTI-Anlage
⇨ ansprechbar für jedermann, evtl. auch durch optische Signale
⇨ andere Aktivitäten ggf. extern
- Einzelbesprechungen
- Bewerbungsgespräche

Checkliste **20**

Beleuchtung im Call Center

	relevant	nicht relevant	Anmerkungen

1. Gesamtraumbeleuchtung

☐ Tageslicht

⇨ Fenster

- Größe, Glasart
- Belüftungsaspekte
- Schallschutzaspekte
- Reinigungsaspekte

⇨ transparent statt „dicht"

- Außenwände halbhoch aus Glas?
- Jalousien als Sonnenschutz?
- Innenwände/Trennwände halbhoch aus Glas?

⇨ Deckenkonstruktion

- transparent (Glas)
- zu öffnen (Wettersituation?)
- Wintergartenanbau „optisch offen"

☐ Ausleuchtung durch „künstliches" Licht

⇨ Deckenleuchten

⇨ Arbeitsplatzleuchten

⇨ Power durch 1.000 Lux (oder mehr)

⇨ Wintermüdigkeit durch fehlendes Tageslicht

   Ausgleich durch (im Winter) hellere Zusatzbeleuchtung?

☐ Beleuchtungssteuerung

⇨ automatische Beleuchtung

- Zeitschalter
- Lux-Schalter (Zuschaltung, wenn Raumausleuchtung unter …)

Ausstattung bedeutet Dynamik

20 Checkliste
Beleuchtung im Call Center

	relevant	nicht relevant	Anmerkungen
⇨ manuelle Schaltung			
• Wer schaltet ein/aus?			
• individuelle Beleuchtung beim Mitarbeiter in seiner Verantwortung (Rat vom Supervisor)			
⇨ Beleuchtungscontracting (Leuchtenhersteller stattet alle Räume mit seinen Produkten aus): Investition in Ersparnis			
• Energiesparlampen			
• komplettes Engineering (bestehendes System wird ausgetauscht)			
2. „Es werde Licht" am Arbeitsplatz			
☐ Art der individuellen Beleuchtung			
⇨ Systemlampen			
• optischer Eindruck			
• universeller Glühbirnentyp			
⇨ Hängelampen			
• spart Platz (auf dem/am Tisch)			
• schwieriger zu bedienen			
⇨ Stehlampen			
• am Tisch			
• auf dem Tisch			
• Klemmleuchten			
☐ Lichtstärke			
⇨ Lichteinfall (Winkel und Richtung) beachten			
• Licht sinnvoll nutzen			
• Blenden vermeiden			
⇨ Watt-Zahl wählen			

Checkliste **20**

Beleuchtung im Call Center

	relevant	nicht relevant	Anmerkungen

- nach Raumbeleuchtung
- nach Jahreszeit
3. Farbenspiele
- ☐ Farben unterstützen Helligkeit
- ⇨ „Helle Räume" durch helle Farben
- ⇨ Neon wirft Licht zurück
- verstärkt so den Leuchteffekt
- Farbe verstärkt
- ⇨ Vorsicht vor Blendeffekten
- „reine" Farben eher gefährlich
- kein reines Weiß, besser abgetönt
- ⇨ dunkle Farben meiden
- Schwarz keinesfalls (psychologische Wirkung!)
- wenn dunklere Farben, möglichst mit Verlauf (Dynamik)
- ⇨ Farben testen
- wenn möglich, an einer Wand/in einem Raum
- Erleben an anderer Stelle (Bühnenbild?)
- ☐ Farbpsychologie
- ⇨ Motivation
- ⇨ Optimismus
- ⇨ Dynamik
- eher „knallige" Töne für Outbound
- eher Rot und Gelb
- ⇨ Ruhe
- eher pastellige Töne für Inbound

Ausstattung bedeutet Dynamik

20 *Checkliste*
Beleuchtung im Call Center

	relevant	nicht relevant	Anmerkungen
• eher Grün- und Brauntöne			
⇨ Corporate Image beachten			
• Hausfarben zu berücksichtigen?			
• Wiedererkennung des Schwerpunktkunden im Call Center = Identifikation der Mitarbeiter?			
⇨ Branchenfarben?			

Checkliste **21**

Schallschutz im Call Center

	relevant	nicht relevant	Anmerkungen

1. Schallbelastung im Telefonie-Umfeld

☐ Lautstärke und Vielfalt

⇨ Zielsenkung: unter 60 Phon

- Messen des Pegels (für Erstentscheid von Schallisolation)
- lfd. Kontrolle

⇨ Auf- und Abschwellen des Lärmpegels

- Maximum als Meßwert
- Verhältnis zum Grenzwert

⇨ Vielfalt der Stimmhöhe

- Durcheinander?
- Aufschaukeln bestimmter Frequenzen (wird unangenehm)?

⇨ Vielfalt der Sprechinhalte

- Aufschaukeln der Schallwellen
- Ablenkung durch verstehbare Inhalte

☐ Ablenkung beim Telefonat

⇨ der Agent wird abgelenkt

⇨ der Gesprächspartner des Agenten wird abgelenkt

⇨ Grad/Intensität der Ablenkung?

2. Schallschutzmaßnahmen im Raum

☐ Schallschutz für den Agenten

⇨ Abschirmung direkt

- Headsets: kein Klingeln im Raum
- Headsets: weniger Lautstärke hörbar für Agent
- Headsets: weniger Umfeldgeräusche hörbar für Gesprächspartner

Ausstattung bedeutet Dynamik

21 Checkliste
Schallschutz im Call Center

	relevant	nicht relevant	Anmerkungen
⇨ Sprechtraining zur bewußten Absenkung des Lärmpegels			
• Runterpegeln der aufgezeichneten Sprache beim Abhören: Agent lernt, daß leiser Gesprochenes hörbar bleibt			
• Hochpegeln der gesprochenen Sprache im Headset: Agent ist gezwungen, leiser zu sprechen			
☐ Schallschutz zwischen den Arbeitsplätzen			
⇨ thekenhohe Trennwände ohne Gefühl des Eingesperrtseins			
• im Stehen zu überblicken			
• transparent und so „durchblickbar"			
• bewegliche Lamellen („aus dem Boden" kommend)			
⇨ andere optisch offene Lösungen mit Schallabsorption			
• Hängeelemente			
• Bepflanzung			
⇨ Arbeitsplätze paarweise			
• Rücken an Rücken			
• schräg versetzt: Schallwellen gehen aneinander vorbei			
☐ Schallabsorption im Raum			
⇨ Bodenbelag			
⇨ Wandbehang			
⇨ Deckenbelag			
⇨ Deckenhänger			
• Lamellen, etwa transparent			
• Vorhangelemente			

Checkliste 21

Schallschutz im Call Center

	relevant	nicht relevant	Anmerkungen
☐ Material Schallschutztrennwände (siehe dazu auch Checkliste 16 „Zusatzfunktionen")			
⇨ Metall			
• Magnethalter für Infos			
• Plantafelfunktion?			
⇨ Holz/Papier			
• Pinnwand			
• Flip-Chart			
⇨ Stoff			
• z.B. Chinesische Wand			
• Varianten mit z.B. Einstecktaschen beidseitig			
⇨ Was bietet der Markt aktuell?			

Ausstattung bedeutet Dynamik

22 *Checkliste*
Einsatzmöglichkeiten von Tele-Marketing: generelle Organisationsformen

	relevant	nicht relevant	Anmerkungen

1. Tele-Marketing intern oder extern

☐ intern („inhouse")

⇨ Sie möchten Tele-Marketing als Vertriebsform fest installieren

⇨ Sie verfügen bereits über eine passende technische Ausstattung

⇨ Sie haben geeignete Mitarbeiter in Ihrem Team

⇨ Sie sind in der Lage, Räume entsprechend sachgerecht umzugestalten

⇨ In Ihrer näheren Umgebung (ca. 100 km) befindet sich keine Telefonagentur/kein Call Center, das die für Sie wichtigen Dienste zu für Sie interessanten Preisen bietet

☐ extern

⇨ Tele-Marketing kommt für Sie nur fallweise/saisonal in Frage, als Ergänzung

⇨ Eine entsprechende Telefonanlage (mit Zusätzen wie ACD) müßten Sie erst anschaffen

⇨ Geeignete Mitarbeiter müßten Sie erst suchen und schulen

⇨ Räumlich sind Sie weniger darauf ausgerichtet, Tele-Marketing intern zu betreiben

⇨ (Mindestens) ein Call Center/eine Telefonagentur ist in Ihrer näheren Umgebung (ca. 100 km)

2. Tele-Marketing „standing alone" oder integriert

☐ integriert

⇨ Verkaufskette „Direktkontakt"

Checkliste 22

Einsatzmöglichkeiten von Tele-Marketing: generelle Organisationsformen

	relevant	nicht relevant	Anmerkungen
• Außendienst vorgeschaltet (Terminvereinbarung: Tandem mit Außendienstpartner)			
• Außendienst nachbereitend (Post-Sales, kognitive Dissonanz auffangend, Tandem)			
• Außendienst ergänzend (A-Kunden: Außendienstbesuch, B-Kunden: Tele-Marketing)			
• Mailing nachbereitend (z.B. bei C-Kunden, die nur mehr schriftlich bedient werden)			
⇨ Verkaufsförderungsmaßnahmen			
• Händleraktionen (Nachverkauf, Sonderaktionen, Monatsgespräch per Telefon)			
• Messevorbereitung und -nacharbeit (Einladung, Gesprächsbestätigung)			
⇨ Sonderaktionen im Direkt-Marketing			
• hochpreisige Produkte an ausgewählte Bestkunden (die übrigen erhalten nur den Katalog)			
• _____			
☐ standing alone			
⇨ Tele-Marketing ersetzt andere Vertriebsformen			
• TM anstelle von Außendienst			
• TM anstelle von schriftlicher Direktwerbung			
⇨ Tele-Marketing betreut einen vordefinierten Kundenstamm völlig unabhängig von schriftlicher Werbung und von Außendienst			

Ausstattung bedeutet Dynamik

22 Checkliste
Einsatzmöglichkeiten von Tele-Marketing: generelle Organisationsformen

	relevant	nicht relevant	Anmerkungen
⇨ Mit Tele-Marketing eröffnen Sie sich den Direktvertrieb neu			
• als Hersteller: zusätzlich zum Handel			
• als Zulieferer: zusätzlich zum Herstellerabnehmer			
⇨ vorübergehend für Spitzenzeiten und eng umrissene Aktionen			
3. Tele-Marketing braucht Vorbereitung			
☐ Neues Tele-Marketing gut vorbereiten			
⇨ Ziele definieren, Konzept erstellen, Umfang planen, Erfolgscontrolling definieren			
• Wer ruft an/wird angerufen?			
• Was wird angeboten, mit welchem Ziel?			
⇨ betroffene Führungskräfte und/oder Mitarbeiter in Planung einbeziehen, Klären der Konsequenzen (Außendienst, Innendienst)			
⇨ je nach Hierarchieform Verantwortlichkeiten und Verbindungen definieren, Positionen auch intern ausschreiben			
• Arbeitsgruppe führt Funktionen/Positionen zusammen			
• Organigramm stellt Zusammenhänge und Zusammenarbeit dar (am Ende des Verfahrens!)			
⇨ Vorzüge der neuen/ergänzenden Vertriebsform in einer Arbeitsgruppe erarbeiten lassen (statt aufzupfropfen)			
⇨ Verantwortliche und Mitarbeiter frühzeitig für die neuen Aufgaben schulen			

Checkliste 22

Einsatzmöglichkeiten von Tele-Marketing: generelle Organisationsformen

	relevant	nicht relevant	Anmerkungen
⇨ Ablaufdiagramm zeigt Verlauf von Inbound-/Outboundgesprächen			
⇨ Erfahrungen von außen adaptieren (Verband, Kollegenunternehmen, Lieferpartner, Kunde)			
⇨ Mitarbeitereinsatz planen und motivieren			
⇨ Räume und Ausstattung planen			
⇨ Gesprächsleitfaden, Adressen, Unterlagen vorbereiten			
☐ Vorhandenes Tele-Marketing optimieren			
⇨ Überprüfen Sie die Adressen			
⇨ Überprüfen Sie die Angebotspalette			
• Verändern Sie die Gesprächsziele (und ergänzen Sie sie)			
• Erweitern/verengen Sie das Sortiment			
⇨ Schulen Sie Ihre Mitarbeiter			
⇨ Testen Sie eine veränderte Gesprächsführung			

Ausstattung bedeutet Dynamik

23 Checkliste
Ziele und Einsatzchancen: Tele-Marketing „inbound"

	relevant	nicht relevant	Anmerkungen
1. Vermittlung eingehender Gespräche			
☐ Gesprächsannahme und Weitergabe			
⇨ „Visitenkarte des Unternehmens" (Selbstdarstellung, Image …, Corporate Communications)			
• freundliche, fröhliche und frische Stimme am Telefon			
• komplette Meldung (z.B. „Schönen guten Morgen", Vorname/Name, Unternehmen/Ort – „was kann ich für Sie tun?!"			
⇨ Annehmen des Gesprächs mit dem dritten Klingeln			
• Verzicht auf Warteschleifen mit Ankündigung (und z.B. Musik)			
• statt dessen: automatisches Umleiten auf andere Mitarbeiter im Haus			
• bzw. im Notfall Besetztzeichen (statt frei/Ansage „Alle unseren Leitungen sind belegt")			
⇨ Vermittlung ankündigen („Ich verbinde Sie mit …")			
• … und den Gesprächspartner kurz vorinformieren (statt den Anrufer seinen Spruch erneut sagen zu lassen)			
• … abwarten, bis Partner dran und übergeben (bzw. zurücknehmen und Anrufer informieren)			
⇨ Alternative bei Nichterreichen des Partners			
• anderen Gesprächspartner anbieten („Kann Ihnen auch … helfen?!")			
• Rückruf anbieten und Anruferdaten sowie -wünsche „laut" notieren			

Checkliste **23**

Ziele und Einsatzchancen: Tele-Marketing „inbound"

	relevant	nicht relevant	Anmerkungen
⇨ Service im Falle der Abwesenheit: hausinterne Umleitungen			
• individuell „direkt" ohne Wartezeiten (Info des Umstellers an Zentrale!)			
• automatisches Umlegen auf Zentrale nach dem x. (3. – 5.) Läuten			
⇨ Erreichbarkeit „rund um die Uhr"			
• nur im Notfall Anrufbeantworter			
• Call Center, Zuschalten externer Mitarbeiter (Routing)			
☐ Qualifizieren von Gesprächen/ Gesprächspartnern			
⇨ zur Vorbereitung des folgenden Gesprächs (nach Vermittlung) Daten klären			
• erstmals erfassen bei Neukontakten			
• überprüfen bei (seltenen) Wiederkontakten (kaum nötig bei Stammkunden)			
• Adressendaten (PLZ für Postfach getrennt! Großkunden-PLZ? Stimmt Straße noch? Privatkunde: umgezogen, mit gleicher Tel.-Nr.?)			
⇨ persönliche Daten			
• bei Privatkunden für Bonität usw.			
• bei allen Gesprächspartnern zur persönlichen/personalisierten Ansprache			
• Geburtsdatum („damit wir Ihnen gratulieren können" oder „für unsere Statistik")			
• Bankdaten („Wünschen Sie [künftig] bequemen Bankeinzug?!")			

Ausstattung bedeutet Dynamik

23 Checkliste

Ziele und Einsatzchancen: Tele-Marketing „inbound"

	relevant	nicht relevant	Anmerkungen
• Name (Überprüfen der Schreibweisen)			
⇨ Kommunikationsdaten			
• von Unternehmen			
• von Privatkunden			
• Telefax, E-Mail, Handy-Nr. des Entscheiders, Durchwahl des betreffenden Gesprächspartners …			
⇨ Bedarf klären und ggf. gleich im Sinne des Anrufers tätig werden			
• Informationen hausintern ermitteln und vermitteln			
• Unterlagen recherchieren, zusammenstellen und für den Anrufer postfertig machen			
⇨ _____			
2. Bestellannahme			
☐ Entgegennehmen von Bestellwünschen			
⇨ Führen des Gesprächspartners durch seine Bestellung			
• Hat er die erforderlichen Daten zur Hand?			
• Aus welcher Quelle wird bestellt?			
• die je Bestellung erforderlichen Details erfragen			
⇨ bestätigende Kontrolle des Bestellten			
• Artikel-Nr.: „Das ist also … in …" (Größe, Farbe)			
• Wiederholen/Zusammenfassen			
⇨ Rückruf tätigen			
• auf Wunsch des Bestellers			

Checkliste 23

Ziele und Einsatzchancen: Tele-Marketing „inbound"

	relevant	nicht relevant	Anmerkungen
• als Alternative bei längeren Bestellungen (und Hoch-Zeit in Zentrale)			
⇨ erforderliche Zusätze sofort am Telefon klären			
• in bestimmten Fällen schriftliche Bestellung unumgänglich (Alter, Bonität, Bestellhöhe …)			
• Auftragsbestätigung mit Rückbestätigung: per Fax veranlassen/durchführen			
⇨ _____			
☐ Qualifizieren von Bestellungen			
⇨ Sind die erforderlichen Daten nicht zur Hand?			
• Kundenzuordnung ermitteln – im Gespräch oder danach (Kunden-Nr. etc.)			
• Artikeldaten ergänzen – im Gespräch oder danach			
⇨ Liefertermine und sonstige Lieferbesonderheiten sofort klären			
• Verfügt Mitarbeiter über EDV-Online-Zugriff?			
• Gibt es Offline-Infos, etwa (aktuelle!) Listen?			
• im Sonderfall durch Nachfragen an dritter Stelle klären (ggf. Rückruf beim Besteller selbst – vorher ankündigen)			
⇨ Bonität direkt klären (statt nachträglich)			
• bei Erstbestellung anderes Vorgehen (nur Vorauskasse/Nachnahme)			

Ausstattung bedeutet Dynamik

23 Checkliste
Ziele und Einsatzchancen: Tele-Marketing „inbound"

	relevant	nicht relevant	Anmerkungen

- bei bekannten Schlechtzahlern Details klären (Kreditlinie vorgegeben – Anzahlung?)

⇨ _____

☐ Erweitern von Bestellungen („reaktives Tele-Marketing")

⇨ Zusatzangebote („Special der Woche", „nur solange Vorrat reicht")

⇨ Upgrading

- „Wenn …, dann X% Rabatt – das macht DM… aus!"
- „Wenn …, dann frei Haus – das spart Ihnen Versandkosten von DM …"
- Statt Normalausgabe die Sammleredition, statt eine Anzeigenschaltung …

⇨ Cross-Selling

- zur Basis die XYZ-Ausstattung, zur Maschine das Verbrauchsmaterial, die Wartung, die Versicherung
- zum Buch die CD, zum Seminar die Audio-Kassette

⇨ Mindestbestellwert erreichen (durch Einsetzen der obigen Vorgehen)

- Sonderangebot der Woche zur Hand (Restposten, Saisonartikel … – möglichst breit für alle Zielgruppen passend)

3. Kundenservice

☐ Kundenfragen klären

⇨ Interessenten beraten

- Basisinformation geben, Unterlagen verschicken

Ziele und Einsatzchancen: Tele-Marketing „inbound"

Checkliste 23

	relevant	nicht relevant	Anmerkungen
• für tiefergehende Details weitervermitteln („back office" mit mehr Detailwissen bzw. Verkauf)			
⇨ ergänzende Fragen beantworten			
• Gebrauchsanweisung erläutern			
• an Außenstelle zur Vor-Ort-Beratung vermitteln			
⇨ Reklamationen betreuen			
• Anrufer beruhigen und Lösung versprechen			
• direkt am Telefon klären, wenn möglich (Beratung)			
• weiterführende Lösung versprechen und veranlassen			
• Achtung, Wiedervorlage und Nachfrage, ob geklärt, wie vereinbart und veranlaßt!			
⇨ Kundenzufriedenheit abfragen			
• Kundenbindung erhöhen			
• Besserung versprechen (und durchsetzen!)			
• Re-Investition erreichen (etwa Lotteriegewinn)			
☐ Service-Hotlines			
⇨ lfd. Wartung/Service per Telefon			
• für Käufer nach Ersteinsatz			
• für lfd. Betrieb/Nutzung			
⇨ zur Vermittlung von Vor-Ort-Service			
• hauseigene Partner			
• Händler/Service-Unternehmen extern			

Ausstattung bedeutet Dynamik

23 Checkliste

Ziele und Einsatzchancen: Tele-Marketing „inbound"

	relevant	nicht relevant	Anmerkungen
⇨ Kündigung von Verträgen (Mitgliedschaft, Abonnement, Wartung …)			
• Klären der Daten (letzte Lieferung … noch zu zahlen …)			
• Versuch der Rettung (lt. Vorgaben, etwa Sonderangebote)			
• jedenfalls Gründe erfragen und festhalten/in DV erfassen, Info an Vertrieb			
⇨ lfd. Kundenbeziehung sofort und direkt erledigen			
• Schadensmeldung bei Versicherungen			
• Kontostände/Überweisungen und sonstige Geschäftsvorgänge bei Banken und Versicherungen			
☐ Telefon-„Seelsorge": Guter Rat ist teuer …			
⇨ Anruf kostet nichts: gebührenfrei (frühere 0130) (auch regional)			
• Interessentengewinnung (Werbung)			
• Service-Hotline (Betreuung)			
⇨ Anruf kostet überschaubar (0180X) (Anrufer übernimmt Gebühren anteilig/komplett)			
• regional/überregional schalten, ggf. aktuelle Tarife Telekom etc.			
⇨ Umfragen (Media etc., frühere 0130X)			
⇨ Beratungstelefone (0190X) (Gebühren erhält anteilig der Angerufene)			
• sog. Beratungsdienste (für z.T. bei anderen Anbietern gebührenfreie Infos)			

110

Die 166 besten Checklisten Call Center und Telefonmarketing

Checkliste 23

Ziele und Einsatzchancen: Tele-Marketing „inbound"

	relevant	nicht relevant	Anmerkungen
echte Ratgeber (medizinisch, finanziell, technisch, rechtlich) mit kompetenten Fachleuten am Telefon			
Sexlines (nur mehr eingeschränkt möglich)			

24 Checkliste
Ziele und Einsatzchancen: Tele-Marketing „outbound"

	relevant	nicht relevant	Anmerkungen
1. Telefonverkauf			
☐ Business-to-Business (rechtliche Einschränkungen beachten)			
⇨ kleinere Investitionsgüter			
⇨ Gebrauchs- und Verbrauchsgüter			
⇨ Medien: Verkauf von Werbefläche, -zeiten (Anzeigenverkauf, TV-Spots …)			
⇨ Abonnentengewinnung für wiederkehrende Leistungen			
• Verlage: Loseblattwerke, Fachinformationsdienste			
• Hersteller, Händler: Wartungs-/Service-Vertrag			
⇨ Kundenaktivierung			
• Reaktivierung früherer Kunden			
• Launch neuer Produkte bei bestehenden Kunden			
⇨ Neukundengewinnung			
☐ Privatbereich (Vorsicht: starke rechtliche Restriktionen!)			
⇨ Verkauf an Interessenten			
• Berechtigung eingeholt etwa durch Formulierung auf Antwortkarte: „Telefon-Nr. für Rückfragen/für Infos"			
⇨ Nachverkauf an bestehende Kunden			
• „Folgegeschäft" (Beispiel Krankenversicherung: Tarifänderung), im Sinne von „Upgrading"			
• „Cross-Selling"			
⇨ Verlängerung bestehender Verträge			

Checkliste 24

Ziele und Einsatzchancen:
Tele-Marketing „outbound"

	relevant	nicht relevant	Anmerkungen
⇨ Abonnentengewinnung			
2. Telefonkontakt zur Verkaufsunterstützung			
☐ Verkaufsvorbereitung			
⇨ Terminvereinbarung (generell)			
• Tourengestaltung für Reise			
• Revisionieren bereits vereinbarter Termine			
• Koordination von Konferenzen mit verschiedenen Teilnehmern			
⇨ Messearbeit			
• Einladen per Telefon (mit/ohne Mailing)			
• Vereinbaren konkreter Termine			
⇨ Adressenqualifizierung			
• Daten überprüfen, aktualisieren			
• Anfahrtsweg/Hierarchien klären			
⇨ Bedarfsermittlung			
• Wiedervorlage zur Terminvereinbarung			
• Vorverkauf			
☐ Verkaufsnachbereitung			
⇨ Post-Sales-Betreuung			
⇨ Nachverkaufen			
• Dankeschön und Erläutern von Vorteilen bei Privatkunden: Widerrufe vermeiden			
• Dankeschön und Fragen nach Zufriedenheit bei allen Käufern (Investgüter, siehe KFZ)			
⇨ Auftragsbearbeitung rationalisieren			

Ausstattung bedeutet Dynamik

24 Checkliste

Ziele und Einsatzchancen: Tele-Marketing „outbound"

	relevant	nicht relevant	Anmerkungen
☐ Aktiver Kunden-Service			
⇨ „Fernschulung" zur Vermeidung anwendungsbedingter Fehler			
⇨ Mahnwesen, Inkasso per Telefon			
• erhöhte Liquidität und reduzierte Bankkosten durch verbessertes Zahlungsverhalten			
• Vermeiden externer Kosten durch Eigenaktivitäten (statt Inkassobüro)			
⇨ Eilaktion, Gefahren abzuwenden			
• Rückrufaktionen an Endkunden (ähnlich wie bei KFZ)			
• Rückrufaktionen an Händler (z.B. bei evtl. vergifteten/verschmutzten Lebensmitteln)			
3. Telefonkontakt zur Informationsbeschaffung			
☐ Marktforschung			
⇨ Telefoninterviews für „echte" Marktforschung			
• anstelle von schriftlicher/persönlicher Befragung			
• als Ergänzung von schriftlicher/persönlicher Befragung			
⇨ Interessentengewinnung			
• mit ergänzender Frage zum Schluß einer Befragung (rechtliche Restriktionen?)			
• Bedarfsinterview zur Klärung weiterer Schritte			
⇨ Markttest vor Produkteinführung			
⇨ Erfragen der Kundenzufriedenheit			

Checkliste **24**

Ziele und Einsatzchancen: Tele-Marketing „outbound"

	relevant	nicht relevant	Anmerkungen

- Wie waren Beratung, Präsentation, Verkaufsverhandlung?
- Wie steht es mit Lieferung, Einschulung, Start mit Produkt/Leistung?
- Welche Anregungen hat der Kunde?
- ☐ Research im Personalbereich (Vorsicht vor Verstößen, siehe „unerlaubte Abwerbung"!)
- ⇨ Identifikation
- Kontakt- und Kommunikationsdaten?
- Grundsätzliche Bereitschaft und aktueller Anlaß?
- Vorgegebene Fakten abgestimmt?
- ⇨ Bewerberinterview
- Treffen die „hard facts" zu? (Ausbildung, Kenntnisse/Erfahrungen, Funktion, Geld …)
- Passen die „soft facts"? (Einzelgänger/Team-Mensch? Passen seine und die Firmenkultur zusammen?)
- ⇨ Terminvereinbarung für persönliches Interview: im Haus und/oder extern und/oder bei Messe

Ausstattung bedeutet Dynamik

25 Checkliste
Tele-Arbeit und Tele-Marketing

	relevant	nicht relevant	Anmerkungen

1. Tele-Marketing-Organisation „extern verteilt"

☐ Fakt: Einzelkämpfer unterwegs (Handelsvertreter)

⇨ Verkäufersituation als Mix

- outbound: terminieren, vor- und nachverkaufen
- inbound: Service-Anrufe entgegennehmen etc.
- inbound: Koordination (z.B. Terminverschiebung …)

⇨ Außendienst und outbound

- jederzeit über Handy möglich
- individuelle Koordination (Termin zwischenschieben etc.)
- Follow-up ebenfalls von unterwegs machbar („mobiles Büro" mit Fax, Laptop, E-Mail …)

⇨ Auftragsdienst

- als Notlösung
- zumindest Information für Anrufer

⇨ Anrufweiterschaltung individuell

- elegant und evtl. teuer
- aufs Handy, so sind Sie immer erreichbar (sonst: Mailbox)
- auf andere Festnetznummer: zu bestimmten Zeiten erreichbar
- auf „Ersatzmann" als Stellvertreter

☐ Dezentrale Verteilung von Mitarbeitern

⇨ Wohnort unabhängig von Unternehmen

Checkliste **25**

Tele-Arbeit und Tele-Marketing

	relevant	nicht relevant	Anmerkungen
• Wohnort = Einsatzort			
• evtl. externes Büro am Wohnort			
⇨ Telefonkontakt – geringe Entfernung zum Kunden			
• bei Direktnennung der Telefonnummer = geringere Kosten für Anrufer			
• bei Outbound-Einsatz = geringere Kosten für Unternehmen			
• Verbindung mit Service: rasche Reaktion möglich (kurze Wege)			
⇨ Telefonkontakt folgt Reisetour			
• je nach Planung Außendienst			
• oder Einsatz z. B. eines Service-Mitarbeiters			
⇨ Bestellannahme als typisches Beispiel: realisiert z. B. von Weltbild (Versandbuchhandlung)			
☐ Telefonverkauf als Tele-Arbeit			
⇨ Einsatz von Mitarbeitern „von zu Hause aus"			
• Terminieren für Außendienstpartner			
• Direktverkauf am Telefon			
• flexible Zeiten, unabhängig von Anfahrtswegen			
• Kontakt zu Partnern per Telefon, ggf. Meetings zentralisiert			
⇨ Mitarbeitergewinnung			
• Reaktivierung älterer Außendienst- und Innendienstmitarbeiter			
• körperlich behinderte (= weniger mobile) Mitarbeiter			
• Frauen im Erziehungsurlaub			

Ausstattung bedeutet Dynamik

25 Checkliste
Tele-Arbeit und Tele-Marketing

	relevant	nicht relevant	Anmerkungen

- in andere (fernere) Gegenden verzogene Mitarbeiter
⇨ in Anstellung
- als Tätigkeit wie „inhouse"
- gleiche soziale Absicherung etc.
- Ausgleich für Heimbüro
⇨ freie Tätigkeit
- für selbständige Mitarbeiter (Außendienst)
- als Neben- oder Zusatztätigkeit (aktuelle Vorgaben beachten)
⇨ Heimarbeit
- andere gesetzliche Vorgaben
- für diese Art der Tätigkeit kaum zutreffend
⇨ Abonnentengewinnung als typisches Beispiel
- siehe Tageszeitungen (Welt, regionale Blätter)
- siehe Buchreihen (Enzyklopädien, diverse Unternehmen)
☐ Risiken bei externer Tele-Arbeit
⇨ Controlling
- Überprüfbarkeit von Kosten?
- Ist der Agent wirklich aktiv?
- Laufen die Gespräche wie vereinbart?
⇨ Zusätzlicher Personalaufwand
- Besuche bei externen Mitarbeitern
- Testanrufe
⇨ Zusätzliche Kosten

Checkliste 25

Tele-Arbeit und Tele-Marketing

	relevant	nicht relevant	Anmerkungen
• technischer Aufwand (siehe unten)			
• Arbeitsplatzausstattung beim externen Agenten			
• doppelter Arbeitsplatz bei gemischter Tätigkeit			
⇨ Rechtsfragen			
• Steuern/Abgaben			
• Selbständigkeit des externen Agenten			
2. Technische Möglichkeiten und Voraussetzungen			
☐ Anrufweiterleitung			
⇨ ISDN			
• als Funktion jederzeit selbst manuell steuerbar			
• Kostenverteilung beachten (Wer zahlt was?)			
⇨ sinnvolle Zeitvorgabe			
• Dauereinrichtung für „Sprechstunden"?			
• vorübergehend bei Abwesenheit			
• Kommunizieren an Zielpersonen, „wer ist wann wie erreichbar"			
⇨ Routing			
• automatische Verteilung an externe Partner nach Vorgabe			
• über ACD steuerbar (zentraler Eingang der Gespräche)			
• über Telekom-Vorgabe je nach Gesprächseingang sofort weiterleitbar (ohne eigene ACD)			
☐ Ausstattung vor Ort beim „externen Agenten"			

Ausstattung bedeutet Dynamik

25 Checkliste
Tele-Arbeit und Tele-Marketing

	relevant	nicht relevant	Anmerkungen
⇨ eigene Anlage			
• gesonderte Apparate für private und berufliche Nutzung			
• möglichst ISDN (mit diversen Zusatzfunktionen)			
• Internet-Anbindung (mindestens DFÜ)			
⇨ Controlling			
• Gebührenaufkommen – wer zahlt was?			
• Auswertungen mit geringem Aufwand möglich (oder automatisch, siehe ACD)			
⇨ Extras			
• Gesprächsaufzeichnungen			
• Tele-Learning			
☐ Umfeld beim externen Agenten			
⇨ Ruhiges und ungestörtes Arbeiten möglich?			
• Eigenes Büro für diese Tätigkeit?			
• Ruhezeiten privat? (Kinder am Vormittag außer Haus etc.)			
⇨ Arbeitsplatz			
• Schreibtisch, Stuhl, Ablagen etc.			
• PC mit Peripherie (Bildschirmleitfaden, Follow-up)			
⇨ Home-office steuerlich relevant?			
• Vertragsgestaltung beachten			
• Ggf. Ausgleich für Aufwand?			

Checkliste **26**

Virtuelles Call Center

	relevant	nicht relevant	Anmerkungen

- ☐ Welche Aufgaben?
- ⇨ generell
- • Kommunikationsfähigkeiten gefragt
- • Sachkenntnis weniger wichtig
- • Sachkenntnis gezielt einsetzbar
- ⇨ outbound
- • Aktionen, Spitzenzeiten
- • unabhängig von Dauer und Frequenz (einmalig/wiederkehrend)
- ⇨ inbound
- • Aktionen, Spitzenzeiten
- • langfristig, wiederkehrend
- ☐ Vorteile des klassischen Call Center
- ⇨ gesicherter Einsatz
- • Kapazitäten sind vorgegeben
- • Anwesenheit ist Pflicht und überprüfbar
- ⇨ rasches Eingreifen vor Ort
- • Supervisor erkennt Ausfälle sofort
- • Schulungen jederzeit möglich (Coaching am Telefon z. B.)
- ⇨ Interaktion im Raum
- • Motivation der Agenten durch Team rundum
- • Unterstützung durch Unterlagen und Menschen
- • Gesprächsaufzeichnungen
- ⇨ betriebswirtschaftlich
- • Kalkulation klar
- • Investitionen planbar

Ausstattung bedeutet Dynamik

26 Checkliste
Virtuelles Call Center

	relevant	nicht relevant	Anmerkungen

- ☐ Vorteile des virtuellen Call Center
- ⇨ flexibler Einsatz
- • Kapazitäten sind „auf Abruf" vorhanden
- • zusätzliche Chance, Mitarbeiter zu gewinnen (auch kurzfristiger Einsatz ohne Reiseaufwand)
- • nach Selbständigkeit strebende Mitarbeiter können gehalten werden
- • Motivation erhöht (z.B. durch andere Lebensqualität)
- • behinderte Mitarbeiter sind vermehrt einsetzbar
- ⇨ Ferneingreifen gesichert
- • bei entsprechender technischer Ausstattung
- • und Zuordnung Supervisor
- • Gesprächsaufzeichnungen
- ⇨ Multiplikation technisch gestützt
- • Einsatz von Tele-Learning (online und offline)
- • Meetings per Telefon- und/oder Videokonferenz
- • Gesprächsaufzeichnungen
- ⇨ betriebswirtschaftlich: geringere Arbeitsplatzkosten

II. Der Mitarbeiter ist der Engpaß

Dies ist die wichtigste Herausforderung des beginnenden Jahrzehnts für alle Tele-Marketer: talentierte Mitarbeiter zu finden und versierte Agenten heranzubilden für angenehme wie erfolgreiche Dialoge am Telefon, inbound und outbound. Weitere rund 50.000 Agenten sind für die Jahre 2000 und 2001 als Bedarfszahl genannt, schon 1999 werden „normale" Agenten durch Headhunter direkt am Telefon abgeworben. Eine wichtige Aufgabe, die der Branchenverband Call Center Forum definiert, lautet: Lassen Sie uns einen Kodex finden, der verhindert, daß Agenten durch ständiges Abwerben unbezahlbar werden. Innerhalb von nur zwei Jahren ist das mittlere Einkommen von Call Center Agenten um rund 50 Prozent gestiegen. Nur die drastischen Senkungen der Kosten, vor allem der Telefongebühren, hat Unternehmenspleiten in größerem Umfang vermeiden geholfen – bei gleichzeitig hohem Preisdruck von seiten der Nachfrager durch intensiven Marktwettbewerb.

1. Chance für Seiten- und Quereinsteiger

Agenten wie Führungskräfte werden inzwischen aus den verschiedensten Berufen rekrutiert. Über das Berufsbild tauschen sich Branchenverbände und öffentliche Stellen (Industrie- und Handelskammer z.B.) intensiv aus, noch fehlt es an Übereinstimmung. Mehr und mehr setzt sich durch, daß die Kommunikationsfähigkeit der Kern ist, somit kaufmännische Aspekte nur eine Randrolle spielen sollten. Insofern setzt sich der Call Center Agent deutlich vom klassischen „Vertriebsinnendienst" ab – oder auch von der „Telefonzentrale", die nebenbei Aufgaben wie Bestellannahme sozusagen mit abzuwickeln hatte. Bei „Recruitment-Kosten" zwischen 5.000 und 50.000 DM lohnt es sich, etwas für die Entwicklung des Agenten-Bildes zu tun:

1. Zusammenführen des Berufsinhalts zwischen Praxis der Call Center und möglicher staatlicher Ausbildung (IHKs), wie das für den „Kaufmann im Außendienst" z.B. schon weitestgehend gelungen ist
2. Aufwerten des „Jobs" Call Center Agent (Enrichment, Standing, Image …)
3. Öffnen für weitere potentielle Kräfte (Teilzeit, Zeitflexibilität bis hin zu Akzeptanz von Sonn- und Feiertagsarbeit, Kinderbetreuung für Mütter im Unternehmen, Weiterbildung)

Inzwischen gibt es bereits IHK-Kurse für Blinde (bzw. Behinderte). Externe Büros (à la Teleworking) führen weitere Kreise an diese Jobs heran.

2. Aus- und Fortbildungsoffensive

50 bis 70 Prozent der Gesamtkosten im Bereich Tele-Marketing sind Personalkosten, so Benchmarking-Untersuchungen, mit steigender Tendenz: von 50 Prozent bei Inbound (mit höherer technischer Ausrüstung) bis zu 70 Prozent im Outbound (bei auch höherem Einkommen). Da ist es besonders bedeutsam, die Fluktuationsrate (teils bis zu 70 Prozent!) wie auch Ausfallquoten (z.T. zweistellig!) möglichst gering zu halten. Veränderungen im Recruitment helfen (andere Kontaktwege statt nur klassischer Anzeige in der Tageszeitung, Auswahlverfahren konsequent schon im Telefonkontakt), entscheidend ist die Mitarbeiterentwicklung:

☐ Heranführen an die Aufgabe ohne Wenn und Aber (siehe Arbeitszeiten, Stress- und Frustsituationen)

- ☐ Job-Enrichment (Queraufgaben – etwa beim Finden neuer Mitarbeiter, Coachings, wandernde Teamleitung)
- ☐ Kontinuierliche Weiterbildung in kleinen Häppchen (statt Wochenseminaren)

Private Anbieter ermöglichen Tausenden von Teilnehmern das Erlernen und Verstärken kleiner Bausteine für Kommunikation und Selbstmanagement.

3. Hilfe durch externe Partner

Auch hier helfen Verbände und Fachmagazine, u.a. bei Kontakten zu:

- ☐ Personalberatern (etwa Spezialisten wie dem Netzwerk „Cooperation Call Center", mit ganzheitlichem Ansatz)
- ☐ Akademien und Seminarveranstaltern (CCA, ProfiTel Hamburg, PRISMA Rodgau)
- ☐ Staatlichen Anbietern (IHKs mit reichhaltigem Angebot usw.)

Aktuelle Infos auch im Internet z.B. über http://sun1.dortmund.gfi.ihk.de. Stellenbörsen reichhaltig, mit Suchmaschinen „en masse", am besten über Ihren bevorzugten Netfinder, Stichwort „Stellenangebote".

Checkliste **27**

Call Center und Tele-Marketing: Im Mittelpunkt – der Mensch

	relevant	nicht relevant	Anmerkungen

1. Die Voraussetzungen

- ☐ Personeller Umfang und Einbindung
- ⇨ Mini-Team
  - Einzelperson (Handelsvertretung Eigenregie z. B.)
  - Vertriebsunterstützung inhouse, Zusammenfassung Teilfunktionen (time-partition)
- ⇨ externe Mitarbeiter
  - einzeln
  - Team
  - Tandem (Terminierer für Außendienst z. B.)
- ⇨ Inhouse-Abteilung
  - Zuordnung (zu Vertrieb, Innendienst, Service, Kundenbetreuung …)
  - eigenständige Abteilung (Telefon-Service …)
  - Profit Center (evtl. sogar rechtlich ausgegliedert?)
- ⇨ externer Dienstleister
  - Call Center – ausschließlich Telefonkontakt
  - im Rahmen einer Fullservice-Leistung (also z. B. Versand bestellter Produkte, Schriftverkehr usw.)
- ☐ Kostenverteilung „Kostenarten"
- ⇨ hoher Anteil Personalkosten am gesamten Tele-Marketing
  - zwischen 50 und 60 % (inbound) – bei Ihnen?

Der Mitarbeiter ist der Engpaß

27 Checkliste

Call Center und Tele-Marketing: Im Mittelpunkt – der Mensch

	relevant	nicht relevant	Anmerkungen

- zwischen 60 und 80% (outbound) – bei Ihnen?
- je nach Modellen: Lohnnebenkosten
- ⇨ technische Kosten
- TK- und DV-Anlage
- sonstige Ausstattung
- ⇨ sonstige Kosten
- Telefonentgelte
- andere Kosten
- ⇨ Gemeinkosten (wenn integriert in Gesamtbetrieb)
- anteilig
- nach Deckungsbeiträgen
- ☐ Gesetzliche Vorschriften und Usus
- ⇨ Arbeitszeiten
- Wann kommen Anrufe/sind Zielpersonen aktiv erreichbar?
- Wie lange ist konzentriertes Arbeiten am Telefon möglich (in der Regel um die 4–5 Stunden)?
- Wie viele Arbeitsplätze stehen zur Verfügung, zu welchen Schichten?
- ⇨ Pausen
- stundenweise (z.B. 55 Minuten Telefonieren, 5 Minuten Pause)
- längere Pausen (Mittagspause bei Doppelschichteinsatz, Abwesenheit Kinder etc.)
- Pausen mit Bewegung/Ruhe füllen?
- ⇨ Ergonomie
- Ausstattung Arbeitsplatz

Checkliste **27**

Call Center und Tele-Marketing: Im Mittelpunkt – der Mensch

	relevant	nicht relevant	Anmerkungen

- Ausstattung Sitze
- ⇨ „Vorschriftenhüter"
- Gewerkschaften
- Berufsgenossenschaften
- Industrie- und Handelskammern
- Gewerbe(aufsichts)amt
- Berufsverband
- TÜV (ISO-Zertifizierung)
- ⇨ Garantie/Haftung
- Produkt-/Prospekthaftung (Sachaussagen am Telefon?)
- Gütesiegel (Umgehen am Telefon)
- ☐ Gesetze und Richtlinien konkret (speziell bei technikintensiven Telefonarbeitsplätzen, z. B. mit PC)
- ⇨ EU-Richtlinien
- Rahmenrichtlinie
- Bildschirmrichtlinie
- ⇨ Arbeitsschutz
- Arbeitsschutzgesetz
- Arbeitsstättenverordnung
- ⇨ Bildschirmarbeit
- Bildschirmverordnung
- Unfallverhütungsvorschrift
- ⇨ Sicherheitsregeln für Büroarbeitsplätze und speziell für Bildschirmarbeitsplätze
- ⇨ Was gibt es Neues? (Fragen Sie die Verwaltungsberufsgenossenschaft in Hamburg)

Der Mitarbeiter ist der Engpaß

27 Checkliste

Call Center und Tele-Marketing: Im Mittelpunkt – der Mensch

	relevant	nicht relevant	Anmerkungen

☐ Investition in Menschen

⇨ Haltequote

- hohe Fluktuation (30–50%), vor allem im Inbound
- Maßnahmen einleiten (siehe Motivation)
- Ihre Werte?

. . . .

⇨ Planung in mehreren Stufen

- Auswahl
- Basis/Einstieg
- Fortbildung (intern, extern)

⇨ Job-Rotation

- Wechsel von Arbeitsplätzen/Abteilungen/Funktionen
- Training on the job

2. Mensch statt Maschine

☐ Persönliche Kommunikation

⇨ wer telefoniert, erwartet persönlichen Kontakt

- Ablehnung von Computerstimmen
- Ersatz für persönliches Gespräch „face to face"

⇨ Chance der sofortigen Klärung

- sofort, hier und heute
- spart Arbeit (Zeit)
- spart Mehrfachkontakte zur Abstimmung (somit auch Geld)

⇨ Ist persönlicher Kontakt erforderlich?

Checkliste **27**

Call Center und Tele-Marketing:
Im Mittelpunkt – der Mensch

	relevant	nicht relevant	Anmerkungen
• Wer daran kein Interesse hat, schreibt!			
• Vorsicht vor Ersatzfunktion Telefon!			
⇨ Menschen sichtbar machen			
• Bild gedruckt (Brief, Info, Kundenzeitung …)			
• Präsentation online (Website …)			
• Videofonie (Bildtelefon, Internet)			
☐ Motivation			
⇨ Information			
• Vermittlung von Sachkompetenz			
• Vermittlung von Kenntnissen übers Unternehmen			
• Vermittlung von Kenntnissen in bezug auf das Kundenumfeld			
⇨ Entlohnung			
• Basis abgesichert			
• Entwicklungsmöglichkeiten			
• Extras			
• erfolgabhängige Entlohnung			
⇨ Arbeitsumfeld			
• Gestaltung Arbeitsplatz			
• Dekoration u. ä.			
• Individualität (in Maßen) ausleben lassen			
⇨ Persönliche Bedürfnisstruktur berücksichtigen			
• Sicherheit wichtig?			
• Geltungsbedürfnis stark?			
• Streben nach Selbstverwirklichung?			

Der Mitarbeiter ist der Engpaß

27 Checkliste
Call Center und Tele-Marketing: Im Mittelpunkt – der Mensch

	relevant	nicht relevant	Anmerkungen
⇨ „Menscheln" lassen			
• offenes Ohr haben			
• Kontakt suchen			
• Austausch pflegen			
3. Installieren von Abteilung/Call Center			
☐ Mensch in der Planungsphase			
⇨ Umfang: wie viele?			
• Planung: Anzahl der Kontakte			
• Anzahl der Stunden			
• Anzahl der Mitarbeiter			
⇨ Wer wann?			
• je Mitarbeiter			
• Gesamtplanung (Netzplan?)			
⇨ frühes Einbeziehen, Mitspracherecht			
• Verantwortliche			
• Ausführende			
• Information an			
☐ Mensch im Alltag			
⇨ Arbeitsplatz			
• allgemeine Ausstattung			
• persönliche Ausstattung			
⇨ gemeinsame Räume			
⇨ Grenzen der Individualität am Arbeitsplatz			
• Teilen sich mehrere Mitarbeiter einen Arbeitsplatz?			
• Bleibt der Überblick erhalten?			

Checkliste **28**

Ausbildung und andere Voraussetzungen für Erfolg im Tele-Marketing

	relevant	nicht relevant	Anmerkungen

1. Aus- und Fortbildung für Tele-Marketer

☐ Lehrgänge

⇨ Eigener Ausbildungsgang?

- mittelfristig anzustreben: nachfragen bei IHK
- Markt ständig am Wachsen: Einfluß nehmen (direkt, über Politiker vor Ort, über den eigenen Verband…)

⇨ IHK-Lehrgänge „Call Center Agent"

- Bei Ihrer IHK möglich? Zertifizierung?
- Speziallehrgänge vorhanden? (z.B. für Blinde!)
- Kooperationen Privatwirtschaft mit IHK, siehe z.B. CCA NRW

⇨ Inhalte?

- generell prüfen, ob das vermittelte Wissen sinnvoll und anwendbar ist
- ggf. ergänzen durch interne Maßnahmen

☐ Privatwirtschaftliche Lehrgänge

⇨ offene Aus- und Fortbildung

- spezielle TM-Schulen (Prisma Rodgau, profiTel Akademie Hamburg)
- klassische Ausbilder (DVS München …)

⇨ Seminare

- Seminarveranstalter
- Einzelanbieter (bzw. Institutionen, siehe RKW, Gewerkschaft …)

Der Mitarbeiter ist der Engpaß

28 Checkliste
Ausbildung und andere Voraussetzungen für Erfolg im Tele-Marketing

	relevant	nicht relevant	Anmerkungen
• Kongresse (Organisation, Management, Technik)			
⇨ Inhouse-Ausbildungen			
• größere TM-Agenturen, Call Center			
• Großbetriebe mit hauseigenem Call Center			
⇨ Fortbildungsmedien			
• Print (Bücher, Loseblatt, Newsletter, Magazine)			
• andere Medien (Audio- und Videokassetten, CD-ROM …)			
• Online-/Fernkurse			
⇨ Art der Ausbildung			
• Gesprächsführung, Kommunikation			
• Menschenführung, Motivation			
• Organisation, Management			
• Technik, Controlling			
• Inbound/Outbound			
☐ Einstiegsausbildung(en)			
⇨ Bürokaufleute			
• zumindest Ansätze und Verbindungen, besseres Verständnis des Wirtschaftslebens			
• spezielle Zweige, die evtl. sachliche Vorkenntnisse bringen (Reise-, Großhandelskaufleute …)			
⇨ Fachkaufleute Außendienst (IHK-Zertifikat)			
⇨ diverse Zertifizierungen			
• Sekretariat, Organisation			
• kaufmännische Fortbildung			

Checkliste **28**

Ausbildung und andere Voraussetzungen für Erfolg im Tele-Marketing

	relevant	nicht relevant	Anmerkungen
• Rhetorik …			
⇨ Studiengänge Universität (auch für Führungskräfte)			
• Geisteswissenschaften, primär Sprachen			
• speziell Sprachwissenschaft, Phonetik und sprachliche Kommunikation			
• Pädagogik, diverse Zweige			
⇨ Studiengänge Fachhochschule (auch für Führungskräfte)			
• sozialwissenschaftlich			
• wirtschaftswissenschaftlich			
2. Günstige Einstiegsvoraussetzungen für Telefon-Agenten			
☐ Berufserfahrung mit erheblichem Telefonkontaktanteil			
⇨ Vertrieb			
• Außendiensterfahrung			
• Assistenz Innendienst			
⇨ Sekretariat			
• inkl. Vermittlung			
• Assistenz			
• Terminvereinbarung			
⇨ Telefonzentrale			
• Telefonvermittlung			
• Bestellannahme			
⇨ Sachbearbeitung			
• Kunden-Service			
• Reklamationsbearbeitung			
• Service-Hotline			

28 Checkliste
Ausbildung und andere Voraussetzungen für Erfolg im Tele-Marketing

	relevant	nicht relevant	Anmerkungen

⇨ pädagogische Berufe
- Lehrer jeder Art
- Erzieherin (Kindergarten etc.)

⇨ generell
- alles mit Telefontätigkeit
- alles mit Menschenkontakt
- alles mit Verkaufstätigkeit

☐ Teilzeit oder Vollzeit?

⇨ Vollzeit möglich?
- Konzentration über 4 – 5 Stunden hinaus?
- Evtl. Wechsel des Programms und Pause dazwischen?
- Evtl. Wechsel der Zielgruppe und Pause dazwischen?

⇨ Wann werden Zielpersonen erreicht?
- entsprechend einsetzbares Personal
- Wenn nur teilweise Überschneidung: Tätigkeit von zu Hause aus möglich?
- Zielperson zu passender Zeit woanders erreichbar?

⇨ Wann kann Agent telefonieren?
- Fahrtzeiten sparen (von zu Hause?)
- Andere Aktion/Zielpersonen möglich?
- Kinderbetreuung möglich: Ausweiten der Arbeitszeit?

⇨ Zeiten umdefinieren
- Aufsplitten auf mehrere Teilzeiten
- ungewöhnliche Zeiten nutzen (Samstag, früher Morgen unter der Woche …)

Checkliste **28**

Ausbildung und andere Voraussetzungen für Erfolg im Tele-Marketing

	relevant	nicht relevant	Anmerkungen
• Arbeitszeit: statt zweimal einen ganzen viermal einen halben Tag?			
☐ Sach- und Fachkenntnisse			
⇨ Branchenerfahrung			
• Kenntnisse in bezug auf die Angebote (Verständnis für Produkte und Kundenvorteile)			
• Marktkenntnis (Situation, Mitbewerber)			
• Kenntnisse in bezug auf die Zielgruppe (Anpassen an Gesprächspartner)			
⇨ Produktkenntnisse			
• Einsatz von Fachleuten vs. Telefonerfahrung			
• gute Telefonkommunikatoren auf Produkt schulen			

29 Checkliste
Kriterien für die Personalauswahl „Tele-Marketing"

	relevant	nicht relevant	Anmerkungen
☐ Allgemeine Voraussetzungen			
⇨ Ausbildung, Vorkenntnisse, Erfahrungen (siehe oben)			
⇨ Zeiten und Finanzen abgestimmt			
⇨ erster Eindruck am Telefon war gut (siehe unten Details)			
⇨ längerfristige Zusammenarbeit scheint realistisch			
• Karrierewünsche bei Akademikern einbeziehen			
• Schwierigkeiten in der Zeitabstimmung beseitigen			
• zusätzliche Ausbildung sinnvoll			
⇨ evtl. Tests, wenn gewünscht			
• Rollenspiele „Telefon"			
• evtl. verkürztes und abgewandeltes Assessment Center			
☐ Sprache, Sprechen, Stimme			
⇨ sicheres „Auftreten"			
• Stimme ist volltönend (statt piepsig-matt)			
• Agent spricht schnell und laut genug (= Kompetenz)			
• Agent spricht langsam und leise genug (= Druck nur in Maßen)			
⇨ variables Sprechen			
• Sprach- und Satzmelodie vorhanden			
• mittellaut und mittelschnell			
⇨ Zuhören = Anpassen			
• ggf. langsamer/schneller sprechen, je nach Partner			

Checkliste 29

Kriterien für die Personalauswahl „Tele-Marketing"

	relevant	nicht relevant	Anmerkungen
• lauter/leiser anpassen			
⇨ Aussprache deutlich und verständlich			
• Dialekt? (O.K.? Zu stark?)			
• Artikulation deutlich			
• genügend laut und langsam			
☐ „soft factors" abfragen/testen/einschätzen			
⇨ Kommunikationsfähigkeit			
• soziale Kompetenz (zuhören, partnerschaftlich verhalten)			
• Offenheit			
⇨ Teamfähigkeit			
⇨ Lernbereitschaft			
• Flexibilität			
• rasche Auffassungsgabe			
⇨ Anpassungsfähigkeit			
• Allgemeinwissen			
• Zurücknehmen des eigenen Ego			
⇨ Streßstabilität			
• Belastbarkeit			
• _____			
☐ Karriereplan			
⇨ Wunsch/Chance in bezug auf Führungstätigkeit			
⇨ evtl. vertraglich vereinbaren			
⇨ lfd. Controlling (Jahresgespräch etc.)			
• entsprechend auch für Agenten			
• Coaching und andere Tätigkeiten aus der Praxis heraus als Karrierechance			

Der Mitarbeiter ist der Engpaß

Checkliste

Mitarbeiter fürs Tele-Marketing finden: Anzeigen und anderes

	relevant	nicht relevant	Anmerkungen

1. Die üblichen Wege: So ist die Praxis

☐ Anzeigen in Zeitungen

⇨ Wo suchen Sie?

- vor Ort – am besten regionale Tageszeitungen (Samstag: Stellenmarkt)
- für Nebenberufler (Hausfrauen, Rückkehr in Beruf!) auch Anzeigenblätter

⇨ Führungskräfte

- in überregionalen Tageszeitungen
- in Wochenzeitungen

⇨ Ungewöhnliche Headlines wecken Aufmerksamkeit

- Spielen Sie auf Sprechen/Hören an, z.B. „Leihen Sie uns Ihre Stimme"
- Bringen Sie das Telefon ins Gespräch, z.B. „Sie telefonieren gerne?"

⇨ Fordern Sie zur Telefonreaktion auf

- „Rufen Sie jetzt an" (mit Name und Durchwahl)
- Nennen Sie keine Adresse – Sie wollen zunächst den telefonischen Eindruck

⇨ Kosten – Nutzen?

- Welche Anzeigengröße erforderlich?
- Mehrfachschaltung?

☐ Anzeigen in (Fach-)Magazinen

⇨ „Abwerbung"

- indirekt, da diese Anzeigen nur von den Menschen in entsprechenden Positionen gelesen werden

Checkliste 30

Mitarbeiter fürs Tele-Marketing finden: Anzeigen und anderes

	relevant	nicht relevant	Anmerkungen
• umfangreich, wenn Sie viele Mitarbeiter suchen (gezielte Breitenwirkung)			
⇨ Führungskräfte			
• sind die primären Nutzer dieser Magazine			
• orientieren sich auf diesem Weg auch in „fremden Branchen"			
⇨ Zielgruppe direkt			
• feiner dosierte Wirkung			
• allerdings deutlich überregional …			
☐ Online-Aktivitäten			
⇨ Job-Angebote, diverse			
• hier unterbringen			
• oder über eigene Website aktiv werden (dann mit Links, Suchmaschine …) – Zusatzvorteil: Wer darauf anspricht, erfährt gleich mehr über Ihr Unternehmen			
⇨ Welt-am-Sonntag-Service (für Stellensuchende)			
• Zusammenstellung der Online-Angebote in Stichworten			
• Service-Angebot: zukommen lassen (Fax, online, Post)			
• entsprechende Mehrfachwirkung Ihres Online-Stellenangebots			
☐ Arbeitsvermittlung			
⇨ Arbeitsamt			
• Trefferquote?			
• Evtl. persönlicher Kontakt zum passenden Sachbearbeiter?			

Der Mitarbeiter ist der Engpaß

30 Checkliste
Mitarbeiter fürs Tele-Marketing finden: Anzeigen und anderes

	relevant	nicht relevant	Anmerkungen
⇨ Headhunter			
• Branchenerfahrung? Referenzen?			
• Datenbank? Recherche?			
• Kosten? (Basis, Erfolg)			
2. Spezialwege: intelligent und bewährt			
☐ Empfehlungen			
⇨ Zufriedene Mitarbeiter finden weitere Mitarbeiter für Sie			
• Mundpropaganda			
• Evtl. mit Prämien unterstützen?			
⇨ im Kundengespräch Mitarbeiter gewinnen			
• geht nur bedingt			
• muß räumlich passen			
• Mix Kunde/Mitarbeiter in vielen MLM-Systemen üblich			
⇨ Kosten-Nutzen-Relation			
• sehr günstig			
• evtl. höherer Zeitaufwand			
☐ Reaktivieren von Ehemaligen			
⇨ outbound: Vertrieb			
⇨ inbound: Telefonzentrale, Sachbearbeitung…			
⇨ Mitarbeiterinnen in Erziehungsurlaub			
⇨ Mitarbeiter in Rente			
⇨ in andere Gegenden verzogene Mitarbeiter			
• von zu Hause aus			
• für andere Filialen			

Checkliste 30

Mitarbeiter fürs Tele-Marketing finden: Anzeigen und anderes

	relevant	nicht relevant	Anmerkungen
⇨ örtliche Sondersituation			
• Internationale Truppen stationiert?			
• Hohe Arbeitslosigkeit?			
• Universität am Ort?			
☐ Nebenberufliche finden			
⇨ Anschläge im örtlichen Handel			
• in den örtlichen Supermärkten			
• Dienstleister			
• Gaststätten			
⇨ Aushänge an öffentlichen Stellen			
• Postämter			
• Schaukästen von Banken usw.			
⇨ Studentenarbeitsvermittlung			
⇨ Kontakte über Vereine			

Der Mitarbeiter ist der Engpaß

31 Checkliste
Die telefonische Bewerbung

	relevant	nicht relevant	Anmerkungen

1. Voraussetzungen

☐ Klare Vorgabe im Vorkontakt

⇨ Sie nennen in der Anzeige ausschließlich die Telefonnummer

- Mit kompletter Adresse provozieren Sie schriftliche Bewerbungen
- evtl. Ortsangabe (wenn Anzeige weiter gestreut bzw. unterschiedliche Außenstellen gemeint sein könnten)

⇨ Sie fordern klar zum Anrufen auf

- klassische Formulierung: „Rufen Sie jetzt an"
- Variieren Sie ggf. mit „Greifen Sie am besten gleich zum Telefon" oder ähnlichen Formulierungen

⇨ Sie benennen den Kontakt klar

- Vorname, Name, Funktion
- mögliche Anrufzeiten
- Durchwahlnummern

☐ Vorbereitung auf die eingehenden Bewerbertelefonate: „Fragen"

⇨ Vorcheckfilter

- Kann Bewerber zu den gefragten Zeiten?
- Ist Bewerber so verfügbar wie gewünscht (z.B. kurzfristig)?
- Will Bewerber passend zum Zeitraum aktiv werden (z.B. Vertretung, längerfristig …)?
- sonstige „Killerfragen" (Geld, Alter usw.)

⇨ Einstellungsfilter

Die 166 besten Checklisten Call Center und Telefonmarketing

Checkliste 31

Die telefonische Bewerbung

	relevant	nicht relevant	Anmerkungen
• Offenheit für Angebote (Nichtraucher für Tabakwaren?)			
• Sympathie für Produkte (liest gern für Buchvertrieb)			
⇨ Erfahrungen per Telefon			
• vergleichbare Tätigkeit (Tele-Marketing, Außendienst)			
• Tätigkeiten, deren Basis das Telefon ist, etwa Kunden-Service, Sekretariat, Zentrale …			
⇨ Ausbildung fürs Telefon			
• Seminare			
• Stimmschulungen (Schauspieler)			
☐ Vorbereitung auf die eingehenden Bewerbertelefonate: „Eindruck"			
⇨ Angenehme Stimme?			
• volltönend statt piepsig			
• wohltönend statt brummend			
⇨ Sympathische Art?			
• Lächeln am Telefon			
• lockeres Umgehen			
⇨ Deutliche Aussprache?			
• verständlich statt nuschelnd			
• Hochdeutsch, kein starker Dialekt			
⇨ Verständliches Formulieren?			
• kurze Sätze			
• nur zum angesprochenen Thema			
⇨ Klare Aussagen?			
• präzise statt ausschweifend			
• kurz, knapp und sachlich			

Der Mitarbeiter ist der Engpaß

31 Checkliste
Die telefonische Bewerbung

	relevant	nicht relevant	Anmerkungen
⇨ Interessierte Fragen?			
• geduldiges Warten auf Antworten			
• gutes Zuhören			
☐ Vorbereitung: Zielsetzung			
⇨ Wer interviewt?			
• Direktkontakt?			
• Zwischenkontakt?			
⇨ Was kommt danach?			
• Infotag, Schulung …			
• Wann und wo?			
⇨ Wie viele Bewerber?			
• Wenn mehrere interessant, Warteschleife?			
• In Stufen mehrere?			
⇨ Auswertung			
• Checkliste fürs Telefon			
• Bewertung aufgrund Telefonat			
• Entscheid			
2. Ablauf der „telefonischen Bewerbung"			
☐ Direktannahme vs. Rückruf			
⇨ Durchwahl zum Partner			
• kompetenter Einstieg des Unternehmens			
• sicherer Direktcheck des Anrufers			
⇨ Anrufbeantworter vorschalten			
• Wie reagiert Bewerber?			
• Aufgabe stellen: z.B. kurz vorstellen und drei Gründe für den Job nennen			

Checkliste **31**

Die telefonische Bewerbung

	relevant	nicht relevant	Anmerkungen

⇨ Vorchecking: immer sinnvoll (Stimme, Sprechen)
- durch eine Person Ihres Vertrauens
- durch Anrufbeantworter
☐ Vorbereitung Bewerber
⇨ bei Anruf „to do list"
- Soll sich vorbereiten und dann präsentieren
- Verfügt so über die gleiche Situation, die für den Alltag anzustreben ist
- Details vom Gesprächspartner oder per Anrufbeantworter
⇨ Vorgaben evtl. schon in Anzeige
⇨ Gesprächsaufzeichnung?
- als Protokoll
- für Nachanalyse „in Ruhe"
- als Schulungsbasis für später
- nur nach O.K. des Gesprächspartners!

32 Checkliste
Specials für die telefonische Bewerbung

	relevant	nicht relevant	Anmerkungen
☐ Aktiv anrufen?			
⇨ Sie wissen um das Interesse einer Person			
• Greifen Sie den Kontakt auf			
• Beziehen Sie sich auf die Empfehlung			
⇨ Sie wissen von der Tätigkeit einer Person			
• Unternehmen XYZ betreibt Tele-Marketing			
• Es besteht eine Außendienstorganisation			
• Das Unternehmen ist im Direktvertrieb tätig			
⇨ Handelt es sich um aktive Abwerbung?			
• Vorsicht vor rechtlichen Restriktionen			
• Vorsicht vor möglichen hohen Forderungen			
⇨ Sie reagieren auf ein Stellengesuch			
• Hier ist der Gesprächspartner auf den Anruf vorbereitet			
• ansonsten Vorgehen wie beschrieben			
⇨ Rufen Sie Ihre Bewerber zu einer vereinbarten Zeit zurück			
• Wie wird die Vorbereitungszeit genutzt?			
• Wählen Sie eine für Sie günstige Zeit (ungestört, konzentriert …)			
• Testen Sie, ob der Bewerber zu jener Zeit verfügbar ist, zu der Sie ihn einsetzen möchten			

Checkliste **32**

Specials für die telefonische Bewerbung

	relevant	nicht relevant	Anmerkungen
☐ Chance nutzen?			
⇨ Sie werden selbst aktiv angerufen			
• Sie finden den Anrufer professionell (und sagen das auch)			
• Sie fragen nach regionaler Zuordnung			
• Sie machen ggf. auf Ihr Angebot aufmerksam			
⇨ Sie erfahren gesprächsweise von der Tätigkeit des Gesprächspartners am Telefon			
• aufgrund eines Nachfaßkontakts zu Seminar, Kongreß, Messe			
• bei privater Einladung (Party, Nachbarn …)			
• bei Einladung zu gesellschaftlichen Anlässen (Kultur, offizielle Empfänge …)			
• Sie nutzen die Chance für einen diskreten Hinweis (inkl. Übergabe Visitenkarte?)			
⇨ Sie selbst sind in der Situation des Suchenden			
• Dann gelten die genannten Aspekte und Gelegenheiten dito			
• Nutzen Sie ggf. die Chance für eine Spontanbewerbung …			

Der Mitarbeiter ist der Engpaß

33 Checkliste
Der „Infotag" trennt die Spreu vom Weizen

	relevant	nicht relevant	Anmerkungen
1. Gruppenveranstaltungen für und wider			
☐ Argumente für Gruppenveranstaltungen			
⇨ Veranstalter spart Zeit			
⇨ Bewerber spart Zeit			
⇨ Dialog/Polylog wird vielfältiger			
• Diskussion regt zu weiteren Fragen an			
• Diskussion zwischen den Teilnehmern			
⇨ Alle relevanten Fragen werden geklärt			
• unterschiedliche Fragen je Teilnehmer – so profitieren alle von jeder Antwort			
• Multiplikation des Informationseffekts			
• spätere Nachfragen erheblich geringer			
⇨ Bewerber in der Gruppe fühlt sich wohler und sicherer, geht mehr aus sich heraus			
⇨ Sonderformen			
• Assessment Center			
• Gesprächssituationen: Rollenspiele, Echtgespräche			
☐ Gelegentliche Argumente gegen Gruppenveranstaltungen (und Lösungsvorschläge)			
⇨ Aufmerksamkeit verteilt sich auf mehrere Teilnehmer			
• Leiter reagiert gezielt auf Fragen			
• ansonsten spricht er alle zugleich an			
⇨ Es gibt Bewerber, die sich in der Gruppe weniger wohl fühlen			

Checkliste **33**

Der „Infotag" trennt die Spreu vom Weizen

	relevant	nicht relevant	Anmerkungen
• Evtl. bewußtes Auswahlkriterium? (Arbeiten im Team?)			
• evtl. nochmals extra einladen			
• evtl. gleich wählen lassen „Gruppe/einzeln"			
⇨ Gruppe ist schwerer zu handhaben			
• Herausforderung für den Leiter!			
• Gruppengröße anpassen!			
⇨ Größere Räumlichkeiten sind erforderlich			
• die benötigen Sie ggf. für Meetings sowieso			
• alternativ: Veranstaltung extern			
⇨ „Sieht nach MLM aus"			
• Das sind erheblich umfangreichere Veranstaltungen (Massen)			
• Ist das negativ?			
☐ Voraussetzungen für erfolgreiche Gruppenveranstaltungen			
⇨ gestaltetes Programm für den Infotag			
• Inhalt			
• Ablauf			
• Was tragen andere bei?			
⇨ gesicherte Teilnehmerzahl			
• schriftliche Einladung/Bestätigung der Vereinbarung			
• telefonisches Revisionieren kurz vor der Veranstaltung			
⇨ geeignete Räumlichkeiten			
• Größe, Ausstattung, Schulungsmöbel			
• Bewirtung sichergestellt?			

Der Mitarbeiter ist der Engpaß

33 Checkliste
Der „Infotag" trennt die Spreu vom Weizen

	relevant	nicht relevant	Anmerkungen

⇨ Unterlagen für alle Teilnehmer sind vorhanden

- Inhalt?
- Form?
- Anzahl?
- Fertig oder „erarbeiten lassen"?
- Komplett oder „nach und nach"?
- ☐ Positive Zusatzeffekte

⇨ Zeichnen Sie gute Mitarbeiter durch Hinzuziehen aus

- ohne Übergewicht beim Veranstalter (entstünde beim Einzelgespräch, wenn z.B. ein Bewerber drei Mitarbeitern des Unternehmens gegenübersitzt)
- Bewerber glauben dem „Kollegen" vieles eher als dem Veranstalter direkt

⇨ Sie gewinnen als Veranstalter mehr Überblick

- Sie haben Pausen, während Teilnehmer diskutieren
- Sie schaffen sich eine „externe" Meta-Position, wenn Sie andere agieren lassen

⇨ vertrauensbildende Maßnahme

2. Ablauf Infotag

☐ Gliederung und Gestaltung

⇨ Dauer und genaue Veranstaltungszeit

- Teiltag (z.B. nur ein Vormittag)
- Tageszeit, die möglichst vielen Teilnehmern gut paßt (z.B. Vormittag,

Checkliste **33**

Der „Infotag" trennt die Spreu vom Weizen

	relevant	nicht relevant	Anmerkungen

wenn Mütter schulpflichtiger Kinder dabei sind)

- Infotag zu Zeiten, die auch die spätere Tätigkeit umfassen wird (zumindest Überschneidung) = trennt Spreu vom Weizen

⇨ Festlegen des Programminhalts, z.B.

- Hintergrund, Unternehmen
- Produkte, Vorteile
- System und Entlohnung
- Vorteile der Mitarbeiter

⇨ Festlegen des Zeitrahmens je Programmteil

- _____
- _____
- _____
- _____

⇨ Zuordnen der Programmteile zu Präsentatoren

- _____
- _____
- _____
- _____

⇨ Mitarbeit/Methodik/Didaktik je Programmteil

- Präsentation
- Diskussion
- Gruppe
- einzeln

Der Mitarbeiter ist der Engpaß

33 Checkliste
Der „Infotag" trennt die Spreu vom Weizen

	relevant	nicht relevant	Anmerkungen
⇨ Pausen!			
• mehrmals kurz (WC, Rauchen …)			
• länger (Getränk, Beine vertreten)			
• Essenspause (wenn Veranstaltung länger als 3–4 Stunden)			
☐ Inhalte			
⇨ Telefondialog			
⇨ Angebot, Ziele			
⇨ Art der Zusammenarbeit			
⇨ Vorteile, Wünsche			
⇨ Umsetzung			
• Methodik, Didaktik, Lehrmedien zuordnen			
• Unterlagen vorbereiten (Präsentation und Übergabe an Teilnehmer)			
☐ Methodik und Didaktik			
⇨ teilnehmerorientierte Dialogmethode			
• interaktives Vermitteln statt Monolog			
• moderierter Gedankenaustausch (z.B. mit Metaplanunterstützung)			
⇨ schriftliche Arbeitsunterlagen (zur Arbeit am Infotag und zum Mitnehmen)			
• auszufüllende Arbeitsblätter			
• Produkt- und sonstige Unterlagen			
⇨ Kleingruppen			
• z.B. für Produkt-Infos			
• z.B. für Brainstormings			
⇨ Stillarbeit			

Checkliste 33

Der „Infotag" trennt die Spreu vom Weizen

	relevant	nicht relevant	Anmerkungen
• Ausarbeiten individueller Umsetzung, z.B. „Gesprächsleitfaden"			
• Wiederholen und Kontroll-Feedback (schriftlich = „gruppenanonym")			
⇨ Telefonkontakte zum Kennenlernen und Üben			
• Rollenspiele (Trainingsanlage? Von Raum zu Raum …)			
• Echtkontakte			
⇨ Aufzeichnung und Analyse			
• Audio			
• Video			
⇨ Vorgehensweise			
• Analyse (aus Material Details und Struktur erarbeiten) (z.B. Praxis)			
• Synthese (Schritt für Schritt aufbauen) (z.B. Leitfaden fürs Gespräch)			

Der Mitarbeiter ist der Engpaß

34 Checkliste
Einzelgespräch mit Bewerbern

	relevant	nicht relevant	Anmerkungen

- ☐ begleitend und ergänzend
  - ⇨ vor dem Infotag
  - ⇨ parallel zur Gruppenveranstaltung
  - ⇨ im Nachgang zum Infotag
  - ⇨ als Ausnahme für Bewerber mit glaubhaftem Absagegrund für den Infotagtermin
  - ⇨ als Alternative/Ergänzung für „Fremdelnde"
- ☐ als Alternative zur Gruppenveranstaltung
  - ⇨ wenn schwerwiegende Gründe gegen einen Infotag sprechen
  - • zu vermittelnder Stoff zu umfangreich: benötigt mehr Zeit als maximal einen Tag
  - • keine geeigneten Räumlichkeiten
  - • Veranstalter als Person ist anderen Vermittlungsstil gewohnt
  - ⇨ Kontakt kommt extern zustande
  - • bei Messe oder anderen Veranstaltungen (Bewerbergespräch sofort vor Ort)
  - • Entfernung ist zu groß: Veranstalter kontaktet Bewerber im Rahmen einer Rundreise
  - • Bewerber wird extern tätig werden, Veranstalter will das Umfeld kennenlernen
  - ⇨ der Informationsfluß ist stark ungleichgewichtig verteilt
  - • zugunsten Unternehmen = der meiste Input kommt vom Bewerber

Checkliste **34**

Einzelgespräch mit Bewerbern

	relevant	nicht relevant	Anmerkungen
• zugunsten von Vermittlungsmedien, die individuell einsetzbar sind: Trainingsvideo, -audio, schriftliche Unterlagen (= Einzelaufnahmen des Bewerbers)			

35 Checkliste
Der Telefontest als Praxisphase

	relevant	nicht relevant	Anmerkungen

1. Vorbemerkungen

☐ Sinn und Zweck von Testdialogen

⇨ Erst die Praxis trennt die Spreu vom Weizen

- Verhalten am Telefon
- Gesprächsführung (Stimme, Sprechen)

⇨ Telefon ist anders als „persönlich"

- Präsentation einzeln
- Präsentation vor/in Gruppe

⇨ zugleich Einführen in Abläufe (bzw. Perfektionieren während der Aktion)

- Handling Telefonanlage
- Handling Technik
- Handling . . . .
- Gruppendruck beachten
- Auswahlkriterium? (Teamarbeit!)
- evtl. einzeln am Telefon

☐ Rechtliche Fragen

⇨ Echtgespräche

- Aufzeichnung?
- Mithören?

⇨ Arbeitsrecht? Genehmigung Mitarbeiter

⇨ Datenschutz?

☐ Technische Voraussetzungen

⇨ Mithörfunktion (Lauthören) am Gerät

⇨ Mitschneiden am Gerät

Checkliste **35**

Der Telefontest als Praxisphase

	relevant	nicht relevant	Anmerkungen

⇨ Einführen des Mitarbeiters ins Handling

2. Telefondialoge führen

☐ Vorbilder zeigen

⇨ fürs Rangehen ans Telefon

- frei von Hemmungen
- engagiert und begeistert

⇨ Ausstrahlung

- offen/extravertiert
- locker/sicher

⇨ Formulieren

- Leitfaden anwenden
- flexibel auf Partner reagieren
- individuell formulieren

☐ Bewerber/Mitarbeiter selbst telefonieren lassen

⇨ Eindruck überprüfen

- … von telefonischer Bewerbung
- … von Testsituationen (Infotag z.B.)
- … von Zeugnissen/Referenzen

⇨ vor der Gruppe

- Verhalten
- Gespräch (Stimme, Sprechen)
- verändertes Verhalten ggf. mitbewerten

⇨ Analyse

- Mitarbeiter selbst
- andere aus Gruppe
- Trainer

Der Mitarbeiter ist der Engpaß

35 Checkliste
Der Telefontest als Praxisphase

	relevant	nicht relevant	Anmerkungen
⇨ Ablauf?			
⇨ Rechtsfragen?			
☐ Rollenspiel als Alternative			
⇨ Diverse Einschränkungen entfallen			
• „Kunden kaputtmachen"			
• Sorge des Mitarbeiters vor der Echtsituation			
• Rechtsfragen			
• Erreichbarkeit der Wunschpartner			
⇨ Nebenstellenanlage nutzen			
• Büro – Büro			
• gleicher Raum/Trennwand			
• Call Center, zwei Plätze			
⇨ Trainingsanlage nutzen			
• Zweierbesetzung			
• Mehrfachbesetzung (bis 8)			
⇨ Aufzeichnung			
• Kassettengerät			
• integriert in Anlage (echt oder Training)			
☐ Mithören und Mitschneiden			
⇨ Macht erst sinnvolle Analyse möglich			
• an eigene Stimme gewöhnen			
• mehrmals hören			
• Dialog als solchen verfolgen können			
⇨ Rechtsfragen beachten			
• Mitarbeiter einverstanden?			
• Kunde einverstanden?			

Der Telefontest als Praxisphase

Checkliste 35

	relevant	nicht relevant	Anmerkungen
⇨ Video?			
• Körpersprache erleben (wirkt auch am Telefon mit!)			
• Mehrere Sinne werden angesprochen (statt nur hören auch sehen)			
⇨ Umfeld			
• Handling üben			
• Technik planen			

36 Checkliste
Modelle der Zusammenarbeit

	relevant	nicht relevant	Anmerkungen

1. Interner Mitarbeiter
- ☐ Anstellung
- ⇨ Vollzeit
  - 37 – 40 Stunden/Woche
  - Vollzeit mit „Schicht", z.B. abends = ca. Hälfte
- ⇨ Teilzeit
  - nur vormittags (Kinder)
  - nur abends
  - stundenweise (630-DM-Grenze)
- ⇨ Planung Arbeitszeit
  - Urlaub X Tage
  - Bandbreite „Krankheit" einplanen
  - Schichtbetrieb?
- ⇨ Vertrag
  - Form
  - Konditionen
  - Kündigung (Kleinbetrieb?)
- ⇨ Förderung
  - Arbeitsamt (Langzeitarbeitslose)
  - Umschulung
  - Praktikum
  - Behinderte
- ⇨ „Außendienst"
  - Reisende
  - Interviewer
- ☐ Befristete Tätigkeit
- ⇨ geringfügig: 630 DM

Checkliste **36**

Modelle der Zusammenarbeit

	relevant	nicht relevant	Anmerkungen

- Evtl. Gesetzesänderungen überprüft?
- Nebenkosten?
- Urlaub?
⇨ zeitlich befristeter Arbeitsvertrag
- Vertretung (etwa Schwangerschaft, Auslandsaufenthalt)
- 1 Jahr/2 Jahre
- Aktuelle Möglichkeiten/Einschränkungen geprüft?
☐ Definition der Tätigkeit
⇨ inbound
- Telefonvermittlung
- Bestellannahme
- Service-Hotline
- _____

⇨ outbound
- Verkauf
- Terminieren
- Marktforschung
- _____

⇨ Swinger/Springer
- inbound – outbound
- andere Tätigkeit – inbound (bzw. outbound)
⇨ Position
- Agent
- Teamleiter
- Leiter ....
⇨ Zuordnung

Der Mitarbeiter ist der Engpaß

36 Checkliste
Modelle der Zusammenarbeit

	relevant	nicht relevant	Anmerkungen

- Vertrieb
- Kundenbetreuung
- Auftragsannahme
- Buchhaltung
- _____

☐ Entlohnung

⇨ Fixbetrag

- je Abrechnungszeitraum (z.B. Monat) mit Mindestarbeitszeit (z.B. 40 h/Woche)
- je Stunde/je Schicht (z.B. à 4 Stunden)
- je andere Einheit (Kontakt, Auftrag ...)

⇨ variable Beträge

- Provision aus Erfolg in % von...
- Punkte (... DM Bonus bzw. Naturalausschüttung)

⇨ Mix aus beiden

- Achtung bei Anstellung: Ist das möglich?

⇨ Summen

- Differenz Inbound/Outbound ca. 1.000 DM/Monat
- 13/14 Gehälter?
- Urlaubsgeld etc.?
- Geldwerte Vorteile? (Auto, Fahrtkosten ... Sachbezüge)

⇨ Mitarbeiterbeteiligung

- Öffentlich gefördert?
- Anteilsscheine ...

Checkliste **36**

Modelle der Zusammenarbeit

	relevant	nicht relevant	Anmerkungen

☐ Einbinden in Organisation

⇨ Hierarchie

- Vorgesetzter
- Kollege
- Mitarbeiter

⇨ Zusammenarbeit mit

- anderen Abteilungen
- Externen

⇨ Datenschutz!

⇨ Verantwortlich für

- innen: . . . .
- außen: . . . .
- Vertretungsberechtigung (z.B. Prokura, i.V., Geschäftsführer)

2. Externer Mitarbeiter

☐ Anstellung

⇨ Tele-Working?

- Regelmäßige Arbeitszeit zu Hause
- auf Abruf zu bestimmten Zeiten

⇨ Mitarbeit in externem Büro

- Termine für Außendienst
- Koordination für Vor-Ort-Service
- _____

⇨ Datenschutz!

☐ freie Mitarbeit

⇨ freiberufliche Tätigkeit

- steuerlich klar definiert (Katalogberufe)

Der Mitarbeiter ist der Engpaß

36 Checkliste
Modelle der Zusammenarbeit

	relevant	nicht relevant	Anmerkungen
• Ähnlich definierbar? (Trainer, Berater …)			
• keine Gewerbesteuer			
⇨ Rechtliche Voraussetzungen			
• Gewerbeschein (wenn kein freier Beruf)			
• weitere Anmeldungen (diverse Ämter)			
• Industrie- und Handelskammer (Zwangsmitgliedschaft?)			
• sorgt selbst für Versicherungen			
• sorgt selbst für Steuern und Abgaben (Steuernummer?)			
⇨ Vorsicht: Scheinselbständigkeit? (siehe dort)			
⇨ Im Unternehmen?			
• zur Einarbeitung			
• Coachingzeiten			
• Meetings, Schulungen			
• kein Platz zu Hause			
⇨ Einkommen			
• im Vergleich zu Angestellten mindestens „mal 1,5" (Abgaben, Steuern, Versicherungen komplett selbst)			
• Definition als Honorar (pauschal, Stunden …)			
☐ Handelsvertretung			
⇨ auf spezielle Regelungen durch Handelsgesetzbuch achten			
• kauft/verkauft auf Rechnung des Auftraggebers (= Vermittler)			
• Ausgleichszahlung bei Ausscheiden			

Checkliste 36

Modelle der Zusammenarbeit

	relevant	nicht relevant	Anmerkungen

- Kündigungsfristen
- Haftung?
⇨ ausschließlich „outbound" denkbar
- Verkauf per Telefon
- Terminieren für persönlichen Direktverkauf
⇨ gewerbliche Tätigkeit
- Rechtsfragen (Genehmigung etc.)
- Haftung
⇨ weitere Formen
- Zwischenhändler (kauft/verkauft auf eigene Rechnung)
- Franchisenehmer (besondere Rechtsform)
- Handelsvertretung in Form einer juristischen Person (GmbH, AG)
☐ Achtung – Scheinselbständigkeit?!
⇨ Weisungsunabhängig?
⇨ Kein Büro beim Auftraggeber?
⇨ Mehrere Auftraggeber?
⇨ Hat selbst Mitarbeiter?
⇨ Ggf. haftet Unternehmen (Nachzahlung Sozialversicherung mehrere Jahre!)
⇨ Aktuell gültige Vorgaben überprüft?
☐ Organisatorisches
⇨ Einbindung
- Im Unternehmen verantwortlich:
  ....
- Kommunikation außerdem mit:
  ....

Der Mitarbeiter ist der Engpaß

36 Checkliste
Modelle der Zusammenarbeit

	relevant	nicht relevant	Anmerkungen

- Bericht an: …
- Teilnahme an: …
⇨ Kommunikation nach außen
- Tritt auf als Vermittler
- als …
- Vollmachten (Inkasso …)
⇨ Kostenübernahme
- Telefon (oder Routing?)
- Ausstattung
- Bürounterhalt

3. Führungskräfte

☐ Einbindung
⇨ Hierarchie
- Verantwortlich für …
- Berichtet selbst an …
⇨ Einkommen
- 2. Ebene = „Mitarbeiter mal 2" üblich
- 1. Ebene = „Mitarbeiter mal 3" üblich
- abhängig von Unternehmensgröße und Verantwortung (Mitarbeiter …)
- Erfolgsbezug (Zielgrößen …)
⇨ Beteiligung
- Mitinhaber?
- Beteiligung am Kapital/Ertrag
☐ Außenauftreten
⇨ Organschaft?
- Vorstand, Geschäftsführer

Checkliste 36

Modelle der Zusammenarbeit

	relevant	nicht relevant	Anmerkungen
• Prokurist, Handlungsvollmacht			
⇨ Vergibt Aufträge nach außen			
• Agentur			
• Trainer			
• andere Dienstleister/Berater			
⇨ Haftung?			

37 Checkliste
Meetings und laufende Fortbildung

	relevant	nicht relevant	Anmerkungen

1. Meetings
- ☐ Die tägliche Abstimmung
- ⇨ Infos für Mitarbeiter in Kürze vorab
- • Stand der Dinge
- • Tagesplanung
- • News
- • Ziele
- ⇨ Veränderungen
- • lfd. Information
- • Mitarbeiterersatz/-vertretung
- ⇨ Coaching
- • Gruppe
- • einzeln
- ⇨ „Bordsteinkonferenz"?
- ⇨ Meeting for changes
- • Krisensitzung
- • Kreativ-Meeting
- • KVP (Kontinuierliches Verbesserungsprogramm)
- ☐ Das Team-Meeting
- ⇨ wöchentlich
- • Überblick über die Situation
- • kurzfristige Ziele
- • Gesprächsschulung
- • Anlässe (Geburtstag …)
- ⇨ 14tägig (zusätzlich)
- • Produktschulung
- • Neue Mitarbeiter?

Checkliste 37

Meetings und laufende Fortbildung

	relevant	nicht relevant	Anmerkungen

⇨ monatlich (zusätzlich)
- Rückblick
- Ausblick (Ziel/IST-Situation)
- Vergleich der Teams (Benchmarking)

⇨ Quartal (zusätzlich)
- Unternehmensentwicklung
- Vergleich von Zeiträumen

⇨ Anlässe
- Messevorbereitung
- Tourenplanung
- neues Produkt
- neue Aktion

⇨ Schulung
- Produktinformationen
- Gesprächsführung
- persönliches Wachstum

☐ Gesamt-Meeting

⇨ der verschiedenen Teams zusammen: mindestens einmal im Quartal

⇨ mit anderen Abteilungen/Bereichen: mindestens jährlich

⇨ alle Mitarbeiter oder Teile der Teams: Delegiertensystem

⇨ Gesamtunternehmen
- Anlässe (Jubiläen, Weihnachten)
- Tradition (Jahres-Meeting)

2. Themenschulungen

☐ Produkt

37 Checkliste
Meetings und laufende Fortbildung

	relevant	nicht relevant	Anmerkungen
⇨ Erleben			
• Vorführung original			
• multimediale Präsentation			
• Muster			
• Anwenden (Leihen, Sonderpreis für Mitarbeiter …)			
⇨ Muster immer zur Hand			
⇨ Werbung			
• Vorfeld/vorbereitend			
• begleitend			
⇨ Extern beim Partner			
• für Dienstleister			
• für Händler			
• für Zulieferer			
⇨ Wettbewerb			
• Messebeobachtung			
• Händler			
• Referenzkunde			
☐ Gesprächsführung			
⇨ Leitfadenanpassung			
• Schlüsselsätze für gesicherten Ablauf			
• Flexibilität und Freiheit für natürlich klingendes Gespräch			
⇨ Einwandbehandlung			
• Beziehung (Eingehen auf den Partner und seine Wünsche)			
• Sache (Argumente)			
⇨ Argumentation aus Kundensicht			

Checkliste **37**

Meetings und laufende Fortbildung

	relevant	nicht relevant	Anmerkungen

- Präsentation
- Diskussion
- ⇨ Zuhören
- ⇨ Fragen (siehe auch Checkliste 131)
- ☐ Persönliches Wachstum
- ⇨ Organisation
- Zeitmanagement
- Weiterbildung Inhalte (EDV…)
- _____
- ⇨ Führungsentwicklung
- Zielabstimmung/-vereinbarung
- Karriereplanung
- Konfliktmanagement
- Jahresgespräch
- ⇨ Lebensplanung
- Aus-Zeiten (Sabbatical …)
- Familie
- ⇨ Berufsplanung
- Job-Rotation
- Job-Enrichment
- Seminare (14. Gehalt für Weiterbildung?)
- 3. Entwicklung der Führungskräfte
- ☐ Führungseigenschaften
- ⇨ Leiter als Coach
- ⇨ Leiter als Vorbild
- ⇨ partnerschaftliche Führung
- ⇨ Entscheider

Der Mitarbeiter ist der Engpaß

37 Checkliste
Meetings und laufende Fortbildung

	relevant	nicht relevant	Anmerkungen
⇨ Macher			
⇨ Planer			
⇨ Visionär			
⇨ Missionar			
☐ Andere Ziele			
⇨ Teamentwicklung			
⇨ Moderation			
⇨ effektive Besprechungstechniken			
⇨ Selbstmanagement			
⇨ _____			
4. Feedback abfragen			
☐ Moderator			
⇨ Präsentation			
⇨ Inhalt			
☐ Gruppe			
⇨ Zusammenarbeit			
⇨ Wohlfühlen			
☐ Umfeld			
⇨ Organisation			
⇨ Bewirtung			
☐ Zusammenfassung			

Checkliste **38**

Entlohnung der Mitarbeiter im Call Center und im Tele-Marketing: Modelle

	relevant	nicht relevant	Anmerkungen
1. Abrechnung: zeitnah und leicht nachvollziehbar			

☐ Wann abrechnen?

⇨ Angestellte
- monatlich
- Boni Quartal/Jahr
- Sonderzahlungen fallweise

⇨ Freie Mitarbeiter
- monatlich
- Andere Abrechnungszeiträume?

⇨ Handelsvertreter
- Aufträge zeitaktuell
- monatlich
- Boni etc. nach Anfall und lt. Vereinbarung

⇨ Aufträge
- lt. EDV
- lt. Rückmeldung (Auftragsbestätigung Kunde …)

☐ Wie abrechnen?

⇨ je nach Zusammenarbeit
- Gehaltsabrechnung
- Honorarrechnung des Mitarbeiters
- Provisionsabrechnung vom Unternehmen (Unterschrift der Mitarbeiter als O.K.!)
- Provisionsabrechnung vom Mitarbeiter

⇨ mit Beleg (Statistik, Kopien…)
- Anwesenheitsnachweise

Der Mitarbeiter ist der Engpaß

38 Checkliste
Entlohnung der Mitarbeiter im Call Center und im Tele-Marketing: Modelle

	relevant	nicht relevant	Anmerkungen
• Auftragsnachweise			
⇨ direkt aus Software			
• Zeiträume (z.B. ACD)			
• Erfolge (z.B. CAS)			
• _____			
⇨ Rückbehalte			
• Terminprovision (für später anlaufende Aufträge)			
• Stornorücklagen			
⇨ Rechtsfragen			
• Wann gilt die Leistung als erbracht (Dienst-/Werkvertrag)?			
• Wann ist ein Auftrag gültig? (Auftragsbestätigung, Zahlung, Bestellung des Kunden schriftlich?)			
• Rücktrittsfristen erledigt (Widerruf, Rückgaberecht …)			
• Rückbuchungen (Stornohaftung?)			
2. Feste und variable Bezüge			
☐ Grundbezüge			
⇨ Angestellte			
• Gehalt			
• Sonderzahlung			
⇨ Freie Mitarbeiter			
• Honorar			
• Provision (fix)			
• Nachweis Steuernummer			
⇨ Aushilfen			
• 630 (?) DM			
• Abgaben?			

Checkliste **38**

Entlohnung der Mitarbeiter im Call Center und im Tele-Marketing: Modelle

	relevant	nicht relevant	Anmerkungen
• Nachweis Sozialversicherungsummer			
☐ Zusätzliche/ausschließlich variable Bezüge			
⇨ Provisionen aus Umsätzen			
• Prozent vom Umsatz			
• DM/EURO für … (Abo, Rückgewinnung …)			
⇨ andere Bezüge			
• je Stunde			
• je Kontakt			
• je …………………			
⇨ Extragehalt für Weiterbildung?			
☐ Extras (nicht nur für Führungskräfte)			
⇨ Sachwert			
• Produkte (gratis, Rabatt)			
• Fahrgeld			
• Kost			
• Logis			
⇨ KFZ			
• geschäftliche Nutzung			
• Gesamtnutzung (Eigenanteil zu versteuern?)			
• _____			
⇨ Geräte			
• PC			
• Büroausstattung			
• _____			
⇨ Incentives			
• Wettbewerbe			

Der Mitarbeiter ist der Engpaß

38 Checkliste
Entlohnung der Mitarbeiter im Call Center und im Tele-Marketing: Modelle

	relevant	nicht relevant	Anmerkungen
• individuelle Entwicklung			
☐ Rennlisten und andere Vergleiche			
⇨ Quantität			
• Umsatz DM/EURO absolut			
• Umsatzentwicklung in Prozent			
⇨ Qualität			
• Umwandlung von Adressen in Kunden			
• Haltequote			
• Kundengewinnung/Empfehlungen			
• _____			
⇨ Deckungsbeiträge			
• Berücksichtigung Rabatte etc.			
• gesteuerter Absatz (bestimmte Produkte, Artikelgruppen …)			

Checkliste **39**

Entlohnung der Mitarbeiter im Call Center und im Tele-Marketing: Specials

	relevant	nicht relevant	Anmerkungen

- ☐ Gruppenbildung
- ⇨ Aktionsteam
  - Zeitraum
  - Saisonteam
  - Ausverkaufteam
  - _____
- ⇨ Kundenteam
  - Zielgruppe
  - für den Auftraggeber „X" (Call Center als Dienstleister)
  - Region
  - _____
- ⇨ Produktteam
  - bestimmte Produkte
  - Artikelgruppe
- ⇨ Thementeam
  - Service
  - Reklamation
  - Inkasso
  - Bestellungen
  - _____
- ⇨ Gruppenprovisionen
  - „Topf" gemeinsam, geteilt durch Köpfe
  - Prozent-Anteil je nach Beitrag zum Erfolg
  - gemeinsame Unternehmungen
- ☐ Tandembildung

Der Mitarbeiter ist der Engpaß

39 Checkliste
Entlohnung der Mitarbeiter im Call Center und im Tele-Marketing: Specials

	relevant	nicht relevant	Anmerkungen
⇨ Zuordnung Telefondienst – Außendienst			
• Terminierer – Außendienst			
• Kontakter – Vor-Ort-Service			
⇨ Beratungsintensität per Telefon			
• Front-office (Klären von Routinefragen)			
• Back-office (Spezialisten)			
⇨ Kontakt aufbauen per Telefon			
• Interviewer – Verkäufer			
• Qualifizierer – Verkäufer			
• _____			
⇨ Aufteilung der Provision			
• an beide nach festen Vereinbarungen			
• Erfolg wird geteilt			
• Anteile nach			
☐ MLM-Systeme (Multilevel Marketing, Netzwerk-Marketing)			
⇨ Reaktanz vorhanden			
• Abgleiten in Schneeballsysteme?			
• Unlust, erst investieren zu müssen			
⇨ Chancen			
• intensivere Bindung			
• starkes Coaching			
⇨ Voraussetzungen			
• klare Hierarchie			
• passendes Produkt (Vorteile? Exklusivität? Erklärungsbedarf?)			
• Zielgruppe „privat"			

Checkliste **39**

Entlohnung der Mitarbeiter im Call Center und im Tele-Marketing: Specials

	relevant	nicht relevant	Anmerkungen
⇨ Betreuer			
• … erhält Anteil aus Mitarbeiterumsätzen			
• … erhält Bonus aus Patenschaft			
• _____			

Der Mitarbeiter ist der Engpaß

40 Checkliste

Controlling im Tele-Marketing: Kosten im Griff

	relevant	nicht relevant	Anmerkungen

1. Kostenarten
- ☐ Menschen: Personalkosten
- ⇨ Telemarketer und Agenten
  - Einkommen
  - Lohnnebenkosten
  - Aus- und Weiterbildungskosten
- ⇨ Betreuer
  - Supervisor
  - Leiter
  - Trainer, Coach
  - Kontakter (Zusammenarbeit mit externer Agentur)
- ⇨ Reisen
- ☐ Ausstattung: Bürokosten
- ⇨ Raumkosten
  - Miete/Abschreibung
  - Nebenkosten (Energie, Reinigung …)
- ⇨ Möbel
- ⇨ Büromaterial
- ⇨ _____
- ☐ Technische Kosten
- ⇨ Telefonanlage
  - Leasing, Miete, Abschreibung
  - Unterhalt
- ⇨ EDV
  - Leasing, Miete, Abschreibung
  - Wartung
  - Software/Lizenzen

Checkliste **40**

Controlling im Tele-Marketing:
Kosten im Griff

	relevant	nicht relevant	Anmerkungen

⇨ Reparaturen

⇨ _____

☐ Umzulegende Kosten

⇨ Raumkosten

- gemeinsame Räume
- externe Räume (Veranstaltungen)

⇨ Beratungskosten

- Steuerberater, Buchhaltung
- Rechtsanwalt
- Unternehmensberatung

⇨ Geschäftsführung

⇨ _____

- _____
- _____

2. Vergleichswerte schaffen

☐ Kosten je Kontakt

⇨ Netto-Kontakt

- nur Zielperson
- nur Echtgespräche

⇨ Brutto-Kontakt

- alle Adressen ./. nicht erreichbare
- auch Zielpersonen „ohne Verhandlung"

⇨ Adressen

- alle Adressen mit „WV" (Wählversuch)
- Wurden nicht erreichbare Personen ggf. schriftlich kontaktet?

Der Mitarbeiter ist der Engpaß

181

40 Checkliste

Controlling im Tele-Marketing: Kosten im Griff

	relevant	nicht relevant	Anmerkungen

⇨ CPI (cost per interest)

- DM/EURO je gewonnenen Interessenten
- DM/EURO je qualifizierte Adresse (Daten abgefragt …)

☐ Kosten je Stunde

⇨ Agent

- netto/brutto (MwSt.)
- Nebenkosten

⇨ Betreuung

- Supervisor
- Leiter
- Kontakter (Agentur extern)
- Trainer

⇨ Umlage

- Arbeitsplatz
- Ausstattung
- _____

⇨ Gebühren

- Telefonentgelt
- Grundkosten (Anlage, Monat)

⇨ Nebenkosten

- Porti
- Fax
- Kontakttelefonate
- Kopien…
- _____

☐ Kosten im Vergleich zum Ertrag

Checkliste **40**

Controlling im Tele-Marketing: Kosten im Griff

	relevant	nicht relevant	Anmerkungen

⇨ Prozent aus Umsatz

• DM/EURO sofort

• „AW" (Auftragswert, der sich erst nach und nach erlöst)

⇨ CPO (cost per order)

• DM/EURO je Auftrag

• DM/EURO je ....

3. Kosten „Tele-Marketing" im Vergleich

☐ Nachbarvertriebswege

⇨ Außendienst

• Prozent vom Umsatz

• CPO/CPI

• je Kontakt

• je Stunde

⇨ schriftliche Werbung

• Prozent vom Umsatz

• CPO/CPI

• je Kontakt

☐ Kostenentwicklung im Zeitvergleich

⇨ Vorzeitraum

• Monat

• Quartal

• Jahr

⇨ gleicher Zeitraum Vorjahr(e)

• Monat

• Quartal

⇨ Plangenauigkeit

• Ziel/Ist absolut

Der Mitarbeiter ist der Engpaß

183

40 Checkliste

Controlling im Tele-Marketing: Kosten im Griff

	relevant	nicht relevant	Anmerkungen
• Ziel/Ist in Prozent			
☐ Kostenvergleich extern (Benchmarking)			
⇨ Tele-Marketing woanders (intern in Unternehmen)			
⇨ anderes Call Center (Dienstleister)			
⇨ Werte erweitert			
• Branche			
• Markt			
• Gesamtwirtschaft national			
• international/global			

Checkliste **41**

Rennlisten und andere Effizienz-Multiplikatoren

	relevant	nicht relevant	Anmerkungen

1. Der direkte Vergleich

☐ Quantität: der leichte Weg

⇨ Rennlisten
- definierter kurzer Zeitraum (Woche)
- einzeln
- Teams

⇨ Vergleichstabellen
- mehrere Werte vergleichen (Absatz, Umsatz, Kontakte …)
- Umsätze
- nur einzelner Wert (Umsatz/Absatz in Zeitraum)

⇨ Rechenbasis bestimmen
- Stückzahlen
- DM-/EURO-Werte
- _____

⇨ Wert je Bestellung
- DM/EURO Umsatz
- Deckungsbeitrag
- _____

⇨ Langzeitbetrachtung
- mindestens ein Monat
- Quartal, Jahr

☐ Qualität: die Kür

⇨ Umwandlungsquoten
- Kontakt in Erfolg
- Interessent in Auftrag
- DM pro eingesetzte Adresse

Der Mitarbeiter ist der Engpaß

41 Checkliste
Rennlisten und andere Effizienz-Multiplikatoren

	relevant	nicht relevant	Anmerkungen
⇨ Haltequoten			
• Rücktritte			
• Dauer der Kundenbindung			
• Wiederkauf			
• Einzel-/Mehrfachkäufer			
⇨ Gütesiegel			
⇨ Empfehlungen gewinnen			
• absolut je Zeitraum			
• Prozent aus (Adressen, Käufer …)			
⇨ Kundenzufriedenheit			
☐ Zieldefinition als Voraussetzung			
⇨ Planwerte			
⇨ Bandbreite			
⇨ global/minimal			
• Gesamtziele			
• Teilziele			
⇨ Sonderentwicklungen berücksichtigen: Jahr z.B. nur mit 10 Monaten werten (Saisongeschäft, Urlaub vor- und nacharbeiten …)			
☐ TQM (Total Quality Management)			
⇨ ISO 9000 (…)			
• TÜV-Zertifizierung			
• Aufwand (Zeit, Geld)			
⇨ KVP (Kontinuierliches Verbesserungsprogramm)			
⇨ Vorschlagswesen			
• institutionalisieren			
• Prämien ausloben			

Checkliste **41**

Rennlisten und andere Effizienz-Multiplikatoren

	relevant	nicht relevant	Anmerkungen

- darüber berichten
- ⇨ Verbandsvorgaben
- Gütesiegel
- Meßlatten
2. Vorbilder und Leitwerte schaffen
- ☐ Interne Leitbilder
- ⇨ bester Verkäufer
- ⇨ freundlichster Berater
- ⇨ Coach und Trainer
- ⇨ offenster Kollege
- ⇨ engagiertester/fleißigster Kollege
- ☐ Externe Leitbilder
- ⇨ andere Teams
- ⇨ andere Vertriebswege
- ⇨ andere Unternehmen
- ⇨ andere Länder
- ☐ Leitwerte
- ⇨ Deckungsbeitragsrechnung
- ⇨ Wertschöpfung
- ⇨ Erträge
- Rendite
- ROI
- ⇨ Shareholder Value
3. Konkrete Werte/Modelle
- ☐ Mix aus Quantität und Qualität
- ⇨ nebeneinander
- ⇨ Multiplikation

Der Mitarbeiter ist der Engpaß

41 *Checkliste*
Rennlisten und andere Effizienz-Multiplikatoren

	relevant	nicht relevant	Anmerkungen
• z.B. Umsatz mal gewonnene Neukunden			
• _____			
⇨ Addition			
• z.B. Umsatz TDM (10000 = 10) + Prozent Umwandlungsquote Adressen in Aufträge			
• _____			

Checkliste **42**

Rennlisten und andere Effizienz-Multiplikatoren: Übersichtsvorlagen

☐ Quantitäten

	Platzziffer	Umsatz DM/EU	Aufträge	Umsatz je Auftrag	Adressen	Aufträge je Adr.	DM/EU je Adr.	...
Agent 1								
Agent 2								
Agent 3								
Agent 4								
Agent 5								
Team A								
Team B								
Team C								
Gesamt								
extern								

☐ Qualitäten

	Platzziffer	Abos	Storno absolut	Storno in %	Interessenten	Interessenten zu Auftrag	Empfehlungen	% aus Adressen
Agent 1								
Agent 2								
Agent 3								
Agent 4								
Agent 5								
Team A								
Team B								
Team C								
Gesamt								
extern								

Der Mitarbeiter ist der Engpaß

43 Checkliste
Mitarbeitermotivation und Menschenführung

	relevant	nicht relevant	Anmerkungen
1. Harte Faktoren			
☐ Geld			
⇨ sicheres Einkommen			
• Gehalt, Honorar			
• Fixum, Garantieprovision			
• Fixum, Provision je nach Zielerreichung			
⇨ Provisionen			
• zusätzlich zu Fixeinkommen, erfolgsabhängig			
• Sonder-/Aktions-/Treue-Boni (z.B. anstelle von Weihnachtsgeld etc.)			
• Leistungsstaffeln			
⇨ Incentives			
• Ausloben bei Wettbewerben			
• Dankeschön für viele Gelegenheiten			
• Naturalbonus bei Erreichen von Stückzahl „X"			
• Reisen, Gegenstände als „Preis"			
• einzeln oder für die Gruppe			
• Unternehmens-CI: Tücher, Krawatten, KFZ-Aufkleber…			
⇨ geldwerte Vorteile (rechtliche/Steuerfragen beachten!)			
• Mitarbeiterrabatte für Eigeneinkauf			
• Übernahme besonderer Kosten			
• KFZ, Handy etc. zur Verfügung stellen			
⇨ Mitarbeiterbeteiligung			
• Aktienoptionen			

Checkliste 43

Mitarbeitermotivation und Menschenführung

	relevant	nicht relevant	Anmerkungen

- Belegschaftsaktien
- Gewinnbeteiligung, Tantieme
- ☐ Wettbewerb
- ⇨ Vergleichswerte
- Rennlisten
- aktueller Stand
- Chancen prinzipiell für alle (z.B. mehrere Klassen bilden?)
- ⇨ Mitarbeiter des Monats
- Kollegen/Kunden wählen aus
- evtl. andere Zeiträume (Woche, Quartal)
- „Gesamtsieger" des Jahres
- ⇨ Aktionen
- Saison, Quartal
- Woche, Monat
- ⇨ Langzeitbetrachtung
- Halbjahr, Jahr
- mit Vergleich Vorjahreszeitraum (und/oder dem direkt davor liegenden Zeitraum, z.B. Vormonat)
- ⇨ Präsentation in Mitarbeiterzeitschrift, Info …
- ☐ Karriere: Verantwortung und Titel
- ⇨ Hierarchie
- Stufen (Benennung, Mitarbeiterzuordnung)
- Voraussetzungen zum Erreichen
- ⇨ Sachverantwortung

Der Mitarbeiter ist der Engpaß

43 Checkliste
Mitarbeitermotivation und Menschenführung

	relevant	nicht relevant	Anmerkungen
Aufgabeninhalte (Stellenbeschreibung)			
Verantwortungsgrenzen (z.B. bei Reklamationen bis DM ... selbst sofort entscheiden)			
Zieldefinitionen (ggf. mit Wertebezifferung)			
⇨ Auszeichnungen			
• Titel			
• Insignien des Erfolgs: Anstecknadeln ...			
• Inszenierung (Feier, besondere Gelegenheit ...)			
⇨ Clubs			
• je nach Ergebnissen, gestuft, mit Prämien			
• vorübergehend oder Mitglied auf Dauer			
⇨ Quantität und Qualität beobachten und bewerten			
• gilt auch für Wettbewerbe			
• evtl. getrennt oder vermischt			
☐ Arbeitsabläufe			
⇨ Umfeld und Unterlagen passend			
• Ablage- und Wiedervorlageausstattung			
• Gesamtraum (Großraumbüro?)			
• eigener Arbeitsraum (Büro, Teil Großraum)			
⇨ Adressenmaterial optimal aufbereitet			
• Daten umfassend, nach Wahl im Zugriff per EDV bzw. auf Papier			

Checkliste **43**

Mitarbeitermotivation und Menschenführung

	relevant	nicht relevant	Anmerkungen

- Absichern des zu bearbeitenden Kontaktmaterials (Adressenschutz etc.)
⇨ Abläufe wohlorganisiert und arbeitserleichternd
- Unterlagen, technische Ausstattung (Kontakt- und Wiedervorlagesoftware …)
- Follow-up und Fulfillment (Was passiert, wenn mein Gespräch beendet ist?)
⇨ Arbeitsplatz angenehm und ergonomisch
- Sitzen, Bewegen, Stehen
- Holen und Nehmen
- Sehen/Lesen, Hören/Sprechen
⇨ Pausen
- geregelt, z.B. 5 Minuten je Stunde
- getrennter Raum, evtl. Kantine
- Versorgungsmöglichkeit
⇨ Gesamtatmosphäre angenehm

2. Weiche Faktoren

☐ Informationsfluß
⇨ Offenheit nach innen
- Kalkulation, Ausblick, Geschäftsentwicklung
- Erfolge, Entlohnung
- Vorinformation zu Großereignissen (Fusion, neue Leitung, Kooperationen, Verkauf …)
⇨ Information per Rundlauf
- eigenes Info-Medium (gedruckt und/oder PC)

43 Checkliste
Mitarbeitermotivation und Menschenführung

	relevant	nicht relevant	Anmerkungen

- Teilnahme an externer Info (Fachzeitschriften, wichtige Korrespondenz …)

⇨ Austausch und direkte Kommunikation

- Meetings (Team, Abteilung, komplett)
- „Jahresgespräch" Vorgesetzter – Mitarbeiter

⇨ Guter Start …

- Kennenlernen/Vorstellen beim Einstieg ins Unternehmen
- Rundgang/Führung durch Betriebsteile (vor allem bei größeren Unternehmen)
- intensiveres Kennenlernen der „Nachbarbereiche" (z.B. Tele-Marketing und Außendienst, Verkauf und Kunden-Service, Vertrieb und Versand …)

⇨ Informationsstand über Aktionen und Produkte

- mindestens so gut wie der des Ansprechpartners am Telefon
- so gut wie rundum bei den Kollegen
- primär als Bringschuld des Unternehmens an den Mitarbeiter
- auch als Holschuld des (interessierten!) Mitarbeiters

☐ Persönlichkeit und Individualität

⇨ persönliche Bedürfnisse

- Rauchen dürfen/Schutz für Nichtraucher
- Bewegung

Checkliste **43**

Mitarbeitermotivation und Menschenführung

	relevant	nicht relevant	Anmerkungen
• eigener/geschützter Arbeitsbereich			
⇨ Familie einbeziehen			
• Tag der offenen Tür für die Familien (bzw. im Rahmen eines allgemeinen Tages der offenen Tür)			
• Unterlagen für zu Hause (sich präsentieren können)			
• Einladung der Familie zu (Weihnachts-)Feier/Betriebsausflug			
⇨ Personalisierung nach außen			
• Name, Bild, Unterschrift auf Kontaktbriefen zu Kunden			
• in größeren Unternehmen: Veröffentlichung von Jubiläen und Ereignissen in Info-Magazin			
⇨ Informationsvorsprung			
• in seinem eigenen Bereich gegenüber Außenstehenden			
• als „early adopter" mit entsprechendem Anspruch (für den privaten Bereich)			
⇨ Wiedereingliederung Frauen			
• Kinderbetreuung (Betriebskindergarten, gemeinsame Betreuung mit anderen Firmen, Beitrag zu Rundumbetreuung, Beitrag zu öffentlichen Einrichtungen)			
• Arbeitszeiten an Einsatzmöglichkeiten der Frauen angleichen (Teilzeit)			
• Pausenregelung anpassen (z.B. zwei Stunden fürs Holen und Unterbringen der Kinder ...)			
☐ Weiterbildung			
⇨ intern			

Der Mitarbeiter ist der Engpaß

43 Checkliste
Mitarbeitermotivation und Menschenführung

	relevant	nicht relevant	Anmerkungen
• Seminare, Workshops, Kongresse			
• Lehrgänge, Abendausbildung			
⇨ extern			
• Modell „14. Gehalt für Seminare"			
• Freistellen für Seminare etc., die ggf. Mitarbeiter selbst bezahlt			
• alternativ: Übernahme der Seminarkosten, Zeit geht auf Urlaub des Mitarbeiters			
⇨ Medien			
☐ Zusammengehörigkeit			
⇨ Teamauszeichnungen			
⇨ Teamwettbewerbe			
⇨ gemeinsame Unternehmungen			
• Seminare, Messen …			
• Feiern und (Betriebs-)Ausflüge			
• vom Unternehmen oder selbst organisiert			
⇨ Mobbing verhindern			
• Stichwort „political correctness"			
• Stichwort „sexuelle Belästigung am Arbeitsplatz"			
☐ Führung durch „Vorgesetzte"			
⇨ partnerschaftlicher Führungsstil			
⇨ Helfen durch Rat und Tat			
⇨ Selbständigkeit sichern			
⇨ Beispiel geben und Vorbild sein			

Checkliste **44**

Motivation: Theoretischer Hintergrund

	relevant	nicht relevant	Anmerkungen
☐ Motivationsfaktoren			
⇨ Bedürfnisse nach Maslow			
• Grundbedürfnisse: Dach überm Kopf, Essen…			
• Sicherheitsbedürfnisse: geregeltes Einkommen, Versicherungen			
• Gemeinsamkeitsbedürfnisse: Partnerschaft (= Familie einbeziehen), Gruppenzugehörigkeit			
• Selbstdarstellung: Prestige, Stolz, Anerkennung, Karriere			
• Selbstwertgefühl: Ich, Entwicklung, Selbstbestätigung, Selbständigkeit			
• Pyramide: ansprechbar ist der Mensch immer „eine Ebene über dem befriedigten Bedürfnis" (d.h. z.B., i.a. hilft ein Titel nur dort, wo das Einkommen schon hoch genug)			
⇨ Hygienefaktoren (Herzberg)			
• Mangelerleben			
• Wir streben immer nach dem, was wir nicht haben			
⇨ Führungsbilder			
• Der Mensch an sich ist faul und muß getrieben werden			
• Der Mensch an sich ist interessiert und motiviert			
• Der Mensch braucht Lob und Bestätigung			
☐ Eigen- und Fremdmotivatoren			
⇨ extrinsische Steuerung (von außen)			
• Geld und geldwerte Leistungen			
• vorzeigbare Auszeichnungen			

Der Mitarbeiter ist der Engpaß

44 Checkliste
Motivation: Theoretischer Hintergrund

	relevant	nicht relevant	Anmerkungen
• Lob und Anerkennung			
⇨ intrinsische Steuerung (von innen heraus)			
• gemeinsam erarbeitetes Ziel erreichen wollen			
• Spaß und Freude am Erfolg empfinden können			
⇨ Beachten von Grenzen			
• Workoholismus			
• Burnout-Syndrom			
• Auszeiten (Urlaub, Kur, Sabbatical …)			
☐ Einstellungen			
⇨ Lifestyle			
• Verbraucherdefinitionen aus der Werbung			
• Szenen			
• Alterszugehörigkeit			
⇨ Milieuzugehörigkeit			
• SINUS Lebenswelten			
• Soziologie (z. B. Schmidt)			
⇨ Weltbild			
• egoistisch vs. altruistisch			
• konservativ vs. innovativ			
• idealistisch vs. hedonistisch			
☐ Fazit: Behandeln Sie Ihre Mitarbeiter so, wie Sie möchten, daß diese Ihre (ihre!) Kunden behandeln!			
⇨ Ihr Mitarbeiter ist Ihr Kunde!			
⇨ 1:1-Marketing			

Checkliste **44**

Motivation: Theoretischer Hintergrund

	relevant	nicht relevant	Anmerkungen
• persönlich			
• individuell			
⇨ Lassen Sie es „menscheln"			
• Auch Privates ist wichtig			
• Kontakte außerhalb (bis hin zu „Betriebsausflügen")			
• Grenzen!			
⇨ Regeln gelten immer für alle			
• für Vorgesetzte genauso wie für Mitarbeiter			
• in beide Richtungen (Kommunikation …)			

45 Checkliste
Der Coach im Tele-Marketing: Leiter, Pate und Karrierevorbild

	relevant	nicht relevant	Anmerkungen

1. Coaching als moderne Form von Führen und Schulen

☐ Coachen

⇨ begleiten

⇨ helfen

⇨ vormachen

⇨ „on the job" trainieren

⇨ aus der Praxis für die Praxis

⇨ erreichbares (!) Vorbild sein

☐ Coach als Mensch und Macher

⇨ erfolgreich in der Sache

- „einer der Besten"
- anerkannt kompetent
- erfahren

⇨ zusätzliche Qualitäten

- kann weitervermitteln
- kommt an

⇨ „Spieler-Trainer"

- ist voll in die (jeweilige) Aktion integriert
- „Libero": Einsatz wo „Not am Mann"

⇨ repräsentiert die Unternehmenskultur

☐ Coachingabläufe

⇨ organisierte Coachings

- zu bestimmten Zeiten (einmalig/wiederkehrend)
- auf Abruf (Problemlöser)

⇨ Coachingvorgang

Checkliste **45**

Der Coach im Tele-Marketing: Leiter, Pate und Karrierevorbild

	relevant	nicht relevant	Anmerkungen
• beisitzen, zuhören			
• analysieren und synthetisieren			
• vortelefonieren			
⇨ multiplizieren durch Gruppen-Coaching			
• individuelle Gegebenheiten des Mitarbeiters/Teams berücksichtigen			
• Aufnahmemöglichkeiten? (Audio, Video)			
⇨ „Bordsteinkonferenz" aus dem Außendienst entlehnt			
• kurze Zwischenabstimmung			
• Reaktion sofort im Geschehen			
2. Coach in der Organisation			
☐ Hierarchie			
⇨ ohne besondere Hervorhebung			
• innerhalb des Teams			
• evtl. mit einem Titel ausgestattet (Coach, Trainer, Pate …)			
• „Primus inter pares": Gleicher unter Gleichen			
⇨ bewußt „außerhalb der Hierarchie"			
• verschiedene Teams begleitend, ohne Zuordnung zu einem Leiter			
• zeitlich begrenzt – bei Einsatz dem jeweiligen Leiter verpflichtet			
⇨ Stabsstelle „Training"			
• einer übergeordneten Instanz verpflichtet			
• einem Leitungskreis zugeordnet (bestehend aus Geschäftsleitung,			

Der Mitarbeiter ist der Engpaß

45 Checkliste
Der Coach im Tele-Marketing: Leiter, Pate und Karrierevorbild

	relevant	nicht relevant	Anmerkungen

Abteilungsleitung, Leitung des jeweils betreuten Teams/Mitarbeiters)

☐ Entlohnung

⇨ Fixbetrag als Ausgleich für entgangene eigene Erfolge

- je Einsatztag/-stunde
- je Monat …

⇨ Erfolgsbezug

- je Absatz des gecoachten Mitarbeiters/Teams DM „X" fix
- in Prozent vom Umsatz
- evtl. inkl. eigene Erfolge

⇨ Bonusbetrag bei Erreichen eines Ziels

- je Mitarbeiter pro Monat z. B.
- gesamt im Jahr z. B.

⇨ geldwerte Vorteile

- Reisen zu verschiedenen Unternehmensbereichen
- besondere Kostenverrechnungen, die sonst nicht üblich sind

⇨ Bonus für Entwicklungen

- Mitarbeiter schafft Umsatzzuwachs
- Team erreicht x% mehr

☐ Welche Themen können sinnvoll gecoacht werden?

⇨ outbound

- Verkaufen (mehr Erfolg = mehr Aufträge aus gleicher Zahl Kontakte, höherer durchschnittlicher Auftragswert je Verkauf …)

Checkliste **45**

Der Coach im Tele-Marketing:
Leiter, Pate und Karrierevorbild

	relevant	nicht relevant	Anmerkungen
• Terminieren (mehr Termine aus gleicher Zahl Kontakte, mehr Aufträge aus den wahrgenommenen Terminen dieses Mitarbeiters)			
• Stornoquoten verbessern			
• Haltequote verbessern			
⇨ inbound			
• Begrüßung (Gesprächsannahme)			
• Qualifizieren („reaktives Tele-Marketing")			
• Reklamationen aufnehmen und betreuen			
⇨ generell/übergreifend			
• Kommunikation: zuhören			
• Stimmeinsatz			
• Vorteilsvermittlung/Nutzen begründen			
• Einwandbehandlung			
• Fragen stellen			
• kürzere/zielgerechte Gespräche führen			
⇨ Verhalten des Agenten			
• Selbstorganisation			
• Berichtswesen			
• Handling			
• _____			

Der Mitarbeiter ist der Engpaß

46 Checkliste
Eignung zum Coach

	relevant	nicht relevant	Anmerkungen
☐ Kontrollfragen			
⇨ Engagement			
• ist fleißig			
• ist pünktlich			
• ist ausdauernd			
• hat Biß („hartnäckige Höflichkeit hilft")			
⇨ Kollegialität			
• hilft anderen			
• läßt bereitwillig mithören			
• hat „ein offenes Ohr"			
• vermittelt im Team und zwischen Team/Person und Leitung			
⇨ Partnerschaft			
• kann gut zuhören			
• sagt direkt und offen, worum es geht			
• kritisiert konstruktiv			
• fragt nach Lösungen			
• läßt Lösungen selbst erarbeiten			
• ist teamfähig			
⇨ „Menschlichkeit"			
• gibt eigene Fehler freimütig zu			
• ist risikobereit (z.B. Fehler zu begehen)			
• kann sich zurücknehmen			
⇨ Extravertiertheit			
• geht im positiven Sinne auf die anderen zu			
• blüht auf, wenn er in der Runde vortelefonieren darf			

Checkliste **46**

Eignung zum Coach

	relevant	nicht relevant	Anmerkungen

- kann mitreißen
⇨ positive/optimistische Haltung
- geht frei ans Telefon, mit jeder neuen Aktion
- frei von Scheu
- so gut wie immer fröhlich und gut gelaunt
☐ Meßlatten
⇨ quantitativ
- im Zeitraum „X" gegenüber Vergleichszeitraum „Y" gibt es Zuwachs „Z" (beim gecoachten Mitarbeiter/im Team)
⇨ qualitativ
- Resonanz Mitarbeiter
- Resonanz Kunden/Geschäftspartner
- Resonanz Führungskräfte

Der Mitarbeiter ist der Engpaß

47 Checkliste
Schulungen: intern oder extern

	relevant	nicht relevant	Anmerkungen

1. Schulungen: eher intern?

☐ Produkt

⇨ Erleben: Überzeugung gewinnen

- Präsentation
- Anwendung

⇨ Übersetzung: Wie erlebt der Kunde das Produkt?

- Vorteile für den Kunden
- Formulierungen, die ankommen
- Unterschiedlich für Kundengruppen?

⇨ Mitbewerb

- direkter (z.B. gleiches Produkt anderer Hersteller)
- indirekter (z.B. Branche, etwa „Reisen" gegenüber „Einrichtung")

⇨ Zusammenhänge im großen

- Zulieferer
- Parallelmarken

⇨ Kenntnisse in bezug auf das Unternehmen

- beste Umsetzung
- „Scheuklappen"-Gefahr!

⇨ extern ergänzend

- Händler/Hersteller
- Zulieferer
- _____

☐ Unternehmen

- Strukturen
- Hierarchien

Checkliste **47**

Schulungen: intern oder extern

	relevant	nicht relevant	Anmerkungen
• Personen			
⇨ Markt und Mitbewerb			
• lokal, regional			
• überregional, national			
• international, global			
• Geschäftspartner, Kooperationen, Verbände			
⇨ Historie			
• betriebswirtschaftliche Entwicklung			
• evtl. Gründung … (wenn älter)			
⇨ Planung & Entwicklung			
• jüngste/aktuelle Zeit			
• Zukunft			
• Vergleiche			
☐ Personen, Ort und Zeit			
⇨ Ausgebildeter Trainer im Unternehmen vorhanden?			
• alternativ: jemanden einstellen			
• alternativ: jemanden langfristig dafür ausbilden			
⇨ anderweitig verfügbare Personen			
• von der Funktion her definierbar			
• von der Erfahrung her definierbar			
• von Mitarbeitern anerkannte Person			
⇨ Räumlichkeiten			
• Tagungsräume inhouse vorhanden?			
• Freies Veranstaltungslokal?			
• Übernachtung erforderlich?			
⇨ Zeiten			

Der Mitarbeiter ist der Engpaß

47 Checkliste
Schulungen: intern oder extern

	relevant	nicht relevant	Anmerkungen
Dauer (1 Tag, 2, 3 Tage; ½ Tag …) (einmalig, wiederkehrend)			
Datum (mit Wochentag[en])			
Uhrzeit (Anreise, Eingewöhnen, Start, Schluß, Pausen …)			
Puffer einplanen!			
⇨ Einsatz planen abhängig von			
Themen			
Teilnehmerkreis (Anzahl, Zusammensetzung)			
⇨ Örtlichkeit			
Teilnehmer: individuelle Gegebenheiten beachten			
Familienverhältnisse (Kinderbetreuung? …)			
Hindernisse (körperliche Behinderung, Alter – Einverständnis Erziehungsberechtigter, Krankheiten etc.)			
2. Schulungen: eher extern?			
☐ Gesprächsführung			
⇨ „Prophet gilt wenig im eigenen Land"			
Mitarbeiter glauben eher jemandem, der von außen kommt			
Evtl. sogar ohne Teilnahme Leiter?			
⇨ andere Sicht einbringen			
vorhandenen Leitfaden überarbeiten			
Leitfaden neu gestalten			
⇨ Agenten bringen sich stärker ein			
Freier Trainer hört eher/besser zu			
Atmosphäre ist ungezwungener			

Checkliste **47**

Schulungen: intern oder extern

	relevant	nicht relevant	Anmerkungen

- ☐ Verhalten am Telefon
- ⇨ Ist völlig unabhängig vom Angebot
- • deshalb Neutraler beste Lösung
- • Externen Spezialist wählen für „Telefonkontakte"
- ⇨ Mehr technische Möglichkeiten beim Externen
- • Video
- • Trainingsanlage
- • Aufzeichnung
- • Bewegung (Gymnastik ...)
- ⇨ Aktivitäten außerhalb der Arbeitsräume
- • Teilnehmer sind freier/lockerer
- • Teilnehmer öffnen sich für anderes Erleben, Sehen
- ☐ Personen, Ort und Zeit
- ⇨ Freier Trainer?
- • Branchenerfahrung?
- • Erfahrung mit Zielgruppe(n)?
- ⇨ Trainingsorganisation?
- • Komplette Abläufe outsourcen?
- • Mehrere Trainer zur Verfügung?
- ⇨ Tagungsräume des (externen) Veranstalters?
- ⇨ Freies Veranstaltungslokal?
- ⇨ Übernachtung erforderlich?
- ⇨ Zeiten
- • Dauer (1 Tag, 2, 3 Tage; $1/2$ Tag ...) (einmalig, wiederkehrend)

47 Checkliste
Schulungen: intern oder extern

	relevant	nicht relevant	Anmerkungen
• Datum (mit Wochentag[en])			
• Uhrzeit (Anreise, Eingewöhnen, Start, Schluß, Pausen ...)			
3. Schulungsmedien machen unabhängig			
☐ Welche Medien sinnvoll einsetzen?			
⇨ Audio			
⇨ Video			
⇨ CD-ROM			
⇨ Standard			
• Fertige Trainingscassetten einsetzen?			
• Vorhandene Teile übernehmen? (Rechte?)			
• Statt dessen: Aufzeichnungen aus Realität?			
⇨ Eigenentwicklungen			
• Wer schreibt? (Manuskript, Drehbuch?)			
• Wer übernimmt Dramaturgie? (Regisseur?)			
• Wer spricht/spielt? (Sprecher, Schauspieler: Profis?)			
• Wo Aufnahme? Studio?			
• Wer vervielfältigt?			
• Was kostet das?			
⇨ das gute alte Papier			
• Bücher			
• Arbeitsmappen			
• eigene Unterlagen:			
☐ Gruppe oder einzeln?			

Checkliste **47**

Schulungen: intern oder extern

	relevant	nicht relevant	Anmerkungen
⇨ Dynamik			
• Multiplikationseffekte			
• Gruppenerleben			
⇨ Hemmungen			
• Mancher ist lieber für sich allein			
• Gruppendruck?			
⇨ Aufwand			
• Gruppe: größerer Raum			
• Trainer: einzeln/mehrere			
⇨ Größe Unternehmen/Abteilung			
• Komplett im Training?			
• Aufteilung in kleinere Gruppen?			
⇨ Frequenz			
• Wie häufig?			
• Wie lange?			
☐ Schulungsmedien zur Multiplikation/Wiederholung			
⇨ Basiskosten			
• Erstellung			
• Vorlagen			
• Kauf			
⇨ Vervielfältigung			
• Produktion			
• Lizenzen, Rechte			
⇨ Mehrfachnutzung teurer Medien			
• zentral vorhanden im Zugriff			
• Ausleihe mit Rückgabe			
⇨ Verkaufshandbuch			

Der Mitarbeiter ist der Engpaß

47 Checkliste
Schulungen: intern oder extern

	relevant	nicht relevant	Anmerkungen
• faßt Abläufe zusammen			
• faßt Basismedien zusammen			
• wird laufend aktualisiert			
4. Kosten			
☐ Personalkosten			
⇨ Trainer			
⇨ Teilnehmer			
⇨ „Randpersonen"			
• Organisation			
• Transport			
• Betreuung			
☐ Schulungsmedien			
⇨ Standard			
⇨ Entwicklung			
⇨ Vervielfältigung			
⇨ Lizenzen			
☐ Andere Kosten			
⇨ Schulungsräume			
⇨ Schulungsunterlagen			
⇨ Bewirtung			
⇨ Reisen			
⇨ Nebenkosten			
⇨ _____			

Checkliste **48**

Die Produktschulung für den Telefonkontakt

	relevant	nicht relevant	Anmerkungen

1. Welche Produktkenntnis ist anzustreben?

☐ Abhängigkeit von Art der Tätigkeit des Agenten

⇨ Verkäufer

- muß Bescheid wissen
- muß dem Kunden auf Fragen antworten können
- muß ebenbürtiger Gesprächspartner sein

⇨ Terminierer

- soll ausschließlich den Termin „verkaufen"
- Kommunikation wichtiger als Kenntnis
- Vermeiden von „vorverkaufen"

⇨ Inbound-Basis

- geringe Kenntnis genügt
- ggf. Führen durch Leitfaden
- Katalog (Werbemittel) zur Hand, den auch der Kunde hat?!

⇨ Inbound „Plus"

- Extra-Infos für Cross-Selling und Upgrading
- Service: Detailkenntnisse?
- Hotline: genaue Kenntnis
- Differenzieren nach Front-office (geringe Kenntnisse) und Back-office (Spezialkenntnisse)

☐ Überinformiertsein vs. Unkenntnis

⇨ zu viele Infos: Monologgefahr

Der Mitarbeiter ist der Engpaß

48 Checkliste
Die Produktschulung für den Telefonkontakt

	relevant	nicht relevant	Anmerkungen
• Mensch tendiert dazu, alles loszuwerden			
• Kunde kommt kaum zu Wort			
• Kunde fühlt sich überfahren			
⇨ Partner als Fachmann			
• weiß gerne mehr als Agent			
• lieber hören, was der Kunde will!			
⇨ ggf. Unterlagen zur Hand			
• muß nicht alles wissen			
• Weiterleitung ans Back-office			
⇨ Agent weiß zuwenig?			
• Rückruf nach Info anbieten			
• Chance für weiteren Kontakt			
• Kaum ein Kunde ist darüber sauer			
☐ Eigene(s) Produkt(e)			
⇨ Grobkenntnis (oberflächlich)			
• Was?			
• Wofür?			
• Für wen?			
• Bei welcher Gelegenheit?			
⇨ „Biografie"			
• Gerätedetails (Größe[n], Farbe[n], Gewicht[e] …)			
• Angebotsdetails und -varianten			
• Konditionen (Preis[e], Lieferung …)			
⇨ Anwendung			
• Wie?			
• Was tun, wenn …?			
⇨ Service			

Checkliste **48**

Die Produktschulung für den Telefonkontakt

	relevant	nicht relevant	Anmerkungen

⇨ Was ist das Besondere?

- Alleinstellung, USP definieren:
- 1. ....
- 2. ....
- 3. ....

☐ Wettbewerbsprodukt(e)

⇨ Kenntnis der wichtigsten

- 1. ....
- 2. ....
- 3. ....

⇨ Vergleiche, Vor- und Nachteile

- Preise
- Leistung
- Sonstiges

⇨ Wer kommt für welche Anwendung eher in Frage?

⇨ Vorsicht vor Abwertung der „Konkurrenz"!

- lieber eigenes Produkt loben
- lieber auf Nennung/Diskussion verzichten

☐ Hintergrund-/Basisinformationen

⇨ Rahmen

- Branchenstruktur
- Historie
- Technologie

⇨ Referenzen

- eigene Spezialisten
- Presse

Der Mitarbeiter ist der Engpaß

48 Checkliste
Die Produktschulung für den Telefonkontakt

	relevant	nicht relevant	Anmerkungen

- Kunden
- _____

⇨ Marketing/Werbung fürs Produkt?
- vorher
- begleitende
- nachher, Planung

⇨ Killerargumente?
  Antworten parat haben!

2. Wer vermittelt Produktbekanntheit?

☐ Spezieller Trainer?

⇨ fachlich orientiert
- Forscher/Entwickler
- Bauer/Techniker/Macher

⇨ verkäuferisch orientiert (siehe unten)

⇨ betriebswirtschaftlich orientiert
- Kosten – Nutzen
- Deckungsbeiträge
- _____

⇨ Kombination
- Generalist?
- Mehrere Personen?

☐ Produkt-Manager

⇨ für Produktentwicklung zuständig
- kennt Details
- denkt marketingorientiert
- je nach Struktur eher technisch orientiert

⇨ Funktion?

Checkliste **48**

Die Produktschulung für den Telefonkontakt

	relevant	nicht relevant	Anmerkungen
• Anwender			
• Leiter			
☐ Erfahrener Verkäufer			
⇨ legt Wert auf Kundensicht			
⇨ bringt Verkaufsaspekte ins Spiel			
• keine technischen Daten			
• übersetzt die Vorteile fürs Telefonat			
⇨ ist Beispiel			
• outbound			
• inbound (Service …)			
☐ Extern vs. intern			
⇨ Kenntnisse			
• intern: bis ins Detail			
• Gefahr: Scheuklappen			
• erweiterter Blickwinkel, wenn extern			
⇨ Sichtweise			
• intern sehr positiv (wichtig!)			
• extern eher objektiv (überzeugender für Agenten?)			
⇨ Überzeugung			
• intern: mehr Begeisterung/Euphorie (auch Emotion)			
• extern: eher sachlich, rational			
⇨ Kombination aus beiden möglich?			
• mehrere Personen einsetzen			
• Evtl. wechselnd je Veranstaltung?			
☐ Team-Mitglied			
⇨ Motivation			
• Auszeichnung für den Mitarbeiter			

Der Mitarbeiter ist der Engpaß

48 Checkliste
Die Produktschulung für den Telefonkontakt

	relevant	nicht relevant	Anmerkungen

- Chance für weitere Mitarbeiter, später Ähnliches zu tun
- Motivation für diesen Mitarbeiter, selbst noch besser zu werden

⇨ Überzeugung

- Macht ja diesen Job!
- Muß ja Bescheid wissen!

⇨ Nähe

⇨ gesunde Naivität

- statt Produktdetails ran an die Praxis!
- statt Schulungsvorgehen „locker vom Hocker": sehr natürlich

3. Wie kann der Produktnutzen über Telefon vermittelt werden?

☐ Erleben

⇨ multisensitiv im Original

⇨ multimedial in der Präsentation

⇨ Eigenanwendung Mitarbeiter

⇨ Dauernutzung ermöglichen

- Alternativprodukte testen
- Was ist besser?
- Was ist schlechter? Ändern?

☐ Fürs Gespräch umsetzen

⇨ Leitfaden vorgegeben

- erläutern
- anpassen

⇨ Leitfaden entwickeln

- gemeinsam
- anpassen

Checkliste 48

Die Produktschulung für den Telefonkontakt

	relevant	nicht relevant	Anmerkungen
⇨ „Übersetzung"			
• Kundenvorteile			
• Einwände vorbereiten (Antworten entwickeln)			
☐ Spezialeffekte einblenden			
• Produktgeräusche			
• Referenzen			
• Geräteumfeld als Hintergrund (als säße Agent in der Werkshalle)			
☐ Schriftliche Begleitung			
• vorab			
• nachher			
• evtl. sogar Muster schicken			
☐ Parallelpräsentation Videokonferenz			
⇨ Internet			

49 Checkliste
Schulung für Gesprächsabläufe am Telefon (Situationen üben)

	relevant	nicht relevant	Anmerkungen

Zu den Themen bzw. Schulungsabläufen siehe entsprechende Checklisten

1. Verhalten am Telefon

☐ Frei von Scheu ans Telefon

⇨ gerne telefonieren

- als gewohntes Medium „frei Hand" nutzen
- in den neuen Bundesländern immer noch „Nachholbedarf"
- junge Generation stärker telefonzentriert als Ältere

⇨ Distanz und Anonymität

- kann nichts passieren
- Konzentration aufs Sprechen, andere Sinne entfallen

⇨ Vorteile des telefonischen Kontakts

- schnell und kurz
- direkt und unmittelbar
- Dialog (sofortiger Austausch statt zeitlich gestreckter)
- spart Zeit und sonstigen Aufwand (Vorgang auf einmal klären)

⇨ das Telefon als Instrument

- Kanal für die Konversation/Kommunikation
- viele Erleichterungen mit heutiger Technik

☐ Ausstrahlung: fröhlich und freundlich

⇨ gute Laune überträgt sich auf den Gesprächspartner

- Lösen von Negativem vorm Aufnehmen des Hörers (Drücken der Taste)

Checkliste **49**

Schulung für Gesprächsabläufe am Telefon (Situationen üben)

	relevant	nicht relevant	Anmerkungen

- positives Umfeld schaffen und nutzen
- aufbauendes Motto („Dies ist ein schöner Tag!")
- Selbstmotivation
- ⇨ Floskeln als Signale (ehrlich, nicht aufgesetzt)
- Danke
- Bitte
- Ich verstehe Sie … (o. ä.)
- ⇨ höfliche Hartnäckigkeit hilft
- höflich und trotzdem konsequent
- Nein muß nicht nein heißen!
- ⇨ das Lächel-Training
- Spiegel einsetzen
- bewußtes Verziehen der entsprechenden (80!) Gesichtsmuskeln stimmt fröhlich
- ⇨ Lachen mit dem Partner
- verbindet
- lockert auf
- stimmt (beide!) positiv
- ☐ „Ich nehme alles auf mich, denn ich bin gar nicht gemeint"
- ⇨ Reklamationen locker wegstecken
- gemeint ist ja ein „Vorgang"
- beteiligt waren ggf. „andere"
- Agent kann gerne (und sozusagen „unbeteiligt") für Fehler anderer einstehen
- ⇨ Agent hält den Kopf hin

Der Mitarbeiter ist der Engpaß

49 Checkliste
Schulung für Gesprächsabläufe am Telefon (Situationen üben)

	relevant	nicht relevant	Anmerkungen
• wichtig für den Anrufer: Hier ist ein Mensch			
• Kunde wird leichter gehalten, wenn er eine „Abladestation" findet			
• Positiv ist, daß Kunde anruft (statt stillschweigend die Geschäftsbeziehung zu beenden)			
⇨ ungehöriges Verhalten wegstecken			
• schlucken			
• eigene Empfindungen ausdrücken („Ich fühle mich jetzt schlecht, weil …")			
• übergehen			
⇨ Frust vermeiden			
• beim Griff zum Hörer: positives Bild			
• während des Telefonats: Blick in den Spiegel			
⇨ Frust verarbeiten			
• nachher mit Kollegen/Coach sprechen			
• Auszeit nehmen			
☐ Was tun bei Durchhängern?			
⇨ pausieren			
• kurze Aus-Zeit			
• Stopp für diesen Tag			
⇨ aufbauen			
• Coach			
• Kollegen			
⇨ Selbst-Motivation			
• Sachziele erinnern			
• Emotionen positivieren			

Checkliste **49**

Schulung für Gesprächsabläufe am Telefon (Situationen üben)

	relevant	nicht relevant	Anmerkungen
2. Tele-Kommunikation			
☐ Stimme			
⇨ voll und rund (statt piepsig)			
⇨ langsam (statt zu schnell)			
⇨ leise (statt zu laut)			
⇨ deutlich verständlich (statt nuschelnd/zu starker Dialekt)			
☐ Sprache			
⇨ Sie statt ich			
⇨ aktivierend			
⇨ bildhaft			
☐ Inhalte			
⇨ Argumente			
⇨ Einwände			
⇨ Fragen			
☐ Beziehung			
⇨ zuhören			
⇨ eingehen auf den anderen			

Der Mitarbeiter ist der Engpaß

50 Checkliste
Organisation am Telefon

	relevant	nicht relevant	Anmerkungen
☐ Weniger ist oft mehr			
⇨ Wen anrufen/wer ruft an? Basisdaten			
⇨ Warum anrufen/wird angerufen? Leitfaden			
• Worüber sprechen?			
• Angebotsinformationen			
• Werbemittel			
⇨ Wie notieren?			
• Papier…			
• PC			
☐ Technik nutzen			
⇨ Kundendaten aus PC			
⇨ Angebotsdaten im PC			
⇨ Notizen in den PC			
⇨ ggf. ergänzend elektronische Speicher			
• Diskette			
• CD-ROM			
• _____			
⇨ Kenntnis für Umgang mit			
• Hardware			
• Software			
• Wer hilft ggf.?			
⇨ Telefonanlage			
• Wiederwahl			
• Wiedervorlage			
• _____			
☐ Administration			

Checkliste **50**

Organisation am Telefon

	relevant	nicht relevant	Anmerkungen

⇨ outbound: Konzentration aufs Telefonieren?
- ggf. nach dem Gespräch
- Delegieren an Partner?

⇨ inbound: „all in one"?
- Ergebnis des Telefonats direkt in den PC?
- notieren, dann PC

⇨ Anstoß geben fürs Follow-up
- Brief gleich direkt raus (Auftragsbestätigung, Info …)
- Versandpapiere …
- _____

⇨ Kenntnis
- Abläufe
- Ansprechpartner
- ☐ Arbeitseinsatz

⇨ Fleiß
- Menge
- Konzentration

⇨ konsequent dranbleiben
- pünktlich
- regelmäßig

⇨ die eigenen Werte kennen
- Stunden
- Kontakte
- Umsetzung
- Umsatz
- _____

Der Mitarbeiter ist der Engpaß

225

50 Checkliste
Organisation am Telefon

	relevant	nicht relevant	Anmerkungen
⇨ Beispiel: 200 Aktivkontakte pro Monat (aus 250 Adressen); fünf Anrufe pro Stunde = 40 Stunden Mindesteinsatz			
⇨ Mehrfachkontakt			
• outbound: Bestätigen, Nachfragen, Aktivieren			
• inbound: Rückruf, Info, Service …			
⇨ Kenntnisse aktiv gewinnen			
• Vereinbarung			
• Einsatzpläne			
• Ansprechpartner			
⇨ Entwicklung: sich beteiligen			
• Leitfaden			
• Verbesserungen (Vorschlagswesen)			
• eigene Aktivitäten (z.B. Empfehlungsadressen, z.B. Cross-Selling …)			
• „Die Meile mehr gehen" für den Kunden			

Checkliste **51**

Einsatz von Medien in der Telefon-Schulung

	relevant	nicht relevant	Anmerkungen

1. In der persönlichen Schulung

☐ Klassisch: „Papier"

⇨ Handout
- zum Nacharbeiten
- als „Protokoll"
- für späteres Nachlesen
- z. B. Kopien von Overhead-Folien

⇨ Arbeitsmappe
- zum direkten Hineinschreiben während der Schulung
- für Mitleser (während Schulung)
- zum Vorbereiten (wenn rechtzeitig verteilt)

⇨ Arbeitsblätter
- mit Stichworten
- blanko (nur Rahmen und Linien)
- z. B. Leitfaden erarbeiten

⇨ Bücher
- vom Trainer als Autor (ergänzend und vertiefend)
- zur Info (Blick hineinwerfen)
- als Begleitmaterial

⇨ Vor- und Nachteile
- „Was man schwarz auf weiß besitzt, kann man getrost nach Hause tragen"
- Mitschreiben hilft Merken
- Ablenkung vom Schulungsablauf?
- nur das Auge wird angesprochen (Text/Bild)

☐ Klassisch: „Leinwand"

Der Mitarbeiter ist der Engpaß

51 Checkliste
Einsatz von Medien in der Telefon-Schulung

	relevant	nicht relevant	Anmerkungen
⇨ Overheadprojektor			
• begleitende Präsentationsfolien			
• wenig Schrift und groß			
• illustrierende Folien			
• Arbeitsfolien (werden in der Veranstaltung ergänzt)			
• vergrößert lfd. Notizen für alle			
⇨ Dia			
• Ausstattung des Arbeitsplatzes und Umgehen mit dem Telefon			
• Abläufe am Telefon (Einzelsituationen)			
⇨ Video			
• Vorher-nachher-Situationen im Gespräch			
• illustrierend			
• Abläufe zeigend			
☐ Elektronik			
⇨ interaktiv			
⇨ multiplikativ			
⇨ Netzwerk einsetzen?			
☐ Audio und Video			
⇨ Gesprächsaufzeichnung			
• Echtgespräche (Rechtsfragen?)			
• Rollenspiele			
• ermöglicht Synthese aus Analyse			
⇨ Komplettaufzeichnung			
• Rollenspiele			
• Chance für Analyse und Synthese			

Checkliste 51

Einsatz von Medien in der Telefon-Schulung

	relevant	nicht relevant	Anmerkungen

⇨ Fertigmedien

⇨ Eigenentwicklungen

• Technische Möglichkeiten vorhanden?

• Outsourcing an Spezialisten?

• Hohe Kosten: Video ab 100.000 DM, Audio ab 10.000 DM für 30 Minuten bis 1 Stunde (je nach Anforderung), ggf. zzgl. Locations extern

⇨ spricht mehrere Sinne an

• wird leichter verarbeitet

• spricht alle Teilnehmer an

2. Tele-Learning

☐ CD-Kurse

⇨ Vor- und Nachteile

• multimedial

• Ausstattung erforderlich

• Umgang mit Medien muß erlernt werden

⇨ Fertigkurse

⇨ evtl. mit Internet-Anbindung (s.u.)

⇨ Eigenentwicklungen

• Kosten?

• Aktualität? (Update-Aufwand!)

☐ Online-Kurse

⇨ Vor- und Nachteile

• zu jeder Zeit nutzbar

• rasch aktualisierbar

• hoher Vorbereitungsaufwand

• Ausstattung erforderlich

51 Checkliste
Einsatz von Medien in der Telefon-Schulung

	relevant	nicht relevant	Anmerkungen
• Umgang muß erlernt werden			
⇨ virtuelle Gruppe			
• Einigung auf bestimmte Zeit (siehe Chat-Groups)			
• oder „zufällig"			
• geschlossene Nutzergruppe!			
⇨ Direktkontakt			
• evtl. im Dialog			
• evtl. per Internet-Telefonie			
⇨ Begleitunterlagen: müssen schriftlich abgefaßt und ausgedruckt werden			
☐ Tele-Coaching			
⇨ trainieren per Telefon			
• 1:1-Medium			
• gleiche Vorteile wie Telefonverkauf: jederzeit, rasch anzupassen, keine Reisezeiten			
• Feste Zeiten vereinbaren? (Siehe Tele-Trainings bei Multilevel-Marketern)			
⇨ Resonanz per Telefon			
• Lösungen			
• Frage – Antwort			
⇨ über eigenes Telefonnetz (siehe Herbanet)			
⇨ Audio-Conferencing			
• Meetings			
• Schulungen			
☐ Video			
⇨ eigenes Fernsehen			

Checkliste **51**

Einsatz von Medien in der Telefon-Schulung

	relevant	nicht relevant	Anmerkungen

- intern per Video
- eigener Kanal (per Satellit, siehe Herbalife)
- zu festen Zeiten
- ⇨ Video-Conferencing
- Meetings
- Schulungen

52 Checkliste
Benchmarks im Tele-Marketing: generell

	relevant	nicht relevant	Anmerkungen
1. Benchmarking als Instrument			
☐ Mitarbeiterführung			
⇨ Plan/Ist-Feststellung			
• fair			
• akzeptable Bandbreiten			
• „üblich"			
⇨ Ziele setzen			
• nachvollziehbar (z.B. kurze Zeiten)			
• vergleichbar			
• akzeptiert			
⇨ Verantwortlichkeiten definieren			
• führend (Vorgabe, Controlling, Hilfe …)			
• ausführend			
⇨ Zielschritte definieren			
• gemeinsam			
• Gesamt- und Einzelziele			
• Grob- und Feinziele			
☐ Controlling			
⇨ Kriterienbündel			
• Quantität			
• Qualität (soweit quantifizierbar)			
⇨ Vorgaben			
• absolute Werte			
• relative Werte			
• vergleichbare Werte			
• verständliche Werte			
⇨ Bereiche			

Checkliste 52

Benchmarks im Tele-Marketing: generell

	relevant	nicht relevant	Anmerkungen
• rein betriebswirtschaftlich (Deckungsbeitrag, ROI …)			
• Gesamtwirkung (Kundenzufriedenheit …)			
☐ Klassisches Benchmarking			
⇨ Best of …			
• Branche (eng/weit)			
• Region (Bundesland, Land, international)			
☐ Allgemeines Verständnis von Benchmarking			
⇨ Meßlatten definieren			
• Vergleiche anstellen „aktuell"			
• Vergleiche mit der „Vergangenheit"			
• Planung extrapolieren (Zukunft)			
⇨ Entwicklungen darstellen			
• gestern/heute			
• morgen			
⇨ Woran messen sich die anderen?			
• intern (Verband)			
• generell (Veröffentlichungen)			
2. Benchmarking in der Umsetzung			
☐ Allgemein zugängliche Studien nutzen			
⇨ Hochschulen, Fachhochschulen			
• Kundenzufriedenheit			
• _____			
⇨ Unternehmensberatungen			
• BL ConCept Hamburg			
• Profitel Hamburg			

Der Mitarbeiter ist der Engpaß

52 Checkliste
Benchmarks im Tele-Marketing: generell

	relevant	nicht relevant	Anmerkungen
• _____			
⇨ Kooperationen			
• Uni forscht			
• Firma finanziert			
⇨ Verbandsaktivitäten			
☐ Abrufbare Marktforschung nutzen			
⇨ Veröffentlichung von Tests			
• in Fachpublikationen Ihrer Branche			
• in Fachpublikationen „Tele-Marketing"			
⇨ Panels von Marktforschungsinstituten			
⇨ konkrete Beispiele			
• TeleTalk			
• Versandhausberater			
• DIALOG PROFI			
• TM Praxis			
• _____			
☐ Eigene Erhebungen durchführen			
⇨ intern			
• eigene Daten im Haus			
• Marktdaten (per Telefon-Mafo z.B.)			
⇨ externe Hilfe			
• Mafo-Institut (Fullservice)			
• Berater (für eigene Erhebung)			
⇨ externe Daten			
• Panel (lfd. Beobachtung)			
• Befragung			

Checkliste **52**

Benchmarks im Tele-Marketing: generell

	relevant	nicht relevant	Anmerkungen
⇨ als Teil einer umfangreicheren Untersuchung			
⇨ Verbandsaktivitäten?			
☐ Teilnahme an Studien			
⇨ i.a. gratis			
• keine Gebühr o.ä.			
• Ihr Aufwand: ausführlicher Fragebogen, Recherche			
⇨ Auswertung			
• meist allgemein zugänglich			
• für Teilnehmer zu Sonderpreisen			
⇨ Specials			
• Fortschreibung für die Folgejahre gesichert?			
• Auswertungen (zusätzlich) nur für Teilnehmer möglich?			
• Beschränkung des Zugangs möglich?			
3. Maßnahmen zur Umsetzung			
☐ Mitarbeiter			
⇨ Schulungen			
• Aus- und Fortbildung			
• externe Qualifizierung			
⇨ Führen			
• materielle Belohnung (Bonus, Wettbewerb)			
• ideelle Belohnung (Lob, Auszeichnung)			
⇨ Austauschen			
• Anforderung bei Neueinstellung ändern			

Der Mitarbeiter ist der Engpaß

52 Checkliste
Benchmarks im Tele-Marketing: generell

	relevant	nicht relevant	Anmerkungen
• Positionen umsetzen			
• Funktionen benennen			
☐ Organisation			
⇨ Abläufe verändern			
• Struktur (wer macht was?)			
• Verantwortlichkeiten (wer darf was?)			
• Zeitinvestition (wann, wie lange?)			
• Informationsfluß			
⇨ Aufgaben anders zuordnen			
• Gruppenbildung			
• entzerren			
☐ Technik			
⇨ Einsatz fürs Controlling Werte „automatisch" mit erfassen statt Werte „händisch" eingeben			
⇨ Verknüpfung der Werte			
• Statistik-Software (z.B. SPSS)			
• Erfassung in ACD/CTI-Anlage?			

Checkliste 53

Benchmarks inbound: Service-Grad

	relevant	nicht relevant	Anmerkungen

1. Anrufe rasch entgegennehmen

☐ Service-Level definieren

⇨ Basisdefinition „Service-Level"

- „80/20" = 80 % der Anrufer erhalten innerhalb 20 Sekunden Kontakt
- Zieldefinition könnte dann sein: „90/20" oder „80/15"

⇨ Wartezeit aus Kundensicht

- Messen in Klingelzeichen (z.B. „spätestens beim dritten Klingeln")
- Warteschlange kostet Geld, ist zu vermeiden!

⇨ Übergang in Warteschleife (mit Betreuungsansage, evtl. Musik …)

- sofort beim unmittelbaren Kontakt (verändert Wartezeit und verlängert sie kostenmäßig)
- erst nach … Sekunden (z.B. 20 Sek. = dreimal Klingeln)
- zweiter Meßwert ist dann Wartezeit in Warteschleife

⇨ Anrufererwartung erfüllen

- Wer spontan zum Telefon greift, möchte umgehenden Sofortkontakt
- Kostet der Anruf etwas?
- „X %" brechen Kontakt nach … Sekunden ab = gehen verloren

⇨ Abbruchquote

- Abbrecher (in Prozent) vor Warteschleife
- Abbrecher (in Prozent) nach … Sekunden in Warteschleife

Der Mitarbeiter ist der Engpaß

53 Checkliste
Benchmarks inbound: Service-Grad

	relevant	nicht relevant	Anmerkungen

⇨ Volumenplanung

• Gesprächsdauer im Schnitt

• Anrufvolumen

• Multiplikation ergibt Zeiteinsatz, daraus Personaleinsatz

☐ Service-Level messen

⇨ Welche Werte werden erreicht?

• Anrufvolumen

• konkrete Auswertung: … Prozent Anrufer in Zielzeit angenommen

• konkrete Auswertung anderer Werte (z. B. Anruftoleranz)

• Vergleich Vorwerte und Entwicklung

⇨ Konsequenzen

⇨ Anrufertoleranz

• Unterschreiten/Überschreiten von Grenzwerten führt zu Maßnahmen (z. B. mehr Personal, externes Call Center, Routing zu …)

• Meßwerte sind lfd. zu prüfen (Veränderung von Einstellungen in der Zielgruppe, Ansprechen anderer Zielgruppen mit Werbung, die weniger anruftolerant sind usw.)

⇨ Technikeinsatz

• ACD-Anlage liefert Daten (siehe Checkliste 4)

• andere Auswertungs-Tools:
....

☐ Das individuelle Empfinden

⇨ Wer sind die Anrufer?

Checkliste 53

Benchmarks inbound: Service-Grad

	relevant	nicht relevant	Anmerkungen
• Unterschiedliche Zielgruppen reagieren verschieden			
• Welche anderen Kontaktchancen bieten Sie? (Schriftlich, persönlicher Besuch)			
⇨ Testen Sie (sich) selbst			
• Anrufe bei anderen			
• Testanrufe bei Ihrem eigenen Unternehmen			
• andere anrufen lassen			
⇨ Vergleich mit anderen (Benchmarking)			
• Verbandsaktivitäten			
• Publikationen (Test Versandhausberater, Teletalk „Versicherung" usw.)			
• eigene Untersuchungen			
2. Maßnahmen zur Optimierung			
☐ Wartezeit verändern?			
⇨ Musik in der Warteschlange			
• vermittelt zumindest die Empfindung, Kontakt zu haben			
• dämpft Unzufriedenheit			
⇨ Bewertung des Anrufers			
• Teilnehmer Vielfliegerprogramm/ A-Kunden kommen an erster Stelle in der Warteschleife			
• Spezielle Kunden werden „durchgestellt" an Back-office			
⇨ manuelles Eingreifen			
⇨ Situation „derzeit kein Kontakt möglich"			

Der Mitarbeiter ist der Engpaß

53 Checkliste
Benchmarks inbound: Service-Grad

	relevant	nicht relevant	Anmerkungen
• wenn Anrufer in x-ter Warteposition: sofortiges Belegtzeichen			
• Statt dessen Vertröstetext?			
• Anrufbeantwortertext „später…"			
☐ Organisation verbessern			
⇨ zusätzliche Arbeitskräfte			
• Planung verbessern – Leerzeiten riskieren			
• externe Kräfte dazunehmen			
• Outsourcing an Call Center alternativ/zusätzlich			
⇨ Anlage erweitern			
• Basis für mehr Arbeitsplätze/ Mitarbeiter			
• weitere automatisierte Reaktionschancen nutzen			
⇨ Verlagern von Aufgaben			
• Trennung inbound/outbound?			
• Zuordnung zu anderen Abteilungen?			
• _____			

Checkliste **54**

Benchmarks inbound: Kundenzufriedenheit

	relevant	nicht relevant	Anmerkungen

1. Meßparameter
- ☐ Parameter „Zeit"
- ⇨ Wartezeit bis Erstkontakt
- • Anzahl der Klingelzeichen (maximal drei)
- • Dauer in Sek./Min. (maximal 15 Sek.)
- ⇨ Gesamtwartezeit bis Zielkontakt
- ⇨ Anzahl Verbindungsstationen („Buchbinder-Wanninger-Effekt")
- • Wartezeiten
- • Nonsens-Zeiten durch Wiederholung
- ⇨ Anzahl von Anrufwiederholungen, da kein Durchkommen
- • Wartezeit
- • Belegtsituationen
- • Fehlversuch
- ☐ Parameter „Kontakt"
- ⇨ Meldetext
- • verständlich
- • freundlich
- • komplett = Standard: Gruß – Vorname/Name – Unternehmen/Ort – „Was kann ich für Sie tun?" (o.ä.)
- ⇨ Ansprache mit Name
- • ggf. nachfragen!
- • Pop-up auf Bildschirm (Anruferidentifikation?)
- ⇨ aktives Vermitteln
- • „Ich verbinde Sie jetzt mit ..."

Der Mitarbeiter ist der Engpaß

54 Checkliste
Benchmarks inbound: Kundenzufriedenheit

	relevant	nicht relevant	Anmerkungen
• Ankündigung beim Empfänger (statt einfachem Durchstellen)			
• kurze Erläuterung (falls schon Details besprochen sind)			
• Vorbereitung des Partners ist möglich			
⇨ aktive Beratung			
• Information			
• Angebot „Upgrading, Cross-Selling"			
• Sofortlösung, wenn irgend möglich!			
☐ Parameter „Freundlichkeit"			
⇨ lächeln			
⇨ bitten und danken			
⇨ Empathie			
• Offenheit			
• Akzeptanz hörbar machen (Stimme!)			
• Formulierungen einsetzen („Ich kann Sie gut verstehen …")			
⇨ aktives Zuhören			
• Signale geben („aha …")			
• wiederholen/zusammenfassen			
• Formulierungen („Verstehe ich Sie richtig …")			
⇨ sachlich-inhaltlich korrekt			
☐ Gesprächsführung			
⇨ angenehme Stimme			
⇨ flexible Formulierungen			
⇨ positive Formulierungen			
⇨ Argumentation/Einwandbehandlung			

Benchmarks inbound: Kundenzufriedenheit

Checkliste 54

	relevant	nicht relevant	Anmerkungen

⇨ Bedarfsanalyse/Reklamations-
  behandlung

⇨ Verständlichkeit

☐ Parameter „Erledigung"

⇨ Zeit

- intern
- gesamt
- ab Anrufeingang

⇨ Form

- inhaltlich
- kommunikativ („Entschuldigung" z.B.)

⇨ Ablauf

- direkt (ohne Umwege/Umleitung)
- rasch (sofort/innerhalb von Stunden)
- wie vereinbart!

2. Meßvorgehen

☐ Befragung

⇨ face to face

⇨ telefonisch

- naheliegend, da gleiches Medium
- wenige Fragen
- stark strukturiertes Gespräch (Skript)

⇨ schriftlich

- Fragebogen einmalig
- Fragebogen regelmäßig (z.B. monatlich)
- Mit Dankeschön-Geschenk?

☐ Testanrufe

Der Mitarbeiter ist der Engpaß

Checkliste 54
Benchmarks inbound: Kundenzufriedenheit

	relevant	nicht relevant	Anmerkungen

⇨ Call-Center-Mitarbeiter

- persönlich
- privater Kontakt (Familie, Freund …)

⇨ Testinstitut

- einzeln
- Testreihe

⇨ Aufzeichnung

- Dokumentation
- Analyse
- Rechtlich zulässig?

☐ Sekundärmaterial

⇨ Veröffentlichung von Tests in Fachmagazinen

⇨ wissenschaftliche Arbeiten

⇨ Barometer „Kundenzufriedenheit" Uni München

- seit 1995 auch Telefonkontakt untersucht (in 12 Branchen)
- z. B. „Freundlichkeit am Telefon" und „Erledigung des Anliegens am Telefon"

☐ Kundenverhalten anhand statistischer Vergleiche

⇨ 2 Testgruppen

- Normalgruppe
- besonders betreute Gruppe
- Zufallsstichprobe?!

⇨ 1 Testgruppe

- im Vergleich zur „Restgesamtheit"

Checkliste 54

Benchmarks inbound: Kundenzufriedenheit

	relevant	nicht relevant	Anmerkungen
• Testgruppe entspricht dem Durchschnitt			
⇨ Definieren der Gruppe(n)			
• Parameter festlegen			
• Parameter müssen bei allen Adressen vorhanden sein			
• Parameter: z.B. Unternehmensgröße, getätigter Umsatz, Kundenbindungsdauer			
⇨ Auswertung			
• Umsatzverhalten			
• Reklamationsverhalten			
• Wiederkaufsverhalten			
• Dauer Kundenbeziehung			
• _____			

55 Checkliste
Aktivitäten zur Erhöhung der Kundenzufriedenheit

	relevant	nicht relevant	Anmerkungen
☐ Programme			
⇨ TQM			
⇨ KVP			
⇨ Festschreiben in Unternehmensphilosophie			
• Kommunikation (Infos, Handbuch, Mitarbeiter-/Kundenzeitschrift, Geschäftsbericht …)			
• Vorleben			
• Vision in Missionen übersetzen			
⇨ ISO-Zertifizierung (TÜV)			
☐ Schulung der Mitarbeiter			
⇨ Entwicklungsthemen			
• klassische Workshops (z. B. „persönliches Wachstum")			
• Rollenspiele			
• Theater			
⇨ In der Praxis			
• Wettbewerbe			
• kommunizieren (s.o.)			
⇨ Schulung der Führungskräfte			
• externe Berater			
• Kontakte (Kongresse …)			

Checkliste **56**

Benchmarks outbound: Erfolgskontrolle „Quantität"

	relevant	nicht relevant	Anmerkungen
1. Meßparameter			
☐ Quantitätszielsetzungen			
⇨ Verkauf			
• Umsätze/Wert (DM/EURO)			
• Absatz/Stück			
⇨ Deckungsbeiträge			
• Wert			
• Prozent aus …			
⇨ Neukunden			
• Anzahl			
• Prozent Zuwachs			
⇨ Bezugsgrößen			
• Art der Gruppe			
• Zeitraum			
• einzeln/Summe(n)			
⇨ Darstellung			
• einzeln			
• Zehner, Hunderter			
• Tausender, Millionen			
⇨ _____			
• _____			
• _____			
☐ Absolute Werte im Vergleich			
⇨ Stückzahlen			
• exakt			
• gerundet			
⇨ Geldeinheiten			
• DM/EURO			

Der Mitarbeiter ist der Engpaß

56 Checkliste
Benchmarks outbound: Erfolgskontrolle „Quantität"

	relevant	nicht relevant	Anmerkungen
• TDM, Mio.			
⇨ Nettowerte			
• exkl. MwSt. (unterschiedliche Sätze beachten?!)			
• bereinigt (Abspringer, Altstornos …)			
⇨ Bezugsgrößen			
• Einzelwerte			
• Kumulation			
☐ Relative Werte im Vergleich			
⇨ Vergleichsbasis			
• Prozentzahlen			
• Promille-Zahlen			
⇨ Umwandlungsquoten			
• 1: X			
• Prozent			
• Anteile ($1/3$ …)			
⇨ Abweichungen messen			
• von Planzahlen			
• zum Vergleichszeitraum			
2. Gruppe und Individuum			
☐ Persönliche Leistung			
⇨ für sich genommen			
• individueller Maßstab			
• im Verhältnis zu anderen			
⇨ Vergleichsbasis			
• Relation und Entwicklung			
• Absolutwerte (s.o.)			
⇨ persönliche Leistung als Beitrag …			

Checkliste 56

Benchmarks outbound: Erfolgskontrolle „Quantität"

	relevant	nicht relevant	Anmerkungen

- … zu Gruppenleistung
- … zu Gesamtleistung
- Anteil (z. B. in Prozent)
- ☐ Gruppenleistung
- ⇨ Definition der Gruppe
- bestehendes Team
- willkürliche Zusammenfassung
- ⇨ Definition der Leistung
- identisch für alle (und so vergleichbar)
- als Summe der Einzelleistungen
- ⇨ Veränderungen in Gruppen berücksichtigen
- unterschiedliche Zusammensetzung in verschiedenen Zeiträumen
- unterschiedliche Gruppenstärke
- ⇨ Vergleichbarkeit herstellen
- Pro-Kopf-Umsatz als Durchschnittswert
- Umrechnung auf bestimmte Kopfzahl
- Eine Gruppe als (100%-)Basis (und Abweichung davon +/- absolut bzw. in Prozent)
- ☐ Gesamtleistung (wie Gruppe)
- ⇨ Unternehmen
- ⇨ Branche
- ⇨ Profit Center
- ⇨ externe Dienstleister
- ⇨ _____

Der Mitarbeiter ist der Engpaß

56 Checkliste
Benchmarks outbound: Erfolgskontrolle „Quantität"

	relevant	nicht relevant	Anmerkungen
☐ Clubzugehörigkeit			
⇨ Mindestleistung			
⇨ Dauerleistung			
⇨ Benennungen			
• Elite Club			
• President's Club			
• _____			
⇨ i. a. Einzelpersonen			
3. Chancen und Grenzen von Quantitätsmessung			
☐ Ziele sind nötig			
⇨ Erfolg und Entwicklung messen können			
• einzeln			
• gesamt			
⇨ von unten nach oben			
• Synthese: Was kann im kleinsten Bereich passieren? Dann Summe daraus			
• Analyse: Was bedeutet das Komplettziel für den einzelnen?			
☐ Planbarkeit			
⇨ Extrapolation möglich?			
• interne Veränderungen (Betriebswirtschaft, Mikroökonomie)			
• externe Veränderungen (Volkswirtschaft, Makroökonomie)			
⇨ Sonderentwicklungen möglich?			
• Ausweitung bei guter Erfahrung machbar?			

Checkliste **56**

Benchmarks outbound: Erfolgskontrolle „Quantität"

	relevant	nicht relevant	Anmerkungen
• Reduzierung bei Mißerfolg umsetzbar?			
☐ Gefahren			
⇨ kurzfristige Ziele zu sehr im Vordergrund			
• Quartalsziele vor langfristigen Zielen			
• nur Monatsumsatz im Auge			
• Qualität wird zuwenig beachtet			
⇨ Einzelwerte zu stark berücksichtigt			
• Rendite?			
• Kosten?			
• _____			

Der Mitarbeiter ist der Engpaß

57 Checkliste
Benchmarks outbound: Qualitätsfaktoren

	relevant	nicht relevant	Anmerkungen

1. Meßparameter „Qualität"

☐ Mix „Quantität/Qualität"

⇨ Umwandlungsquoten
- Erstkontakt zu Kauf
- Interessent zu Käufer
- _____

⇨ Rücktrittsquoten
- Widerrufe
- Stornos
- _____

⇨ Auftragswert
- DM/EURO je Auftrag im Schnitt
- Stückzahl je Auftrag
- Pro-Kopf-Umsatz
- _____

⇨ _____
- _____
- _____

☐ Qualitätsmerkmal „Zweitumsetzung"

⇨ wenn mehrstufiges Vorgehen erforderlich
- hochpreisige Produkte
- wiederkehrende Lieferung
- langfristige Vereinbarung

⇨ Stufen
- Termin – Besuch – Verkauf
- Ankündigung – Interview

Checkliste 57

Benchmarks outbound: Qualitätsfaktoren

	relevant	nicht relevant	Anmerkungen
• Vorkontakt – Verkauf – Nachverkauf			
• Qualifizierung – Verkauf			
• Identifizierung – Bewerberinterview – persönliche Vorstellung			
• _____			
⇨ Wiederbestellwerte			
⇨ Haltequoten			
☐ Gesprächsführung			
⇨ Freundlichkeit			
• Lächeln, Small talk			
• Begrüßung, Vorstellung, Abschied			
• persönliche Betreuung			
⇨ Offenheit			
• (aktiv) zuhören			
• konzentriert sein			
⇨ zielgerecht vorgehen			
• Leitfaden verfolgen			
• individuell flexibel reagieren			
⇨ konsequent vorgehen			
Frusttoleranz (bei Nein, Reklamation …)			
⇨ klare Vereinbarung treffen			
• konkret			
• wiederholt			
⇨ verständlich sprechen			
• deutlich			
• klar formuliert			
☐ Zertifizierung			
⇨ ISO			

Der Mitarbeiter ist der Engpaß

57 Checkliste
Benchmarks outbound: Qualitätsfaktoren

	relevant	nicht relevant	Anmerkungen
⇨ Qualitätssiegel vom Verband			
⇨ Unternehmensphilosophie			
• Vision			
• Missionen			
⇨ _____			
2. Spezialwerte			
☐ Kundenzufriedenheit			
⇨ Kundenreaktionen			
• am Telefon			
• „Zufriedenheitsadressen" per Brief/Fax/E-Mail			
• öffentliches Lob (Pressebericht, Leserbrief)			
⇨ Nachfrage nach speziellem Mitarbeiter			
⇨ Mitarbeiter des Monats			
⇨ Negativwerte			
• eigene „Messung"			
• Kundenreaktionen (s.o.)			
☐ Zuverlässigkeit			
⇨ interne Qualitätskontrolle			
• Mithören von Gesprächen			
• Aufzeichnen (rechtlich o.k.?)			
• Testanrufe			
⇨ Umsetzungskette beobachten			
• Vereinbarung am Telefon			
• Ausführung lt. Vereinbarung			
• z.B. durch Verfolgen von Testaufträgen			

Checkliste 57

Benchmarks outbound: Qualitätsfaktoren

	relevant	nicht relevant	Anmerkungen
☐ Wie definieren Sie Ihre eigenen Werte?			
⇨ Unternehmensphilosophie			
⇨ Kundenerwartung (Befragung?)			
⇨ Mitarbeitereinstellung (Test?)			

III. Aktionsplanung: Von der Idee bis zur Nachkalkulation

Mit dem Ziel Ihrer Aktion definieren Sie zugleich den Weg dorthin: Welche Mitarbeiter oder welche externe Agentur wollen Sie dafür einsetzen? Welches Budget steht fürs Tele-Marketing zur Verfügung – oder welcher Kostenanteil ist kalkulatorisch erlaubt? Wer soll angerufen werden, woher kommen die Kommunikationsdaten dafür – und zu welchen Zeiten sind die Zielpersonen wo sinnvoll erreichbar? Wieviel Zeit steht überhaupt für die Aktion zur Verfügung – welche Menge an Kontakten muß telefonisch geleistet werden, was ist pro Stunde je Mitarbeiter machbar? Was ist an Aufgaben vor dem telefonischen Kontakt zu erledigen, was danach? Aufgrund welcher Kontaktaktivitäten (etwa übers Fernsehen) rufen welche Kunden an, um wonach zu fragen? Welche Produkte müssen in welcher Anzahl ab wann lieferbar sein? Welche Mitarbeiter im Außendienst blocken welche Termine für telefonische Absprachen des Innendienstes? Schließlich das Controlling: Welche Erfolge wurden erzielt – zu welchen Kosten? Hat es sich gelohnt – welche Rendite ist erwirtschaftet? Welche Konsequenzen sind zu ziehen für künftige Aktivitäten?

1. Intern oder extern?

Je nach Umfang, Organisationsform und räumlichen Möglichkeiten planen Entscheider Telefonaktionen als Inhouse-Aktivität oder in Zusammenarbeit mit externen Dienstleistern, Call Center genannt. Um Kosten vergleichbar zu machen, ist die passende Kalkulationsplattform zu finden:

☐ Was ist einzukalkulieren? Direkt zuzurechnen sind Rückfluß an Vorinvestitionen, Gemeinkostenbeiträge, Deckungsbeiträge, Sicherheitsspielräume.

☐ Welche Einheit wird gewählt? Sind es „Kosten je Erfolg" (z.B. CPO = Cost Per Order) oder einfach „DM je Kontakt (netto)"? Dieser Wert kann immer unmittelbar ermittelt werden, nämlich quasi stündlich.

So lassen sich Vertriebsaktivitäten vergleichen (Außendienst vs. Tele-Marketing), Response-Wege (schriftliche Resonanz vs. telefonische Bestellung) oder auch Anbieter (Dienstleister 1 vs. Dienstleister 2). Finden Sie zudem auf diesem Weg Kriterien für Ihre Überlegungen, ob Sie Telefonkontakte auslagern sollten.

2. Die Ansprechpartner für Telefonaktionen

Inbound stellt eine Herausforderung in der Menge dar, kaum in der Definition der Anrufer. Für Outbound dagegen ist dies ein entscheidendes Thema: Wo kommen die Adressen her mit den Kommunikationsdaten (aktuelle Telefonnummer)? Sind Kundenadressen vorhanden, werden sie generiert (Kosten der Vorwerbung!) – oder besorgt. Neben Datenträgern (z.B. Firmen mit diversen Selektionsmöglichkeiten auf CD-ROM) bieten Adressenverlage und -makler diverse Quellen und Ausgabeformen. Zur Kostenfrage gesellt sich der Aspekt „Ist der telefonische Kontakt denn rechtlich zulässig?" vor allem im Privatbereich: Wer umfassende Aktivitäten plant, läßt sich das Einverständnis für künftige telefonische Angebote „outbound" schriftlich vorab geben – oder telefonisch bei zulässigen Kontakten (etwa zu bestehenden Verträgen oder bei Inbound-Anrufen des Kunden).

3. Wichtige externe Partner

☐ Adressenverlage (Quelle: DDV in Wiesbaden)
☐ Rechtsberater (Spezialisten für UWG vor Ort, siehe Gelbe Seiten – oder Verbandsanwalt)
☐ Call Center Dienstleister und Berater (Quelle: DDV Council TeleMedien Services, Call Center Forum e.V.)

Neben den klassischen Nachschlagewerken bietet auch hier das Internet gute Treffer, etwa mit der Suche „Call-Center UND Inbound", wenn Sie Partner für Bestellannahme oder Service-Hotline suchen.

Aktionsbriefing

Checkliste 58

	relevant	nicht relevant	Anmerkungen

1. Zielsetzungen

- ☐ Was? Produkte, Angebote, Leistungen
- ⇨ Kurzbeschreibung
- • Außenansicht
- • Bestandteile
- • Maßeinheiten
- ⇨ Bekanntheit
- • Marke
- • anders bekannt (Handelsmarke)
- • unverwechselbar
- ⇨ Erklärungsbedürftigkeit
- • wenig
- • stark
- • eigene Kompetenz oder Agentur
- ⇨ Preis
- • Basis
- • Extras
- • Konditionen (Rabatte, Zahlungsziel …)
- ⇨ Alternativangebot(e)
- • eigene
- • Mitbewerber
- ⇨ Argumente
- • USP: Was macht Produkt/Angebot einmalig?
- • Benefit: Welche Vorteile bietet Produkt/Angebot wem?
- • Proof: Wodurch belegbar?

Aktionsplanung: Von der Idee bis zur Nachkalkulation

58 Checkliste
Aktionsbriefing

	relevant	nicht relevant	Anmerkungen
☐ Wem? Zielgruppen, Ansprechpartner			
⇨ Privat			
....			
⇨ Business			
....			
⇨ Alter			
....			
⇨ Beruf			
....			
⇨ Funktion			
....			
⇨ Bildung, Ausbildung			
....			
☐ Wo? Wer stellt Kontakte her?			
⇨ eigene Mitarbeiter			
• vorhandene Agenten			
• neu zu generierende Agenten			
• Mitarbeiter aus anderen Bereichen			
⇨ externe Mitarbeiter			
• Handelsvertreter			
• Agentur			
• andere			
⇨ eigene ... extern			
• arbeiten von zu Hause aus			
• sind dezentral tätig			
• Koordination?			
☐ Wie? Einbinden ins Umfeld			
⇨ inbound			

Checkliste **58**

Aktionsbriefing

	relevant	nicht relevant	Anmerkungen
• Zentrale			
• Auftragsbearbeitung			
• Kundenbetreuung			
⇨ outbound			
• Verkauf			
• Marktforschung			
• Kunden-Service			
⇨ Vorkontakte			
• Werbung (Nachfassen)			
• Database-Marketing			
• Call – Mail – Call? (individuelle Info)			
• Mail – Call? (generelle Info)			
⇨ Zusammenarbeit mit …			
• … Außendienst			
• … Innendienst			
• … Produktion			
• … Rechtsabteilung			
• _____			
☐ Was danach?			
⇨ Follow-up			
⇨ Fulfillment			
⇨ persönlicher Besuch			
⇨ Controlling			
⇨ Wiederanrufe			
☐ Verantwortung			
⇨ Leitung gesamt			
• Definition			

Aktionsplanung: Von der Idee bis zur Nachkalkulation

58 Checkliste
Aktionsbriefing

	relevant	nicht relevant	Anmerkungen
• Stellvertreter			
⇨ Team			
• Führungskraft			
• Coach			
⇨ Auswertung Tabellenprotokoll für Absprachen (siehe Checkliste 88)			
☐ Zusatzeffekte, Nebenziele			
⇨ Marktforschung			
⇨ Database			
• Qualifizierung			
• Aktualisierung			
⇨ Alternativaktion(en)			
• Werbebriefe			
• neue Zielgruppen			
• _____			
• _____			
2. Umsetzung in Aktivitäten			
☐ Mengen			
⇨ Gesamtzielgruppe(n)			
⇨ Test			
• Pretest (z.B. 100 – 500 Kontakte)			
• Echttest (z.B. 500 – 5000 Kontakte)			
• Testdefinition (Quote, Zufall)			
⇨ Fullrun (volle Menge), wenn ...			
• ... bestimmte Umsetzung erreicht ist (Anzahl Aufträge)			
• ... Mindestumsatz erreicht ist (DM/ EURO)			

Die 166 besten Checklisten Call Center und Telefonmarketing

Aktionsbriefing

Checkliste 58

	relevant	nicht relevant	Anmerkungen

⇨ Teileinheiten
- Zwischenergebnisse
- Zeitreihen (Woche, Monat …)

☐ Zeiten

⇨ Zeitraum
- Aktion
- Test

⇨ Zeiten des Erreichens
- Wochentage
- Tageszeiten

⇨ Arbeitszeiten Agenten
- passend zur Zielgruppe?
- Schichten = Mehrfachbesetzung?

⇨ Kontakte je Stunde
- Wählversuche (Verhältnis zu Adressen gesamt)
- Nettokontakte (also erledigte Gespräche)
- _____

☐ Menschen

⇨ Überhaupt verfügbar?
- in Stunden
- Wie viele Kontakte pro Stunde sind möglich?
- zusätzlich einsetzbar
  ....

⇨ Unterdeckung?
- Menge?
- Maßnahmen?

Aktionsplanung: Von der Idee bis zur Nachkalkulation

58 Checkliste
Aktionsbriefing

	relevant	nicht relevant	Anmerkungen
☐ Kosten			
⇨ echt kalkuliert			
• Menschen			
• Gebühren			
• Nebenkosten			
• umzulegende Gemeinkosten			
⇨ Kalkulation nach bekannten Werten			
• je Stunde			
• je Kontakt			
⇨ Budgetierung			
• in Werteinheiten			
• in Prozent aus			
☐ Ablaufplanung			
⇨ Zuordnung Personen: Wer tut wann was wo wie?			
⇨ Netzplan			
• Zeitpunkte (Start, Ziel, Checks, Meetings …)			
• Zeiträume (Training von … bis …, Test von … bis …, Echtlauf von … bis …)			
⇨ Mitarbeitereinsatz			
• Urlaube			
• Ersatz			
• Trainings			
☐ Gesprächsführung			
⇨ Stoffsammlung			
• Argumentation			
• mögliche Einwände			

Checkliste 58

Aktionsbriefing

	relevant	nicht relevant	Anmerkungen
⇨ Leitfadengestaltung			
• Entwurf aus der Erfahrung			
• Test in der Praxis			
• Optimierung			
• Schlüsselsätze und Muß-formulierungen			
⇨ Mitarbeiterauswahl			
• Stimme, Sprache			
• Sachkompetenz			
• Erfahrung			
⇨ Schulung			
• Produkt			
• Gespräch			
• Flexibilität			
☐ (Technische) Ausstattung			
⇨ Telefon			
⇨ PC			
⇨ Fulfillment			
⇨ Adressen			
⇨ _____			

59 Checkliste
Zusammenarbeit mit Externen

	relevant	nicht relevant	Anmerkungen
☐ Agentur/Call Center			
⇨ komplettes Outsourcing			
⇨ Kooperation			
• Spitzen auffangen			
• Testphase ohne Investition			
⇨ Standort?			
⇨ Fullservice?			
• Dialogmarketing			
• komplettes Marketing			
⇨ Wahl (siehe Checkliste 98)			
☐ Lettershop			
⇨ Kontaktvorbereitung			
• Mailing vorab			
• Mailing parallel			
⇨ Kontaktbegleitung			
• Mailing danach			
• Follow-up			
⇨ Adressenvermittler			
• Verlag (Katalog)			
• Broker (Listen)			
⇨ Druckerei			
• Werbemittel			
• Unterlagen für Mitarbeiter			
☐ Partner fürs werbliche Umfeld			
⇨ Werbeagentur			
⇨ Berater			
⇨ Freelancer			
⇨ Producer			

Zusammenarbeit mit Externen

Checkliste 59

	relevant	nicht relevant	Anmerkungen
• Spots (DRTV, DRR)			
• Anzeigen			
• Werbemittel			
⇨ Media			
☐ Vertragsgestaltung			
⇨ Basisbestandteile			
• Gegenstand (Leistung und Gegenleistung)			
• Zeiträume, Kündigung			
• Vertragspartner			
⇨ Musterverträge			
• BDW, BDU			
• DDV, Call Center Forum			
⇨ AGBs			
⇨ _____			

Aktionsplanung: Von der Idee bis zur Nachkalkulation

60 Checkliste
Rechtsfragen im Tele-Marketing: Erlaubnis

	relevant	nicht relevant	Anmerkungen

Sprechen Sie ggf. über die aktuell gültige Rechtsprechung mit Ihrem Anwalt.

☐ Generell

⇨ Tele-Marketing ist verboten!

- geregelt durch Gerichtsurteile (aufgrund bestehender Gesetze)
- Diese definieren positiv die Ausnahmen: bestehende Kontakte, Einverständnis des Angerufenen

⇨ Basis für die Rechtsprechung

- z.B. Schutz der Privatsphäre (Privatkontakt)
- Störung des Geschäftsablaufs (Business-Kontakt)
- UWG (Gesetz gegen den unlauteren Wettbewerb)

⇨ Es genügt nicht,

- den Anzurufenden durch Ankündigungsbrief vorzubereiten
- die Erlaubnis für das Telefonat beim Anruf direkt einzuholen
- einen bestehenden Kontakt zu haben (!)

☐ Business

⇨ Kundenbeziehung besteht

⇨ Einverständnis ist gegeben

- z.B. schriftliche Bitte um Anruf
- z.B. Anruf mit der Bitte um Rückruf
- z.B. schriftliche Bitte um Angebot mit Angabe Telefonnummer

⇨ Einverständnis „konkludent"

Checkliste **60**

Rechtsfragen im Tele-Marketing: Erlaubnis

	relevant	nicht relevant	Anmerkungen

- Angebot dient dem Geschäftszweck des Angerufenen
- Beispiel: Kopierpapierangebot an die Buchhandlung zu deren internem Gebrauch: verboten
- Beispiel: Kopierpapierangebot an den Büromaterialhändler: erlaubt
- ☐ Privat
- ⇨ Kundenbeziehung besteht
- Telefonkontakt für Auftragsabwicklung und Kundenbetreuung o.k.
- Zusatzangebote offenbar auch (z.B. Ergänzungsbände zur Brockhaus Enzyklopädie)
- ⇨ Einverständnis ist gegeben
- schriftliche Aufforderung zum Anrufen
- telefonische Bitte um Rückruf
- O.K. für Rückruf bei Inbound-Anruf gegeben
- ⇨ Einverständnis konkludent: Telefonnummer ist angegeben „für weitere Infos", „für evtl. Rückfragen"
  kein konkludentes Einverständnis: Briefbogen mit Telefonnummer (ohne weitere Aufforderung)
- ⇨ Zusatzverkäufe
- Upgrading ist wohl o.k. (siehe oben)
- Cross-Selling meist verboten (siehe Krankenversicherung für Kunde Lebensversicherung)
- ⇨ Person im Büro ansprechen?
- keine Erlaubnis für Privatthemen

Aktionsplanung: Von der Idee bis zur Nachkalkulation

60 Checkliste
Rechtsfragen im Tele-Marketing: Erlaubnis

	relevant	nicht relevant	Anmerkungen
• bleibt rechtlich Privatperson, wenn so angesprochen			
⇨ Anrufe nach Teilnahme an Preisausschreiben?			
• nur für Gewinn-Info			
• Anruf für Verkaufszwecke: nein			
☐ Abgrenzung zu anderen Wegen			
⇨ Telefax:			
gilt gleiches wie für Telefon			
⇨ schriftlich, adressiert			
• generell zulässig			
• „Abwehr" für Privatleute per Robinsonliste möglich			
• muß (!) durch Post zugestellt werden			
⇨ schriftlich, unadressiert			
• zulässig			
• Abwehr privat durch Aufkleber auf dem Briefkasten			
• gilt nicht für Anzeigenblätter			
⇨ persönlicher Besuch			
• generell zulässig auch im Privatbereich			
• Begründung: „gewachsener Berufsstand"			
⇨ online			
• in Entwicklung			
• Abwehr gegen „junk mails" wächst			
• „Netiquette" beachten			
☐ Internationales Recht			
⇨ EU-Recht			

Checkliste 60

Rechtsfragen im Tele-Marketing: Erlaubnis

	relevant	nicht relevant	Anmerkungen
• grenzüberschreitend darf Wettbewerb nicht eingeschränkt werden			
• nationales Recht gilt weiterhin			
⇨ Entwicklung?			
• „Fernabsatz" noch in der Diskussion (Stand Anfang 1999)			
• auch andere Bereiche betroffen (siehe Widerrufsrecht usw.)			
⇨ Konkurrenzsituation			
Tele-Marketing aus anderen EU-Ländern?			
⇨ Blick über den Teich			
• in den USA „alles offen"			
• Gegenbewegung entsteht (wegen der dortigen Auswüchse)			
⇨ Nachbarn			
• Österreich: ähnlich Deutschland			
• Schweiz: freier, doch Entwicklung von Einschränkungen			

61 Checkliste
Weitere Rechtsfragen im Tele-Marketing

	relevant	nicht relevant	Anmerkungen

1. Absichern telefonischer Aufträge

☐ Mündliche Absprache

⇨ prinzipiell gleich wie schriftliche – jedoch:

- Mißverständnisse?
- Kaufreue?
- Nachweis?

⇨ Festhalten (im Gesprächsbericht/ Report)

- Wer hat mit wem gesprochen?
- Wann genau? (Datum, Uhrzeit)
- Was genau (in Stichworten)?

⇨ Auftragsbestätigung schriftlich (s.u.)

⇨ schriftliche Gesprächsbestätigung

- Reklamationen
- Termin vereinbart

☐ Privatkontakt

⇨ Widerrufsrecht

- bzw. Rückgaberecht („zur Ansicht")
- ansonsten mindestens 7 Tage (wie Haustürgeschäft)
- Belehrung schriftlich?
- Unterschrift erforderlich?
- evtl. „trotzdem" zweite Unterschrift bei Raten- oder Zug-um-Zug- Geschäften

⇨ Auftragsbestätigung

- ggf. Unterschrift verlangen
- alternativ: Bestellunterlagen ausfüllen und schriftlich schicken lassen

Weitere Rechtsfragen im Tele-Marketing

Checkliste 61

	relevant	nicht relevant	Anmerkungen
• evtl. einseitig bestätigen (bei Kleinaufträgen)			
⇨ Bonität?			
• Erlaubnis für den Anruf			
• für später gleich abfragen			
• auch für andersartige Angebote!			
☐ Businesskontakt			
⇨ Widerrufsrecht			
• wie „privat"			
• freiwillig einräumen			
⇨ Auftragsbestätigung			
• genügt i. a. einseitig			
• wenn kein Widerspruch (innerhalb von vier Wochen), einverstanden			
⇨ Bonität?			
☐ Gesprächsaufzeichnungen			
⇨ Zulässigkeit			
• grundsätzlich verboten			
• ggf. Erlaubnis einholen (z.B. für Trainingszwecke)			
⇨ Erfordernis			
• Beleg für Absprachen (Banken, Versicherungen)			
• in AGBs festzulegen, Kunde unterschreibt			
2. Weitere Bereiche			
☐ Mitarbeiter			
⇨ Gesprächsaufzeichnungen?			
• für Trainingszwecke wohl o.k.			
• Mitarbeiter muß allerdings zustimmen			

Aktionsplanung: Von der Idee bis zur Nachkalkulation

61 Checkliste
Weitere Rechtsfragen im Tele-Marketing

	relevant	nicht relevant	Anmerkungen
⇨ Gesprächsführung			
• Vorgaben einhalten (Mitarbeiter dazu vertraglich verpflichten)			
• Mußformulierungen			
• Hat Gesprächspartner Zeit und Lust?			
⇨ Zusammenarbeit			
• Anstellungsvertrag			
• freier Mitarbeiter (Handelsvertreter …)			
⇨ Datenschutz: besondere Verpflichtung nach Bundesdatenschutzgesetz			
☐ Zahlungsverkehr			
⇨ Verbraucherabzahlungsgesetz			
• Widerrufsbelehrung			
• zweite Unterschrift erforderlich!			
• Nennen von Ratenhöhe und -zahl, Endbetrag, Effektivverzinsung			
⇨ Mahnwesen			
• Inkassokosten intern?			
• Inkassokosten extern verrechenbar (Rechtsanwalt, Inkassobüro)			

Die 166 besten Checklisten Call Center und Telefonmarketing

Checkliste **62**

Wer ruft an?
Die Gesprächspartner „inbound"

	relevant	nicht relevant	Anmerkungen
1. Neukontakte			
☐ Identifizierung Quelle			
⇨ Technik/automatisch			
• ANI, CTI			
• Direktzuordnung Nebenstelle			
⇨ durch Nachfragen: Ziel?			
• Wer?			
• Was?			
• Code fürs Info			
⇨ durch Nachfragen: Quelle?			
• Wo gesehen?			
• Woher die Info?			
⇨ Wie zahlen?			
• Rechnung			
• Einzug			
• Kreditkarte			
⇨ Abfragen und Erfassen von Daten, ggf. mit Begründung			
☐ Qualifizierung			
⇨ Infos über den Kunden			
• soziodemographisch			
• mit Begründung			
⇨ Kaufmotive			
• Wofür?			
• Neu/Ersatz/Ergänzung?			
⇨ Wer wird das Produkt nutzen?			
• Haushaltsgröße			
• Einsatz außerhalb des Haushalts			

Aktionsplanung: Von der Idee bis zur Nachkalkulation

62 Checkliste

Wer ruft an?
Die Gesprächspartner „inbound"

	relevant	nicht relevant	Anmerkungen

- selbst/Geschenk
⇨ Kundennummer vergeben
- automatisch
- händisch
- Kundennummer dem Kunden nennen!
⇨ Erfassen von Daten, ggf. mit Begründung („damit wir Ihnen künftig immer zum Geburtstag gratulieren können …")
☐ Ziele des Kontakts
⇨ Bestellung
⇨ Aktionsbeteiligung Preisausschreiben
⇨ Abstimmung
- Personen
- Thema
⇨ Freischaltung
- Bankkonto
- Lizenz Software
- Telefonnummer (Mobilfunk)
- _____
☐ Mensch oder Maschine?
⇨ Anruferführung per Sprachcomputer
- Tasten
- Sprache
⇨ persönlicher Kontakt
- generell erwünscht
- zumindest als *ein* Pfad in der Führung

Checkliste **62**

Wer ruft an?
Die Gesprächspartner „inbound"

	relevant	nicht relevant	Anmerkungen
2. Kundenkontakte			
☐ Identifizierung			
⇨ direkt/automatisch			
• ANI, CTI			
• Anwahl Nebenstelle			
⇨ Kundennummer			
• Kontrollfrage (Ist er es wirklich?)			
• Paßwort?			
⇨ Responsequelle			
• Worauf reagiert der Anrufer? (Controlling)			
• besondere Konditionen, die sich daraus ergeben			
⇨ evtl. auch Auftragsnummer			
☐ Zusatzinformationen			
⇨ Qualifizierung			
• Änderung von Daten? (Adresse, Fon, Bank …)			
• Vertiefen der Daten (Geburtsdatum, Beruf …)			
⇨ Kundenzufriedenheit abfragen			
• zum Auftrag (Lieferung, Zahlung)			
• Vorschläge?			
⇨ Erfassen von Daten			
• vergleichen (nochmals vorlesen)			
• evtl. begründen			
☐ Ziele des Kontakts			
⇨ Bestellung			
• Erstbestellung Produkt			

Aktionsplanung: Von der Idee bis zur Nachkalkulation

62 Checkliste

Wer ruft an?
Die Gesprächspartner „inbound"

	relevant	nicht relevant	Anmerkungen
• Nachbestellung			
• Zusatzbestellung			
⇨ Service			
• Reklamation			
• Anwendung, Nutzerfragen			
• Zahlung			
⇨ Hotline			
• aktuelles Problem „Hilfe"			
• Gebrauchsanleitung			

Checkliste 63

Response-Aktionen vorbereiten

	relevant	nicht relevant	Anmerkungen

1. Gestaltung der Vorwerbung
- ☐ Aufmerksamkeit wecken
- ⇨ Action
  - Dynamik, Bewegung (TV, Funk)
  - Farbe (Anzeige, Werbemittel)
  - Gags (kreative Umsetzung)
- ⇨ Identifikation
  - Menschen
  - andere Sympathieträger
  - Situation
- ⇨ Vorzug
  - Warum ausgerechnet das?
  - Warum ausgerechnet jetzt?
  - Warum auf genau diesem Weg?
- ☐ Aktionsaufforderung
- ⇨ logisch
  - aus der Darstellung heraus
  - begründet (Was kriege ich dann?)
- ⇨ stark
  - klar formuliert
  - als Imperativ formuliert: „Rufen Sie jetzt an!"
- ⇨ wiederholt
  - Ankündigung vorab
  - zum Schluß
- ⇨ engpaßzentriert
  - „Nur noch bis …"
  - „Von jetzt bis … Uhr sind die Leitungen für Sie geschaltet."

Aktionsplanung: Von der Idee bis zur Nachkalkulation

63 Checkliste
Response-Aktionen vorbereiten

	relevant	nicht relevant	Anmerkungen
☐ Die Telefonnummer (primär TV-Spot)			
⇨ verbale Nennung			
• gut verständlich (Gruppierung, z.B. „dreimal die zwounddreißig")			
• einprägsam (wiederholen)			
• zum Schluß erneut			
⇨ optisches Zeigen			
• über den gesamten Zeitraum			
• „Laufendes Band"			
• wiederholt			
• zum Schluß erneut			
2. Abläufe			
☐ Responseplanung			
⇨ Printwerbung			
• Leserschaft			
• Auflage			
• Kosten			
• Termine			
⇨ DRTV			
• Zuseher			
• Einschaltquoten			
• Kosten			
• Zeit(en)			
⇨ DRR			
• Zuhörer			
• Einschaltquoten			
• Kosten			
• Zeit(en)			

Checkliste 63

Response-Aktionen vorbereiten

	relevant	nicht relevant	Anmerkungen
⇨ DRO			
• Website			
• E-Mail			
• proaktiv: Direkte Resonanz möglich?			
• Clicks			
• Kosten			
⇨ daraus die Mengen			
• wie viele gesamt			
• Verteilung über die Zeit			
• Spitzen			
☐ Informationsfluß			
⇨ Planung			
• besprechen			
• verteilen			
• laufende Präsentation			
⇨ Inhalte			
• zeigen			
• zeitaktuell erleben lassen (siehe Fernsehen!)			
⇨ Veränderungen			
• unmittelbar kommunizieren			
• ggf. begründen			
• Ggf. Änderungen im Leitfaden?!			
☐ Follow-up			
⇨ „Begleitmusik"			
• Muster			
• Briefe			
• Bestellscheine (beim Info dabei?)			

Aktionsplanung: Von der Idee bis zur Nachkalkulation

63 Checkliste
Response-Aktionen vorbereiten

	relevant	nicht relevant	Anmerkungen
⇨ Zwischenkontakt			
• Auftragsbestätigung			
• Vertröstung (wenn zu spät bekannt, etwa Lieferung)			
⇨ Fulfillment			
• Beilagen (z.B. neuer Katalog, Briefe …)			
• Rechnung (Einzugsformular?)			
• _____			
☐ Verbindung per Telefonkontakt			
⇨ Kapazitäten?			
• Wann wie viele Personen?			
• Unterlagen			
• Leitungen			
⇨ Feedback nutzen!			
• Zahlen (Response erreicht?)			
• Inhalte (Mißverständnisse vorklären?)			
⇨ Kundenzufriedenheit (Veränderungen werblich, z.B. in Anzeigen)			

Checkliste **64**

Werbeinformation einbringen: Auftritt

	relevant	nicht relevant	Anmerkungen
1. Was wird wie beworben?			
☐ Produkt			
⇨ Verpackung			
⇨ Werbung für Direktantwort (Direct Response)			
• Fernsehen (TV)			
• Radio			
• Printmedien			
⇨ klassische Werbung			
⇨ Verkaufsförderung			
• Handel (Werbemittel)			
• Außendienst (Bank …)			
☐ Vorteilspräsentation			
⇨ Versprechen			
⇨ Erfolgsdarstellung			
⇨ Nutzenbeweise			
⇨ Vorteile „Direktkauf"			
• bequem nach Hause			
• Rückgaberecht			
• Zahlungsziel			
☐ Vergleich			
⇨ vergleichende Werbung			
• direkt (wie belegbar?)			
• indirekt (Branche)			
• Eigenvergleich („Das beste XYZ, das es je gab")			
⇨ Mitbewerberwerbung			
⇨ Preisvergleiche			
⇨ Sonderaktionen			

Aktionsplanung: Von der Idee bis zur Nachkalkulation

64 Checkliste
Werbeinformation einbringen: Auftritt

	relevant	nicht relevant	Anmerkungen
⇨ Rechtsfragen?!			
☐ Wettbewerberaktivitäten			
⇨ Wer bietet Gleiches (auch) an?			
• identisches Angebot			
• ähnliches Angebot			
⇨ Preisunterschiede am Markt			
• höher (warum?)			
• niedriger (warum?)			
⇨ USP des eigenen Angebots			
• Alleinstellung durch			
• Vorteile wegen			
2. Wann wird wo mit welcher Kontaktzahl geworben?			
☐ Medieneinsatz			
⇨ breit			
• Fernsehen			
• Publikumspresse			
• überregionale Tageszeitung			
⇨ gezielt			
• Special Interest Magazine			
• regionale Tageszeitung			
• Lokalfernsehen			
⇨ redaktionelles Umfeld			
• Inhalt des Mediums			
• Inhalt von Beiträgen „rund herum"			
☐ Verbreitung			
⇨ Print: Auflage			

Werbeinformation einbringen: Auftritt

Checkliste 64

	relevant	nicht relevant	Anmerkungen

- diverse Auflagen …
- Leser
- Kontakt
- ⇨ Nonprint
- Einschaltquoten
- Kontaktzahlen
- ⇨ Intensität
- Anzeigengröße
- Dauer des Werbespots
- Dekadenanzahl Außenwerbung
- Frequenz (Wiederholung)
- ⇨ erwartete Reaktionen
- Schätzung aus Test
- Erwartung aus Erfahrung
- ☐ Erreichbare Zielgruppe
- ⇨ Geschlecht
- eher männlich, weiblich?
- ziemlich gemischt
- ⇨ Alter
- von … bis …
- konkret: „jung", „alt"
- ⇨ Lebenssituation
- Familienstand
- Haushalt
- Kinder
- ⇨ Berufssituation
- leitend, selbstständig

Aktionsplanung: Von der Idee bis zur Nachkalkulation

64 Checkliste
Werbeinformation einbringen: Auftritt

	relevant	nicht relevant	Anmerkungen
angestellt			
ohne Beruf			
⇨ Bildung, Ausbildung			
⇨ Verbraucherverhalten			

Checkliste **65**

Werbeinformation einbringen: Inhalte

			relevant	nicht relevant	Anmerkungen
1.	Was wird versprochen?				
☐	Leistung – Gegenleistung				
⇨	Anruf genügt				
•	Service-Nummer				
•	Anrufzeiten				
⇨	Lieferung				
•	Lieferbar?				
•	Normalzeit				
•	Eillieferung?				
⇨	Zahlung				
•	Ziel, Skonto?				
•	Versandkosten?				
☐	Extras				
⇨	exklusiv				
⇨	Paket				
⇨	mit drin …				
⇨	Early Bird				
•	Die ersten … erhalten …				
•	Wenn Sie innerhalb … Stunden (Tagen) …, dann …				
•	Unter den ersten … verlosen wir …				
☐	Verstärker				
⇨	Preisausschreiben				
•	Aufgabe zu lösen				
•	Rechtsfragen auch hier beachten (z.B. unabhängig von einer Bestellung)				
⇨	Giveaway, Dankeschön-Geschenk				

Aktionsplanung: Von der Idee bis zur Nachkalkulation

65 Checkliste
Werbeinformation einbringen: Inhalte

	relevant	nicht relevant	Anmerkungen
• Recht beachten (Zugabeverordnung, psychologischer Kaufzwang)			
⇨ Präsentator			
• Prominenter (Double? Auch als Stimme am Telefon?)			
• Kompetenz			
⇨ Engpaß			
• Zeit (nur bis …)			
• Menge (nur … gesamt)			
☐ Filter			
⇨ weitere Daten verlangen			
• Geburtsdatum, Beruf			
• Telefon (und gleich Erlaubnis für Aktivanrufe)			
• Bankdaten (Einzug …), Kreditkarte			
⇨ nur…			
• … in haushaltsüblicher Menge			
• … einmal je Anrufer			
• … von … bis …			
• … solange Vorrat reicht			
• (Rechtsfragen beachten)			
☐ Mehrstufig			
⇨ „nur" Informationen statt Direktkauf			
• open end			
• erste Lieferung, dann nach und nach			
• jederzeit kündbar			
⇨ Berechtigung für Aktivanruf			
• nach Erhalt			
• für weitere Angebote			

Werbeinformation einbringen: Inhalte

Checkliste 65

	relevant	nicht relevant	Anmerkungen
⇨ Kosten			
• gratis			
• Schutzgebühr (evtl. Verrechnung …)			
• Versandkosten (ansonsten gratis)			
2. Wie vermitteln?			
☐ Schulung (siehe Checkliste 48)			
☐ Unterlagen (siehe Checkliste 83)			

66 Checkliste

Wen ansprechen?
Die Adressen fürs Outbound

	relevant	nicht relevant	Anmerkungen

1. Ziele definieren

☐ Marktforschung

⇨ Marktdaten erhalten, Telefoninterview

⇨ recherchieren

⇨ qualifizieren

⇨ identifizieren

☐ Termine für persönliche Kontakte

⇨ Besuch beim Partner

⇨ Partner kommt

⇨ Besuch bei Dritten (Referenzkunden …)

⇨ im Rahmen öffentlicher Veranstaltung

- Messe

- Kongreß, Seminar

- Jahresversammlung Verband …

☐ Direktverkauf am Telefon

⇨ einstufig

- bei Kunden

- bei „einfachen" Angeboten

⇨ mehrstufig

- bei Neukunden

- bei eher „komplizierten" Angeboten

- Call – Mail – Call

- Mail – Call(– Mail)(– Call)

⇨ mit Rückgaberecht

- nach Erhalt

- „open end" später

- jederzeit (z. B. Abonnements)

Wen ansprechen?
Die Adressen fürs Outbound

Checkliste 66

	relevant	nicht relevant	Anmerkungen

- ☐ Herantasten an Zielgruppe(n)
- ⇨ Welche Bedürfnisse spreche ich an?
- ⇨ Wer war bisher die Zielgruppe?
- • Käufer
- • Teilnehmer
- ⇨ Wer kommt zusätzlich in Frage?
- ⇨ Welche Adressen habe ich bereits selbst?
- ⇨ Wie erreiche ich weitere Personen (Unternehmen) per Telefon?
- • Verbände
- • Tauschpartner
- • Vermittler
- 2. Zielgruppen definieren
- ☐ Business
- ⇨ Rechtsfragen geklärt?
- • Kunde?
- • Einverständnis (konkludent)?
- ⇨ Unternehmen definieren
- • Branche
- • Größe (Mitarbeiter, Umsatz)
- • Region
- ⇨ Rechtsform: Vertretungsberechtigter?
- • Person definieren
- • Führung I (Vorstand, Geschäftsführer)
- • Führung II (Leiter ...)
- • andere (Nutzer statt/mit Entscheider, also Kompetenz)

Aktionsplanung: Von der Idee bis zur Nachkalkulation

66 Checkliste

Wen ansprechen?
Die Adressen fürs Outbound

	relevant	nicht relevant	Anmerkungen
⇨ Kommunikationsdaten			
• Adresse, Fax			
• Fon, Durchwahl			
☐ Privat			
⇨ Rechtsfragen geklärt?			
• Kunde?			
• Einverständnis (konkludent)?			
⇨ Telefonnummer vorhanden			
• vom Kunden gegeben			
• Prüflauf Telekomdatei wegen Aktualität			
⇨ soziodemographische Daten			
• Alter (über Vorname?)			
• Geschlecht (per Anrede)			
• Kaufkraft (durch Wohnsituation)			
⇨ Extras			
• Titel			
• Veredelung (siehe Checkliste 70)			
⇨ Liste „Privatleute telefonierbar"			
• Einverständnis schriftlich gegeben			
• Telefon angegeben?			
⇨ Kommunikationsdaten			
• Adresse, Fax			
• Fon (weitere?)			
☐ Kaufverhalten generell			
⇨ kauffreudig?			
• in vielen Listen			
• hoher Bestellwert (auch im Schnitt)			

Checkliste **66**

Wen ansprechen?
Die Adressen fürs Outbound

	relevant	nicht relevant	Anmerkungen
• Wiederkaufverhalten, vor allem bei eigenen Kunden (Scoring = Punktesystem)			
⇨ Postkäufer?			
• Offen für „Distanzverkauf"?			
• (Kunde) in Listen von Versendern			
⇨ Vielanforderer (evtl. auszuschließen!)			
• weniger geeignet, da leicht zu „überreden"			
• häufiges Zurücksenden			
• alles, „was gratis ist"			
• Preisausschreibenteilnehmer, Info-Anforderer			

67 Checkliste
Adressenquellen für aktives Telefonieren: intern

	relevant	nicht relevant	Anmerkungen

1. Sammeln und Pflegen der eigenen Adressen

☐ Arten von Adressen

⇨ Kunden

- Stammkunden
- Mehrfachkäufer
- Einmalkäufer

⇨ Interessenten

- aktuell aus Werbung
- lfd. aus Kontakt

⇨ Altadressen

- ehemalige Kunden (Abbesteller, Kündiger, Nichtmehrkäufer)
- Interessenten, die nicht gekauft haben

⇨ Zukauf von Adressen

- Kunden von anderen Unternehmen
- andere Listen (telefonberechtigt?)

⇨ Empfehlungen

- Leser werben Leser
- Freundschaftswerbung generell

☐ Sinnvolle Zusatzdaten erfassen

⇨ Was ist sinnvoll?

- Kriterien, mit denen Sie etwas anfangen
- Kriterien, mit denen nach Ihrer Erfahrung andere Firmen etwas anfangen: Zukunftschance?

⇨ Was erfassen?

- konkrete Info (z.B. Geburtsdatum für Alter)

Checkliste 67

Adressenquellen für aktives Telefonieren: intern

	relevant	nicht relevant	Anmerkungen
• automatisches Übernehmen von Daten (Umsatz z.B.)			
⇨ Wie erfassen?			
• Echt-Info			
• verschlüsselte Info			
• relationale Datenbank			
⇨ Wie im Zugriff?			
• Abfrage direkt (z.B. Name)			
• Bandbreite von … bis … (Umsatz)			
• Punktewert (Scoring, z.B. fürs Kaufverhalten)			
⇨ Telekommunikation			
• Fon			
• Fax, E-Mail			
☐ Zusatzdaten erfahren			
⇨ weitere Telefonnummern			
• Büro bzw. privat			
• Handy			
• Zweitwohnung (bzw. Filiale, zusätzliche Nebenstelle, Vertretung)			
⇨ Wann wo am besten telefonisch erreichbar?			
⇨ Call Center als „Marktforschungsinstitut"			
• je nach Zielen lfd. Fragen			
• für aktuelle Aktion gezielt			
☐ Adressen gewinnen			
⇨ Werbeaktionen mit Response			
• Infos gratis anbieten			

Aktionsplanung: Von der Idee bis zur Nachkalkulation

67 Checkliste
Adressenquellen für aktives Telefonieren: intern

	relevant	nicht relevant	Anmerkungen
• Aktivierung (Preisausschreiben, Verlosung …)			
• Club, Leser werben Leser o. ä.			
⇨ Datenbanken zuführen (nur Business!)			
• öffentlich zugängliche (Printverzeichnisse, CD-ROM)			
• Abgleich mit eigenen Daten (Dubletten ausschließen)			
• Veredeln der Adressen			
⇨ Erlaubnis zum telefonischen Kontakt einholen			
• schriftlich			
• bei Inbound-Anruf			
☐ Adressen vermarkten			
⇨ Deckungsbeiträge durch Vermietung			
• Vorkosten für Aufbereitung?			
• Mietadressen lfd. aktualisieren			
• Mittler behält Anteil (30 %?)			
• nur einmaliger Kontakt für Mieter gestattet (sonst „Kauf")			
• neutrale Verarbeitung sichert, daß nur Reagierer zum Mieter gelangen			
⇨ andere Adressen durch Tausch			
• spart Geld			
• eröffnet zusätzliche Quellen, die sonst nicht erhältlich sind			
⇨ Welche Adressen freigeben?			
• Beste? Kaufkraft abgezogen?			
• Den evtl. Mieter und dessen Angebot erst prüfen: konkurrierend? Soft-			

Checkliste 67

Adressenquellen für aktives Telefonieren: intern

	relevant	nicht relevant	Anmerkungen
Angebot: viele reagieren (auf Preisausschreiben etwa)			
⇨ Testadressen einbauen			
• unverdächtige Personen (keine eigenen)			
• Varianten, die eindeutig sind (bewußte Schreibfehler z. B.), für die Identifikation			
2. Einsatz von Adressen fürs Tele-Marketing			
☐ Wiedergabeform			
⇨ elektronisch			
• Datenträger (Diskette, CD)			
• direkt am PC bearbeiten			
⇨ Papier			
• Endlosliste			
• Arbeitsliste (etwa Excel-Format)			
⇨ Etiketten diverse Formate			
⇨ Direkteindruck			
• Gesprächsreport			
• Bestellformular			
⇨ Mehrfacheinsatz aus gleicher Datenbank			
• Follow-up berücksichtigen			
• Nachfaßaktion?			
☐ Selektionen			
⇨ Kosten beachten			
• je mehr Selektionsläufe ...			
• immer *alle* Daten berücksichtigen (z. B. 10.000 aus 100.000 mit fünffa-			

Aktionsplanung: Von der Idee bis zur Nachkalkulation

67 Checkliste
Adressenquellen für aktives Telefonieren: intern

	relevant	nicht relevant	Anmerkungen

- cher Selektion = Kosten für 500.000 Adressen!)
- ⇨ einschließende Kriterien berücksichtigen
- ⇨ ausschließende Kriterien
- • Die betreffenden Adressen entfallen
- • Evtl. als eigene Datei für andere Aktion behalten?
- ⇨ Dubletten?
- • wenn mehrere Dateien zusammen geführt werden
- • Hierarchie (Adresse aus welcher Datei bleibt?)
- ⇨ Andrucken: welche Daten?
- ⇨ Selektionen speichern
- • falls Adressen „verschwinden"
- • für Wiederholung
- • als Controlling (welche ausgegeben an wen?)
- ☐ Rückpflegen
- ⇨ „Abfallprodukte" bei Telefonaktionen
- • Aktualisierung
- • Ergänzung
- ⇨ bewußtes Qualifizieren vor Aktion
- • Frust für Verkäufer vermeiden
- • Altadressen ggf. durch Vor-Mailing betreuen (zunächst Zustellsicherheit erhöhen, Portokosten beachten)
- ⇨ Vermietung
- • auch dort gepflegter Adressenpool!
- • regelmäßiges Austauschen der Daten

Checkliste **68**

Adressen: Rechtliche Aspekte

	relevant	nicht relevant	Anmerkungen
☐ Bundesdatenschutzgesetz			
⇨ erlaubte Erfassung			
• Kunde muß erlauben bzw. einwilligen			
• für Erfüllung des Kundenwunsches erforderliche Daten dürfen erfaßt werden (Lieferung …)			
• Name, Adresse, Telefon (usw.) – Bankdaten getrennt!			
• Outbound-Anrufe: Einwilligung des Kunden zur Erfassung erfragen!			
⇨ Schutz sensibler Daten			
• Gesundheit, Sexualität, Weltanschauung, Strafrechtliches			
• Geburtsdatum, Kaufverhalten			
• keine Kriterien bei Vermietung!			
⇨ europäische Gesetzgebung			
• erfordert Umsetzung in nationale Gesetzgebung			
• Folge z.B. Teledienstedatengesetz von 1997			
⇨ Verarbeitung von Adressen			
• Alle beteiligten Stellen müssen absolute Sicherheit garantieren und bestätigen			
• Daten an externes Call Center erfordert Info an Kunden (es sei denn, Erlaubnis vorher eingeholt)			
⇨ Datenschutzbeauftragter			
• Betriebe ab fünf Mitarbeitern brauchen ihn			
• direkt der Geschäftsleitung unterstellt, doch weisungsungebunden!			

Aktionsplanung: Von der Idee bis zur Nachkalkulation

68 Checkliste
Adressen: Rechtliche Aspekte

	relevant	nicht relevant	Anmerkungen

- fachlich versiert und zuverlässig
- Zugangsschutz durch Paßwörter und Nutzer-IDs
⇨ Datenschutz-Verpflichtung
- Anmeldung des Call Center bei der zuständigen Datenschutzaufsichtsbehörde
- Für Mitarbeiter ist zusätzlich zur üblichen Geheimhaltungsklausel in Arbeitsverträgen eigenständige Erklärung erforderlich
- hat ggf. auch strafrechtliche Konsequenzen, Hinweispflicht
☐ Erlaubnis für Kontakt per Telefon?
⇨ Kaltkontakt verboten
- geregelt durch Rechtsprechung (aufgrund anderweitig vorhandener Gesetze)
- Ausnahmen:
⇨ eigene Kunden o.k., wenn
- lfd. Beziehung
- Business-to-Business-Kontakt
⇨ Kontakterlaubnis erfragen
- schriftlich
- beim Telefonkontakt (der ein erlaubter sein muß!)
- festhalten in belegbarer Form

Checkliste **69**

Adressenquellen für aktives Telefonieren: extern

	relevant	nicht relevant	Anmerkungen

1. Kaltkontakte

☐ Rechtsfragen (siehe Checkliste 59)

☐ Business: Adressenverlage

⇨ Adressenkataloge

- Printausgaben (Jahreskataloge)
- Diskette, CD-ROM
- online

⇨ Branchen

- Überbegriffe (Hersteller, Händler, Dienstleister, Investgüter, Konsumgüter etc.)
- Grob- und Feingliederung (Handwerk – Installateur – Elektroinstallateur)

⇨ Rechtsform

- Vertretungsberechtigte
- Eintragsdaten Handelsregister

⇨ Größe (soweit bekannt)

- Mitarbeiter
- Umsatz

⇨ Region

- Bundesländer
- Postleitgebiete

⇨ „Berufe" (in Unternehmen)

- Freie, Stelbständige
- Akademiker
- Position

☐ Frei zugängliche Quellen

⇨ Print-Verzeichnisse

Aktionsplanung: Von der Idee bis zur Nachkalkulation

69 Checkliste
Adressenquellen für aktives Telefonieren: extern

	relevant	nicht relevant	Anmerkungen
• Adreßbücher			
• Telefonbücher			
⇨ recherchierte Datenbanken			
• Hoppenstedt			
• Wer liefert was			
• Verbandsmitglieder? (Internet)			
⇨ CD-ROM			
• Telefonverzeichnisse			
• wie oben			
☐ Privat			
⇨ Adressenbroker: Berufe (Erlaubnis für Anrufe?!)			
⇨ Postkäufer			
• Listen von Versendern etc.			
• üblicherweise nur schriftliches Kontakten erlaubt			
⇨ Direkt-Kooperation			
• Tauschen?			
• Partner finden (z.B. durch „Verzeichnisse des Versandhandels")			
☐ Privatadressen mit Telefonerlaubnis			
⇨ Schriftliche Erlaubnis als Voraussetzung vorhanden?			
• Phone Lifestyle von PAN Adress (Stand Anfang 99)			
• hohe Kosten!			
⇨ Kooperationen sind hilfreich!			
• Telefonaktion im Namen des Adresseneigners			

Checkliste 69

Adressenquellen für aktives Telefonieren: extern

	relevant	nicht relevant	Anmerkungen

- Lieferung auf Name und Rechnung des Anbieteres möglich?

2. Adressen-Controlling

☐ Einsatz Ihrer eigenen Adressen

⇨ Vermiet-Erlöse kalkulieren: Deckungsbeiträge

⇨ Aktualität sichern: Kunden werden häufiger kontaktet

⇨ durch Tausch Adressenmietkosten sparen

☐ Tests mit Adressen

⇨ zunächst nur kleine Mengen

⇨ Wie definieren?

⇨ Wie kennzeichnen?

⇨ Erfolgskontrolle!

⇨ Testadressen:

- Hinter einem „Adolf Splitz" steckt unter der gleichen Adresse vielleicht ein „Arnulf Spitz" oder ein „Arnold Schlietz", wird vom automatischen Dublettenabgleich nicht erkannt

☐ Auswertung

⇨ CPI
Was kostet es, einen Interessenten zu gewinnen?

⇨ Break-even-point

- ab diesem Kalkulationspunkt Gewinn

- Deckungsbeitrag je Verkauf

- Abzug der direkt zurechenbaren Kosten der Aktion

Aktionsplanung: Von der Idee bis zur Nachkalkulation

69 *Checkliste*

Adressenquellen für aktives Telefonieren: extern

	relevant	nicht relevant	Anmerkungen

3. Adressengenerierung

☐ Printmedien

⇨ Anzeigen

- Coupon integriert
- anderes Reponse-Medium (add a card z. B.)
- nur Telefonnummer
- Komplette Seite als Fax?

⇨ Beilagen

- teurer, doch mehr Darstellungsmöglichkeiten
- Extrakosten bei Versand per Post an Abonnenten

⇨ Mailing adressiert

⇨ Verteilung nicht-adressiert

☐ Andere Wege

⇨ Fernsehen

⇨ Rundfunk

⇨ online

⇨ _____

☐ Erlaubnis fürs Anrufen?

(Siehe „Recht", Checkliste 59)

Checkliste 70

Adressen aufwerten und veredeln

	relevant	nicht relevant	Anmerkungen

1. Ziele des Verfeinerns
- ☐ Gezieltere Ansprache
- ⇨ geringerer Streuverlust
- ⇨ mehr Erfolg am Telefon
- • weniger Kosten
- • weniger Frust bei den Agenten
- • weniger Enttäuschung bei den Angerufenen
- • Faustregel: Mit nur 20% Ihrer Kunden erreichen Sie 80% Ihres Erfolgs
- ⇨ Mitarbeiterführung fairer
- • Gebiete bewerten
- • Kundengruppen bewerten
- ☐ Mehr Kenntnis über den Angerufenen
- ⇨ Interesse und Angebot zusammenführen
- • Themen (privat)
- • Artikelsortiment (Business)
- ⇨ rechtzeitig informieren
- • News
- • Sonderangebote
- ⇨ Angebot anpassen an die Bedürfnisse
- • Änderungen gleiche Zielgruppe
- • Erweiterung auf neue Zielgruppen
- ☐ Erweitern der Zielgruppe(n)
- ⇨ Fremdadressen der gleichen Zielgruppen
- ⇨ Fremdadressen anderer Zielgruppen
- ⇨ eigene Adressen

Aktionsplanung: Von der Idee bis zur Nachkalkulation

70 Checkliste
Adressen aufwerten und veredeln

	relevant	nicht relevant	Anmerkungen

- bisher nicht genutzte Adressen einsetzbar selektieren
- Adressen für andere Angebote einsetzen

2. Möglichkeiten der Verfeinerung
- ☐ Basis: Wer ist die Zielgruppe?
- ⇨ Analyse des eigenen Datenbestands
- am besten per Telefon
- generell per EDV
- ⇨ Informationen zuspielen
- anonymisierte Hintergrund-Infos
- zur Adresse (nicht zu Personen!)
- zur Person (eingeschränkt: Bonität)
- ⇨ Rechtsfragen
- keine Zuordnung zum Namen
- Verarbeitung an neutraler Stelle
- ☐ Kriterien zur Verfeinerung
- ⇨ Alter
  Vornamensanalyse
- ⇨ Kaufkraft
  Wohnsituation (Mikrosegmentierung)
- ⇨ weitere
- genutztes KFZ
- Kaufverhalten
- ⇨ Interessen
- erfragen
- erfassen
- ⇨ Business
- Details lt. Handelsregister

Adressen aufwerten und veredeln

Checkliste 70

	relevant	nicht relevant	Anmerkungen
• regionale Unterschiede			
⇨ Zahlungsverhalten			
• Bonität			
• Intensivkäufer			
☐ Partner für dieses Vorgehen			
⇨ Adressenverlage			
⇨ Austausch mit Partnerunternehmen im Pool			
z.B. Versandhandel (Beachte strikte rechtliche Einschränkungen!)			
⇨ EDV-Dienstleister			
• Abgleiche verschiedener Adressengruppen			
• Marketinginformationssysteme			
⇨ Freie Mitarbeiter			
• Infos sammeln			
• Adressen erfasssen			
⇨ Finanzen/Wirtschaft			
• Banken (strikt rechtlich eingeschränkt)			
• Schufa			
• Creditreform (nur für Mitglieder)			
3. Adressen selektiv einsetzen			
☐ Testen			
⇨ kleine Mengen			
• Pretest schon ab 50 Kontakte per Telefon			
• Pretest mit mehreren Gruppen schon zum Start			

70 Checkliste
Adressen aufwerten und veredeln

	relevant	nicht relevant	Anmerkungen
⇨ größere Mengen			
• im nächsten Schritt ca. „mal 10"			
• dann weitere Listen dazunehmen			
☐ Rückwirkung auf eigene Adressen			
⇨ Ansprache ausgewählter Adressen			
• ABC-Analyse: nur „A"-Kunden			
• beste Ergebnisse umsetzen			
⇨ Einsatz anderer Wege			
• schriftliche bei „C"-Kunden			
• persönlicher Besuch für „A"-Kunden			
⇨ andere Abläufe			
• Erfassen von Adressen mit mehr/anderen Kriterien			
• Frequenz der persönlichen Ansprache per Telefon verändern (häufiger?)			
⇨ Gesamtstrategie			
• Marketing			
• Vertrieb			
• Werbung			

Checkliste **71**

Kostenfaktor Adresse

	relevant	nicht relevant	Anmerkungen

1. Eigenbestand
☐ EDV-Ausstattung
⇨ vorhanden wegen Auftragsbetreuung
⇨ Modul „Adressen" nutzen
⇨ Extra-Datenbank (z.B. ACCESS)
⇨ weitere Software-Module
- vertiefende Kommunikationsdaten (Durchwahl etc.)
- ergänzende Interessendaten
⇨ zusätzliche Hardware
- Scanner
- Adressendrucker
☐ Adressenerfassung
⇨ direkt am Telefon
- direkt in den PC
- in eine Zwischendatenbank (etwa Tele-Marketing-Software)
⇨ von schriftlichen Unterlagen
- alle Vorgänge nutzen (z.B. Rechnungen noch nacherfassen)
- Anfragen mit aufnehmen
- handgeschrieben oder maschinell?
- Scanning möglich?
⇨ Voraussetzungen beim Mitarbeiter
- gute Allgemeinbildung (wegen Orts- und Straßennamen, ausländischen Personennamen …)
- Deutsche Rechtschreibung (neue?)
⇨ Art der Informationserfassung
- Original 1:1 Zahlen und Buchstaben

Aktionsplanung: Von der Idee bis zur Nachkalkulation

71 Checkliste
Kostenfaktor Adresse

	relevant	nicht relevant	Anmerkungen
• als Code für Abruf (z.B. Berufe, daraus Gruppierung)			
☐ Adressenpflege			
⇨ laufend			
• bei Bestellungen			
• bei anderen Vorgängen			
• automatisch (etwa Straßendatei der Post, Telefondatei der Dt. Telekom)			
⇨ telefonisch			
bei Gesprächskontakt immer prüfen			
⇨ Rücklauf aus Werbebriefen			
• besonderer Rücksendevermerk erforderlich			
• Extrakosten Post!			
⇨ Abonnieren von Änderungen			
• sinnvoll bei großen Mengen			
• von Post und Telekom (Umzugsdateien)			
• von Creditreform etc. (Handelsregistereintragungen)			
☐ Mengen			
⇨ Personeneinsatz			
• Stunden			
• Kalkulation (mit Lohnnebenkosten)			
• Gemeinkosten umlegen?			
⇨ EDV-Anlage			
• Miete, Leasing, Abschreibung			
• Software-Lizenzen			
⇨ weitere Kosten			
....			

Checkliste **71**

Kostenfaktor Adresse

	relevant	nicht relevant	Anmerkungen

2. Fremdbestand

☐ Eigenadressen beim Dienstleister

⇨ Erfassung

- erstmalig
- Änderungen

⇨ Selektionen

⇨ Ausdruck

⇨ Vermietung

☐ Fremdadressen vom Dienstleister

⇨ Miete

⇨ Kauf

⇨ Selektionen

⇨ Veredelungen

⇨ Ausdruck

☐ Mengen

⇨ sinnvolle Mindestmenge: 5.000

⇨ Grundkosten

- Fallen in jedem Fall an?
- als Mindestkosten eines Auftrags, ab dann …

⇨ pro Stück

- je Treffer bei Adressenabgleich Post
- fürs Erfassen

⇨ pro Tausend (‰)

- für Abgleichen mehrerer Adressenpools
- fürs Zuspielen von Daten (Kaufkraftklasse …)

Aktionsplanung: Von der Idee bis zur Nachkalkulation

71 Checkliste
Kostenfaktor Adresse

	relevant	nicht relevant	Anmerkungen
3. Neukundengewinnung			
☐ Adressengenerierung			
⇨ Kosten Werbeträger			
• Anzeige, Beilage Print			
• Schaltung Fernsehen, Rundfunk			
⇨ Kosten technisch			
• beilegen, beiheften			
• Lettershop (kuvertieren, frankieren, Post ausliefern)			
• Druckvorbereitung (Repro …)			
⇨ Kosten Werbemittel			
• Prospekt, Mailing, Katalog, TV-Spot, Karte…			
• Konzept, Kreation, Gestaltung, Umsetzung			
⇨ Kosten Mittler			
• Post (z.B. Abo, Porti)			
• Adressenbroker			
☐ Adressenqualifizierung			
⇨ telefonische Recherche			
⇨ andere Wege			
⇨ veredeln per EDV			

Checkliste **72**

Gesprächsbericht und Call-Report

	relevant	nicht relevant	Anmerkungen

1. Erforderliche Inhalte
☐ Gesprächspartner
⇨ Wer sollte eigentlich angesprochen werden?
- Warum nicht erreicht?
- Änderung in der Datenbank erforderlich?
⇨ Mit wem wurde gesprochen?
- Vorname
- Name
- (Anrede) (Titel)
⇨ Funktion/Position
- Welche ist gewünscht?
- Abweichung/Alternative/Stellvertretung warum?
⇨ Kommunikationsdaten
- Telefon (Durchwahl)
- Fax (direkt)
- E-Mail
⇨ Unternehmen
- exakte Benennung
- korrekte Rechtsform
☐ Aktion
⇨ Benennung, Titel
⇨ Zielgruppe
⇨ Angebot
⇨ Ziel
- Hauptziel
- Nebenziele

Aktionsplanung: Von der Idee bis zur Nachkalkulation

72 Checkliste
Gesprächsbericht und Call-Report

	relevant	nicht relevant	Anmerkungen
⇨ Call Center: Welcher Kunde, welche Abteilung?			
⇨ Adressen: Quelle			
☐ Aktuelle Gesprächsergebnisse			
⇨ Wann?			
• Tag			
• Uhrzeit			
⇨ Ziel lt. Definition erreicht?			
• Varianten?			
• Konditionen?			
⇨ Ziele 2, 3?			
⇨ Nein, weil			
⇨ Wiederkontakt am ...			
☐ Follow-up			
⇨ Wer?			
• selbst			
• anderer			
⇨ verschicken			
• Info			
• _____			
⇨ Wiederanruf			
⇨ Info an ...			
☐ Kontrollfragen auf Vorgabe einbauen?			
⇨ Erlaubnis für Aktivanrufe in der Zukunft			
• Stichwort konkret			
• Datum/Uhrzeit			

Gesprächsbericht und Call-Report

Checkliste 72

	relevant	nicht relevant	Anmerkungen

⇨ Wiederholen der Absprache

⇨ Wiederholen von Filtern

- rechtliche Absicherung!
- Preis pro Monat
- Dauer der Vereinbarung

⇨ Wiederholen von Verstärkern

- … ist im Preis enthalten
- … frei von Verpflichtung

☐ Ergänzungen

⇨ zusätzliche Kundenwünsche

- Infos über …
- Rückruf wegen …

⇨ Notizen zum Gespräch

⇨ Notizen zum Gesprächspartner

- klassisch: „Urlaub, Familie"
- Ziel: Anknüpfen beim Wiederkontakt

2. Berichtsgestaltung

☐ Papier

⇨ Din A4 (normale Schreibmaschinenseite)

- übersichtlich
- viel Platz, wenn mehr Infos abzufragen sind

⇨ Din A5

- kompakt
- spart Papier
- spart ggf. Fax-Zeit

⇨ evtl. durchschreibend

- wenn Kopie an …

Aktionsplanung: Von der Idee bis zur Nachkalkulation

72 Checkliste
Gesprächsbericht und Call-Report

	relevant	nicht relevant	Anmerkungen

- Nachweis Mitarbeiter (Wiedervorlage, Abrechnung …)
- ☐ Direkt PC
- ⇨ in die vorgegebene Maske
- Erfassung/Speicher im Feld
- weiter an …
- ⇨ Datenzeile
- Mixdatei für Ausgabe
- greifbar auf Wunsch
- ⇨ bei Anruf
- bestätigen
- ändern
- ⇨ Scannen von Papiernotiz?
- ☐ Ausfüllen
- ⇨ Vordruck
- Mußfelder
- Art „Checkliste" vorgegeben
- ⇨ Adresseneindruck
- direkt ins Formular (oder in den PC)
- Aufkleber
- händisch übertragen
- ⇨ Ankreuzfelder
- häufige Antworten (statt immer wieder notieren)
- als Leitlinie (Was ist gewünscht als Führung im Dialog?)
- Mußfelder
- ⇨ Leserlichkeit
- groß und deutlich

Gesprächsbericht und Call-Report

Checkliste 72

	relevant	nicht relevant	Anmerkungen
• evtl. in Blockschrift!			
☐ Nachweis			
⇨ Zeituhr Stempel auf Report (klassisch)			
⇨ Supervisor Kontrolle			
⇨ PC Abspeichern der Zeit			
⇨ Notiz händisch auf Papier			
⇨ Unterschrift Agent			
• Datum			
• Zeichen (mindestens)			
⇨ Gebühren			
• lt. Display			
• lt. PC			

Aktionsplanung: Von der Idee bis zur Nachkalkulation

73 Checkliste

Gesprächsbericht und Call-Report: Beispiel I

Telefonbericht

☐ Info neu ☐ Festauftrag
☐ Ansicht ☐ kein Interesse

Kunde: _____
Aktion: _____
Quelle: _____

LESA Werbe-Agentur *„direkt"*
LESA Ihr Dialog Center
Seestraße 1 · 82211 Herrsching
FON 0 81 52 - 96 88 - 0 · FAX - 77

Anruf	1.	2.	3.	4.	5.	6.
Datum						
Zeit						

☐ Info neu   ☐ bereits bestellt   ☐ Reklamation   ☐ falsche Tel.-Nr.   ☐ Zweitanruf

☐ nein, weil _____

−☐ OHNE Preis/Bestellschein
+☐ MIT Preis/Bestellschein

weitere tel. Angebot ok ( ) nein ( ) ja Datum ____ Uhrzeit ____

Gesprochen mit: _____

Bestelldatum: _____
☐ bitte wenden ≫≫

Kundennummer: _____

Auftragsnummer: _____
Telefon - privat:
_____/_____
Telefon - geschäftl.:
_____/_____
Geb.-Dat.: _____
Funktion/_____
Beruf: _____

Werk: 1. _____   Nr.: _____   Preis: _____
2. _____   _____   _____
3. _____   _____   _____

Lieferung:
Termin: _____

☐ sofort   ☐ jeden ____ Monat Lieferung

Zahlung:
☐ nach Erhalt   ☐ ___ mtl.

☐ Raten _____

Mitarbeiter/Name _____ /Code: ☐☐☐☐

318

Die 166 besten Checklisten Call Center und Telefonmarketing

Checkliste **74**

Gesprächsbericht und Call-Report: Beispiel II

> Bitte deutlich, groß und lesbar schreiben!! Danke!

Bestellung für das Produkt   **Dialog Profi**   Werbecode ☐

(mit Cassette 2mtl.)   **69,- DM/Monat**   14 tägiges Erscheinen

Test-Abo
3 Ausgaben   lfd. Nr. .....

Firma _____

☐ Frau   ☐ Herr   ***(Besteller/Empfänger identl)***

Vorname _____   Nachname _____

Funktion _____   Position _____

Straße _____

PLZ _____   Ort _____

Telefon _____

Telefax _____

☐ Spezieller Rückrufwunsch zum Thema _____

☐ Unterlagenwunsch zum Thema _____

☐ **per Rechnung**

☐ **per Bankeinzug**   Bankverbindung:

Kreditinstitut _____

BLZ _____

Kontonummer _____   Kontoinhaber _____

Datum _____

Kontakter _____

FID Verlag GmbH
Fachverlag für Informationsdienste

Aktionsplanung: Von der Idee bis zur Nachkalkulation

75 Checkliste
Statistiken und Auswertungen

	relevant	nicht relevant	Anmerkungen

1. Aktuelle Ergebnisse

☐ Zeit

⇨ Schicht

- Vormittag
- Nachmittag
- Abend

⇨ Definierte Schicht von … bis …

⇨ Tag

- stundenweise
- ganzer Tag
- Sonderzeiten (Samstag, Sonntag, Feiertag)

⇨ Woche

- Summe der Teile (z.B. aller Vormittage)
- Gesamtstundenzahl

⇨ Monat

- Summe der Tage
- Gesamtstundenzahl

☐ Art

⇨ Kontakte

- brutto, netto
- Adressen, Wählversuche
- nicht erreichbare Adressen

⇨ Stunden

- gesamt
- nur Telefonzeit
- Sprechzeit
- Verbindungszeit

Statistiken und Auswertungen

Checkliste 75

	relevant	nicht relevant	Anmerkungen

⇨ Erfolge
- Stück
- Werteinheiten
- Termine
- _____

⇨ Wiedervorlagen
☐ Basis
⇨ Papierberichte
⇨ aus der EDV
⇨ aus der Telefonanlage
⇨ aus der Buchhaltung
⇨ _____

2. Zuordnung Personen
☐ Einzelner Mitarbeiter
⇨ absolut
⇨ Durchschnittswerte
- je Stunde
- je ....(Schicht)

☐ Team
⇨ absolut
⇨ Durchschnitt
- je Zeiteinheit
- pro Kopf

☐ Gesamt
⇨ Bereich (oder „Kunde" beim Dienstleister)
⇨ Unternehmen gesamt
☐ Personen im Vergleich

Aktionsplanung: Von der Idee bis zur Nachkalkulation

75 *Checkliste*
Statistiken und Auswertungen

	relevant	nicht relevant	Anmerkungen

Benchmarking (siehe Checklisten 52 ff.)

3. Längerfristige Betrachtung

☐ Quartal

⇨ alle relevanten Daten

⇨ ausgewählte Kerndaten

⇨ Halbjahr ausführlicher? (1. und 3. Quartal komprimiert)

⇨ Quartalsbetrachtung

- einzeln (1., 2., 3. oder 4. Quartal)
- kumuliert (1+2, 1-3)

☐ Jahr

⇨ alle relevanten Daten

⇨ ausgewählte Kerndaten

⇨ Zeiträume im Vergleich Benchmarking (siehe Checklisten 52 ff.)

Auswertungen: Darstellung

Checkliste 76

	relevant	nicht relevant	Anmerkungen

1. Übersichtstabellen
- ☐ Zeitreihen
- ⇨ übliche Koordination (wie Grafik)
- • Horizontale (von links nach rechts): zeitliche Entwicklung
- • Vertikale (von unten nach oben): Mengendarstellung
- ⇨ kurze Zeiträume
- • Stunde
- • Tag
- • Woche („KW")
- ⇨ längere Zeiträume
- • Monat
- • Quartal
- • Jahr
- ⇨ Mengen unterteilen
- • kleinere Mengen einzeln
- • größere Mengen in 10er-/100er-/1.000er-Sprüngen
- ☐ Themenreihen
- ⇨ Artikel nach Preisgruppen
- ⇨ Kunden
- • einzeln
- • Gruppen
- ⇨ Absatz
- • Stück
- • Werteinheiten Umsatz
- ⇨ Termine

Aktionsplanung: Von der Idee bis zur Nachkalkulation

76 Checkliste
Auswertungen: Darstellung

	relevant	nicht relevant	Anmerkungen

⇨ Adressen

   Kontakte

☐ Mitarbeiter

⇨ Übersicht für den einzelnen Mitarbeiter

⇨ Mitarbeiter im Vergleich

• Mitarbeiter und Team

• Mitarbeiter und gesamt

⇨ Entwicklungen darstellen

⇨ Zeitvergleiche

• derselbe Mitarbeiter: Vergleich aktueller Zeitraum/vorheriger Zeitraum

• zwei verschiedene Mitarbeiter: Vergleich desselben Zeitraums

⇨ Erfolgsrechnung

• Bester … letzter

• andere Formen (Rennlisten, siehe Checkliste 41)

2. Grafische Darstellung

☐ Diagramme

• Stab

• Säule

• Torte

☐ Visuelle Elemente

⇨ Symbole

• Ikons

• Piktogramme

⇨ Illustrationen

• fertige übernehmen und einbauen

Checkliste 76

Auswertungen: Darstellung

	relevant	nicht relevant	Anmerkungen

- selbst „zeichnen"
- ⇨ Muster
- ⇨ Schatten, Hintergrund
- ☐ Farben
- ⇨ schwarzweiß
- Grautöne gerastert
- starke Kontraste
- ⇨ Fläche
- voll
- gerastert
- ⇨ Ausgabe
- Drucker vorhanden?
- andere Ausgabe (Druckdienstleister z.B.)
- andere Präsentationsform (z.B. direkt aus PC auf Leinwand)
- ☐ Software nutzen
- ⇨ Tabellenkalkulation, z.B. Excel
- ⇨ Grafikprogramme, z.B. Corel Draw
- ⇨ Statistikprogramme, z.B. SPSS
- ☐ Ziele grafischer Darstellung
- ⇨ Entwicklungen deutlich machen
- ⇨ Vergleiche klarer darstellen
- ⇨ trockene Zahlen transparenter machen
- ⇨ für visuell orientierte Typen verständlicher darstellen

3. Präsentation von Ergebnissen
- ☐ Papier

Aktionsplanung: Von der Idee bis zur Nachkalkulation

76 Checkliste
Auswertungen: Darstellung

	relevant	nicht relevant	Anmerkungen

⇨ Begleitmaterial

- Handout zum Mitnehmen
- Unterlagen zum Mitlesen
- Unterlagen zum Ergänzen

⇨ schriftliche Berichte

- zur Rechnung an den Kunden (Leistungsnachweis des Dienstleistungs-Call-Centers)
- für Aktionszusammenfassung (auch intern)

☐ Folie und Film

⇨ lebendige Darstellung

⇨ dynamische Vermittlung

⇨ mit Erläuterung als Präsentation

- Folien
- Dias

⇨ selbsterklärend (Video)

☐ Elektronik

⇨ vom PC direkt auf die Leinwand
Technischer Aufwand?

⇨ per Datenträger an den Partner
Dort lesbar? (Software?)

⇨ Per E-Mail online zum Partner

- Verbindung vorhanden?
- Vorsicht bei großen Datenmengen: Zeit, Geld!

Checkliste **77**

Planung und Controlling: Budgeting

	relevant	nicht relevant	Anmerkungen

1. Mengengerüst

☐ Kontakte

⇨ zur Verfügung stehende Adressen

- mit Telefonnummer
- ermittelbar (CD-ROM …)
- kein Eintrag (k.E.) – evtl. schriftlich kontakten?

⇨ Wählversuche

- erfolgreich (Gesprächspartner erreicht)
- Teilerfolg (Unternehmen erreicht, anderen Gesprächspartner)

⇨ Echtgespräche

- Bruttokontakte (Gesprächspartner erreicht)
- Nettokontakte (Gespräch geführt)

⇨ nicht erreichbare Anzurufende/ abspringende Anrufer

- k.E. („Kein Eintrag")
- k.I. („Kein Interesse")
- Konsequenzen aus Ablehnung?

⇨ Ziel erreicht

- Ziel 1 (Verkauf, Termin …)
- Ziel 2, 3 … (lt. Definition)

⇨ Richtwerte

- Ziel „Nettokontakte" definieren
- benötigte Adressenmenge, um diesen Wert zu erreichen: + 20 bis 30 % (Business-Kontakte)
- + 50 % (privat)

Aktionsplanung: Von der Idee bis zur Nachkalkulation

77 Checkliste
Planung und Controlling: Budgeting

	relevant	nicht relevant	Anmerkungen
☐ Zeit			
⇨ Kontakte je Stunde machbar			
• Basis „Netto"!			
• Mittel aus den Ergebnissen mehrerer Mitarbeiter			
⇨ Stunden pro Einheit			
• pro Tag			
• pro Schicht			
• pro Mitarbeiter			
⇨ Puffer einbauen, wenn Aktion kurzfristig erledigt sein soll (wegen längerfristiger Wiedervorlagen etc.)			
• + 20 % Business			
• + 50 % privat			
• Aktualität der Adressen? Ggf. weitere Puffer, wenn älter (Firma erloschen, Adressat verzogen …)			
☐ Mitarbeiter			
⇨ Ergebnisse aus „Kontakte gesamt: Kontakt je Maßeinheit machbar"			
• erforderliche Schichten			
• benötigte Mitarbeiter			
⇨ Kapazitäten			
• Anzahl Mitarbeiter			
• tatsächlich verfügbare Mitarbeiter			
⇨ Maßnahmen			
• Aktion strecken			
• weitere Mitarbeiter schulen			
• (Teil-)Aktion auslagern			

Checkliste **77**

Planung und Controlling: Budgeting

	relevant	nicht relevant	Anmerkungen
☐ Kosten			
⇨ Kontakte			
• vorhandene (Nebenkosten EDV…)			
• zu generierende (Werbung …)			
• zu besorgende (Adreßmiete …)			
⇨ Gesprächskosten			
• Entgelt			
• Nebenkosten (Porti …)			
⇨ Mitarbeiter			
• Gehalt + Lohnnebenkosten			
• Honorar			
• Provisionen			
⇨ Budgetierung (siehe unten 2.)			
☐ Erfolg			
⇨ Umsatz direkt			
• Stück			
• Werteinheiten			
⇨ Umsatz mehrstufig			
• Info dazwischen			
• Absatz nach und nach (Auftragswert)			
⇨ andere Erfolge			
• Termine			
• Adressenqualifizierung			
• Kundenvorgänge geklärt			
• _____			
⇨ Dienstleister: Rückfluß			
• pauschal			

Aktionsplanung: Von der Idee bis zur Nachkalkulation

77 Checkliste
Planung und Controlling: Budgeting

	relevant	nicht relevant	Anmerkungen
• je Einheit (Stunde, Kontakt …)			
• _____			

2. Planung
☐ Budgetierung
⇨ Etat
- Fortschreibung aus Vorzeitraum
- in Prozent aus Umsatz Vorzeitraum
- _____

⇨ Inhalt
- Was genau?
- Ziel?
- Wer verantwortlich/ausführend?

⇨ Zeitraum
- Jahr
- Teil
- Aktion von … bis …

⇨ Stellenwert
- Standing alone
- Teil von … (Marketingmaßnahmen?)

⇨ Grenzwertbetrachtung
- Auf diesem (neuen?) Weg zusätzlich gewonnene Umsätze?
- Deshalb ausschließlich direkt zurechenbare Kosten zu berücksichtigen?

☐ Puffer
⇨ Extras
- Überschreitung möglich in Prozent
- Kapazitäten abrufbar (Mitarbeiter …)

Planung und Controlling: Budgeting

Checkliste 77

	relevant	*nicht* relevant	Anmerkungen
⇨ bei Erfolg			
• Motivationsprämie			
• Fortsetzung der Aktion			
⇨ Deckungsbeiträge aus anderen Etats?			
• Marketing/Werbung: Qualifizierung			
• Kunden-Service: geklärte Fragen			

Aktionsplanung: Von der Idee bis zur Nachkalkulation

78 Checkliste

Planung und Controlling: Break-even-Analyse

	relevant	nicht relevant	Anmerkungen
☐ Werte erfassen			
⇨ Statistiken (siehe Checkliste 75)			
⇨ Auswertungen (siehe Checkliste 76)			
• Abweichungen			
• Tele-Marketing-Kosten in Prozent vom Umsatz (Vorgabe erreicht/mehr/weniger?)			
• CPO/CPI (also Kosten bezogen auf einen erfolgreich abgeschlossenen Kontakt: Zielwert erreicht, überschritten, unterschritten?)			
☐ Relationen errechnen			
⇨ Kosten : Ertrag in Prozent			
⇨ Umwandlungsquoten			
• in Prozent, Promille			
• X:1			
• Jeder X.			
⇨ Break-even-Point (ab hier Gewinn!)			
• Beispiel: 1.000,– DM Umsatz je Auftrag netto; Einstandskosten: 500 DM, Auftragskosten: 200 DM, Nebenkosten: 100 DM; bleiben als Deckungsbeitrag für Telefonkontakt 200 DM			
• Wenn Kosten der TM-Aktion = 10.000 DM (Personal, Entgelte …), ist der BeP 10.000:200 = 50 Aufträge (aus z.B. 1.000 Kontakten = 5% = jeder 20.)			

Checkliste 78

Planung und Controlling: Break-even-Analyse

	relevant	nicht relevant	Anmerkungen
⇨ Abweichungen			
• Unterdeckung/Verlust			
• Überdeckung = Gewinn			
• Boni/Mali zu verrechnen?			

Aktionsplanung: Von der Idee bis zur Nachkalkulation

79 Checkliste
Kostenfaktor Telefongebühr: Provider

	relevant	nicht relevant	Anmerkungen

Achten Sie auf aktuelle Entwicklungen.

1. Auswahl treffen
- ☐ Zeit und Ort
- ⇨ Tageszeit
- ⇨ Dauer der Gespräche
- ⇨ Entfernung
  - City
  - Region
  - Deutschland
  - Ausland
- ⇨ Mobil in Aussicht/Call by Call?
  - Anbieter für alles
  - mehrere Anbieter
- ☐ Abrechnungsform
- ⇨ Taktzeiten
  - jede angefangene Minute (oder Teil)
  - pro Sekunde
- ⇨ Tarifklarheit
  - übersichtlich
  - sehr unübersichtlich
- ⇨ Grundkosten
  - Abrechnungszeitraum (z. B. Monat)
  - je Gespräch
- ⇨ Nebenkosten
- ⇨ Preselection Vertrag erforderlich?
- ⇨ Call by Call
- ☐ Sondernummern (inbound)

Checkliste **79**

Kostenfaktor Telefongebühr: Provider

	relevant	nicht relevant	Anmerkungen

⇨ 0800
⇨ andere
- 0190
- 0180
- _____

⇨ Callback
⇨ Vanity-Nummer
⇨ Eigennummer
   für alle Netze gültig
☐ Kapazität
⇨ Genügend Leitungen vorhanden?
⇨ Wartezeiten
- generell
- Engpaß zu bestimmten Tageszeiten?
⇨ Variabel je Zeit?
- Router
- Vorgabe händisch
2. Kostenoptimierung
☐ Least Cost Routing
⇨ Telefonanlage
   CTI
⇨ Call Manager
- Für vorhandene Anlage nutzbar?
- wählt „nur günstigste Verbindung"
- wählt „immer die günstigste unter den freien Verbindungen"
⇨ PC-Software-Steuerung
⇨ Aktualität?
   Updates?

Aktionsplanung: Von der Idee bis zur Nachkalkulation

79 Checkliste
Kostenfaktor Telefongebühr: Provider

	relevant	nicht relevant	Anmerkungen
☐ Internet-Telefonie			
⇨ Verbindung zu Partner möglich?			
⇨ Qualität der Verbindung			
⇨ Provider (Kosten)			
⇨ Bildtelefon?			
⇨ Wartezeiten			
• Verzögerung je Gespräch			
• Einwahlknoten			
☐ Technische Ausstattung			
⇨ Provider-Vorwahl durch Kurzwahltaste			
⇨ Provider-Vorwahl durch Software-Einstellung je nach Tageszeit			
⇨ Händische Provider-Vorwahl meiden!			
☐ Bündeln oder streuen			
⇨ Gesamtaufkommen:			
• Sondertarife?			
• Rabatte?			
⇨ Routing sinnvoll?			
⇨ Dezentral jeder Beteiligte selbst?			
• wenn keine Rabatte			
• wenn genügend Aufkommen je externe Stelle für Rabatte			

Produkt: Was bieten Sie an?

Checkliste 80

	relevant	nicht relevant	Anmerkungen
☐ Basisdaten			
⇨ Meßgrößen			
• Formate, Maße			
• Gewichte			
⇨ Bestandteile			
• Material			
• Bauteile			
⇨ Aussehen			
• Farbe			
• Bedruckung			
• Verpackung			
⇨ Begleitmaterial			
⇨ sonstiges Angebot			
• Leistungsbeschreibung			
• Umfang			
⇨ Lieferung			
• Weg			
• Kosten			
• Zeit			
☐ Zusatzausstattung			
⇨ Varianten			
• Farbe			
• Größe			
⇨ Sonderausstattung			
• Paketpreis			
• Aufzahlung			
⇨ Extra			
• individueller Eindruck			

Aktionsplanung: Von der Idee bis zur Nachkalkulation

80 Checkliste
Produkt: Was bieten Sie an?

	relevant	nicht relevant	Anmerkungen

- Zupackung
⇨ Garantie
- Service
- Hotline
⇨ Zugabe
- Rechtsfragen
- Wertigkeit für Empfänger
☐ Preis(e)
⇨ Endpreis
- brutto
- netto
⇨ Wiederverkaufspreis?
- Rabatte (bzw. Aufschlagskalkulation)
- Boni, Natural-…
- _____
⇨ Konditionen
- Zahlungsziel
- Valuta
- Abzüge
⇨ Lieferung
- frei Haus
- Kosten
☐ Akzeptanz
⇨ Bekanntheit
⇨ Erklärungsbedarf
⇨ Preis/Leistung

Checkliste 81

Produkt: Wie bieten Sie's an?

	relevant	nicht relevant	Anmerkungen
☐ Exklusivität			
⇨ Nur bei mir			
• nirgends sonst			
• Reste (solange Vorrat reicht)			
⇨ Diese Ausstattung nur bei mir			
⇨ Nur für Sie			
• Keine andere Zielgruppe („Sie als …")			
• Keine andere Person/kein anderes Unternehmen			
⇨ Angebot des …			
• … Monats			
• _____			
☐ Rückgaberecht			
⇨ Kundenfreundlichkeit			
⇨ Prüfung			
• durch den Kunden			
• durch andere			
⇨ frei von Risiko			
⇨ Frist für Rückgabe			
⇨ Rechnung anbei oder später?			
☐ Werbliche Präsentation			
⇨ Wo?			
• Medien			
• Werbemittel			
⇨ Wie?			
Darstellung			
⇨ Wann?			
⇨ Wozu?			

Aktionsplanung: Von der Idee bis zur Nachkalkulation

81 Checkliste
Produkt: Wie bieten Sie's an?

	relevant	nicht relevant	Anmerkungen
• Image (Bekanntheit)			
• Verkaufsförderung (parallel als Unterstützung fürs Telefonieren)			
• Response gewinnen (als Basis zum Telefonieren)			
☐ Vorteile und Nutzen			
⇨ übersetzt fürs Telefongespräch			
⇨ für die verschiedenen Bedürfnistypen			
• Geld			
• Sicherheit			
• Prestige			
⇨ bildhaft und konkret			
⇨ klar und verständlich			
⇨ Wer? (siehe Schulungen, Checkliste 48)			
☐ Produktlebenszyklus			
⇨ Newcomer			
• Push in den Markt			
• Investition, kein Deckungsbeitrag			
⇨ Star			
• hohe Abschlußquote erzielt			
• hoher Deckungsbeitrag			
⇨ Melkkuh			
• hoher Mittelrückfluß			
• hoher Deckungsbeitrag			
⇨ Armer Hund			
• Ausverkauf			
• Grenzwert-Deckungsbeitrag			

Checkliste 81

Produkt: Wie bieten Sie's an?

	relevant	nicht relevant	Anmerkungen
⇨ Relaunch			
• Neuausstattung Produkt			
• neue Wege (per Telefon!)			
• neue Zielgruppen			

82 Checkliste
Produkt im Markt

	relevant	nicht relevant	Anmerkungen
☐ Mitbewerber			
⇨ Wo sonst zu erhalten?			
⇨ Zu welchen Konditionen?			
⇨ ähnliches Produkt			
⇨ vom Verbraucher empfundene Wettbewerbssituation			
⇨ indirekt konkurrierend			
• Brockhaus-Reihe vs. Urlaub			
• neues Fahrzeug vs. Wohnungseinrichtung			
• neue Telefonanlage vs. Büroeinrichtung			
• neuer LKW vs. Ausbau Fertigungshalle			
☐ Stärken und Schwächen			
⇨ Preis			
• eher (zu) hoch			
• eher (zu) niedrig			
• eher mittel			
⇨ Qualität			
• höherwertig			
• minderwertig			
• mittel			
⇨ Wie positioniert?			
⇨ Marktportfolio			
• Vergleich Gesamtmarkt			
• Zuordnung „Quadrant" lt. Kundenmeinung			
⇨ Charakterisierung? Vergleich zum direkten Mitbewerb			

Die 166 besten Checklisten Call Center und Telefonmarketing

Produkt im Markt

Checkliste 82

	relevant	nicht relevant	Anmerkungen
☐ Rahmendaten			
⇨ Gesamtmarkt			
⇨ Hersteller			
⇨ Händler			
⇨ Globalisierung?			

Aktionsplanung: Von der Idee bis zur Nachkalkulation

83 Checkliste
Produktinformation

	relevant	nicht relevant	Anmerkungen

1. Vorinformation des Kunden

☐ Aktivierende Werbung für Inbound

⇨ Produktpräsentation

- Fernsehen (z. B. Home Order Television o. ä.)
- in Printmedien (z. B. PR-Artikel)

⇨ Angebotsvergleiche

- „Leere", z. B. Direktversicherungen (Ersparnis, weil kein Außendienst)
- Benannte (soweit zulässig, wenn nachweislich)
- Person und Geschichte (wenn machbar)

⇨ Vorteile des Fernkaufs für Kunde deutlich machen („Convenience")

- bequeme Bestellung
- bequeme Lieferung
- bequeme Zahlung

☐ Begleitende Werbung für Outbound

⇨ Kunde: Bezug zum Angebot

- Erinnerungswert
- Neugier entsteht

⇨ Interesse des Kunden

- Vorhanden?
- Präzisieren, verstärken?

⇨ Vorteile des Fernkaufs verdeutlichen

- persönliche Beratung
- Rückgaberecht

☐ Mail – Call? (outbound)

Checkliste **83**

Produktinformation

	relevant	nicht relevant	Anmerkungen

⇨ Einstimmen auf den kommenden Anruf

- evtl. hilfreich für den Verkäufer
- Beachtung des Vorlauf-Mails nur gesichert, wenn aktuelle Kundenbeziehung vorhanden
- hohe Bekanntheit des Produkts
- hohe Aufmerksamkeit

⇨ rechtlich: Ändert nichts an Erlaubnissituation!

⇨ nur Vorinformation bieten

- evtl. Verzicht auf Filter
- z. B. Preisnennung
- Terminvereinbarung ohne Vorverkauf!

2. Vorinformation für Agenten

☐ Alles, was der Kunde hat/weiß!

⇨ Gefühl der Sicherheit

- Agent kann Bezug nehmen
- spart evtl. ausführliche Telefonpräsentation!

⇨ gleichwertiger Partner

- nach Modell „Territorialanalyse" (gleiches Wissensniveau)
- Gesprächswippe (Gleichgewicht der Kräfte)

⇨ Routinewissen des Agenten

- kann Meta-Position einnehmen
- hat Kapazität, auf Untertöne zu lauschen
- Konzentration auf Kommunikation statt auf Inhalte wird möglich

Aktionsplanung: Von der Idee bis zur Nachkalkulation

345

83 Checkliste
Produktinformation

	relevant	nicht relevant	Anmerkungen

☐ Zusätzliche Informationen

⇨ abhängig von Zielsetzung des Telefonats inbound

- Zusatzverkäufe?
- Interesse qualifizieren?
- _____

⇨ abhängig von Zielsetzung des Telefonats outbound

- Mitbewerber-Infos
- Vergleiche ziehen

⇨ Informationsvorsprung

- Gefühl der Sicherheit
- Gefahr des „Informationsmonologs" (Drang, Wissen loszuwerden)

⇨ ermöglicht dem Agenten, zum „Kundenmanager" zu werden

☐ Extrainformationen für die Spezialisten

⇨ Führungskräfte

- Trainer, Coach
- Teamleiter

⇨ Back-office (inbound)

- Wenn Routinekenntnisse des Mitarbeiters im Front-office nicht ausreichen
- Spezialfragen klären
- Anwenderfragen

⇨ Outbound-Beratung

- Fachkräfte mit Kommunikationsschulung im Einsatz (z.B. Direktbanken)

Checkliste 83

Produktinformation

	relevant	nicht relevant	Anmerkungen

- reine Fachberatung (mit Rückruf)
- ☐ Informationsvermittlung
- ⇨ Schulungen (siehe Checkliste 48)
- ⇨ Lfd. Info im Call Center
- ⇨ Produktdarstellung (siehe Checkliste 80 ff.)
- 3. Unterstützende Informationen für Kunden
- ☐ Call – Mail – Call! (outbound)
- ⇨ zunächst telefonischer Kontakt
- ⇨ dann gezielte Info lt. Wunsch
- ⇨ Verpflichtung für zweiten Telefonkontakt!
- ⇨ evtl. moderne Vermittlungsform
- Fax
- E-Mail
- ☐ Follow-up (in- und outbound)
- ⇨ Fernpräsentation
- Infos (z.B. Folder)
- Ansicht (Original, Muster)
- ⇨ Fulfillment
- Begleitmaterial zum Versand
- Erläuterung zum Gebrauch
- ⇨ Zwischenschritte
- Auftragsbestätigung
- Terminbestätigung
- _____

Aktionsplanung: Von der Idee bis zur Nachkalkulation

84 Checkliste
Der Mitbewerb in der Aktionsplanung

	relevant	nicht relevant	Anmerkungen

1. Information über Mitbewerb

☐ Produkte

⇨ gleichartige

....

⇨ ähnliche

....

⇨ Übereinstimmungen

....

⇨ Unterschiede

....

⇨ Konditionen

....

⇨ Ausstattung

....

☐ Unternehmen

⇨ Handelsstufe?

- Hersteller
- Großhändler
- Einzelhändler

⇨ Dienstleistung

- Anbieter
- Vermittler

⇨ Konditionen

- Einkauf
- Verkauf

⇨ Verflechtungen

- verschiedene Stufen, gleicher Eigner

Checkliste **84**

Der Mitbewerb in der Aktionsplanung

	relevant	nicht relevant	Anmerkungen

- Kooperationen, Strategische Allianzen
- Verpflichtungen (Verband, Listung, sonstige Verträge …)
- ☐ Zielgruppen
- ⇨ Wiederverkauf
- Handel
- Vermittler (Dienstleister, Handelsvertreter)
- ⇨ Endverbraucher
- Business
- Privat
- ⇨ Welche Zielgruppen interessant?
- identisch: Kann Zielgruppe erweitert werden?
- neu: andere Zielgruppen erschließen

2. Aktivitäten von Mitbewerbern

- ☐ Marketing
- ⇨ Werbung
- klassisch
- direkt
- ⇨ Vertrieb
- Eigenvertrieb
- Fremdvertrieb
- ⇨ Verkaufsförderung
- Handel (Sonderaktionen)
- Endverbraucher (z.B. Preisausschreiben)
- ⇨ Zeiteinsatz
- Zeitpunkt(e)

Aktionsplanung: Von der Idee bis zur Nachkalkulation

84 Checkliste
Der Mitbewerb in der Aktionsplanung

	relevant	nicht relevant	Anmerkungen
• Zeiträume			
⇨ Konsequenzen für eigene Aktionen?			
• Vorziehen?			
• Verschieben?			
☐ Sonderaktionen			
⇨ Ausverkauf			
⇨ Saison			
⇨ Preis			
⇨ Rechtsfragen beachten!			
3. Lernen von anderen			
☐ Testkäufer			
⇨ Teilnehmen an Aktionen			
• Interesse, Preisausschreiben			
• Was passiert danach?			
⇨ Kauf			
• Service, Hotline …			
• Nachverkauf?			
⇨ Konsequenz für eigene Aktivitäten?			
☐ Telefonaktionen			
⇨ Motivation für eigene Aktivitäten			
⇨ Modell			
• kupfern, was gut ist			
• nachahmen statt 1:1 übernehmen			
⇨ Testadressen einbauen!			

Checkliste **85**

Telefonverkauf spezial: Upgrading

	relevant	nicht relevant	Anmerkungen

☐ Aufwertung durch Zusätze

⇨ „Doppel mit Abschlag"

- zwei Ausführungen in einem, nur 1,5-facher Preis (Buch mit CD)
- zwei gleiche, nur 1,5x Preis
- jetzt eines, in einem Monat noch eines, dafür 5% Abschlag
- Ausstattung
- KFZ (Executive, Sport …)
- Leistungspaket
- _____

⇨ längere Laufzeit mit Ersparnis

- Abos von Zeitschriften (1/2/5 Jahre)
- Paketlizenzen Software
- weniger Honorar für Unternehmensberatung bei Dauerauftrag

☐ Aufwertung durch „Umtausch"

⇨ Sonderausstattung (gegen Aufpreis)

⇨ andere (neue) Bauserie

⇨ anderer Hersteller

⇨ anderes Leistungspaket gegen Aufpreis

- Versicherung
- Unternehmensberatung

☐ Faire Kundenberatung

⇨ ggf. Downgrading!

⇨ mehr für gleichen Preis

- Ausverkauf
- Preisänderung nach unten, die erst jetzt bekannt wird

Aktionsplanung: Von der Idee bis zur Nachkalkulation

85 Checkliste
Telefonverkauf spezial: Upgrading

	relevant	nicht relevant	Anmerkungen
☐ Gesprächsgelegenheiten			
⇨ inbound			
• Kundenbestellung			
• Kundenberatung			
⇨ outbound (wenn überhaupt rechtlich zulässig, dann auch dies!)			
• Primärangebot aktiv			
• Alternativangebot			

Checkliste **86**

Telefonverkauf spezial: Cross-Selling

	relevant	nicht relevant	Anmerkungen
☐ Was paßt (noch) zum Verbrauchsverhalten des Kunden?			
⇨ breitere Leistung für den Kunden			
• Bindung erhöhen			
• Zufriedenheit erhöhen			
• Bequemlichkeit erhöhen (alles/mehr aus einer Hand)			
• verhindern, daß Kunde auch A-Leistung woanders kauft (dort, wo er diese zusätzliche B-Leistung erhält)			
⇨ Kaufkraft aufs eigene Unternehmen konzentrieren			
Kunde würde sowieso kaufen – doch woanders			
⇨ Themen suchen			
• z.B. Versicherung: Lebensversicherung/Krankenversicherung			
• z.B. Sport: Ski + Kleidung, Ski + Schlitten, Ski und Reise			
• ähnliche Bedürfnisse ansteuern			
⇨ Vorsicht vor Kaufkraftverschiebung! („Kannibalisierung")			
• Durch Kauf aus dem anderen (B-) Programm kein Geld mehr für A?			
• Oder zumindest Verschiebung auf später?			
• Hätte der Kunde den Kauf sowieso getätigt?			
☐ Anschlußprogramme			
⇨ vor allem für „Einmalkäufe"			
• Produkte und Leistungen, die über Jahrzehnte halten			

Aktionsplanung: Von der Idee bis zur Nachkalkulation

86 Checkliste
Telefonverkauf spezial: Cross-Selling

	relevant	nicht relevant	Anmerkungen

- z. B. Nachschlagewerke, Häuser, Wohnungseinrichtung …
⇨ Kaufkraft wird frei
   Laufende Zahlungen weiterlaufen lassen statt anderweitige Ausgaben
⇨ Erneuerung
- Reparatur
- Update
- Austausch (Ersatzinvestition)
- _____

☐ Rechtliche Bedenken
⇨ Einverständnis für Telefonkontakt vorhanden?
- privat: von Gerichten verneint
- gewerblich: offen
⇨ inbound
   generell zulässig
⇨ Lösung
- schriftliche Werbung vorab (z. B. per Mailing Interessentenanfragen generieren)
- aus Betreuungsgespräch heraus („Was sonst …"?!)
⇨ Veränderungen eines bestehenden Grundvertrags zu beachten?
- Laufzeit neu?
- Zahlung anders?
☐ Angebotsentwicklung
⇨ auf Kundenwünsche eingehen
- Marktforschung passiv (Außendienstresonanz)

Checkliste 86

Telefonverkauf spezial: Cross-Selling

	relevant	nicht relevant	Anmerkungen
• Marktforschung aktiv (Telefonbefragung)			
⇨ Palette verbreitern			
• Sport: andere Arten			
• Versicherung: zu Personen- auch Sachversicherung			
⇨ Palette vertiefen			
• Sport: zur Ausstattung auch Kleidung			
• Versicherung: zu Krankheit auch Pflege			
⇨ Palette völlig verändern			
• Austausch			
• Zukauf/Fusion			

87 Checkliste
Telefonverkauf spezial: Sonderverkäufe

	relevant	nicht relevant	Anmerkungen
☐ Mindestbestellwert erreichen			
⇨ Artikel vervielfachen			
• wird ja offenbar benötigt, deshalb Bestellung			
• wahrscheinlich (nach Zeitraum X) sowieso Nachkauf erforderlich			
⇨ Einen gängigen Zusatzartikel dazu			
• Braucht jeder!			
⇨ Etwas zum Weitergeben?			
• Verschenken (viele Gelegenheiten, je nach Produkt!)			
• „Sammelbestellung" (Wer könnte das auch benötigen?!)			
☐ Alternative bieten			
⇨ statt „vergriffen"			
⇨ statt „zu teuer"			
⇨ statt „paßt nicht"			
⇨ statt „gilt nicht mehr"			
☐ Saisonverkäufe			
⇨ Produkt der Woche			
⇨ Extra des Monats			
⇨ Ausverkauf			
☐ Rechtliche Beschränkungen beachten!			
⇨ Jubiläum			
⇨ Schlußverkauf			
⇨ Lagerräumung			
⇨ Preise			
• Vergleich zulässig?			
• Preisbindung?			

Checkliste **88**

Organisationsplanung

1. Tabellenprotokoll

Wer …	macht was …	mit wem …	bis wann …	für Tagesordnung am …	erl.?! (✓)

Aktionsplanung: Von der Idee bis zur Nachkalkulation

88 *Checkliste* ....
Organisationsplanung

	relevant	nicht relevant	Anmerkungen

2. Erläuterungen und Hinweise

☐ Wer ...

⇨ Definition „Verantwortlichkeiten"

- Festlegen im Gespräch
- ist dann fester Ansprechpartner zu diesem Thema
- koordiniert und berichtet nach Vereinbarung

⇨ wenn nicht benannt

- Wer ist es üblicherweise (Hierarchie)?
- Weil nicht anwesend, nachträgliche Info!

☐ ... macht was ...

⇨ Stichwort

⇨ Details evtl. dazu

☐ ... mit wem ...

⇨ intern

⇨ extern

⇨ einer/mehrere

☐ ... bis wann ...

⇨ Zeitraum

⇨ Zeitpunkt

⇨ Meeting?

☐ Konkrete Wiedervorlage

⇨ Wann ist nächste (Zwischen-)Abstimmung dazu?

⇨ Bis wann „Bericht"?

⇨ sonst: Nächste Wiedervorlage = nächster Termin dieser Runde

Checkliste **88**

Organisationsplanung

	relevant	nicht relevant	Anmerkungen
☐ Status			
⇨ Erledigt?			
⇨ Priorisierung?			
• P1… P10			
• A … Z			

89 Checkliste
Gesicherte Termine vereinbaren

	relevant	nicht relevant	Anmerkungen

1. Termin absichern im Telefonat
- ☐ Vorbereiten des Termins
- ⇨ Warum eigentlich Termin?
- • Ziel(e) definieren (Was geschieht beim Termin?)
- • Warum ist persönliches Treffen fürs Unternehmen besser als komplette Verhandlung per Telefon?
- • Vorteile des Partners
- ⇨ Eingesetzte Zeit
- • „45 Minuten genügen …"
- • „Wenn Sie dann mehr Zeit haben möchten, gerne!"
- ⇨ Killerformulierungen meiden
- • „Tour geplant, jetzt Sie auch!"
- • „Ich bin (eh) in Ihrer Nähe!"
- • „Ich möchte Sie besuchen!"
- ⇨ Verstärkerformulierungen
- • „Extra für Sie!"
- • „Habe … reserviert/freigehalten"
- • „Sie rufe ich als ersten an, damit ich mich ganz nach Ihnen richten kann!"
- ⇨ Definieren des Termins
- • sichere Zeit für beide Partner
- • Wann sicher nicht?
- • Bestimmt keine Meetings?
- • Wann üblich in der Branche?
- • Etwas mit anderer Gelegenheit verbinden?
- ⇨ Alternativfrage

Checkliste 89

Gesicherte Termine vereinbaren

	relevant	nicht relevant	Anmerkungen

- „Paßt es Ihnen besser … oder …?"
- die erste Nennung „vage" („Nachmittag")
- die zweite Nennung „konkret" (14:17 Uhr)
⇨ konkreter Termin
- exakt vereinbaren (auch telefonische Rückrufe!) mit Wochentag, Datum, Uhrzeit (regional unterschiedlich?)
⇨ krummer Termin?!
- Statt glatter Stunde (= voll/halb) besser unrund (14:15, 17:45) wird grundsätzlich besser gemerkt
- optimal = total krumm (14:17 Uhr) = macht aufmerksam
⇨ Wieviel Zeit?
- in Minuten, Stundenteil
- Open end? Essen dazu?
⇨ Trägt Partner ein?
- „Sie haben schon notiert?"
- „Ich trage das jetzt bei mir fest ein, Sie auch?"
☐ Wiederholen des Termins
⇨ exakt
⇨ verändert
- mit Ergänzung (Tag genannt)
- Uhrzeit anders (14:17 > 17 nach 2 nachmittags)
- „Kommende Woche …" „Heute in einer Woche …"
- „Das ist der Tag nach …"

Aktionsplanung: Von der Idee bis zur Nachkalkulation

89 Checkliste
Gesicherte Termine vereinbaren

	relevant	nicht relevant	Anmerkungen
⇨ Hat Partner auch eingetragen?			
• „Bei mir steht jetzt im Kalender …"			
• „Trägt Ihre Sekretärin das ein oder …?!"			
⇨ Fixieren: „Rufe Sie … nochmals an"			
☐ Ummanteln des Termins			
⇨ „Wie komme ich dahin?"			
⇨ „Wie genau finde ich Sie?"			
⇨ „Wünschen Sie eine schriftliche Bestätigung?" „Oder bestätigen Sie Ihrerseits?"			

Checkliste **90**

Termin absichern nach dem Gespräch

	relevant	nicht relevant	Anmerkungen
☐ Termin schriftlich bestätigen			
⇨ Fax			
• sofort			
• später			
• Nummer bekannt? Erfragen!			
⇨ Brief			
• Mit Unterlagen?!			
• Adresse klar? (Postalisch anders als Straßenadresse?)			
⇨ Sonderformen			
• Telegramm (besonders dringlich)			
• persönlich (wenn am Ort)			
• E-Mail (schaut er nach?!)			
⇨ an welche Person?			
• an Partner persönlich			
• an Mitarbeiter (Sekretärin …)			
• Info an eigenes Unternehmen (Teilnehmer, Mitverantwortliche, Vorgesetzte …)			
⇨ Gefahren			
• Denkt darüber nach und sucht Gründe für Absage			
• Mitentscheider entdeckt Termin zu früh und blockt ab			
⇨ Chancen			
• Mißverständnisse werden vorab geklärt			
• bessere Vorbereitung			
☐ Termin telefonisch revisionieren			
⇨ Absichern durch Zweitkontakt			

Aktionsplanung: Von der Idee bis zur Nachkalkulation

90 Checkliste
Termin absichern nach dem Gespräch

	relevant	nicht relevant	Anmerkungen
• gleich innerhalb 1, 2 Tagen			
• selbst			
• andere Person			
⇨ Abstimmen kurz vor dem Termin			
• 1, 2 Tage davor			
• „auf dem Weg zu Ihnen …"			
⇨ Gefahren			
• Absage			
• Verschiebung			
⇨ Chancen			
• rechtzeitige Veränderung			
• sicheres Stattfinden			
1. Termindetails			
☐ Wo findet das Gespräch eigentlich statt?			
⇨ beim Gesprächspartner			
• Büro			
• privat			
⇨ an „neutraler" Stelle			
• Hotel, Restaurant			
• Messe, Kongreß, Restaurant			
⇨ im eigenen Unternehmen			
• Büro			
• Besprechungsraum (blocken?)			
⇨ bei einem (Referenz-)Partner			
• mit Dritten abzustimmen			
• besonders sensibel!			
☐ Wer nimmt am Gespräch teil?			

Checkliste 90

Termin absichern nach dem Gespräch

	relevant	nicht relevant	Anmerkungen

⇨ Mitentscheider des Partners
- Wann hinzuziehen?
- Wie informieren?

⇨ aus dem eigenen Unternehmen
- Entscheider – wie dazu?
- Anwender – wann dazu?

⇨ Protokollführer
- Verhandler konzentriert sich aufs Gespräch
- Zeuge für Ergebnisse

⇨ Zuschaltung per Fernkonferenz
- Telefon?
- Video?

☐ Wie läuft der Termin ab?

⇨ Gesprächsrunde
- am Tisch
- mit Front-Präsentation
- spezielle Form (z. B. „U")
- _____

⇨ Technik
- Overheadprojektor, Leinwand
- Flipchart, Pinnwand
- Video
- PC-Präsentation
- Dias …

⇨ Bewirtung
- intern (abstimmen)
- Catering (organisieren)

Aktionsplanung: Von der Idee bis zur Nachkalkulation

90 Checkliste
Termin absichern nach dem Gespräch

	relevant	nicht relevant	Anmerkungen
• externes Essen (Lokal) (organisieren)			
⇨ Vorbereitung			
• Wer?			
• Was? (siehe, Checkliste 88)			
⇨ Unterlagen vorab			
• Anzahl			
• Art/Form			
• Wie wann wohin?			

Checkliste 91

Aufträge/Bestellungen bestätigen

	relevant	nicht relevant	Anmerkungen

Schriftliche Bestätigung

☐ Sachlich

⇨ erforderliche Bestandteile

- Absender und Empfänger (rechtsverbindlich?!)
- Widerrufsbelehrung?
- Zweite Unterschrift?

⇨ Lieferung nennen

- Wohin?
- Wann?

⇨ Preise nennen

- Zahlung
- alle Details nach Vorschrift (siehe Gesamtpreis bei Raten, dazu effektiver Jahreszins)

⇨ Kündigungsfristen, wenn wiederkehrende Lieferung

⇨ Negativ-Option
Wenn innerhalb … nicht absagt, dann …
meist nur in Verbindung mit Gratis-Startlieferung

⇨ Positiv-Option

- Unterschrift erforderlich
- Bestellschein extra anbei?

☐ Freundlich

⇨ Atmosphäre

- höflich
- direkt

⇨ persönliche Ansprache

- Vorname/Name

Aktionsplanung: Von der Idee bis zur Nachkalkulation

91 Checkliste
Aufträge/Bestellungen bestätigen

	relevant	nicht relevant	Anmerkungen
• Anrede			
• Wiederholung im lfd. Text?			
⇨ Nennen der Partner			
• Verkäufer			
• Betreuer			
• Chef persönlich unterschreibt?			
☐ Verstärker			
⇨ alles Persönliche			
⇨ Garantie			
⇨ Dankeschön-Geschenk			
• angekündigt			
• überraschend			
⇨ Extras			
• ohne Aufpreis			
• mit Aufpreis auf Wunsch (wählen mit/ohne)			
⇨ Early Bird			
• Wenn Antwort innerhalb …, dann …			
• Zugabeverordnung beachten (geringwertig!)			
☐ Sinnvoller Einsatz			
⇨ rechtlich Schriftlich sicherer als nur mündlich, Nachweis ist einfacher!			
⇨ Einseitig ausreichend?			
• Kaufleute (wenn kein Einspruch innerhalb vier Wochen)			
• Privat: Schicken per Einschreiben/Rückschein?			
• per Fax ausreichend?			

Checkliste **91**

Aufträge/Bestellungen bestätigen

	relevant	nicht relevant	Anmerkungen

⇨ Auftragswert

- klären, ab welchem Betrag der zusätzliche Aufwand sich rechnet
- evtl. trennen: Bis 1.000 DM keine Auftragsbestätigung, 1.000 – 2.000 DM einseitig, über 2.000 DM mit Unterschrift zurück

⇨ Bekanntheit

- Kundenbeziehung besteht: eher nicht erforderlich
- neuer Kunde: eher ja

⇨ Bonität

- gut – eher keine Auftragsbestätigung
- weniger gut – anzuraten!

Aktionsplanung: Von der Idee bis zur Nachkalkulation

Checkliste 92
Bestellungen revisionieren

	nicht relevant	relevant	Anmerkungen

- ☐ Anruf innerhalb nützlicher Frist
- ⇨ Mißverständnisse ausschließen
- • Haben Agent und Kunde sich richtig verstanden?
- • Evtl. zweiter Telefonkontakt vor schriftlicher Auftragsbestätigung?
- ⇨ Widerrufsfrist
- • bewußt vor Ablauf (falls Reaktanz = Ablehnung entsteht)
- • bewußt nach Ablauf (um nicht zu „stören")
- ☐ Anruf bei fehlender Bestätigung
- ⇨ wenn Kundenunterschrift erforderlich „Ist mit der Auftragsbestätigung etwas unklar?"
- ⇨ nach vorgegebenem bzw. üblichem Termin (z. B. vier Wochen)
- ⇨ als Ersatz für schriftliche Auftragsbestätigung
- ⇨ „Termin verstreicht"
- • Preisvorteil noch nutzen!
- • Nur solange Vorrat reicht!
- ⇨ Anruf durch wen?
- • Agent selbst?
- • Kontrollinstanz
- ☐ Anruf aufgrund schriftlicher Bestellung
- ⇨ Unklarheiten
- • rechtlich: minderjährig? Unterschrift?
- • Lesbarkeit

Checkliste 92

Bestellungen revisionieren

	relevant	nicht relevant	Anmerkungen
• fehlende Daten:			
⇨ Bonität			
• Bankdaten erfragen (Einzug)			
• Akzept für Schufa einholen			
• absichern einfach durchs Telefonat			
⇨ Bestätigung			
• liefern wie bestellt			
• evtl. Verschiebung eines Teils ankündigen (wird erheblich leichter akzeptiert als „einfach nicht liefern"!)			
• Danke für die Bestellung (Bindung)			
☐ Verstärker			
⇨ Kunden-Service stellt sich auf diese Weise „persönlich" vor			
• Bindung intensiviert			
• Verkäuferversprechen wird bestätigt			
⇨ nach persönlichem Auftrag „Außendienst"			
• innerhalb der Widerrufsfrist			
• mit zusätzlichem Nutzen			

Aktionsplanung: Von der Idee bis zur Nachkalkulation

93 Checkliste
Aufträge ausführen: Telefon-Specials

	relevant	nicht relevant	Anmerkungen
1. Kundenerwartung „Schnelligkeit"			
☐ Inbound			
⇨ abheben spätestens beim dritten Läuten			
• Genügend Personal vorhanden?			
• Lösen von anderen Vorgängen!			
• ggf. Rückruf vereinbaren			
⇨ Kunden rufen an …			
• … wenn es ihnen eilig ist			
• … weil sie Schnelligkeit erwarten			
• … weil es bequemer ist			
⇨ Warteschleifen meiden			
• für genügend Personal sorgen			
• Musik hilft wenig, wenn Zähler rattert			
• Lieber Besetztzeichen ertönen lassen!			
⇨ 24-Stunden-Service!			
☐ Outbound			
⇨ Erwartung wird provoziert			
• schon durch die Form: Kontakt per Telefon			
• evtl. auch kommuniziert („… weil es dann schneller geht für Sie!")			
⇨ genereller Vorteil			
• in der Bevölkerung so schon interpretiert			
• auch außerhalb der Ladenöffnungszeiten			
⇨ Akzeptanz der Telefonakquise wird erhöht			
☐ Beschleuniger am Telefon			

Checkliste **93**

Aufträge ausführen: Telefon-Specials

	relevant	nicht relevant	Anmerkungen
⇨ Direkteingabe in den PC möglich?			
⇨ bei Engpässen gegenüber „normalen" Aufträgen bevorzugen			
• Abläufe verändern?			
• Kennzeichnen der Lieferpapiere			
⇨ Sofortklärung der Lieferfähigkeit			
• Verschiebung?			
• Alternative?			
2. Begleitunterlagen			
☐ Brief			
⇨ personalisiert			
• Kunde			
• Mitarbeiter			
⇨ Individualität			
• Wiederholung Anrede Kunde im Text			
• Foto Agent			
• Unterschrift Agent			
• Durchwahl Agent			
⇨ Bestätigung			
• Garantie			
• Chef schreibt			
• neutraler Dritter (Testimonial, Shipping letter)			
☐ „Gebrauchsanleitung"			
⇨ Geräte			
• Aufbau			
• Inbetriebnahme			
• lfd. Betrieb			

Aktionsplanung: Von der Idee bis zur Nachkalkulation

93 Checkliste
Aufträge ausführen: Telefon-Specials

	relevant	nicht relevant	Anmerkungen
⇨ generell			
• Hotline nennen			
• Garantiescheck			
⇨ Ausfüllen von Unterlagen			
• z.B. Lizenzen freischalten			
• evtl. per Hotline führen			
☐ Kommunikation			
⇨ Daten deutlich machen			
• schriftlich			
• mündlich			
⇨ Direktverbindung			
• Nebenstelle			
• Extraleitung			
• „Buchbinder-Wanninger-Effekt" vermeiden			
⇨ Hotline			
• gratis (0800/0130)			
• bezahlt (0180, 0190)			
⇨ falls Rücksendung …			
• vorbereitete Papiere (heute üblich bei Versendern)			
• klare Adresse			
3. Kundenerwartung „persönliche Betreuung"			
☐ Mensch statt Maschine: inbound			
⇨ Telefoncomputer?			
• Reaktanz wegen metallischer Stimme			
• Ablehnung, da kompliziert (durchtasten …)			

Checkliste 93

Aufträge ausführen: Telefon-Specials

	relevant	nicht relevant	Anmerkungen
⇨ Bekanntheit			
• Name vorab			
• Name (und Vorname!!) beim Meldetext			
⇨ Hotline			
• Fachleute			
• Fax-Abruf nur für Notfall – wird akzeptiert			
☐ Zumindest Mensch, wenn auch ohne Besuch: outbound			
⇨ zeitsparende Form des Kontakts			
• ohne Wartezeit (bzw. leicht wiederholbar)			
• ohne Reisezeiten (beiderseits)			
⇨ ersetzt Kontakt im Ladengeschäft			
• spart Parkplatz			
• wird von vielen als weniger bedrängend empfunden			
⇨ Privatkontakte			
• Viele sind froh, daß keiner ins Haus kommt			
• Sicherheit beim Telefonat, jederzeit auflegen zu können (was kaum einer wirklich tut)			

Aktionsplanung: Von der Idee bis zur Nachkalkulation

94 Checkliste
Reklamationen aktiv betreuen: Vorbereitet sein

	relevant	nicht relevant	Anmerkungen

- ☐ Irren ist menschlich
- ⇨ Fehler passieren
- Es kann helfen, davon zu erfahren!
- akzeptieren und lösen
- Wiederholung verhindern
- ggf. Vorab-Info an Kunde!
- ⇨ Fehler vermeiden
- Qualitätskontrolle
- Feedback von Kunde
- ⇨ Fehler erwarten
- Kompetenz und Verantwortung übertragen
- Mitarbeiter für rasches Klären
- Lösungen für Standardsituationen vorbereiten und kommunizieren (Fehl-/Doppellieferung ...)
- ☐ Hat der Kunde immer recht?
- ⇨ recht haben und recht bekommen
- Ist es sinnvoll, mit dem Kunden zu streiten?
- Nachweis wäre aufwendig?
- Möchten Sie den Kunden behalten?
- ⇨ dem Kunden „recht" geben
- auch wenn er nicht recht hat
- ihm das Gefühl vermitteln, er werde ernst genommen
- Vermeiden Sie allerdings die Formulierung „Sie haben recht"
- ☐ Distanziert bleiben
- ⇨ Sie sind nicht persönlich gemeint

Die 166 besten Checklisten Call Center und Telefonmarketing

Checkliste **94**

Reklamationen aktiv betreuen: Vorbereitet sein

	relevant	nicht relevant	Anmerkungen

- Kunde muß einfach etwas loswerden
- Kunde benötigt persönlichen Kontakt (= Personifizierung des Unternehmens)
- Ist der Kunde unsicher, deshalb laut?
- Kunde ist jedenfalls betroffen!
⇨ hohe Distanz
- Tele-Kontakt (= fern)
- nur Sprechen/Hören, kein Sehen und Fühlen (Körpersprache)
⇨ Gemischte Tätigkeit möglich?
- Abwechslung Reklamation/Positives?
- nur in Teilzeit
☐ Identifizieren
⇨ Sie stehen persönlich „dafür" ein
- Kunde identifiziert Agent als „das Unternehmen"
- Identifiziert sich Agent mit allem, was in „seinem" Unternehmen passiert?
⇨ Nennen Sie Vorname/Name
- Das hilft Ihnen zugleich, den Gesprächspartner zu bremsen
- Wenn Funktion/Position ergänzt, hilft das: „Da bin ich Anrufer richtig gelandet!"
⇨ Individuelle Zuordnung Kunde – Agent möglich?
- gerade bei wiederholtem Telefonkontakt
- z.B. nach Anfangsbuchstabe Kundenname, Region/PLZ, Branche …

Aktionsplanung: Von der Idee bis zur Nachkalkulation

95 Checkliste
Reklamationen aktiv betreuen: Verhalten

	relevant	nicht relevant	Anmerkungen

1. Beim Reklamationstelefonat

☐ Zeigen Sie sofort, daß Sie ganz Ohr sind

⇨ Das beginnt schon beim Meldetext

- „… Was kann ich für Sie tun?"
- mit Vorname = persönlicher (sollte den Anrufer bremsen)

⇨ Schon im ersten Schritt (Zentrale)

- „Was kann ich (heute) für Sie tun?"
- Suchen Sie Ihre Alternative (z. B. „… ganz Ohr für Sie!")

⇨ Damit nehmen Sie evtl. dem anderen den „Wind aus den Segeln"

- Gesprächspartner muß sich zügeln
- gewinnt Zeit zum Nachdenken
- wird offener = Ärger geht weg

⇨ Stellen Sie sich (nochmals) vor

- „Ich bin Ihre zuständige …"
- Vorname/Name (macht bekannter)
- Sie gewinnen Zeit

☐ Verändern Sie die Situation (für sich)

⇨ Aufstehen

- So werden Sie größer, also Ihrem Gesprächspartner ebenbürtig (raus aus der Verteidigungsposition!)
- Ihr Schallvolumen wächst, die Stimme klingt kräftiger, voller und damit sicherer

⇨ Zurücklehnen, wenn Sie sitzen

- Entspannung

Checkliste 95

Reklamationen aktiv betreuen: Verhalten

	relevant	nicht relevant	Anmerkungen
• Entfernung wird scheinbar größer („betrifft nicht mich persönlich")			
⇨ Lächeln			
• Spiegel?!			
• Smiley-Symbol?!			
⇨ Motto für den Alltag			
• auf Tafel			
• auf Screensaver			
• auf			
⇨ Versachlichen Sie das Gespräch			
• „Sie erlauben, daß ich kurz, knapp und sachlich antworte: …"			
• „Übrigens – Sie sprechen mit …"			
• Wechseln Sie das Thema („Ach ja, Ihr anderer Auftrag ist schon unterwegs an Sie, sehe ich gerade!")			
☐ Bestätigen Sie den Gesprächspartner			
⇨ Danke für die Bestellung?			
• je nach Situation			
• Die war ja Voraussetzung dafür, daß es überhaupt zur Reklamation kommen konnte!			
⇨ Lassen Sie's menscheln!			
• „Sie müssen ja einen schönen Eindruck von uns haben …!"			
• „Um Himmels willen, da kommt ja einiges zusammen!!"			
⇨ Danken Sie für die Information			
• wertvoll wegen evtl. Veränderungen			
• wertvoll, weil evtl. die Kundenbeziehung noch zu retten ist			

Aktionsplanung: Von der Idee bis zur Nachkalkulation

95 Checkliste
Reklamationen aktiv betreuen: Verhalten

	relevant	nicht relevant	Anmerkungen
⇨ Danken Sie dafür, daß er/sie anruft			
• bedeutet Aufwand für den Kunden			
• die wenigsten rufen an …			
• geht für Sie schneller als schriftlich			
⇨ Vermeiden Sie „Sie haben recht"			
• Wozu dann noch diskutieren?			
• „Ich verstehe (Sie gut)"			
• „Es gefällt Ihnen weniger, daß …"			
⇨ Wiederholen Sie			
• wörtlich			
• sinngemäß			
• mit Überleitung („Sie meinen also, daß …?!")			
☐ Leiten Sie den Gesprächspartner			
⇨ Halten Sie sich mit Vorschlägen zurück			
• zunächst inhaltliche Klärung			
• Vielleicht will der Gesprächspartner viel weniger, als Sie anbieten würden?			
⇨ Formulieren Sie „führend"			
• „Unter welcher Voraussetzung …"			
• „Was würde Ihnen helfen …"			
• „Was wäre denn Ihre Erwartung, immer vorausgesetzt …"			
• „Und womit kann ich Ihnen konkret helfen?"			
☐ Treffen Sie eine konkrete Vereinbarung			
⇨ Worum geht es konkret sachlich?			
⇨ Was wird als nächstes getan?			

Checkliste **95**

Reklamationen aktiv betreuen: Verhalten

	relevant	nicht relevant	Anmerkungen
⇨ Wann nächster Kontakt?			
⇨ Wer mit wem?			
☐ Vereinbaren Sie nur, was Sie auch halten können			
⇨ Kompetenz muß klar geregelt sein			
⇨ Sofortentscheid möglich, wenn sinnvoll?			
• Höhe der Reklamation?			
• Bedeutung des Kunden!			
⇨ Schaden begrenzen			
• Sofortersatz			
• ohne Anerkennung einer Rechtspflicht			
☐ Halten Sie alles fest			
⇨ Sagen Sie das dem Gesprächspartner			
• „Ich notiere …"			
• „Ich lese Ihnen vor, was ich notiert habe."			
• Erklären Sie auch, warum			
⇨ Geben Sie die Notizen weiter			
⇨ Fassen Sie selbst nach			
⇨ Telefonieren Sie erneut			
2. Was passiert danach?			
☐ Wer klärt Reklamation?			
⇨ Wer ist zuständig?			
⇨ Für wann erwartet der Gesprächspartner Resonanz?			
⇨ Evtl. gleichbleibender Kontakt?			
• Nachfaß			
• Rück-Info an Agent!			

Aktionsplanung: Von der Idee bis zur Nachkalkulation

95 Checkliste
Reklamationen aktiv betreuen: Verhalten

	relevant	nicht relevant	Anmerkungen
☐ Wer informiert den Partner – und wie?			
⇨ Am besten immer der gleiche?			
• Denn „man" ist bekannt!			
• Ausnahme: Chef selbst kümmert sich			
⇨ Entschuldigung?			
⇨ Dankeschön?			
☐ Welche Konsequenzen sind zu ziehen?			
⇨ Information			
• falls sich die Situation wiederholt			
• damit sich die Situation nicht wiederholt			
⇨ Vorschlag für veränderte Abläufe			
⇨ Qualitätskontrolle?!			
⇨ PR-Maßnahmen: offensiv vorgehen statt defensiv			

Checkliste 96

Tele-Marketing outsourcen: Für und Wider

	relevant	nicht relevant	Anmerkungen

1. Gründe für Outsourcing

☐ Umfang/Intensität

⇨ eher gering, doch zuviel, um „nebenbei mitgemacht" zu werden

⇨ eher hoch

- doch zu gering für Profit Center
- Mitarbeiterzahl spielt eine wichtige Rolle in der Unternehmenspolitik

⇨ unregelmäßig

- weniger gut zu planen
- hohes Risiko, zuviel Kapazität vorzuhalten

☐ Frequenz

⇨ unregelmäßig

- Spitzen, Saison
- aktionsmäßig
- kaum planbar

⇨ einmalig

- Testaktionen
- Abverkauf
- Noteinsatz (z.B. Mitarbeiterausfall)

⇨ dauerhaft

- mittlerer Umfang
- begrenzt (z.B. 1 Jahr)

☐ Ablauforganisation

⇨ Telefonkontakt und interne Abläufe

- haben wenig miteinander zu tun
- laufen getrennt parallel ab

Aktionsplanung: Von der Idee bis zur Nachkalkulation

96 Checkliste
Tele-Marketing outsourcen: Für und Wider

	relevant	nicht relevant	Anmerkungen

⇨ Passende Mitarbeiter müßten erst gesucht werden

- mit hohem Aufwand für Ausbildung
- mit Reibungsverlusten

⇨ Ausstattung erfordert Investition

- Erweiterung der Telefonanlage
- Erweiterung EDV
- neue Arbeitsplätze

☐ Ziele

⇨ outbound

- Alternative zu bestehendem Vertriebssystem
- Wettbewerb für eigenes Vertriebsteam
- Schutz vor Frust des eigenen Teams (z.B. extern terminieren)

⇨ inbound

- Spitzen auffangen (Bestellannahme)
- zentralisiert reagieren können (Reklamationen, Service, Hotline)
- zusätzlichen Service bieten

⇨ generell

- Routine-Aktivitäten ohne vertiefende Information mit geringem Aufwand trennen
- Konzentration auf Kernkompetenzen
- neue Sichtweisen ins Spiel bringen
- anderweitig vorhandene Kompetenz nutzen (statt mühsam aufbauen)

☐ Produkt/Angebot

⇨ wenig erklärungsbedürftig

Checkliste 96

Tele-Marketing outsourcen: Für und Wider

	relevant	nicht relevant	Anmerkungen

⇨ allgemein bekannt
- Markenprodukt
- häufig nachgefragt

⇨ Preis
- eher niedrig (Massenprodukt)
- Deckungsbeiträge eher niedrig

2. Gründe gegen Outsourcing

☐ Umfang

⇨ eher hoch
- Investition in interne Erweiterung lohnt sich
- Mitarbeiterzahl spielt kaum eine Rolle in der Unternehmenspolitik

⇨ eher niedrig, in Eigenregie mitzumachen

⇨ regelmäßig, gut planbar

☐ Frequenz

⇨ wiederkehrend
- gleichbleibend: fest einzuplanen
- unregelmäßig: auffangbar

⇨ kontinuierliche Daueraktion
- als Ergänzung
- zur Unterstützung

☐ Ablauforganisation

⇨ Telefonkontakt und interne Abläufe
- sind eng verzahnt
- hängen voneinander ab

⇨ Passende Mitarbeiter sind vorhanden
- Sachbearbeiter Innendienst
- Zentrale/Vermittlung

Aktionsplanung: Von der Idee bis zur Nachkalkulation

96 Checkliste
Tele-Marketing outsourcen: Für und Wider

	relevant	nicht relevant	Anmerkungen

⇨ Vorhandene Ausstattung kann genutzt werden
- Telefonanlage
- EDV
- Arbeitsplätze

☐ Ziele

⇨ outbound
- Unterstützung des eigenen Vertriebssystems
- Ergänzung eigener Aktivitäten (ABC-Kunden)
- neue Aufgaben für Mitarbeiter

⇨ inbound
- tägliche Anrufe
- laufend Bestellannahme

⇨ generell
- vorhandene Kompetenz nutzen
- Mitarbeitern Entwicklungsmöglichkeiten bieten

☐ Produkt/Angebot

⇨ eher erklärungsbedürftig
- Sachkompetenz intern vorhanden
- Mitarbeiter leichter auf Kommunikation umzuschulen

⇨ eher weniger bekannt
- Marktpenetration erfolgt erst
- Nachfrage muß generiert werden

⇨ Preis
- eher hoch (Nischenprodukt)
- Deckungsbeiträge hoch

Checkliste **97**

Call Center: Abrechnungsformen und Modelle der Zusammenarbeit

	relevant	nicht relevant	Anmerkungen

1. Übliche Abrechnungsformen
- ☐ Pauschal
- ⇨ monatliche Garantie
- ⇨ Leitfadengestaltung
- ⇨ Beratung
- ⇨ Training
- ☐ Zeit
- ⇨ je Einsatzstunde
  - Agent
  - Supervisor
- ⇨ je Trainingsstunde
  - Agent
  - Trainer
- ⇨ je Leitungsstunde
- ☐ Anzahl
- ⇨ Kontakte
  - brutto
  - netto
- ⇨ Ausfall

  nicht erreichbar
- ⇨ Wählversuche
  - mindestens 3,
  - höchstens 6 (z.B.)
- ☐ Provision
- ⇨ Erfolg
  - Fixbetrag 1. Stufe (z.B. Testabo)
  - Fixbetrag 2. Stufe (z.B. Festabo)
- ⇨ prozentual

Aktionsplanung: Von der Idee bis zur Nachkalkulation

97 Checkliste
Call Center: Abrechnungsformen und Modelle der Zusammenarbeit

	relevant	nicht relevant	Anmerkungen
bei variablen Umsätzen			
⇨ gestaffelt			
• nach erreichter Höhe			
• für Umsetzung aus Adressen			
⇨ Boni/Mali			
Über-/Unterschreiten bestimmter Grenzen			
☐ Misch-Modelle			
⇨ Garantie + Provision			
⇨ je Stunde + Bonus			
⇨ je Kontakt + Provision			
⇨ Provision, Mindestgarantie			
☐ Durchlaufende Kosten			
⇨ Telefon			
⇨ Porti			
⇨ MwSt.			
⇨ externe (Fremd-)Nebenkosten			
2. Vertragsgestaltung			
☐ Gegenstand			
⇨ Telefonkontakte			
⇨ Erledigung lt. Vorgabe			
⇨ zu erreichende Ziele			
☐ Vertragsbeziehung			
⇨ Dienstvertrag			
⇨ Werkvertrag			
⇨ Handelsvertretung			
☐ Vertragsdetails			
⇨ Beginn			

Checkliste 97

Call Center: Abrechnungsformen und Modelle der Zusammenarbeit

	relevant	nicht relevant	Anmerkungen
⇨ Einsatz bestimmten Personals			
⇨ Kündigungsfristen			
• bestimmte Laufzeit (endet automatisch ohne Kündigung)			
• Laufzeit mit automatischer Verlängerung, wenn nicht gekündigt wird			
• ohne Laufzeit (Menge z. B.)			
⇨ Datenschutz			
⇨ Salvatorische Klausel			
☐ Vertragsvorlagen			
⇨ Verband			
⇨ Standard aus Literatur (z. B. Loseblattwerk)			
⇨ Zuziehen eines Rechtsanwalts			

Aktionsplanung: Von der Idee bis zur Nachkalkulation

98 Checkliste
Telefonagentur oder Call Center: Auswahlkriterien

	relevant	nicht relevant	Anmerkungen
1. Kapazitäten			
☐ Personal			
⇨ Arbeitsplätze			
• Anzahl			
• Nutzung Schichten			
⇨ Mitarbeiter			
• Zahl gesamt (Köpfe)			
• umgerechnet auf „Vollzeit"			
⇨ Fluktuation			
• Absprungquote			
• Haltedauer in … Monaten/Jahren			
⇨ Aus- und Fortbildung			
• IHK-Zertifikat			
• interne Weiterbildung			
• externe Weiterbildung			
• … Tage für Weiterbildung pro Jahr			
⇨ Führungskräfte			
• Struktur			
• „Kopfzahl" je Leiter			
• Fluktuation			
⇨ Einsatz Tageszeiten			
• „rund um die Uhr"			
• Kapazität zu Wunschzeiten: ………………………………………			
☐ Technik			
⇨ Telefonanlage			
• ISDN …			
• ACD/CTI			

Telefonagentur oder Call Center: Auswahlkriterien

Checkliste 98

	relevant	nicht relevant	Anmerkungen
• _____			

⇨ Zahl Amtsleitungen
- insgesamt ....
- reserviert für Inbound ....
- reserviert für Outbound ....
- erweiterbar auf ....

⇨ EDV-Anlage
- System
- Kapazität
- Inhalt
- Verbindung zu Telefon
- Integration Arbeitsplätze
- Kompatibilität zur eigenen EDV

☐ Arbeitsplätze

⇨ Ergonomie
- Tisch
- Sitzen
- Wege

⇨ Platz
- in qm je Mitarbeiter
- gemeinsame Räume

⇨ Ausstattung
- Optik
- Modernität
- Praktikabilität

⇨ Umfeldgestaltung
- Farbe und Licht
- Klima und Pflanzen

Aktionsplanung: Von der Idee bis zur Nachkalkulation

98 Checkliste
Telefonagentur oder Call Center: Auswahlkriterien

	relevant	nicht relevant	Anmerkungen
• Offenheit und Zugang			
• Ablagen und Stauräume			
⇨ Individualität			
• Normung			
• Einheitlichkeit			
• Persönliches			
⇨ _____			
☐ Service-Abrundung			
⇨ Datenbank-Systeme			
• Adressenpflege			
• Adressenaufbereitung			
• Adressenergänzung			
⇨ Lettershop			
• Postfertigmachen Unterlagen			
• Nachfaß- oder Vorlauf-Mailings			
⇨ Follow-up			
• Gesprächsbestätigungen			
• Informationsunterlagen			
⇨ Fulfillment			
• Auslieferung			
• Nach-Service			
⇨ _____			
• _____			
• _____			
2. Image und Erfahrung			
☐ Bestehen des Unternehmens			
⇨ Gründung			

Checkliste 98

Telefonagentur oder Call Center: Auswahlkriterien

	relevant	nicht relevant	Anmerkungen
• schon länger aktiv			
• Know-how der Inhaber/Leiter			
⇨ Entwicklung			
• aus anderen Bereichen			
• positive Entwicklung (Größe, Kompetenz, Qualität)			
⇨ Größe			
• Umsatz			
• Mitarbeiter			
• Kontakte			
⇨ Qualität			
• Kontaktsicherheit (X Versuche …)			
• Termingarantie			
• höfliche Gespräche mit zielgerichteter Leitfadenführung			
⇨ Bonität			
• gesundes Unternehmen			
• Banken, Auskunftei			
☐ Ansehen in der Branche			
⇨ Renommee			
• Wie wird das Unternehmen von Kollegen gesehen?			
• Was ist von Verbandsseite zu hören? (Zugehörigkeit?)			
⇨ Identity			
• branchengerecht			
• klare Selbstdarstellung			
⇨ Referenzen			
• Kollegen			

Aktionsplanung: Von der Idee bis zur Nachkalkulation

98 *Checkliste*
Telefonagentur oder Call Center: Auswahlkriterien

	relevant	nicht relevant	Anmerkungen

- Verband
- Öffentlichkeit
- _____

☐ Kompetenz

⇨ Erfahrung in Ihrer Branche?

- inbound
- outbound
- andere Services
- wenn nein: Vergleichbare Branche?

⇨ Schwerpunkt?

- Outbound/Inbound?
- Herstellung/Industrie, Handel, Dienstleistung
- _____

⇨ Spezialist für
....

⇨ Kundenreferenzen

- Zufriedenheit mit Aktionen (Ergebnisse ...)
- Zufriedenheit mit Menschen

Checkliste **99**

Telefonagentur oder Call Center: Zusammenarbeit

	relevant	nicht relevant	Anmerkungen
☐ Wer ist zuständig?			
⇨ Struktur			
• Erste Ebene			
• Zweite Ebene			
• ausführende Mitarbeiter			
⇨ Ansprechpartner			
• Geschäftsleitung			
• Teamverantwortlicher			
• Kontakter			
• _____			
⇨ Kontinuität			
• auch nach Präsentation			
• Haltequote der Verantwortlichen			
⇨ Eigentümer			
• inhabergeführt			
• Mitarbeiterbeteiligung			
• Fremdbeteiligung			
• Führung durch Management			
⇨ Zugehörigkeit			
• Netzwerk			
• Teil einer umfangreicheren Struktur (etwa rechtlich eigenständiges Call Center eines Unternehmens, das auch extern Dienste bietet)			
• abhängig von ... (z.B. internationalem Call Center Consortium)			
☐ Präsentation			
⇨ Eigenwerbung			
• Selbstdarstellung (Broschüre, Video ...)			

Aktionsplanung: Von der Idee bis zur Nachkalkulation

99 Checkliste

Telefonagentur oder Call Center: Zusammenarbeit

	relevant	nicht relevant	Anmerkungen
• Werbung (Anzeigen …)			
⇨ Empfang in der Agentur			
• Atmosphäre			
• Umfeld			
• Rahmen			
⇨ Darstellung			
• persönliche Präsentation			
• schriftliche Unterlagen			
⇨ Gesamteindruck			
⇨ Berichtswesen			
• Reporting			
• Aktionscontrolling			
• Auswertungen			
• Zwischen- und Schlußbericht			
☐ Abläufe			
⇨ Kennenlernen			
• Bereitschaft, den potentiellen Kunden in den eigenen Räumen zu empfangen			
• Interesse, den Kunden in seinen Räumen kennenzulernen			
• Alle Abläufe vor Auftragserteilung sind kostenlos			
⇨ Briefing			
• wird abgefordert und gefördert (z.B. durch Fragen)			
• Re-Briefing sichert Verständnis ab			
• erfolgt persönlich (beiderseits)			
⇨ Angebot			
• entspricht Absprache			

Checkliste 99

Telefonagentur oder Call Center: Zusammenarbeit

	relevant	nicht relevant	Anmerkungen

- ist vergleichbar
- kommt rasch und präzise
- Auftragsbestätigung stimmt überein und ist juristisch klar und eindeutig

⇨ Test
- Wer macht Pretest?
- Welche Mengenstufen?
- Wann ist Abbruch möglich?

⇨ Leitfadengestaltung
- Vorgaben werden berücksichtigt
- Know-how wird eingebracht
- regelmäßige Prüfung und Anpassung

⇨ Aktionstraining
- Produkt und Umfeld
- Gespräch und Ansprechpartner
- ☐ Konditionen

⇨ Abrechnungsbasis
- Pauschalhonorar
- je Zeiteinheit (Stunden …)
- je Adresse (Nettokontakt …)
- Provision (fix je …, Prozent aus …)
- Mix aus. . . . .

⇨ Fremderfahrung
- korrektes Abrechnen
- Liefern lt. Verabredung

⇨ Zahlungsfrist
- Vorauszahlung (etwa die Hälfte bei Auftragserteilung, Rest bei …)
- Monatsmitte zum Monatsende (evtl. à conto)

Aktionsplanung: Von der Idee bis zur Nachkalkulation

99 Checkliste
Telefonagentur oder Call Center: Zusammenarbeit

	relevant	nicht relevant	Anmerkungen
• .... Tage Ziel			
• Skonto etc.			
⇨ Fremdkosten			
• eingerechnet			
• durchlaufender Posten			
• Welche? (Porti, Telefon-Entgelt …)			
• Andere Nebenkosten?			
☐ Vertragsgestaltung			
⇨ Normvertrag			
• Verband?			
• Allgemein Dienstleistung?			
⇨ Individualvertrag			
• vom Anwalt ausgearbeitet			
• Gegencheck eigener Anwalt			
⇨ Form			
• Dienstvertrag?			
• Werkvertrag?			
⇨ AGBs			
⇨ Einzelpunkte			
• Verpflichtungen (wechselseitig gleichberechtigt)			
• Rechte (für beide Seiten geltend)			
⇨ Kündigungsfrist(en)			
• nützlicher Zeitraum (Abschluß einer Aktion sichergestellt)			
• fristlos, wenn …			
• fixe Laufzeit (evtl. mit Option für Verlängerung)			

IV. Kommunikation: des Pudels Kern

Das „Wie" und das „Was" des Dialogs spielen am Telefon eine noch größere Rolle als bei den anderen Kommunikationsformen mit Ihren (potentiellen) Kunden:

- ☐ Schriftliche Kontakte werden in einem Umfeld von Informationsüberflutung ggf. rasch vergessen. Kommt hier einmal ein falscher Ton ins Spiel, wird das i.a. keine weitreichenden Konsequenzen haben.
- ☐ Persönliche Kommunikation bietet ein reiches Feld an Kontakten: Neben dem Hörsinn wird auch der Gesichtssinn angesprochen, kommen Körpersprache und Tastsinn hinzu – vielerlei Einflußchancen.

Anders am Telefon: Die Gesprächspartner sehen sich nicht, „Sender" und „Empfänger" kommunizieren ausschließlich übers Akustische. Zudem kann der Gesprächspartner des Agenten jederzeit entscheiden, mit einem Tastendruck die Kommunikation einzustellen.

1. Sprechen und Sprache

Formulieren und artikulieren können sind Grundvoraussetzungen für alle telefonaktiven Mitarbeiter:

- ☐ klar und deutlich sprechen (statt schüchtern leise murmeln – oder druckvoll brüllen),
- ☐ möglichst dialektfrei (doch auch kein übertriebenes Bühnendeutsch),
- ☐ in vollständigen Sätzen (und zwar kurzen Hauptsätzen statt mehrfach verschachtelten Aufsatzgebilden).

Dies läßt sich bei neuen Mitarbeitern im Vorfeld besser durch ein Telefongespräch prüfen als durch Zeugnisse. Bewährte Mitarbeiter mit Fachkompetenz, die aus anderen Bereichen ins Tele-Marketing hineinwachsen, sind trainier- und coachbar. Meßlatten sind hier klar zu definieren (Kürze, Wortwahl, Sprechausprägung)

und über Gesprächsaufzeichnungen auch dem Agenten verständlich zu machen. Dazu kommt die andere Seite:

2. Hör doch mal zu ...

... könnte das Leitmotto für Tele-Marketer sein: Die „etwas andere" Seite der Kommunikation am Telefon ist die entscheidende Fähigkeit, erfolgreich in diesem Beruf eines „Call Center Agenten" tätig zu sein:

- ☐ Gutes Zuhören spart Zeit (und vermeidet Mißverständnisse, die neuerlich Zeit kosten).
- ☐ Aktives Zuhören verhilft zum Erfolg (den anderen bestätigen und auf seinen Aussagen aufbauen).
- ☐ Zuhören macht vieles leichter (z.B. Dialog schaffen durch Fragen stellen statt Aussagen).

Daß der Frauenanteil in diesen Jobs weit über 50 Prozent liegt, hat auch mit der gesellschaftlichen Situation zu tun (siehe Mitarbeiter: Teilzeit usw.) – doch vor allem mit der nachweislich höheren Kommunikationsfähigkeit vieler Frauen im Vergleich zu Männern. Selbstverständlich ist Training auch hier hilfreich. Und Führung des Gesprächs durch Vorgaben.

3. Der Gesprächsleitfaden

Ablaufstruktur und Schlüsselsätze sind das Minimum für erfolgreiche Telefonaktionen. Wieweit individuelle und flexible Gesprächsführung sinnvoll und möglich ist, hängt von vielerlei Aspekten ab (Gesprächsziel, Bekanntheit der Gesprächspartner, Kompetenz des Agenten ...). Telefonische Interviews zu Marktforschungszwecken sind strikt vorzuformulieren, um die

Ergebnisse vergleichbar zu machen, Verkaufsgespräche mit hohem Beratungsanteil müssen hochflexibel ablaufen, die Service-Hotline muß Fragestrukturen bringen – doch absolut aufs Anruferbedürfnis abstellen (Front-office wiederum stärker strukturiert als Back-office).

4. Hilfe von außen

Hier sind vor allem Trainer gefragt. Neben den schon in anderen Kapiteln benannten Verbands-, Dienstleister- und Beraterkontakten kommen außerdem in Frage, etwa übers Internet:

☐ Der Bund Deutscher Unternehmensberater (BDU, http://www.bdu.de)

☐ Der Bund Deutscher Verkaufsförderer und Trainer (BDVT, http://www.bdvt.de).

Trainingsmedien sind in vielen Verlagen erschienen (Bücher, Audio- und Videokassetten), der Buchhandel gibt Auskunft. Verlangen Sie z.B. das aktuelle Verlagsverzeichnis vom verlag moderne industrie.

Checkliste **100**

Persönlicher Verkauf: Direktvertrieb

	relevant	nicht relevant	Anmerkungen

Im Gegensatz zum „non-personalen" Verkauf etwa mit schriftlicher Response-Werbung: Direct Mail, Zeitschriften-Beilagen, Coupon-Anzeigen, Katalog mit Resonanz-Mittel, Online-Werbung mit E-Mail-Antwort etc.

- ☐ Zweier-/Dreier-Verkaufsgespräch
- ⇨ privat: Familie
- • Mann und Frau mit am Tisch
- • je nach Thema: Kind(er) einbeziehen
- ⇨ Business: ein oder zwei Entscheider
- • häufig im kleineren Rahmen
- • vor allem bei Verbrauchsgütern
- ⇨ Themen jeder Art (vom Hausierer bis zum Investgut-Key-Account-Manager)
- ☐ Gruppengespräch
- ⇨ Präsentation vor Gruppe
- • Leistungsgespräche, Jahresvereinbarung …
- • Investgüterverkauf
- • klassisch: Werbeagentur im „pitch"
- ⇨ Partyverkauf
- • Tupperware
- • Avon Kosmetik, Dessous
- • Amway
- ⇨ Hotelverkauf
- • Kaffeefahrten
- • MLM-Massenpräsentationen (primär zur Mitarbeiter-„Gewinnung")
- ☐ Fernverkauf

Kommunikation: des Pudels Kern

100 Checkliste
Persönlicher Verkauf: Direktvertrieb

	relevant	nicht relevant	Anmerkungen
⇨ DRTV			
• „klassische" Verkaufs-Spots (mit Telefoneinblendung, Call-Center-Einsatz)			
• „Home Order Television"			
• dito per DRR (Rundfunk)			
⇨ Videokonferenzen			
• zum Einsatz für viele der oben genannten Situationen			
• vor allem wenn beiderseits Teilnehmer „weit verstreut"			
⇨ Telefonverkauf			
• Dialog			
• Telefonkonferenzen			
☐ Face to face im Ladengeschäft			
⇨ Kunde kommt von sich aus an den „Point of Sale"			
⇨ ähnliche Situation bei „zeitlich befristeten Verkaufsveranstaltungen"			
• Messen (Fach-, Publikums-, allgemeine Messen)			
• Gewerbeschauen, Hausmessen			
⇨ Übergangssituationen			
• fahrende Händler (Direktverkauf Landwirtschaft etc.)			
• Verkaufsfahrer (Tiefkühlkost …)			

Checkliste **101**

Persönlicher Verkauf: Kommunikation generell

	relevant	nicht relevant	Anmerkungen

☐ Sender – Empfänger: das klassische Modell

⇨ die beteiligten Personen
- Sender (z. B. Anrufer)
- Empfänger (z. B. Angerufener)
- Agent inbound/outbound unterschiedliche Rolle!

⇨ Kanal (z. B. das Telefon)
- als Träger der Botschaft
- mit eigener Einwirkung
- als Vermittler von Fremdeinflüssen (Störungen, Filter wie Verstärker)

⇨ Kommunikationsproblem Interpretation
- Sender denkt etwas …
- … übersetzt in Sprache …
- … über den Kanal zum Empfänger …
- … der hört das Gesprochene …
- … und interpretiert das Gehörte

⇨ Kommunikationsproblem Störungen
- Geräusche (bei beiden Partnern)
- Störungen im Kanal (Telefonverbindung, siehe Handy)
- Personen (bei beiden Partnern)

⇨ die Botschaft als solche
- Inhalt („Was")
- Beziehung („Wie")
- Träger (Stimme!)

☐ Inhalt und Beziehung: zwei Ebenen der Kommunikation

Kommunikation: des Pudels Kern

101 Checkliste
Persönlicher Verkauf: Kommunikation generell

	relevant	nicht relevant	Anmerkungen
⇨ Inhalt: das Was der Botschaft			
• Thema (Worum geht es?)			
• Rhema (Aussage: „die Details")			
• Fokus (Worauf legt wer besonders Wert?)			
⇨ Beziehung: das Wie der Botschaft			
• Emotionen im Spiel (Reklamation, Erfolgsdruck …)			
• zwischen den Zeilen hören			
• besondere Wirkung der Stimme!			
⇨ Rationales und Emotionales			
• Welche Basistypen sind Sender und Empfänger? (Entscheider, Kontakter)			
• Kopf oder Bauch? (70% der Entscheidungen werden emotional getroffen)			
⇨ Transaktionsanalyse			
• als Fortführung der Freudschen Tiefenpsychologie in die Kommunikationspraxis			
• gleiche Ebene (Erwachsenen-Ich, Eltern-Ich, Kind-Ich)			
• über verschiedene Ebenen (bewußt „erwachsen" auf „Kind" oder „Eltern" reagieren)			
• Überkreuzkommunikation (Kind-Eltern, Eltern-Kind)			
⇨ Winner-Winner-Kommunikation			
• „Ich bin gut – du bist gut"			
• gemeinsame Basis für beiderseitigen Erfolg			
☐ Aktives Zuhören			
⇨ Zuhörsignale geben			

Checkliste **101**

Persönlicher Verkauf: Kommunikation generell

	relevant	nicht relevant	Anmerkungen
• Tonsignale			
• Körpersignale			
⇨ selbst ansonsten schweigen			
• Schweigen provoziert zum Sprechen			
• Pausen geben dem Gesprächspartner die Chance zum Sprechen			
⇨ den Partner im Dialog weiterführen			
• durch Wiederholen eines Teils seiner Aussage			
• durch Wiedergeben des Aussagekerns mit eigenen Worten			
⇨ kontrollierter Dialog			
• „Habe ich richtig verstanden …"			
• „Sie meinen also …"			
• „Lassen Sie mich zusammenfassen …"			
☐ Körpersprache			
⇨ nonverbale Kommunikation			
• Sagen und Tun können diametral gegensätzlich sein („lügen")			
• Bei Sichtkontakt reagieren wir primär auf Körpersprache			
• Körpersprache als Verstärker des Gesagten bei Übereinstimmung			
• Der Körper lügt nie!			
⇨ Mimik			
• Gesicht			
• Augen			
⇨ Gestik			
• Hände, Kopf			

Kommunikation: des Pudels Kern

405

101 Checkliste
Persönlicher Verkauf: Kommunikation generell

	relevant	nicht relevant	Anmerkungen

- Gebärdensprache (für Gehörlose)
⇨ Interpretation
- kann Unterschiedliches bedeuten
- abhängig von Situation und Partnern
⇨ Praxisbeispiel: „Ohne Worte"
- mit Händen und Füßen auch ohne Fremdsprachenkenntnisse im Ausland verständlich machen
- Pantomime: Theater „ohne Worte"
☐ Kommunikationstypen
⇨ Sinnestyp (NLP) (Details siehe Checkliste 120 f.)
- kinästhetisch (Tast-Sinn)
- visuell (Seh-Sinn)
- auditiv (Hör-Sinn)
- olfaktorisch (Riechen)
- gustatorisch (Schmecken)
⇨ Entscheidertyp
- Denker (Ratio)
- Macher (Aktion)
- Fühler (Emotion)
⇨ Hirntyp (HDI ©)
- blau (Großhirn, rational)
- rot (Stammhirn, automatisch)
- grün (Zwischenhirn, emotional)
⇨ weitere Modelle
- Farbige Hüte (de Bono)
- _____

Checkliste **102**

Was ist anders am Telefon als bei der direkten personalen Kommunikation?

	relevant	nicht relevant	Anmerkungen

1. Nur ein Sinn wird angesprochen

☐ Es steht nur der Hörkanal zur Verfügung

⇨ Die anderen Sinne können nicht genutzt werden

- kein Sichtkontakt zum Partner/zum Umfeld
- kein Tastkontakt („nicht im Griff")
- kein Gesamteindruck möglich (auch Schmecken/Riechen entfällt)

⇨ Die anderen Sinne brauchen nicht genutzt werden

- Ablenkungen entfallen
- Koordination der verschiedenen Sinneseindrücke nicht erforderlich
- Konzentration aufs Hören ist möglich

⇨ Ersatz schaffen?

- „Bild machen": Bild des Gesprächspartners (real, Erinnerung)? Eigenbild = Spiegel?
- „im Griff haben": Hörer, Unterlagen …

⇨ Hörkanal optimal nutzen

- wenn möglich, Augen schließen
- Umfeldgeräusche ausschließen (Headset, Schallabsorption)
- Verzicht auf viele Unterlagen rundum (Ablenkung)

⇨ Sprechen optimal einsetzen

- bewußt und konzentriert sprechen (Stimmlage? Stimmstärke?)

Kommunikation: des Pudels Kern

102 Checkliste
Was ist anders am Telefon als bei der direkten personalen Kommunikation?

	relevant	nicht relevant	Anmerkungen

- konzentriert formulieren (Leitfaden – denken – sprechen)
- ☐ Körpersprache „fällt aus"
- ⇨ Erfolgreiche Face-to-face-Kommunikatoren versagen am Telefon
- Top-Außendienstverkäufer (beim Versuch, den gleichen Kunden etwas am Telefon zu empfehlen)
- Psychologen und Psychotherapeuten (typisches Beispiel: Terminvereinbarung mit Patienten)
- exquisite Rechtsanwälte (Recherche am Telefon vs. Plädoyer im Gerichtssaal)
- ⇨ Entspanntere Kommunikation wird möglich
- ⇨ Energie statt in Körperbewegungen in die Stimme legen
- ☐ Hilfsmittel und Lösungen
- ⇨ Lernen, vermehrt auf die feinen Nuancierungen im Dialog zu lauschen
- Sprache und Formulieren
- Stimme und Sprechen
- ⇨ Lernen, diese Nuancen selbst aktiv einzusetzen
- Stimme bewußt steuern
- Stimme und Sprache kontrollieren durch Gesprächsaufzeichnung und Analysieren (eigenes Sprechen!)
- ⇨ Bildhafte Formulierungen eröffnen einen zusätzlichen Kanal
- Einsetzen von Bildwörtern

Checkliste **102**

Was ist anders am Telefon als bei der direkten personalen Kommunikation?

	relevant	nicht relevant	Anmerkungen
• bildhaft beschreibenden Wortschatz nutzen			
☐ Gelegentlich geäußerte Vorteile			
⇨ „Endlich spielt das Aussehen keine Rolle mehr"			
⇨ „Man macht sich ein idealisiertes Bild des Gesprächspartners"			
⇨ „Ich kann relaxed reden, ohne dauernd auf meine Körpersprache achten zu müssen"			
⇨ „Fernkontakt ist eher anonym und so entspannter"			
⇨ „Für mich ist das Sprechen wichtiger als Sehen und Fühlen"			
2. Häufig fehlt ein eigentlich notwendiger Gesprächspartner			
☐ Aus Dreier- und Polykommunikation wird ein Zwiegespräch			
⇨ privat			
• statt „Familie am Tisch" Verhandlung nur mit einem Partner			
• Einfluß des Partners für Agent nicht erkennbar			
• Dritteinflüsse nicht überschaubar			
⇨ Business to business			
• Anwender/Investor/Entscheider?!			
• zusätzliche Unterschrift nötig?			
⇨ evtl. bewußter Entscheid			
• Einstieg in neuen Kontakt überhaupt erst einmal schaffen, über eine Person			
• „ein Bein drin lassen" bei Veränderungen im Zielunternehmen			

Kommunikation: des Pudels Kern

102 Checkliste
Was ist anders am Telefon als bei der direkten personalen Kommunikation?

	relevant	nicht relevant	Anmerkungen
• trotz Kenntnis sich zunächst um den einen Partner bemühen (Strategie langfristig)			
☐ Verhandlungsrunde verlagert sich auf diverse Zwiegespräche			
⇨ privat			
• beide Partner nach und nach			
• Anderes Familienmitglied extra zu kontakten?			
• Endnutzer verweigert? (z.B. Geschenksituation Eltern – Kind)			
⇨ Business to business			
• aufwendige Telefonkette (Anwender A, dann Entscheider B, wieder A …)			
• erst nach scheinbarem Ende der Verhandlung mit positivem Ergebnis „outet" sich der Partner			
☐ Hilfsmittel und Lösungen			
⇨ frühzeitig fragen:			
• Wen beziehen wir ein?			
• Wer entscheidet mit?			
• Wie beziehen wir den/die mit ein?			
⇨ Kontakte auf mehreren Ebenen			
• Key Account – Geschäftsleitung			
• Außendienst – Filialleitung			
⇨ Entwicklungsplanung (Investgüter)			
• Präsentation			
• Teststellung (Kauf zur Probe/ zunächst nur 1 Maschine …)			
• Kauf (bzw. Nutzungsvertrag, erweiterte Lizenzen …)			

Checkliste **102**

Was ist anders am Telefon als bei der direkten personalen Kommunikation?

	relevant	nicht relevant	Anmerkungen
⇨ Konferenzschaltungen			
• hausintern oder auch extern (ISDN)			
• im Privatbereich: mithören lassen!			
⇨ Telefonkontakt taktisch nur als Zwischenschritt nutzen			
• Termin für persönliches Gespräch anstreben			
• eigentliche Vertragsunterzeichnung persönlich (mit allen Beteiligten)			
3. Konsequenzen für den Personaleinsatz am Telefon			
☐ Auditiv-Typen bevorzugt?			
• evtl. Training für „Sehen" und „Fühlen" im Wortschatz			
• oder Leitfaden entsprechend vorgeben			
• oder einfach riskieren (spricht jeden dritten Partner optimal an, da ca. ein Drittel der Bevölkerung auch auditiv ist)			
⇨ bei der Auswahl berücksichtigen			
• nur ca. jeder dritte Bewerber kommt in Frage			
• schon im Vorfeld darauf hinarbeiten (auditiver Wortschatz in der Anzeige z.B.)			
• durch Mini-Aufsatz herausfinden, welcher Sinnestyp der Bewerber ist			
☐ Spezialtrainings zum Ausgleich?			
⇨ besonderen Wert legen auf Umgehen am/mit dem Telefon			
⇨ Sprechtrainings im Sprachlabor			
• Situation ist ähnlich dem Telefonieren			

Kommunikation: des Pudels Kern

102 Checkliste
Was ist anders am Telefon als bei der direkten personalen Kommunikation?

	relevant	nicht relevant	Anmerkungen
• Aufzeichnung und Reinhören sind möglich			
⇨ Gewöhnen an die „ungewohnte" Situation			
• Trockenspiele („Kommunikation à la Telefon")			
• Rollenspiele (Sinne ausfiltern, etwa mit „Scheuklappen" – dann mit Telefon)			

Checkliste **103**

Nonverbales – auch am Telefon!

	relevant	nicht relevant	Anmerkungen
1. Körpersprache ist zu hören			
☐ Stimmung und Stimme			
⇨ Beobachten Sie sich selbst und andere: Stimme ändert sich mit der Stimmung			
⇨ Stimme klingt dünner und höher, wenn			
• … der Sprecher aufgeregt ist			
• … der Sprecher unsicher ist			
⇨ Stimme klingt voller und tiefer, wenn			
• … der Sprecher seiner Sache sicher ist			
• … der Sprecher in aller Ruhe telefoniert			
⇨ Stimmen Sie sich ein!			
• Lächeln: Spiegel			
• Lockern: Summen und Singen			
• Bewußt motivieren: „Es geht mir gut …"			
• Negatives loswerden = aussprechen (vorm Telefonieren)			
☐ Gesten und Bewegung			
⇨ Energisches Sprechen benötigt auch			
• … Energieentladung durch Gesten			
• … Energieeinsatz in Bewegung			
⇨ Absorbieren von Energie benötigt			
• … weite Gesten (z.B. Aufnehmen einer wütenden Reklamation)			
• … entspannte Haltung (z.B. Preisdiskussion beim Verkaufsgespräch)			

Kommunikation: des Pudels Kern

413

103 Checkliste
Nonverbales – auch am Telefon!

	relevant	nicht relevant	Anmerkungen
⇨ Energie in die Stimme legen			
• Lernen, Körperenergie umzuleiten			
• „zuviel" Körperenergie ableiten (z. B. Fitneß, Pausengymnastik …)			
⇨ Setzen Sie Kopfbewegungen zur Unterstützung/Verstärkung ein			
• hin und her: „Da ist was Wahres dran"			
• schütteln: „na na na" (und jetzt was Positives!)			
• nicken: Ja verstärken (das eigene wie das des Partners)			
☐ Mimik: Gesichtsmuskeln und Sprechen			
⇨ Lächeln Sie			
• Das ist über die Stimme zu hören			
• Ihre Stimmung bessert sich			
• die Ihres Gesprächspartners (des Hörers) auch			
⇨ Streng schauen macht eine strenge Stimme			
• Stirnrunzeln und gepreßte Stimme gehören zusammen			
• Entrunzeln Sie die Stirn – und Ihre Stimme klingt freier			
⇨ Bewegen Sie die Augenmuskeln (gemeint ist „rund um die Augen"!)			
• Auch mit den Augen lächelt man!			
• Augen zusammenkneifen erhöht Konzentration			
• Augen weit öffnen = Sie sind offener für den anderen			

Checkliste **103**

Nonverbales – auch am Telefon!

	relevant	nicht relevant	Anmerkungen
☐ Testen Sie selbst			
⇨ Hören Sie, daß …			
• der Gesprächspartner raucht			
• der Gesprächspartner kaut			
• der Gesprächspartner schluckt			
⇨ Auch das hören Sie: …			
• Der Gesprächspartner steht auf/setzt sich hin (Stimme klingt voller/dünner)			
• Der Gesprächspartner beugt sich vor/lehnt sich zurück (Stimme klingt gequetschter/freier)			
• Der Gesprächspartner legt die Füße auf den Tisch/klemmt die Füße unter dem Stuhl ein (Stimme klingt tiefer/höher)			
⇨ Vorsicht vor Interpretationen			
• Je nach Klang der Stimme interpretiert Ihr Gesprächspartner zugleich eine Stimmung bei Ihnen			
• Wenn Sie selbst interpretieren: Stimmung oder Körperhaltung?! (Kann beides sein)			
⇨ Wie übersetzen Sie das für sich?			
• Vorsicht vor bestimmtem Verhalten			
• anderes Verhalten bewußt einsetzen			
• Lassen Sie sich kontrollieren/kontrollieren Sie Mitarbeiter/Kollegen			
☐ Sprachverstärker am Telefon zum Ausgleich			
⇨ Betonen Sie stärker als im persönlichen Face-to-face-Gespräch			
• Gleichen Sie so die nicht sichtbare Körpersprache aus			

Kommunikation: des Pudels Kern

103 Checkliste
Nonverbales – auch am Telefon!

	relevant	nicht relevant	Anmerkungen

- Setzen Sie die Körperenergie entsprechend verstärkend ein
⇨ Modulieren Sie anders als sonst üblich
- Gehen Sie bei Aussagen am Satzende mit der Sprachmelodie nach oben
⇨ Artikulieren Sie besonders deutlich
- Lippen verstärkend einsetzen
- Zunge bewußter nutzen
- tiefer und stärker ein- und ausatmen (als „Begleitmusik" zum Gesprochenen)
⇨ Vorsicht beim Sitzen
- Klingt Ihre Stimme gequetscht/Sie selbst atemlos?
- Haben Sie die Chance zu stehen = Klangkörper zu erweitern?
- Kniestuhl? Dann geradere Haltung = vollere Stimme!

2. Unterstützung für „Nonverbales am Telefon"

☐ Schriftlicher Kontakt zum Gesprächspartner
⇨ Gesprächspartner hat Unterlagen von Ihnen bereits vorliegen
- Werbemittel zur Präsentation Ihres Angebots
- Brief mit dem Konterfei des Agenten
⇨ Sie bestätigen das Gespräch nachträglich
- mit entsprechenden Unterlagen

Checkliste **103**

Nonverbales – auch am Telefon!

	relevant	nicht relevant	Anmerkungen
• mit einer persönlichen Präsentation (etwa nach vorheriger telefonischer Terminvereinbarung)			
⇨ Paralleles Ansehen von Bildlichem			
• Bildtelefon?			
• Website online?			
• schriftliche Unterlagen (Katalog, Mailing)			
☐ Sprechen Sie „nonverbalisch"			
⇨ Nehmen Sie den Gesprächspartner verbal „an die Hand"			
• Wörter wie „zusammen", „gemeinsam", „wir beide"			
• „stellen Sie sich vor", „einmal angenommen …", „stünden Sie jetzt …"			
⇨ Sprechen Sie „in Bildern"			
• Wortbilder wie „neu", „jetzt", „sparen"			
• visuell orientierter Wortschatz (sehen, farbig, Bild)			
⇨ Übertreiben Sie die entsprechenden Bewegungen, so werden sie „hörbarer"			
• Einsatz einer freien Hand			
• Oberkörper nach vorne/hinten			
⇨ Überbetonen Sie bewußt Ihre Mimik, so wird sie hörbar			
• (lautlos) lachen statt lächeln			
• nicken, Augen aufreißen …			
☐ Technische Hilfsmittel			
⇨ „Zeigen"			

Kommunikation: des Pudels Kern

103 Checkliste
Nonverbales – auch am Telefon!

	relevant	nicht relevant	Anmerkungen

- Hinweis auf Unterlagen, die Partner hat
- Erleben anbieten (Musterhaus, Maschine bei Kunde in Anwendung, Messebesuch)
- ⇨ „Fühlen"
- Muster an Kunde schicken (Stoff, anderes Material, Modell)
- Vergleich andeuten
- ⇨ „Riechen" und „Schmecken"
- Muster?
- Hinweis auf allgemein zugängliches Medium (Lederrücken beim Buch z.B.)
- 3. Chance für „Schüchterne"
- ☐ Telefonieren als eigene Kommunikationsform
- ⇨ Negativbeispiel: Droh- und Belästigungsanrufe
- ⇨ Aufblühen vieler Schüchterner am Telefon (wenn „anonym")
- ⇨ Unsicherheiten in Körpersprache entfallen
- ⇨ Auditive nutzen ihren bevorzugten Sinneskanal
- ⇨ Jüngere im Einsatz
- klingen evtl. älter = werden am Telefon eher akzeptiert als im persönlichen Gespräch
- sind optimal ans Telefon gewöhnt („in die Wiege gelegt")
- kompensieren Mängel in Lebens- und Berufserfahrung

Checkliste **103**

Nonverbales – auch am Telefon!

	relevant	nicht relevant	Anmerkungen
☐ Ausgleich von Unsicherheiten in „Kompetenz"			
⇨ Chance für Analphabeten			
• evtl. ohne Outing (wenn keine schriftlichen Unterlagen erforderlich)			
• ggf. nur mit Kenntnis des Arbeitgebers – nicht des Gesprächspartners!			
⇨ Manko in Produktkenntnis ausgleichen			
• durch Unterlagen am Telefon			
• durch Klären und nochmaligen Anruf			
⇨ Hilfsmittel nutzen, die schwer mitzunehmen wären			
• Abruf per PC			
• umfangreiches Material am Arbeitsplatz bzw. in der Nähe			

Kommunikation: des Pudels Kern

104 Checkliste
Was ändert sich mit Einsatz eines Bildtelefons?

	relevant	nicht relevant	Anmerkungen
1. Technik bringt Sichtkontakt			
☐ Mehrere Kanäle werden angesprochen			
⇨ weiterhin sprechen und hören			
• doch Ablenkung durch andere Sinne			
• Abgeben und Aufnehmen wieder über mehrere Sinne			
⇨ Sehen kommt dazu			
• Gesprächspartner erleben sich auch visuell			
• Präsentation wird möglich			
⇨ scheinbar auch „Greifen"			
• macht das Besprochene wieder leichter „be-greif-bar"			
• Gefühle werden erkennbar			
⇨ Körpersprache wird erkennbar			
• für den Anrufer			
• für den Angerufenen			
☐ Vermehrt aufs „Äußere" achten			
⇨ je nach Umfang der Sicht			
• nur Kopf (Haare, Gesicht, Mimik)			
• mehr vom Körper (Haltung, Kleidung, Gestik)			
⇨ weniger entspanntes Telefonieren			
• der andere sieht mich ja!			
• alle Sinne im Einsatz			
⇨ Einfluß von Äußerlichkeiten			
• selbst Einfluß nehmen durch angepaßte Selbstdarstellung			
• „Kleider machen Leute"!			

Checkliste **104**

Was ändert sich mit Einsatz eines Bildtelefons?

	relevant	nicht relevant	Anmerkungen
☐ Face-to-face-Kontakter werden wieder wichtiger			
⇨ Situation wird mit Direktverkauf vergleichbarer			
⇨ „multimedial" – quasi wie im wirklichen Leben			
⇨ Mitarbeitergewinnung			
• andere Menschen besser am Telefon einsetzbar (Außendienstler)			
• auch stärker visuell und kinästhetisch orientierte Agenten besser einsetzbar			
⇨ Nebenberufler eher aktivierbar			
• viele Kontakte am Telefon in kurzer Zeit (statt z.B. nur ein Präsentationsbesuch am Abend direkt beim Kunden)			
• Außendienstler besucht A-Kunden und kontaktet künftig selbst B-Kunden per Telefon (und C-Kunden per Direct-Mail)			
☐ Präsentation wird vielfältiger			
⇨ Gesprächspartner mehrsinnig „ansprechen"			
⇨ verschiedenartige Materialien nutzen			
• Charts auf Tafeln etc.			
• Muster und Abbildungen des Produkts			
• Videosequenzen „einblenden"			
⇨ Original präsentieren			
• ruhend			
• in Anwendung			

Kommunikation: des Pudels Kern

104 Checkliste

Was ändert sich mit Einsatz eines Bildtelefons?

	relevant	nicht relevant	Anmerkungen
⇨ andere Menschen zur Präsentation hinzuziehen			
• bei sich: Techniker, der unterstützt			
• beim Partner: Mitentscheider (z.B. Anwender)			
2. Einsatz heute und morgen			
☐ Voraussetzungen für Bildtelefon			
⇨ ISDN-Anschluß			
⇨ Kamera			
⇨ Gleiches beim Partner vorhanden??			
⇨ Kompatibilität?			
⇨ Passende Umgebung = störungsfrei?			
⇨ Auflösung/Wiedergabe ausreichend fein für angestrebte Zwecke?			
☐ Internet als Videokanal			
⇨ Internet-Zugang			
⇨ Hardware			
⇨ Software			
⇨ Kosten?			
⇨ Partnerausstattung?			
☐ Präsentationschancen „klassisch"			
⇨ Video wird geschickt			
• vorm Telefonat			
• nach dem Telefonat			
⇨ Videokonferenz schon heute			
• teuer in der Ausstattung			
• Nutzen eines Dienstleisters (Telekom, freie Anbieter)			
⇨ Kosten-Nutzen-Analyse			

Checkliste 104

Was ändert sich mit Einsatz eines Bildtelefons?

	relevant	nicht relevant	Anmerkungen
• Ersparnis aufwendiger Reisen			
• leichteres Koordinieren mehrerer Gesprächspartner (beiderseits)			
• Reaktionsfähigkeit erhöht (zusätzliches Material, weiterer Gesprächspartner eingeschaltet …)			

3. Vorteile beider Wege verknüpfen

☐ Fernabsatz per Telefon
⇨ weniger Reisezeit
⇨ erheblich mehr Kontakte in gleicher Zeit
⇨ Unterlagen/Informationen rasch eingeholt
⇨ Abstimmungszeiten ohne Aufwand
☐ Direktverkauf durch personale Präsentation
⇨ Einsatz aller Sinne
⇨ kein Zeitverlust
⇨ mehrere Partner „an einen Tisch"

105 Checkliste
Frau oder Mann am Telefon?

	relevant	nicht relevant	Anmerkungen

1. Frauen sind die besseren Kommunikatoren?!

  ☐ Erfahrungen

  ⇨ Frauen sind erfolgreicher am Telefon

  - unabhängig, ob inbound oder outbound

  - gültig für viele Branchen (Ausnahmen siehe unten)

  - nur etwa 10% der Männer, die es versuchen – doch mindestens 30% der Frauen

  ⇨ Sacherfahrung spielt geringe Rolle

  - auch Vorerfahrung in Branche/Zielgruppe hilft Männern kaum

  - Mangel an Erfahrung bei Frauen durch Kommunikationsfähigkeiten deutlich mehr als ausgeglichen

  ⇨ Machen Sie Ihre eigenen Erfahrungen (und prüfen Sie sie!)

  - Testen Sie (gleiche Vorgaben beachten!)

  - Testen Sie Frauengruppe/Männergruppe (einzeln zuwenig aussagefähig, gemischte Gruppen bringen diffuse Ergebnisse, da unterschiedliche Gruppendynamik!)

  - Testen Sie über einen längeren Zeitraum (mindestens 1 Monat, eher deutlich länger, wenn möglich) eine größere Zahl Kontakte (mindestens 100, eher deutlich mehr)

  ☐ Warum sind Frauen erfolgreicher in der Telefonkommunikation?

  ⇨ Sie können besser zuhören

Checkliste 105

Frau oder Mann am Telefon?

	relevant	nicht relevant	Anmerkungen
• Frauen sind eher bereit, anderen zuzuhören			
• Frauen geben mehr Feedback-Signale („aktives Zuhören")			
• Männer sind mehr darauf aus, ihre Informationen loszuwerden			
⇨ Frauen- vs. Männerkommunikation			
• Zwischen den Zeilen bedeutet die gleiche Aussage etwas anderes			
• Beziehungselemente (Emotion) spielen in der Frauenkommunikation eine größere Rolle			
• Sachelemente überwiegen in der Männerkommunikation (zielgerecht)			
⇨ Erwartung „Frau"/„Mann" (aus der Erziehung heraus)			
• Mann als Anrufer bedeutet „Will mich über'n Tisch ziehen"			
• Frau als Anrufer heißt eher „Keine Gefahr, Frauen sind verbindlicher"			
⇨ Erfolg ist unabhängig vom Geschlecht des Gesprächspartners!			
• Erotischer Touch im Kontakt „Frau – Mann"?			
• Solidarität im Kontakt „Frau – Frau"?			
• Erhöhter Wettbewerb im Kontakt „Mann – Mann" = Ablehnung?			
⇨ Erfolg ist unabhängig vom Alter!			
• gilt für Alter der Gesprächspartner			
• gilt für Alter der Agenten			

Kommunikation: des Pudels Kern

105 Checkliste
Frau oder Mann am Telefon?

	relevant	nicht relevant	Anmerkungen

- Ausnahmen evtl.: älterer (männlicher) Gesprächspartner, sehr junge Agentin
- ☐ Weitere Faktoren für „mehr Frauen am Telefon": Verfügbarkeit
- ⇨ Zuhause-Aktivitäten
- hohe Nachfrage von Frauen, die durch Nachwuchs an ihr Zuhause gebunden sind
- hohe Motivation durch die Chance einer Tätigkeit
- ⇨ Nebentätigkeiten
- für Hausfrauen
- für Teilzeitaktive
- ⇨ Teilzeitmöglichkeiten
- Frauen als Zuverdiener
- vor allem zu Zeiten, in denen der Nachwuchs betreut ist (Kindergarten, Schule)
- ⇨ Umstieg aus anderem Beruf mit entsprechender Vorerfahrung

2. Besser mal ein Mann ran?!

- ☐ Kompetenzerwartung
- ⇨ technische Bereiche
- Herstellung und Handel, mit Beratungskompetenz
- Handwerk allgemein
- ⇨ Finanzbereiche
- Banken, Versicherungen, Allfinanz
- Weicht deutlich auf!
- ⇨ klassische Männerdomänen

Checkliste **105**

Frau oder Mann am Telefon?

	relevant	nicht relevant	Anmerkungen
• (siehe oben)			
• Musik, teils auch andere Medien (Film)			
⇨ bewußter Druckverkauf			
⇨ Einmalverkauf statt Beratung			
⇨ Business-to-business eher als „privat"			
☐ Bewußte „Offensivbremse"			
⇨ Mahnwesen, Inkasso			
⇨ Reklamationsbetreuung „technisch"			
• manches Mal bewußt als „2. Mann" (Frau nimmt vorher Emotionen auf)			
⇨ Back-office inbound			
• da immer noch Erwartung, Chef ist ein Mann			
• um der Kompetenzerwartung entgegenzukommen			
☐ Voraussetzungen für „ausnahmsweise Mann erfolgreich"			
⇨ gesellschaftliche Aspekte, siehe oben			
⇨ guter Zuhörer			
• Geduld, abwarten statt Sprechdrang			
• bietet Zuhörsignale			
⇨ gleiche Typen treffen aufeinander			
• Mann und Mann (zielgerechte Sachkommunikation)			
• gleicher Sinnestyp (geschlechtsunabhängig)			

Kommunikation: des Pudels Kern

106 Checkliste
Rhetorik am Telefon: Aktivsprache

	nicht relevant	relevant	Anmerkungen

- ☐ Klassisch: aktiv statt passiv
- ⇨ grammatikalisches Passiv („Leidensform")
- • zwar sprachlich korrekt, klingt jedoch nach Unsicherheit
- • siehe Formulierungen wie „… ausgeliefert werden", „gefertigt werden" usw.
- ⇨ Aktiv = Aussage, zu der Sie stehen
- • Drücken Sie das „Tun" aus
- • Formulierungen wie „liefern wir", „fertigen wir für Sie" usw.
- ⇨ Pseudo-Passiv meiden z. B. „geschieht dies und jenes"
- ☐ Imperativ = Befehlsform als Aufforderung
- ⇨ grammatikalischer Imperativ
- • Verb (Tunwort) steht am Satzanfang („Antworten …")
- • Gesprächspartner ist einbezogen („Antworten Sie …")
- ⇨ Einbindungen
- • „Wenn Sie … antworten, dann …" (Aufforderung zur Antwort)
- • „Immer vorausgesetzt, …, antworten Sie am besten …" (bewußte Einschränkung)
- ⇨ Grenzen erkennen!
- • „Das müssen Sie doch verstehen!!" ist tatsächlich als Befehl gemeint – und fehl am Platze!
- • „Sie haben mich mißverstanden" – besser: „Da habe ich mich mißver-

Checkliste **106**

Rhetorik am Telefon: Aktivsprache

	relevant	nicht relevant	Anmerkungen

- ständlich ausgedrückt" oder zur Not „Da haben wir uns mißverstanden"
- ☐ Vermeiden von Höflichkeitsfloskeln
- ⇨ Weichmacher in der Sprache
- • „eigentlich", „möglicherweise", „vielleicht"
- • Leereinschübe („also", „was weiß ich …")
- • „Meinen Sie nicht auch …", „Finden Sie nicht auch …"
- ☐ Konjunktiv nur gezielt einsetzen
- ⇨ Höflichkeit zeigt sich auch anders
- • Formulierungen wie „Wir würden uns freuen, wenn …" entfallen!
- • „Wäre es Ihnen denn möglich, zumindest mal …" kann einfach lauten „Unter welcher Voraussetzung ist es für Sie denkbar"
- ⇨ Grammatikalische Möglichkeitsform
- • dann einsetzen, wenn Sie bewußt ausschalten, daß genau dies passiert
- • z.B. bei Lebensversicherungsverkäufern „Nehmen wir einmal an, Sie hätten letzte Woche einen Unfall gehabt …"
- ⇨ als Überleitung
- • Situation: Ihr Gesprächspartner benutzt selbst Konjunktiv
- • Situation: Ziel soll nicht erreicht werden („Was wäre denn aus Ihrer Sicht eine Alternative, Frau …?!")

Kommunikation: des Pudels Kern

107 Checkliste
Rhetorik am Telefon: Direktsprache

	relevant	nicht relevant	Anmerkungen

- ☐ Gesprächspartner persönlich ansprechen

⇨ Name

- ggf. sofort nachfragen („Habe ich Ihren Namen so richtig notiert: …")
- Wenn Sie den anderen mehrmals mit Namen ansprechen, merken Sie ihn sich besser
- Was hört ein Mensch am liebsten? Den eigenen Namen!

⇨ Vorname

- Fragen Sie danach – „um Sie dann persönlich anschreiben zu können"
- in manchen Situationen entscheidend wichtig (z. B. privat: Vater/Sohn)
- bei manchen Sprechern zur Geschlechtsidentifikation erforderlich (Mann/Frau?)
- in manchen Branchen/Szenen üblich, sich mit Vornamen anzusprechen (ggf. Sie oder auch du)

⇨ „Sie"

- ersetzt die Namensansprache
- sinnvoll, um zu häufiges Ansprechen per Name zu vermeiden (kann sonst penetrant klingen, auch gekünstelt, gewollt, angelernt!)
- wichtig: häufiger „Sie" als „ich/wir"!

⇨ „Sie" und „ich" statt „man"

- Konkretisieren Sie die beteiligten Personen
- Definieren Sie die gemeinten Personen!

Checkliste **107**

Rhetorik am Telefon: Direktsprache

	relevant	nicht relevant	Anmerkungen

☐ Auf den Punkt bringen

⇨ Aussage ist Aussage!

- statt „Wäre das nicht auch in Ihrem Sinne, wenn wir das Ganze recht bald wieder auf den Weg bringen würden…" besser „Dann lasse ich Ihnen XYZ zum 01.01. zustellen, damit Sie …"
- ggf. einleiten, wenn für Sie zu direkt – etwa „Dann machen wir das also wie vereinbart: …"

⇨ kontrollierter Dialog

- „Lassen Sie mich zusammenfassen: …"
- „Habe ich Sie richtig verstanden, …"
- „…: Ist das so richtig, Herr …?!"

⇨ Vermeiden Sie Substantivierungen

- „Sind Sie nicht auch der Meinung …" wird „Sie meinen doch auch …"
- „Veranlasse ich die erneute Aussendung an Sie" wird „Lasse ich Ihnen nochmals schicken"

⇨ Aufzählungen einsetzen

- „Dies sind Ihre 3 Vorteile: 1. … 2. … 3. …"
- „Es geht also zum einen um …, dann um …, und schließlich drittens bleibt …"
- „Schritt für Schritt heißt das: A … B … C …"

☐ Hier und jetzt!

⇨ grammatikalische Zukunftsform („Futur")

Kommunikation: des Pudels Kern

431

107 Checkliste
Rhetorik am Telefon: Direktsprache

	relevant	nicht relevant	Anmerkungen
ist sprachlich korrekt angewandt, wenn es um einen Vorgang geht, der später geschieht			
„ … werde ich auf den Weg bringen" besser als Tatsache: „ … bringe ich am … an Sie auf den Weg!"			
⇨ Vergleich mit Zieldefinition			
was erreicht werden soll, als geschehen vorstellen			
bedeutet hier: was wir vereinbaren (Agent und Partner), soll gelten			
⇨ Grammatik und gesprochene Sprache			
möglichst einfaches Formulieren			
hilft beim Verstehen, erleichtert die Kommunikation			
gilt hier und generell			

Checkliste **108**

Rhetorik am Telefon: Positivsprache

	relevant	nicht relevant	Anmerkungen
☐ Ja statt nein			
⇨ Aussagen umdrehen			
• „Nein – so nicht!" wird „Ja, wenn …"			
• „Ja schon – aber …" wird „Ja, und wenn …"			
⇨ „Meinen Sie nicht auch …" wird			
• „Sie meinen doch auch …"			
• „Meinen auch Sie …"			
⇨ „Nein, nein – ich will Ihnen nichts verkaufen" kann auch lauten:			
• „Verkaufen kann ich Ihnen erst etwas, wenn …"			
• „Natürlich möchte ich Ihnen gerne etwas verkaufen – vorausgesetzt, Sie möchten kaufen!!"			
• „Erst die Information, dann der Kauf – das ist meine Devise. Ich nehme an, Ihnen geht es genauso?!"			
⇨ „Nein, das müssen Sie verstehen – bis Mittwoch ist völlig unmöglich" zeigt sich positiv als:			
• „Wäre für Sie Donnerstag o.k.?!"			
• „Wenn ich für Sie Donnerstag durchsetzen kann …"			
• „Rabatt – völlig unmöglich, wo denken Sie hin!!"			
• „Rabatt heißt, etwas von Ihrer Gegenleistung wegnehmen. Was könnte ich aus Ihrer Sicht von unserer Leistung weglassen?"			
• „Natürlich gibt es Rabatt, bei entsprechenden Mengenabnahmen …"			
☐ Warum doppelte Verneinung?!			

Kommunikation: des Pudels Kern

108 Checkliste
Rhetorik am Telefon: Positivsprache

	relevant	nicht relevant	Anmerkungen

⇨ „Nichts ist unmöglich"

• „Alles ist möglich"

• „Fast alles geht, wenn man will"

⇨ „Nicht unbedingt"

• „Ja, vorausgesetzt daß …"

• „Nur dann, wenn …"

⇨ „Keiner kann vermeiden"

• „Jeder muß einfach …"

• „Vermeiden läßt sich das nur durch …"

• „Ist es für Sie interessant …"

⇨ „Kein Problem!"?

• Dann sagen Sie's! Z. B. „Ja, gerne", „Na klar!" oder „Alles klar!"

• Gleiches gilt für „Keine Frage!"

☐ Positives strahlt Optimismus aus – und stimmt den Gesprächspartner auch positiv und optimistisch

⇨ Klassisches Beispiel: Das Glas ist …

• … halbleer (schon die Hälfte ist weg = pessimistische Sicht)

• … halbvoll (die Hälfte ist noch da = optimistische Sicht)

⇨ Optimismus heißt „zunächst akzeptieren" statt einfach hinnehmen

• Der Einwand eines Kunden ist häufig ein Kaufsignal

• Ein konkreter Einwand zeigt Interesse

• Kundeneinwände sind Fragen, die Antworten fordern

Checkliste **109**

Kommunikation/Rhetorik: Sprechgeschwindigkeit klären

	relevant	nicht relevant	Anmerkungen

1. Spricht der Agent zu schnell?

☐ Messen und steuern Sie die Sprechgeschwindigkeit

⇨ Aufzeichnen und Anhören als Hilfe zur Selbsterkenntnis des Agenten

- Geräte integriert vorhanden oder anschließbar?

- externe Geräte einsetzen (Kassettenrecorder/Mikrofon, Trainingsanlage)

⇨ Arbeiten in der Gruppe, um mehrere Meßlatten anlegen zu können

- Vergleich verschiedener Aufzeichnungen des gleichen Sprechers

- unterschiedliche Geschwindigkeit je nach Partnerzusammenstellung!

- externe Dialoge dazunehmen

⇨ Entwicklung beobachten (wöchentlich, zumindest 14tägig Übung wiederholen)

⇨ Agenten im Vergleich: Ablesen eines Manuskripts, Messen der benötigten Zeit

- Situation ist „einfacher" und direkter als im Dialog mit anderen

- Ablesen führt zu langsamerem Sprechen (jedenfalls bei unbekannten Texten)

☐ Wirkt der Agent kompetent durch genügend schnelles Sprechen?

⇨ Schnelleres Sprechen wirkt zunächst kompetenter als „zu langsam sprechen"

- Versucht der Agent durch (un)bewußt rascheres Sprechen

Kommunikation: des Pudels Kern

435

109 Checkliste
Kommunikation/Rhetorik: Sprechgeschwindigkeit klären

	relevant	nicht relevant	Anmerkungen

Unsicherheiten zu überspielen (= benötigt inhaltliche Schulung)?

- Ist der Agent durch „zu intensive Detailkenntnis" seines Angebots übermotiviert (= benötigt strenger strukturierten Leitfaden, zumindest für eine Übungsphase)?

⇨ Ist der Agent eher visuell orientiert?

- Dann gehört schnelles Sprechen zu seiner Typausprägung

- Sollte er bewußt anderen Wortschatz trainieren? (auditiv, kinästhetisch)

⇨ Ist der Agent eher extravertiert?

- anderes „Ventil" bieten – siehe Spiegel

- Ausleben außerhalb der Telefonate? (Verantwortung, Pausen …)

2. Spricht der Agent zu langsam?

☐ Controlling der Sprechgeschwindigkeit (siehe oben)

☐ Wirkt der Agent inkompetent durch zu langsames Sprechen?

⇨ testen, wie sicher der Agent inhaltlich ist

- Produkt- und Aktionsschulung erforderlich?

- Argumente und Einwandantworten zusammen aufbereiten?

⇨ Ist der Agent eher kinästhetisch orientiert?

- Dann gehört langsames Sprechen zu seiner Typausprägung

- Sollte er bewußt anderen Wortschatz trainieren? (visuell, auditiv)

Kommunikation/Rhetorik: Sprechgeschwindigkeit klären

Checkliste **109**

	relevant	nicht relevant	Anmerkungen
⇨ Ist der Agent eher introvertiert?			
• Störungen ausschalten? (Spiegel, Schall …)			
• Sollte man ihn stärker in die Gruppe einbinden?			

Kommunikation: des Pudels Kern

110 Checkliste
Kommunikation/Rhetorik: Sprechgeschwindigkeit anpassen

	relevant	nicht relevant	Anmerkungen

1. Spricht der Agent in angepaßter Geschwindigkeit?

☐ Anpassen an Gesprächspartner

⇨ optimale Gespräche

- schneller bei schnellem Gesprächspartner
- langsamer bei langsamem Gesprächspartner

⇨ meist nur bei einer Form bewußte Annäherung nötig

- wenn Mittelwert, dann „Bandbreite" in beide Richtungen
- wenn schnell, Achtung bei langsamen Gesprächspartnern (und umgekehrt)

⇨ ersetzt Spiegeln durch Körpersprache

- siehe NLP (Checkliste 120 f.)
- entfällt am Telefon!

⇨ erleichtert Spiegeln durch Sprechen

- Nähe ist bereits durch Stimmeinsatz gegeben
- konkreter Wortschatz nicht mehr so wichtig

☐ Anpassen an Mittelwert

⇨ Mittelwerte passen immer

- damit nahe an schnell sprechendem Partner
- und nahe an langsam sprechendem Partner

⇨ leichter zu erreichen

Checkliste **110**

Kommunikation/Rhetorik: Sprechgeschwindigkeit anpassen

	relevant	nicht relevant	Anmerkungen
• Viele Agenten sprechen „um den Mittelwert"			
• von schnell wie auch langsam nur leichte Annäherung = Veränderung nötig			
2. Trainieren Sie die Sprechgeschwindigkeit			
☐ Nutzen Sie die Gesprächsaufzeichnungen für einprägsame Experimente (möglich etwa durch handelsübliche Handdiktiergeräte)			
⇨ Verlangsamen Sie die Abspielgeschwindigkeit bei zu schnellen Sprechern			
⇨ Beschleunigen Sie die Abspielgeschwindigkeit bei zu langsamen Sprechern			
☐ Üben Sie mit den Agenten das Anpassen der Geschwindigkeit			
⇨ ... ans Mittelmaß, wenn erforderlich			
• Sprechen Sie Ihren Dialogteil im Training bewußt viel zu langsam bei Schnellsprechern			
• Sprechen Sie entsprechend deutlich zu schnell bei Langsamsprechern			
⇨ ... an den Schnellsprecher als Gesprächspartner			
⇨ ... an den Langsamsprecher als Gesprächspartner			
⇨ Setzen Sie „Zungenbrecher" und „geflügelte Worte" als spielerisches Element im Training ein			
• Zungenbrecher machen dem Schnellsprecher bewußt, daß es auch langsam(er) geht			

Kommunikation: des Pudels Kern

110 Checkliste

Kommunikation/Rhetorik: Sprechgeschwindigkeit anpassen

	relevant	nicht relevant	Anmerkungen
• Geflügelte Worte (Redewendungen, Sprichwörter) machen es dem Langsamsprecher leichter, mal „einen Zahn zuzulegen"			

Checkliste **111**

Kommunikation/Rhetorik: Lautstärke klären

	relevant	nicht relevant	Anmerkungen

1. Spricht der Telefonagent laut genug?

☐ Messen und steuern Sie die Lautstärke

⇨ Hören Sie bewußt auf die Lautstärke

- Zeichnen Sie z.B. Rollenspielgespräche auf und hören dann auf den Dialog
- Messen Sie die Lautstärke (in dB bzw. Phon), legen Sie die Meßlatte durch Vergleich fest

⇨ Lassen Sie die Agenten selbst urteilen: Welches ist das sinnvolle Mittelmaß?

- Geben Sie jedem Agent seinen Wert bekannt – und dazu den Mittelwert
- Lassen Sie bewußt das jeweils andere Extrem im Vergleich zuspielen

⇨ Setzen Sie Headsets ein zur Verbesserung der Lautstärke

- Eher zu leises Sprechen wird besser verständlich über das Kehlkopfmikrofon
- Tendenziell zu lautes Sprechen wird ebenfalls ausgesteuert über das Kehlkopfmikrofon

☐ Wirkung der Lautstärke auf den Gesprächspartner

⇨ Drückt die Stimme Kompetenz durch genügend lautes Sprechen aus?

- Testen Sie Inhaltskompetenz des Agenten
- Schulung, Unterlagen erforderlich?

⇨ Ist die Sprache gut verständlich durch genügend lautes Sprechen?

- Lautstärke verändern
- alternativ: deutlichere Aussprache

Kommunikation: des Pudels Kern

111 *Checkliste*

Kommunikation/Rhetorik: Lautstärke klären

	relevant	nicht relevant	Anmerkungen

⇨ Spricht der Gesprächspartner zu leise?

- Unsicherheit des Agenten?
- Hörüberempfindlichkeit des Agenten?

2. Spricht der Telefonagent leise genug?

☐ Ist der Druck auf den Gesprächspartner durch zu lautes Sprechen zu hoch?

⇨ Kommen Ablehnungssignale?

- gepreßte Stimme
- mehrmals „nein"
- Gibt es Beschwerden von Gesprächspartnern?
- Äußern Gesprächspartner im Gespräch „… bitte leiser"?
- Kommen nachträgliche Neins? (Rücktritte …)

⇨ Aspekte beim Agenten

- schlechtes Hören = empfindet eigenes Sprechen gar nicht als laut
- Unsicherheit, die durch lautes Sprechen überspielt wird

☐ Spricht der Gesprächspartner zu laut?

⇨ Agent paßt sich dem Gesprächspartner an

- im Prinzip positiv
- sollte lernen, nach und nach mit dem Gesprächspartner zusammen leiser zu werden

⇨ Ist die Verbindung zu schlecht?

- einmaliges Problem
- generelles Problem, das gelöst werden muß

Checkliste **112**

Kommunikation/Rhetorik: Lautstärke anpassen

	relevant	nicht relevant	Anmerkungen
1. Spricht der Telefonagent in angepaßter Lautstärke?			
☐ Wie laut spricht der Gesprächspartner?			
⇨ gut verständlich „mittellaut" (normale Kommunikationslautstärke = gut verständlich)			
• Agent paßt sich an und spricht mittellaut			
⇨ eher zu laut (bis aggressiv, etwa bei einer telefonischen Reklamation)			
• Agent paßt sich an und spricht lauter			
• Agent steuert behutsam den Gesprächspartner durch bewußt leiseres Sprechen			
⇨ eher zu leise (sehr zurückhaltend, etwa bei einem Verkaufsanruf „Privatkunde")			
• Agent paßt sich an und spricht leiser			
• Agent steuert behutsam den Gesprächspartner durch bewußt lauteres Sprechen			
☐ Was ist im Umfeld zu beachten?			
⇨ Störgeräusche in der Umgebung des Agenten Ausfiltern durch Headset und/oder Schallschutz im Umfeld?			
⇨ Störgeräusche in der Umgebung des Gesprächspartners			
• Agent spricht lauter, um besser verstanden zu werden			
• Agent spricht lauter, um den Gesprächspartner zum lauteren Sprechen zu bewegen			

Kommunikation: des Pudels Kern

112 Checkliste

Kommunikation/Rhetorik: Lautstärke anpassen

	relevant	nicht relevant	Anmerkungen

2. Das Lautstärketraining (Einsatz von Trainingsanlage oder Sprachlabor möglich?)

☐ Sie wollen erreichen, daß der Agent regelmäßig oder situativ lauter spricht

⇨ Setzen Sie Gesprächsaufzeichnungen ein (soweit rechtlich zulässig), damit der Agent die Wirkung seiner Lautstärke selbst hören kann

- zunächst in der Original-„Leisschwäche" der Aufzeichnung

- danach durch Verstärken der Lautstärke (geeignetes Aufzeichnungsgerät erforderlich!)

⇨ Machen Sie den Einsatz des gesamten Sprechapparats bewußter

- durch Singtraining (einzeln und in der Gruppe, quasi „im Chor")

- durch Rufen und Brüllen gegen hohen Lärmpegel (in der Trainingssituation)

☐ Sie wollen erreichen, daß der Agent regelmäßig oder situativ leiser spricht

⇨ Setzen Sie Gesprächsaufzeichnungen ein (soweit rechtlich zulässig), damit der Agent die Wirkung seiner Lautstärke selbst hören kann

- zunächst in der Originallautstärke der Aufzeichnung

- dann Zurückdrehen der Lautstärke, um deutlich zu machen: bleibt gut verständlich

Checkliste **112**

Kommunikation/Rhetorik: Lautstärke anpassen

	relevant	nicht relevant	Anmerkungen
⇨ Üben Sie das Zurücknehmen der Lautstärke einzeln oder in der Gruppe			
• Singen eher ruhiger Lieder (adagio)			
• Flüstern bei mittellauten Nebengeräuschen			

Kommunikation: des Pudels Kern

113 Checkliste

Intonation, Modulation und Betonung: Leben ins Telefongespräch bringen

	relevant	nicht relevant	Anmerkungen

1. Satzmelodie: Intonation

☐ Aussagesatz

⇨ Satzstruktur ist vorgegeben

- Basis = S – O – P (Subjekt „wer" – Objekt „wem/wen" – Prädikat/Aussage)
- damit verbunden Intonation ansteigend – abfallend zum Satzende hin

⇨ Übergänge

- Das Satzzeichen „Punkt" wird durch Pause wiedergegeben
- Einer der beiden Partner setzt Kommunikation fort

☐ Fragesatz

⇨ Satzstruktur ist vorgegeben

- Basis = P – S – O (Prädikat/Aussage – Subjekt – Objekt)
- damit verbunden Intonation ansteigend zum Satzende hin

⇨ Frage-Intonation generell

- auch anders strukturierte Sätze können Frage-Intonation erhalten
- Sprecher setzt Signal „Jetzt bist du, Partner, dran!"
- zeigt Offensein für Dialog

☐ Aufforderung

⇨ Hervorhebungen zusätzlich zur Satzmelodie

- Fokus
- Aufmerksamkeit

⇨ Intonation ist zum Ende hin steigend

Checkliste **113**

Intonation, Modulation und Betonung: Leben ins Telefongespräch bringen

	relevant	nicht relevant	Anmerkungen
• wie bei Frage = „Jetzt bist du dran!"			
• eindeutiges Signal, daß noch etwas zu folgen hat			
☐ Satzmelodie als unterscheidendes Merkmal			
⇨ wichtig für Verständlichkeit			
• da nur ein Sinn angesprochen wird			
• als Begleiter des Inhalts rasch vom Hörer interpretierbar			
• wird auch durch Störgeräusche hindurch gut übertragen!			
⇨ Vergleich mit monotoner Sprechweise			
• deutlich besser verständlich			
• erleichtert das Zuhören			
2. Silbenmelodie: Betonung			
☐ Intonation als Hervorhebung			
⇨ Fokus im Satz gesetzt			
⇨ Hörer wird auf bestimmtes Kriterium gelenkt			
• Signal „Hierauf kommt es jetzt ganz besonders an!!"			
• Verstärker im Gespräch verdeutlicht (z.B. Ersparnis)			
⇨ Sprecher lenkt durch Hervorheben von anderen Aspekten ab			
☐ „Enttonung"			
⇨ Druck wegnehmen			
• durch geringe Betonung nimmt sich Sprecher zurück			
• wichtig bei Unsicherheiten des Gesprächspartners!			

Kommunikation: des Pudels Kern

113 Checkliste

Intonation, Modulation und Betonung: Leben ins Telefongespräch bringen

	relevant	nicht relevant	Anmerkungen
⇨ Verzicht, Fokus zu setzen			
• Gesprächspartner erhält die Chance, individuell zu interpretieren			
• Sprecher verzichtet bewußt darauf, Schwerpunkte zu setzen			
• Filter wird im Gespräch zurückgenommen (z.B. Preis)			
☐ Trainieren von Sprechmelodie			
⇨ Profisprecher hören und analysieren			
• Lernkassetten einsetzen			
• Rundfunk (nicht Fernsehen!)			
⇨ Ist der Agent eher visuell oder kinästhetisch orientiert?			
• Auditiv orientierte Menschen sprechen melodisch (musischer Aspekt)			
• die anderen Typen eher unmelodisch			
• Testen durch Wortschatzübung („Stellen Sie sich vor, Ihr Kind kommt von der Schule nach Hause …")			
⇨ Klassische Rhythmen			
• Lyrikbetonungen			
• Metrik			
• richtig und bewußt falsch!			
3. Bewußt „falscher" Einsatz der Modulation			
☐ Weiterführend am Satzende			
⇨ Verzicht auf Pause			
• Einhaken des Gesprächspartners verhindern			

Checkliste **113**

Intonation, Modulation und Betonung: Leben ins Telefongespräch bringen

	relevant	nicht relevant	Anmerkungen

- Frage ohne Antwortwunsch
  Typische Politiker-Rhetorik!
  (bewirkt evtl. Reaktanz = Ablehnung)
⇨ Satzintonation wird am Satzende bewußt geändert
- Aussage wird Frage („Da haben wir uns für unsere Kunden doch wirklich etwas einfallen lassen?")
- Frage wird Aussage („Kann das den wahr sein!!")
- ☐ Fragemelodie bei Aussagen
- Abschwächen einer Aussage/Aufforderung
- Sprecher merkt beim Formulieren, daß er zu drängend ist – nimmt die Intonation am Satzende nach oben
- Empörung ausdrücken: „Das können Sie doch kaum wirklich so meinen?!"
⇨ Rhetorische Frage
- „Da frage ich mich: Sollte ich das wirklich tun? Ja, sage ich!"
- Ist eine echte Frage, die jedoch vom Sprecher sofort selbst beantwortet wird
- ☐ Emphatisches „Umwerten" des Inhalts
⇨ Frage zu Aussage intonieren
  „Wie konnte uns nur so etwas passieren!!"
⇨ Frage wird nur durch Einleitung erkennbar: „Wie bitte? Sie unterstellen uns also …!"

Kommunikation: des Pudels Kern

114 Checkliste
Anpassen an den Gesprächspartner („Spiegeln")

	relevant	nicht relevant	Anmerkungen

1. Überstimmung schaffen
(zunächst ein allgemeiner Überblick = Ausflug übers Telefonieren hinaus. Betrifft in erster Linie „outbound", doch auch bei Inbound-Gesprächen hilfreich, siehe Reklamationen.)

☐ Anpassen durch Körpersprache

⇨ NLP (Neurolinguistisches Programmieren)

- ImVolksmund: „Die Chemie stimmt"
- dann passiert automatisch, was auch bewußt erreicht werden kann:
- Rapport herstellen zwischen den Partnern

    Körpersprache imitieren

- Haltung imitieren (Beine übereinanderschlagen, nach vorne oder rückwärts beugen …)
- Gestik imitieren (Handbewegungen, Kopfbewegungen …)
- Mimik imitieren (Lächeln, Stirnrunzeln …)

⇨ Vorsicht vor Übertreibung!

- Zu abruptes Anpassen wirkt unnatürlich und macht den Partner auf das Verhalten aufmerksam
- Verstärken von Körpersprache vermeiden, die in die falsche Richtung führt

⇨ Erkennen des Typs des Partners bei „face to face"

- Augenbewegungen: Blickhöhe (nach oben = visuell, mittig = auditiv, nach unten = kinästhetisch)

Anpassen an den Gesprächspartner („Spiegeln")

Checkliste 114

	relevant	nicht relevant	Anmerkungen

- Augenbewegungen: Blickrichtung (nach links aus Sicht des Partners = „Vergangenheit, Erinnerung", nach rechts = „Zukunft, was wird")
- ☐ Gesprächspartner „pacen"
- ⇨ zunächst Spiegeln
- Übereinstimmung schaffen, durch Körpersprache (siehe oben)
- … und durch verbales Sprechen (siehe unten)
- ⇨ dann verändern
- Partner mitführen in die gewünschte Richtung
- dabei Grundlagen beachten (wenn visueller Typ, visuell bleiben!)
- ⇨ Ist Partner dabei?
- ☐ Spiegeln: Manipulation?!
- ⇨ generelle Diskussion
- Darf ich den Gesprächspartner in meine Richtung führen?
- Ist das Setzen von Informationen in bestimmtem Blickwinkel ethisch einwandfrei?
- ⇨ Definition von Manipulation
- Manipulation: jeder Versuch, den anderen in eine Richtung zu bewegen?
- Manipulation: nur dann, wenn der andere Schaden nehmen könnte?
- Manipulation: Versuch der Verhaltensveränderung (extrem: Gehirnwäsche)?
- ⇨ Zielsetzungen

Kommunikation: des Pudels Kern 451

114 Checkliste
Anpassen an den Gesprächspartner („Spiegeln")

	relevant	nicht relevant	Anmerkungen
den anderen überzeugen			
den anderen „über den Tisch ziehen", koste es was es wolle			
⇨ Schutz durch Rechtsprechung			
Widerrufsrecht bei Telefongeschäften			
Ungültigkeit von Verträgen (mündlich wie schriftlich), wenn „unsittlich"			
⇨ Authentizität des Verkäufers			
Schauspielern bringt wenig, wenn die innere Überzeugung fehlt			
Nur wer natürlich „ankommt", hat Erfolg			
2. Spiegeln am Telefon: durch Sprechen			
☐ zur Erinnerung: am Telefon nur Stimme und Sprache!			
⇨ Energie umleiten			
durch Stimmeinsatz			
durch (über-)deutliches Artikulieren (= Aussprechen)			
⇨ bewußt formulieren			
Meta-Position einnehmen (= Dialog als unbeteiligter Dritter verfolgen)			
Lernen durch Hören und Analysieren von Gesprächsaufzeichnungen (soweit zulässig)			
⇨ Helfen Sie ggf. nach			
durch Einsatz eines Spiegels (sich selbst sehen, Gegenüber schaffen)			
durch Telefonieren im Stehen (Körpersprache einsetzen und übertragen)			

Checkliste **114**

Anpassen an den Gesprächspartner („Spiegeln")

	relevant	nicht relevant	Anmerkungen
☐ Stimmeinsatz für Spiegeln und Pacing			
⇨ Stimmhöhe an den Partner anpassen			
• Meta-Position einnehmen			
• langsames Annähern an den Partner			
⇨ Lautstärke an den Partner anpassen			
• Meta-Position einnehmen			
• langsames Annähern an den Partner			
⇨ dann nach und nach verändern, etwa			
• … um Aggressionen zu beruhigen (langsamer und leiser)			
• … um Unsicherheiten wegzunehmen (schneller und tiefer)			
• … um gemeinsamen Level („alles mittel") zu schaffen = gemeinsame Basis für die Kommunikation			
⇨ Zuhörsignale setzen			
• Wörter (aha, soso, jaa …)			
• Geräusche (brummen, hm …)			
☐ Sprachformulierung für Spiegeln und Pacing			
⇨ Wiederholen der Partneraussage			
• in gleichen Worten bestimmte Passagen			
• in ähnlichen Worten inhaltlich			
• Zusammenfassen von Aussagen in Kurzform			
⇨ Verändern der Partneraussagen			
• ausgehend von der Aussage veränderte Schlußfolgerung anschließen			

Kommunikation: des Pudels Kern 453

114 Checkliste

Anpassen an den Gesprächspartner („Spiegeln")

	relevant	nicht relevant	Anmerkungen
• leichtes Umformulieren verändert die Aussage in die gewünschte Richtung			
⇨ Übergang von Partneraussage auf eigene Aussage schaffen, z.B.			
• „Sie meinen also …"			
• „Habe ich Sie richtig verstanden …"			
• „Ihre Meinung kann ich gut verstehen …"			
• „Dann sind Sie also der Meinung…"			
⇨ Vokabular (siehe auch Checkliste 120)			
• Erkennen des eigenen Typs			
• Erkennen des Partnertyps			
• Anpassen (visuelle, auditive, kinästhetische Orientierung)			
☐ Weitere NLP-Aspekte			
⇨ Modellieren			
• Herausfinden, was andere in ihrer Tätigkeit so besonders gut macht			
• Imitieren übernehmbarer Vorgehensweisen			
⇨ Heraushören von Ausweichmanövern des Gesprächspartners			
• Vergleichen			
• Verzerren			
• Verallgemeinern			
⇨ Trainieren von NLP			
• Seminare helfen (Ausbildung der Seminarleiter prüfen!)			
• Achtung: Ursprünglich ist NLP ein verhaltenstherapeutisches System!			

Checkliste **115**

Gesprochene Sprache – was heißt das?

	relevant	nicht relevant	Anmerkungen
1. Sprache lebt			
☐ Veränderungen von Sprachen			
⇨ Nur „gesprochene Sprache" lebt noch			
• Schriftsprache festgelegt (Normierung)			
• erst seit Luther Deutsch als Schriftsprache			
⇨ Dialekt			
• Mundarten entwickeln die Sprache weiter			
• Dialekte haben z. T. eigene Grammatik – werden für „Nichtsprecher" also schwerer verständlich			
• Aussprache als Erkennungsmerkmal Nummer 1			
⇨ Stile			
• individuelle Anwendung von Sprache durch einen Sprecher oder durch eine Sprecherschicht			
• heute starker Altersbezug (siehe „Jugendsprache")			
• Szenebildung			
⇨ Akzent			
• Ausspracheeinfluß einer anderen Sprache (siehe deutschsprechende Französin)			
• Einfluß des Dialekts auf Hochsprache			
☐ Individuelle Sprache			
⇨ natürlich klingen			
• Anklänge von Dialekt oder Fremdsprache machen den Sprecher authentisch			

Kommunikation: des Pudels Kern

115 Checkliste
Gesprochene Sprache – was heißt das?

	relevant	nicht relevant	Anmerkungen

- Ausgeprägter Dialekt kann die Verständigung erschweren
⇨ Hochdeutsch?
- möglichst akzent-/dialektfreies Sprechen erhöht Verständlichkeit
- zu starkes „Bühnendeutsch" klingt unnatürlich, angelernt, abgelesen
⇨ Zielgruppe beachten
- Anpassen an Sprechen des Angerufenen/Anrufers
- Wortschatz anpassen (Fachsprache, Fremdwörter?)
☐ Verständlichkeit von Sprache
⇨ Dialekt o.k., wenn verständlich
- Anklänge machen Aussprache natürlicher
- Zielpartner gleichsprachig = kann mehr durchklingen
- Akzente machen sympathischer
- Weniger ausgefeiltes Sprechen erzeugt beim Gesprächspartner evtl. das Gefühl von „Überlegenheit"
⇨ Beliebtheit von Dialekten
- verstärktes Nutzen von Dialekten, die „in" sind (klassisch: Bayerisch)
- Vermeiden von Dialekten (außerhalb des entsprechenden Gebiets!), die „out" sind (siehe Schwäbisch, Sächsisch)
- bewußter Einsatz von Dialekten in Zielgebieten, in denen Wert darauf gelegt wird (Fränkisch?)
⇨ Auswählen der Agenten

Checkliste 115

Gesprochene Sprache – was heißt das?

	relevant	nicht relevant	Anmerkungen

- Call Center dort aufbauen, wo viele gewünschte Sprecher sind (siehe Mecklenburg-Vorpommern)
- beim Telefonkontakt gleich entsprechend beachten
- ☐ Fehler in der Sprache
- ⇨ „Volksetymologien"
- falsches Übertragen durch scheinbare Übereinstimmung
- Üblichwerden falscher Formen (Lexikas statt Lexika)
- Eindeutschen von Fremd-/Lehn-Wörtern durch ähnlich klingende und passende deutsche Wörter (z.B. „Aufs Tablett bringen" statt „... Tapet ...")
- ⇨ Überbetonung

  Versuch, Fremd- und Lehnwörter „ausgangssprachlich" klingen zu lassen („Schangse" für Chance)
- ⇨ fremd klingend?
- „Ihr" statt „Sie" (Mehrzahl)
- falsches Reflexivpronomen
- falsches Relativpronomen
- ⇨ Konjunktivanwendung
- tja – „habe er" nun – oder „hätte er"?!
- generell vorsichtig damit: schränkt ein, macht nur möglich statt real!
- 2. Geschriebene Sprache fürs Telefonieren?
- ☐ Schreibstile
- ⇨ Schulsprache

Kommunikation: des Pudels Kern

115 Checkliste
Gesprochene Sprache – was heißt das?

	relevant	nicht relevant	Anmerkungen

- untergliederte Sätze (= Haupt- und Nebensätze)?
- meide Wiederholungen – und wenn, nur mit anderen Wörtern?
⇨ Behördensprache
- Pseudo-Höfliches (Konjunktiv, Einschränkungsfloskeln)
- Unpersönliches (bloß keine Vornamen, „man" statt „ich" oder „Sie")
⇨ Normen
- Rechtschreibung: nicht beim Sprechen!
- Was ist eigentlich „normal"? (Siehe oben!)
- Zu statischer Gesprächsaufbau führt zu Monologen
☐ Was klingt „geschrieben"?
⇨ Ablesen
⇨ Auswendiglernen
⇨ ausgefeilte Formulierungen
⇨ untergliederte Sätze
- Hauptsatz mit Nebensätzen
- statt dessen: mehrere kurze Sätze

Checkliste 116

Gesprochene Sprache: Gesprächsführung

	relevant	nicht relevant	Anmerkungen
☐ Leitfaden gestalten			
⇨ zunächst Stichworte notieren …			
• für generellen Aufbau			
• mit wichtigen Inhalten			
⇨ … dann sprechen …			
• einfach frei versuchen			
• aufzeichnen			
⇨ … dann rückübertragen			
• andere lesen lassen			
• andere hören lassen			
⇨ generell nur per Band??			
⇨ lfd. überprüfen			
• Wie wirkt's auf die Agenten?			
• Wie wirkt's auf die Partner?			
• Wie sind die Ergebnisse?			
☐ Leitfaden individualisieren			
⇨ Agent muß authentisch „rüberkommen"!			
• wie ihm „der Schnabel gewachsen ist"			
• sonst klingt das Ganze geschraubt oder auswendig gelernt oder abgelesen			
• sonst verhaspelt er sich beim Sprechen			
• kann kaum zuhören, da er sich zu stark aufs eigene Sprechen konzentrieren muß			
⇨ Nebenwege auch inhaltlich offenhalten			

Kommunikation: des Pudels Kern

116 Checkliste
Gesprochene Sprache: Gesprächsführung

	relevant	nicht relevant	Anmerkungen
• Agent muß auf Partner reagieren dürfen und können			
• und über den Leitfaden den Pfad behalten können			
⇨ Formulierungen individuell			
• für den Agenten einbauen (z.B. Papierleitfaden)			
• selbst formulieren lassen			
☐ Leitfaden offenhalten			
⇨ Gesprächspartner soll zu Wort kommen			
• Nur so entsteht ein Dialog			
• So kommt Agent viel leichter und schneller zum Ziel (Informationen, Bedürfnisse erfahren und darauf eingehen)			
• Nur so bleibt der Partner im Gespräch			
⇨ Agent soll auf Gesprächspartner eingehen			
• Pausen einbauen = Zuhören fördern			
• Fragen einbauen = Partner ist gefordert			
• Antwortpfade einbauen = Sicherheit des Agenten bei flexibler Anwendung des Leitfadens			
⇨ flexible Reaktionsmöglichkeiten			
⇨ Hilfen, den roten Faden zu behalten			
⇨ Erfahrungen, Erlebnisse und Ergebnisse einfließen lassen			
⇨ Trainieren des Leitfadens „trocken" (statt auswendig lernen!)			

Checkliste **117**

Stil, Dialekt und Fachsprache: Wirkung und Wirksamkeit am Telefon

	relevant	nicht relevant	Anmerkungen

1. Das Maß aller Dinge: der Gesprächspartner

☐ Zielperson-Definition

⇨ Zielgruppe?

- Branche/Beruf/Funktion/Position
- Unternehmensgröße, Haushaltsgröße
- Ziele des Kontakts?
- Umfeld und Umstände des Gesprächs
- Spezialitäten bestimmter Branchen („Du" statt „Sie" bzw. Anreden mit Vorname und „Sie")

⇨ individuelle Gegebenheiten

- Alter, Bildung, Herkunft (Dialekt/Hochsprache, Wortschatz …)
- Lautstärke und Sprechgeschwindigkeit
- Wird Telefonkontakt akzeptiert?

⇨ generell gilt: verständlich sprechen

- heißt am Telefon: kurze Formulierungen
- bedeutet mittlere Lautstärke und Sprechgeschwindigkeit
- Anpassung nur bedingt sinnvoll und möglich

⇨ Besondere Vorkenntnisse des Agenten erforderlich?

- Sprache (Dialekt, Fremdsprache)
- Kultur (siehe Begrüßung, Abschied …)
- Alter und Geschlecht (ja, Akzeptanz!)
- Kompetenz in der Sache

Kommunikation: des Pudels Kern

117 Checkliste
Stil, Dialekt und Fachsprache: Wirkung und Wirksamkeit am Telefon

	relevant	nicht relevant	Anmerkungen
☐ Wie kommen Dialekte an?			
⇨ verständlich bleiben			
• zu starken Dialekt vermeiden			
• dies betrifft vor allem die Aussprache			
⇨ Sympathie gewinnen			
• Stark Dialekt sprechende Partner erwarten zumindest dialektalen Anklang (und zwar meist den eigenen!)			
• Dialektanklang entspricht eher natürlich gesprochener Sprache			
⇨ Antipathie vermeiden			
• Negativeinstellung zu bestimmten Dialekten			
• Erwartung des Partners, der Hochsprache spricht (siehe „Preußen – Bayern" oder „Wien – Salzburg")			
• zu hochsprachlich wird von manchen Partnern/Zielgruppen als „hochnäsig" aufgefaßt			
⇨ grammatikalische Ausrutscher			
• Besonderheiten beachten (siehe Bayerisch „der Butter", „das Teller")			
• Vorsicht bei Distanzverkürzung (umgangssprachlich „ihr" statt „Sie")			
☐ Stile imitieren			
⇨ Anpassung an den Gesprächspartner (Zielperson)			
• Spiegeln (etwa im Wortschatz je nach Sinnestyp, siehe NLP, Checkliste 121)			

Checkliste **117**

Stil, Dialekt und Fachsprache: Wirkung und Wirksamkeit am Telefon

	relevant	nicht relevant	Anmerkungen
• statt gekünstelt = selbst authentisch rüberkommen, natürlich wirken!			
⇨ Anpassen an die Zielgruppe			
• sich evtl. durch Fachsprache als Zugehöriger „outen"			
• Dialekt deutlicher durchklingen lassen, wenn bei Zielgruppe als gewollt bekannt (siehe Anklänge in D-Ost, um nicht als „Wessi" zu gelten)			
2. Verallgemeinerter Einsatz			
⇨ Anpassen an Leitfigur			
• Vorsicht: Was ist übertragbar, paßt also „zu mir als Agent"?			
• Vorbildfunktion von Coaches: nachahmen statt übernehmen			
⇨ Slang			
• Szenesprachen			
• Branchensprachen (Medien, EDV…)			
☐ Fachsprache			
⇨ verständlich sprechen			
• Lernen aus Direktwerbung: mindestens „eine Stufe unter Bildungsniveau" (z.B. Akademiker = mittlere Reife, Hauptschule und Ausbildung = Grundschulniveau usw.)			
• Fachbegriffe ggf. kurz erläutern (bzw. einfach übersetzen) statt Fachchinesisch			
⇨ Kompetenz beweisen			
• eingestreute Fachwörter belegen Kenntnisstand			

Kommunikation: des Pudels Kern

117 *Checkliste*
Stil, Dialekt und Fachsprache: Wirkung und Wirksamkeit am Telefon

	relevant	nicht relevant	Anmerkungen
• evtl. abhängig davon machen, wie stark Gesprächspartner selbst Fachwortschatz benutzt!			
• ggf. nutzen und zugleich übersetzen (bzw. erläutern: „damit meine ich", „das bedeutet für Sie")			
⇨ Wortschatz aus anderen Sprachen			
• Lehnwörter sind Bestandteil des üblichen Wortschatzes und nicht mehr fremd			
• Fremdwörter werden nur von einem Teil der Bevölkerung verstanden (Bildungsniveau)			
• Vorsicht vor ausgesprochenen fremdsprachlichen Wörtern (siehe Tendenz zu Einflüssen des Amerikanischen) – Abwehrhaltung?			

Checkliste **118**

Trainings für „zielgerechten Stileinsatz"

	relevant	nicht relevant	Anmerkungen
☐ Festschreiben = Normen setzen			
⇨ Leitfaden			
• striktes Skript			
• individuelles Skript überprüfen			
⇨ Schlüsselformulierungen			
• Vorgabe eines Teils			
• Einarbeiten ins individuelle Skript			
• ausschließlich Schlüsselsätze, alles andere „frei"			
• je nach Erfordernis individuelle Zusatzschlüsselsätze			
⇨ Texthandbuch			
• als Teil der Unternehmens-CI (Corporate Identity)			
• als Vorgabe für alle Texte (Corporate Wording ® = Werbung, Korrespondenz …)			
⇨ Tele-Learning			
• multimediale Präsentation			
• online und offline zu vermitteln			
☐ Wiederholung schleift ein			
⇨ Drill?			
• „Auswendiglernen" als Extremform			
• tägliches Wiederholen			
• Penetration?			
• häufiges Auftreten gleicher Formulierung (unterschiedliche Aktionen, Leitfäden)			
• auch in anderen Kommunikationsformen			
⇨ Vorbild?			

Kommunikation: des Pudels Kern

118 Checkliste
Trainings für „zielgerechten Stileinsatz"

	relevant	nicht relevant	Anmerkungen
• Vormachen wirkt am besten			
• Vorsicht: übertragbar?			
• Nachmachen bringt Gleiten ins Unterbewußtsein			
☐ Entscheid für Call-Center-Standort – abhängig von Sprecher-Input?			
⇨ Wie stark ist Dialekt üblich?			
• In Gebiete mit Hochsprache gehen? (siehe Tendenz Nord-D und Nordost-D)			
• abhängig machen von Zielgruppe (evtl. Dialekt gewünscht, siehe Franken)			
⇨ Sprachkenntnisse wichtig?			
• Melting-pot-areas (Rheinland: britische und andere Streitkräfte)			
• Gettobildung meiden und nutzen? (siehe etwa türkische Mitbürger, telefonische Auskunft!)			
• grenznahe Bereiche, Grenzgänger?			
⇨ Finden von „stilgerechten" Sprechern vor Ort?			
• Mobilität der Gesellschaft: Trend			
• Einzugsgebiet abhängig von Arbeitszeit (Entfernung, Dauer …)			
• öffentliche Verkehrsmittel vorhanden/Anbindung schaffen			

Checkliste **119**

Wortschatz am Telefon: Sprechen Sie bildhaft!

	relevant	nicht relevant	Anmerkungen

1. Der Mensch als Augentier

☐ Bilder wirken generell stärker als Text

⇨ Bilderwirkung

- Menschen vor Tieren, dann Sachen (Natur, Maschinen)
- Kinder vor Erwachsenen (Kindchenschema auch bei Tierabbildungen!)
- Augen vor Gesicht, dann Porträt, dann Ganzkörper, dann Kleingruppe, Menschenmassen

⇨ Psychologisches

- Reaktion des Stammhirns, wie seit Jahrmillionen erlernt (unbewußte Abläufe)
- zugleich leichteres Verarbeiten (Text + Bild)

⇨ Übertragen aufs Gehörte

- gerade dann wichtig, andere Sinne anzusprechen (am Telefon nur Sprechen/Hören)
- Gehörtes wird verstärkt, wenn rechte Hirnhälfte mit angesprochen wird (siehe unten)

⇨ Bildwörter (kurz, konkret, häufig gebraucht)

- neu, jetzt, sparen, billig (?), günstig
- positiv besetzt: Liebe, hell, tun

⇨ Wortbilder (Metaphern)

- sprechen auch die anderen Sinne an (statt nur die Augen)
- sind leichter aufnehmbar und werden schneller verarbeitet

Kommunikation: des Pudels Kern

119 Checkliste

Wortschatz am Telefon: Sprechen Sie bildhaft!

	relevant	nicht relevant	Anmerkungen
• z.B. „Das Donnern hörte sich an, als sei die Gewitterfront zum Greifen nahe, dunkel drohende Wolken am Himmel …" oder sehr konkret und businessbezogen: „Da leuchten bei Ihren Verkäufern die Dollarzeichen in den Augen, wenn die die Kasse klingeln hören, weil die Kunden Schlange stehen …"			
☐ Visuelle Sinnestypen			
⇨ nehmen mehr per Auge auf			
⇨ anderes Nutzen von Medien (weniger text- und sprechorientiert)			
• sehen mehr fern (und Video, Film/Kino)			
• lesen mehr „bildzentrierte" Zeitungen und Magazine			
• lesen mehr bebilderte Bücher (Bildbände, Comics …)			
⇨ sind also Bildhaftes gewohnt			
• Agent ist visuell orientiert? Tut sich leichter …			
• Gesprächspartner visuell orientiert? Ein Grund mehr …			
☐ Gehirn: analoge und digitale Verarbeitung			
⇨ linke Hirnhälfte			
• verarbeitet Sprache = Digitales			
• und ist für die rechte Körperhälfte zuständig			
• und somit meist verstärkt für Kinästhetisches („Rechtshänder"!)			
⇨ rechte Hirnhälfte			
• verarbeitet Bilder = Analoges			

Checkliste **119**

Wortschatz am Telefon: Sprechen Sie bildhaft!

	relevant	nicht relevant	Anmerkungen

- und ist für die linke Körperhälfte zuständig
⇨ optimal: beide Hirnhälften ansprechen
- damit beide zugleich verstehen, was ankommt
- und das dann auch akzeptieren können, weil sie „im Einklang" sind

2. So spricht der Agent „bildhaft"

☐ konkrete Wörter nutzen = analog verarbeitbar
⇨ Bildwörter (siehe Supermarktwerbung!)
- Reizwörter, die Bedürfnisse ansprechen (neu, sparen, billig, sicher, jetzt, Sie, nur noch …)
- plakative Wörter (riesig, Jubiläum, prallvoll …)
⇨ Wörter mit Inhalt
- natürlich (Vogelgezwitscher, Donnergrollen)
- natur-nah (cognacbraun, Hebelwirkung)
- statt abstrakt (z.B. Maßeinheiten, Denkvorgänge …)
- statt mehrdeutig (Verhältnis …)
⇨ Metaphern
- stark wie ein Löwe, im Einklang mit sich selbst, volltönend wie ein ganzes Orchester im Musiksaal …
- dunkle Wolken am Horizont, durch die rosarote Brille, leicht wie eine Feder, die treibende Kraft dahinter …

Kommunikation: des Pudels Kern

119 Checkliste

Wortschatz am Telefon: Sprechen Sie bildhaft!

	relevant	nicht relevant	Anmerkungen

☐ Beschreibende Wörter nutzen = Bilder entstehen lassen („in Bildern sprechen")

⇨ Vergleiche

- „10% gespart – das bedeutet für Sie: Einer von 10 Bänden ist gratis!"
- „Din A4 – das heißt gerade mal die Größe eines normalen Papierblatts"
- „ … wie zwei Zigarettenschachteln übereinander"

⇨ Übertreibungen

- „Da würden wir ja das Pferd auf den Reiter setzen …"
- „ … hieße, aus der Mücke einen Elefanten machen"

⇨ Zurücknehmen

- „Das ist eben mal ein Groschen für …"
- „Nur … umgerechnet auf den Tag!"
- „Sie profitieren von der Beratungsleistung eines kompletten Teams von kompetenten Managern – zu einem Taschengeld!!"
- Musterformulierung:

☐ Bildwörter nutzen = „Bilder sprechen"

⇨ allgemein

- Jetzt
- Stark
- JA!

⇨ Bedürfnis „Sicherheit"

- Garantie

Checkliste **119**

Wortschatz am Telefon: Sprechen Sie bildhaft!

	relevant	nicht relevant	Anmerkungen

- lebenslang
- … für Generationen
- Test
⇨ Bedürfnis „Besitz"
- sparen
- gratis
- gewinnen
- Geschenk („Dankeschön-Geschenk")
⇨ Bedürfnis „Prestige"
- exklusiv
- neu
- Start
⇨ Bedürfnis „Zugehörigkeit"
- Für alle …
- Für Sie als …
⇨ Bedürfnis „Selbstverwirklichung"
- extra („nur für Sie")
- Sie (und ggf. Name)
- Test
☐ Visuellen Wortschatz nutzen
⇨ Rund ums Sehen
- Schon haben Sie Durchblick!
- Wie sieht das für Sie aus?
- Ihre Sichtweise erkenne ich voll an
⇨ Farben
- Das wurde ihm dann doch zu bunt
- Verzicht auf Schwarzweiß-Malerei

Kommunikation: des Pudels Kern

471

119 Checkliste

Wortschatz am Telefon: Sprechen Sie bildhaft!

	relevant	nicht relevant	Anmerkungen
• Muß ich Farbe bekennen …			
⇨ Sichtbare Eigenschaften			
• Sieht gut aus			
• Flächige Farbe			
⇨ Kombinationen mit anderen Sinnen			
• Etwas ins Auge fassen			
• Einen Blick auf etwas werfen			
⇨ Helligkeit			
• Das wird mir jetzt klarer			
• Glänzende Aussichten			
• Das scheint mir …			
3. Trainieren dieser Anwendungen			
☐ In der Schulung			
⇨ Formulierungen suchen			
• Situation beschreiben			
• Varianten suchen			
⇨ Vorzeigen			
• Brainstorming			
• Stillarbeit			
⇨ Spiele			
• Wortkartenspiele (Sätze aus Teilen zusammenbauen)			
• Assoziationsspiele (Karten, Gruppe …)			
⇨ Rollenspiele			
• Üben an der Trainingsanlage			
• Üben in Theaterform (Dialoge auf der Bühne)			
☐ Im Alltag			

Checkliste **119**

Wortschatz am Telefon: Sprechen Sie bildhaft!

	relevant	nicht relevant	Anmerkungen
⇨ Medien			
• auf Visuelles achten			
• Funk und Fernsehen			
• Printmedien			
⇨ in der Kommunikation			
• Ziel: Meta-Position einnehmen			
• Analyse nach dem Gespräch			
• evtl. Gesprächsaufzeichnungen verwenden (Rechtsfragen!)			
⇨ Coaching (siehe dort)			

Kommunikation: des Pudels Kern

120 Checkliste
Das „Neurolinguistische Programmieren" in Kurzform

	relevant	nicht relevant	Anmerkungen
☐ Hintergrund			
⇨ „Neuro" (Richard Brandler)			
• Gehirn, mentale Organisation			
• Psychotherapie: Hilfe für die Psyche			
• Körpersprachliches = Interpretieren automatischer Abläufe (quasi unbeeinflußbar, Körper kann nicht lügen)			
⇨ „linguistisch" (John Grinder)			
• Linguistik = Sprachwissenschaft			
• Sprache = Artikulation, die sehr bewußt ablaufen kann			
⇨ „Programmieren"			
• System zur Hilfe für Patienten			
• Gleiten ins Unbewußte (= automatisch anwenden)			
⇨ Übertragung auf Alltag			
• Kommunikation privat (Beziehungen)			
• Verkaufspsychologisches: Business-Kommunikation			
⇨ Angst vor Manipulation			
• Gefahr besteht prinzipiell, wenn zum Schaden eingesetzt (siehe Gleiches bei Hypnose)			
• Chance ist, sich besser auf den Partner einzustellen (siehe Wortschatz!)			
☐ Verhaltensebene			
⇨ Spiegeln			
• Nachahmen des Gesprächspartners			
• Pacen = anpassen			
• Modellieren: „Erfolgsrezepte lernen"			
⇨ Rapport			

Das „Neurolinguistische Programmieren" in Kurzform

Checkliste 120

	relevant	nicht relevant	Anmerkungen
• Einklang mit dem Partner erzielen			
• möglichst beiderseits = Automatik			
• kalibrieren = „ausrichten"			
⇨ Ankern			
• Bewußtmachen positiv erlebter Situation (angenehm, erfolgreich, glücklich)			
• Verbinden mit sinnlichem Eindruck (Auge/Ohr/Gefühl)			
• „Zeichen setzen" (ein möglichst unauffälliges: Fingerschnalzen, Faust ballen [siehe „Becker-Faust"!], sich am Ohrläppchen zupfen …)			
• Hervorrufen der angenehmen Erinnerung durch bewußtes Wiederholen des „geankerten" Zeichens			
• Verändern des Gefühl (z.B. von Stress auf „entspannt")			
⇨ Interpretation Körpersprache			
• NLP betont, daß gleiches Verhalten Unterschiedliches heißen kann (Stirnrunzeln: 1. Ablehnung, Skepsis; 2. Konzentration aufs Gehörte; 3. Nachdenken übers Gehörte)			
• Annehmen der Körpersprache des anderen, durch Spiegeln signalisiert			
• auch ohne Körpersprache Eingehen auf den anderen möglich (siehe Wortschatz!)			
⇨ Zuhören			
• Aufnehmen und Annehmen des anderen			
• aktives Zuhören = Signale zurückgeben			

Kommunikation: des Pudels Kern

120 Checkliste
Das „Neurolinguistische Programmieren" in Kurzform

	relevant	nicht relevant	Anmerkungen

⇨ Verzicht auf Theorien

- Modelle nicht erforderlich (Über-Ich, Eltern-Ich o.ä.)
- Ideen leicht nachvollziehbar
- Anwenden in der Praxis sofort möglich
- ☐ Sprachebene

⇨ Sinnestypen spiegeln sich im Wortschatz wider

- alle von allem: Mischtypen
- meist überwiegt ein Sinn deutlich

⇨ visuell orientierter Typ

- nimmt sehr viel übers Sehen wahr
- verarbeitet entsprechend und verwendet visuell orientierten Wortschatz

⇨ auditiv orientierter Typ

- nimmt stark übers Gehör auf
- verarbeitet Sinneseindrücke, u.a. mit auditiv orientierten Worten

⇨ kinästhetisch (= körpersprachlich) orientierter Typ

- stark tastsinnorientiert
- drückt Gefühle aus, will im Griff behalten

⇨ olfaktorisch und gustatorisch orientierter Typ

- entsprechend Schwerpunkt im Riechen bzw. Schmecken
- Genußmenschen mit entsprechendem Wortschatz

Checkliste **120**

Das „Neurolinguistische Programmieren" in Kurzform

	relevant	nicht relevant	Anmerkungen
☐ Zwei (und mehr) Menschen in Kommunikation			
⇨ Mimik			
• Augenbewegungen helfen Typ erkennen (oben = visuell, mittig = auditiv, unten = kinästhetisch)			
• Augenausrichtung zeigt Denken (rechts vom Betrachter = Vergangenheit, Suchen; links = Gegenwart)			
⇨ Gestik			
• Haltung (visuell: gerade, auditiv: „schwankend", kinästhetisch: runder)			
• Hände: aktiver bei Kinästheten (zupackend …)			
⇨ Sprechen			
• Wortschatz (siehe unten)			
• auditiv = melodischer, auch stummes Mitsprechen			
⇨ Stimme			
• Atmung (visuell: kürzer, kinästhetisch: langsamer, ruhiger)			
• Sprechgeschwindigkeit (visuell: rascher, kinästhetisch: tiefer, langsamer)			
⇨ Wie bin ich selbst?			
• Verhalten			
• Sprache			
⇨ Wie ist der andere?			
• Verhalten			
• Sprache			

Kommunikation: des Pudels Kern

121 Checkliste
Wortschatz am Telefon: NLP-Typen

	relevant	nicht relevant	Anmerkungen
1. Die Haupttypen im konkreten Wortschatz			
☐ Visueller Typ			
⇨ Substantive (Hauptwörter)			
• Sicht, Farbe, Perspektive, Blickwinkel …			
⇨ Verben (Tunwörter)			
• zeigen, vorstellen, zuschauen, illustrieren …			
⇨ Adjektive (Eigenschaftswörter)			
• trübe, farbenfroh, hell, leuchtend …			
⇨ Metaphern (Vergleiche)			
• „Dunkle Wolken ziehen am Himmel auf", etwas „durch die rosarote Brille sehen"…			
☐ Auditiver Typ			
⇨ Substantive (Hauptwörter)			
• Klang, Schweigen, Musik, Harmonie …			
⇨ Verben (Tunwörter)			
• diskutieren, zuhören, sagen, läuten …			
⇨ Adjektive (Eigenschaftswörter)			
• taub, sprachlos, still, laut und deutlich …			
⇨ Metaphern (Vergleiche)			
• „sich taub stellen", „läßt die Kasse klingeln" …			
☐ Kinästhetischer Typ			
⇨ Substantive (Hauptwörter)			
• Gefühl, Wärme, Gewicht, Stärke …			
⇨ Verben (Tunwörter)			

Checkliste **121**

Wortschatz am Telefon: NLP-Typen

	relevant	nicht relevant	Anmerkungen

- anpacken, begreifen, halten, bewegen …
⇨ Adjektive (Eigenschaftswörter)
- sanft, leicht, glatt, heiß …
⇨ Metaphern (Vergleiche)
- „in den Griff kriegen", „den Finger auf die Wunde legen" …
☐ „Nebentypen"
⇨ gustatorisch
z. B. bitter: „… schmeckt mir nicht" …
⇨ olfaktorisch
z. B. duften: „Etwas durch die Blume sagen" …
☐ „neutrale Wörter" (weniger konkret = eher abstrakt)
⇨ Substantive (Hauptwörter)

Gedanke, Veränderung …

⇨ Verben (Tunwörter)
entscheiden, denken, wissen, lernen …
⇨ Adjektive (Eigenschaftswörter)
plausibel, neutral …

2. Einwandbehandlung mit NLP

☐ Visuell orientierter Typ
⇨ Gesprächspartner
- spricht eher schnell, verhuscht und undeutlich
- kann sich offenbar noch kein rechtes Bild von Ihrem Angebot machen
⇨ Sprechen Sie in kurzen Sätzen (= übersichtlich!)

Kommunikation: des Pudels Kern

121 Checkliste
Wortschatz am Telefon: NLP-Typen

	relevant	nicht relevant	Anmerkungen
⇨ Nutzen Sie den passenden Wortschatz			
• bildhafte Vergleiche („nur so groß wie eine Zigarettenschachtel" ist ein Klassiker!)			
• Beschreiben Sie vor allem äußere Merkmale, die sofort erkennbar sind			
⇨ Unterstützen Sie den Telefonkontakt			
• denn hier nutzen Sie ja ausschließlich auditive Züge (visuell entfällt)			
• Schicken Sie Unterlagen per Post, oder faxen Sie (dann wieder Anruf)			
☐ Auditiv orientierter Typ			
⇨ Gesprächspartner			
• spricht eher melodiös			
• Für ihn haben Sie offenbar noch nicht den rechten Ton getroffen – oder er ist abgelenkt			
⇨ Setzen Sie Ihre Stimme gezielt ein			
• Sprechen Sie langsam, deutlich und mit Pausen			
• Sorgen Sie für Geräuscharmut (keine Nebengeräusche)			
⇨ Nutzen Sie den passenden Wortschatz			
• Machen Sie Ihr Angebot noch besser hörbar			
• Lassen Sie die Kasse klingeln (Nutzen!)			
⇨ Lassen Sie andere für sich sprechen			
• Nennen Sie eine Referenz, die Ihr Partner anrufen darf			
• Zitieren Sie Dritte (Presse, Experte, Kunde)			

Checkliste **121**

Wortschatz am Telefon: NLP-Typen

	relevant	nicht relevant	Anmerkungen

☐ Kinästhetisch orientierter Typ

⇨ Gesprächspartner

- spricht eher zögernd und langsam
- kann Ihr Angebot offenbar noch nicht „be-greifen", Ihr Angebot ist ihm noch zuwenig strukturiert

⇨ Stellen Sie viele offene Fragen

⇨ Nutzen Sie den passenden Wortschatz

- Vermitteln Sie ein haptisches Erleben (Gewicht, Form …)
- Nennen Sie technische Details

⇨ Unterstützen Sie den Telefonkontakt (der ja ausschließlich auditiv orientiert sein muß!)

- Schicken Sie Muster, Modelle … etwas zum Anfassen – dann wieder Anruf
- Bieten Sie persönlichen Besuch an (und vereinbaren Sie Termin)

3. Training dieser Anwendung

☐ Übersetzung in Wortlisten für Ihre Gespräche

⇨ Notieren gehörter Begriffe

- auf Zettel
- Übertragung in den eigenen Bereich

⇨ Suchen von Alternativbegriffen

- … die Gleiches anders ausdrücken
- z.B. „hört sich gut an" kann auch heißen „sieht gut aus" oder „bestens im Griff"

Kommunikation: des Pudels Kern

481

121 Checkliste
Wortschatz am Telefon: NLP-Typen

	relevant	nicht relevant	Anmerkungen

- nach und nach im Wechsel? (Woche des Sehens …)
⇨ Leitfaden möglichst abwechslungsreich gestalten
- zwischen den drei Hauptstilen im Ablauf
- für wichtige Formulierungen drei Varianten definieren
⇨ Gruppenspiele
- z. B. drei Partner, die jeweils einen Stil repräsentieren (und nur entsprechenden Wortschatz nutzen dürfen)
- z. B. Nennen eines Begriffs, Nachbar zur Rechten bringt Variante im anderen Stil usw.
- z. B. ein Stil ist vorgegeben, die Runde bildet nach und nach Sätze, ausgehend von einem Startwort (etwa „Dunkel …" oder „Stille …" oder „greifbar …")
⇨ Anwendung als Tele-Learning
- selbst entwickelt
- fertige Systeme (siehe CD-Phone)
☐ In der Schulung
⇨ Welcher Typ bin ich selbst?
- vorgegebenen Sachverhalt in eigenen Worten schildern: Schwerpunkt visuell – auditiv – kinästhetisch?
- vorgegebenen Text analysieren, um Typologie besser kennenzulernen
⇨ Gibt es Schwerpunkt bei der Zielgruppe?
- aufgrund Branche/Tätigkeit?

Checkliste **121**

Wortschatz am Telefon: NLP-Typen

	relevant	nicht relevant	Anmerkungen
• aufgrund Angebot bewußt einsetzen (z.B. Bildersprache = visuell)			
⇨ Womit sollte ich variieren?			
• eigenen Schwerpunkt vermindern (z.B. weniger visuell)			
• dafür Alternativformulierungen üben (z.B. mehr auditiv, kinästhetisch)			
⇨ Aufzeichnungen verwenden			
• evtl. Video (dann auch Körpersprache)			
• sinnvoll Audio (da Telefonieren als Thema!)			
☐ Im Alltag			
⇨ Leitfaden entsprechend im Einsatz			
⇨ Gesprächsaufzeichnungen nutzen			
• lfd. Prüfen der Variation			
• soweit zulässig, Lernen am Gesprächspartner			
⇨ gezielter Einsatz eines bestimmten Wortschatzes			
• beim Terminieren für den Außendienst: Visuelles und Kinästhetisches (damit Bereitschaft wächst, Partner zu empfangen) = zeigen, in die Hand nehmen …			
• beim Verkauf bestimmter Produkte: Musik = auditiv, Bildende Kunst = visuell/kinästhetisch, Maschinen = kinästhetisch …			

Kommunikation: des Pudels Kern

Checkliste
Effizienter Gesprächseinstieg am Telefon: outbound

	relevant	nicht relevant	Anmerkungen

- ☐ Stumme Fragen des Gesprächspartners
- ⇨ Fragen werden nicht immer ausgesprochen
- • Wenn gedachte Fragen offen bleiben, kann Blockade entstehen
- • Gesprächspartner denkt immer weiter darüber nach, statt zuzuhören
- ⇨ Fragen also beantworten
- • durch Aussagen
- • durch Formulieren („Sie werden sich vielleicht fragen …" oder „Viele unserer Kunden fragen …")
- ⇨ Fragen, die häufig (nicht) gestellt werden
- • Mensch: Wer ist das eigentlich, der mich da anruft?
- • Unternehmen: Welche Firma?
- • Angebot: Warum rufen die mich an?
- • eigener Nutzen: Warum ausgerechnet mich?
- ⇨ mehrstufige Gesprächsfolge „weiterverbinden"
- • Fragen treten bei jedem Gesprächspartner auf
- • Antwort also auch an „Zentrale", „Sekretärin" usw.!
- ☐ Begrüßung, Bekanntmachen
- ⇨ motivierender Gruß zur Einstimmung
- • je nach Naturell
- • „Schönen guten Tag!"

Checkliste **122**

Effizienter Gesprächseinstieg am Telefon: outbound

	relevant	nicht relevant	Anmerkungen
• „Guten Tag!"			
• ggf. landsmannschaftlich anders			
• je nach Bekanntheitsgrad			
• Tageszeit („Guten Abend", „Mahlzeit")			
• Euphorisch? („Einen wunderschönen guten Abend, Herr …!!")			
⇨ Nennen Sie Vorname/Name			
• Verzichten Sie auf „Mein Name ist …"			
• evtl. „Ich bin …", „Sie sprechen mit …"			
• Vorname ist bekannter als Name			
• So wird der Name besser verstanden			
• Hilft Verwechslungen zu vermeiden			
• Distanz des „Ferngesprächs" (!) wird verkürzt (ohne intim zu werden)			
⇨ Unternehmen			
• Je nach Bekanntheit bzw. Zuordnung (Filialen?)			
• Kurz-/Langform (ohne Rechtsform!)			
• Ort dazu (ist meistens bekannter!)			
⇨ Bekanntheitsgrad wichtig?			
• In jedem Fall ausführlich beim Erstkontakt (oder wenn lange kein Kontakt stattgefunden hat)			
• später ggf. kürzer, wenn regelmäßiger Kontakt			
☐ Thematisieren			
⇨ Thema hat Priorität 2 (unmittelbar nach „Wer ruft an?")			

Kommunikation: des Pudels Kern

Checkliste 122
Effizienter Gesprächseinstieg am Telefon: outbound

	relevant	nicht relevant	Anmerkungen
• Vorteile erst später nennen			
• interessant präsentieren („Ihre Meinung ist gefragt", „Jetzt ist es so weit")			
• Nach „A" aus AIDA-Formel (Aufmerksamkeit erregen)			
⇨ evtl. einleiten			
• „Ich rufe Sie an wegen …"			
• „Grund meines Anrufs: …"			
⇨ Ziel verpacken			
• „Erstmals gibt es jetzt die Chance für ausgewählte Kunden, bequem per Post…" (Verkauf)			
• „Jetzt können wir Ihnen endlich etwas zeigen …" (Termin erhalten)			
⇨ Ziel vereinbaren?			
• Zwischenziel: „Mehr darüber zu erfahren, das ist doch interessant für Sie?!"			
• (Stummes) Hauptziel definiert?			
• Stumme(s) Nebenziel(e) vorhanden?			
☐ Übergang ins Hauptgespräch			
⇨ Gesprächspartner klären			
• „Wer ist …?"			
• „Ist dafür XYZ zuständig – oder wer …?!"			
• „Bin ich bei Ihnen richtig, wenn …?!"			
⇨ Zeit klären			
• „Paßt es Ihnen jetzt für … Minuten – oder rufe ich Sie besser heute nachmittag wieder an?"			
• (Wählen Sie eine „nahe" Zeit, um Abwimmeln zu vermeiden)			

Checkliste **123**

Effizienter Gesprächseinstieg am Telefon: inbound

	relevant	nicht relevant	Anmerkungen
☐ Meldetexte			
⇨ Begrüßung			
• (siehe „outbound")			
⇨ Person			
• (siehe „outbound")			
⇨ Unternehmen			
• (siehe „outbound")			
⇨ Signal für Gesprächsbereitschaft			
• Formulierung wie „Was kann ich für Sie tun?" als Standard einführen!			
• Varianten testen/entwickeln (z.B. „Womit kann ich (Ihnen) dienen?")			
• Wechseln Sie ab (statt zuviel Routine = Runterleiern!)			
⇨ Pausen			
• zwischen den Info-Teilen (z.B. Name und Unternehmen)			
• verbessert Verstehen beim Partner			
• bremst aufbrausenden Gesprächspartner (wird sachlicher)			
• Sie stellen sich besser auf den anderen ein			
☐ Gesprächspartner weiterhelfen			
⇨ durch Offensiv-Ansprache („Was kann ich für Sie tun?")			
⇨ durch Zuhörsignale			
• Geräusche (aha, hmmm …)			
• Wiederholung (der letzten Wörter des Partners)			
⇨ durch Fragen			

Kommunikation: des Pudels Kern

123 Checkliste
Effizienter Gesprächseinstieg am Telefon: inbound

	relevant	nicht relevant	Anmerkungen
• „Welches Produkt genau interessiert Sie?"			
• „Mit wem möchten Sie sprechen?"			
• „Wie kann ich Ihnen helfen?"			
⇨ durch Aufforderung			
• „Sagen Sie mir bitte …"			
• „Ich kann Ihnen sofort helfen, wenn Sie mir sagen …"			
⇨ durch Begründungen			
• „…, weil …"			
• „… – deshalb …"			
☐ Weiter im Text			
⇨ Überleiten			
• „Ich verbinde Sie mit …"			
• „Dafür ist … zuständig. Ich …"			
⇨ Lösung anbieten			
• mit Einleitung			
• mit Versprechen			

Checkliste **124**

So trainieren Sie den Gesprächseinstieg

	relevant	nicht relevant	Anmerkungen

- ☐ Routine gewinnen
- ⇨ durch häufiges Wiederholen
  - wie beim Torwarttraining im Fuß- oder Handball
  - immer wieder anrufen/anrufen lassen
- ⇨ Vorlagen fürs Sehen
  - Poster an der Wand
  - Blatt am Telefon
  - Bildschirmschoner
- ⇨ Vorlagen fürs Hören
  - Durchsagen (hörbar für alle im Call Center)
  - Kassetten (Auto …)
- ☐ Andere erleben lassen
- ⇨ intern: die Kollegen
- ⇨ extern: Mitbewerber, andere Branchen
- ⇨ Trainer
  - Rollenspiele
  - Coaching
- ☐ Testen
- ⇨ Feelings?
  - Veränderungen ausprobieren!
  - Welche Reaktionen kommen?
- ⇨ Kunden befragen
- ⇨ Untersuchungen heranziehen
  - Deutsches Kundenbarometer
  - _____

Kommunikation: des Pudels Kern

125 Checkliste
Öffnender Gesprächsausstieg am Telefon: Der Abschluß

	relevant	nicht relevant	Anmerkungen
☐ Ziel erreicht?			
⇨ Kontrollieren Sie (sich)			
• Ist alles besprochen?			
• (Eines der) Ziel(e) erreicht?			
• sonst: Dialog weiter führen!			
• oder (neues) Zwischenziel vereinbaren			
⇨ Partner			
• Kontrollfrage „Habe ich das richtig …?!"			
• „Sind alle (Ihre) Fragen geklärt?"			
☐ Nebenziel(e) erreicht?			
⇨ statt Hauptziel			
⇨ zusätzlich zum Hauptziel			
⇨ als Zwischenziel auf dem Weg zum Hauptziel			
⇨ Ihr Gesprächspartner auch?			
• „Was sonst kann ich für Sie tun?"			
• „Welche weiteren Fragen …?!"			
☐ Vereinbarung treffen			
⇨ evtl. „erst" zum jetzigen Zeitpunkt			
• „Einverstanden, wenn wir das so … machen?!"			
• „Paßt es Ihnen besser … oder …?!"			
⇨ Zusammenfassen			
• d.h., Diskussion und grundsätzliche Vereinbarung sind schon getroffen			
• mit Einleitung, z.B. „Dann machen wir das also so …"			
• mit Details (wie besprochen)			

Checkliste 125

Öffnender Gesprächsausstieg am Telefon:
Der Abschluß

	relevant	nicht relevant	Anmerkungen

☐ Danken

⇨ Wichtige Bestätigung für den Gesprächspartner

• Jeder hört gern, daß alles gut war

• positives Gefühl für den Gesprächspartner!

⇨ Aussage: Danke

• … fürs nette Gespräch

• … für die gelungene Abstimmung

• … für Ihren Auftrag

• … für ....

⇨ Standard!

• Das gehört sich einfach

• Muß „trotzdem" ehrlich und natürlich klingen (statt gekünstelt erlernt und runtergespult)

Kommunikation: des Pudels Kern

491

126 Checkliste
Öffnender Gesprächsausstieg am Telefon: Nach dem Abschluß

	relevant	nicht relevant	Anmerkungen

1. Der Abschied

☐ Nachverkaufen

⇨ Post-/After-Sales

- Ankündigung
- Zusatz/Extra
- Betreuungsangebot („Wann immer Sie Fragen haben …")

⇨ Small talk

- besser am Schluß als am Anfang
- je nach Bekanntheit
- Themen? (Wetter, Branche, Sport …)

⇨ Weiterleiten

- „Weitere Details bespreche ich dann mit wem?!"
- „Dann geben Sie mich bitte an …"

⇨ Namen wiederholen

- den eigenen (in bestimmten Neusituationen) – „immer für Sie da"
- den des anderen „damit alles an die richtige Stelle …"
- den eines Dritten (eigenes Unternehmen: Terminvereinbarung Außendienst?) (beim anderen, etwa „Kopie auch an …")
- Kontakt geben
- Fon, Fax
- individuell (Durchwahl/Nebenstelle, mobil …)

☐ Empfehlungen

⇨ … gewinnen

Checkliste **126**

Öffnender Gesprächsausstieg am Telefon: Nach dem Abschluß

	relevant	nicht relevant	Anmerkungen

- Einleitung („War netter Kontakt, Sie sind doch zufrieden …")
- nach Empfehlung fragen/darum bitten
- ⇨ … geben
- „Sie waren sehr überzeugend"
- „Deshalb sollten Sie auch … ansprechen"
- ⇨ … weiterleiten lassen
- „Und grüßen Sie mir …"
- „Sind Sie so freundlich und sagen Herrn … einen Gruß von mir?!"
- ☐ Abschiedsformel
- ⇨ allgemein üblich
- „Aufwiederhören"
- „Aufwiedersehen"
- „Tschüs"
- ⇨ landsmannschaftlich
- ⇨ individuell
- „Schönen Tag noch …"
- „Ciao"
- ⇨ Wiederkontakt signalisieren
- ⇨ Zielzeit
- … bis …
- „Spreche Sie wieder an …"

2. Das Offenhalten fürs nächste Mal

- ☐ Grund fürs nächstes Telefonat liefern
- ⇨ Bringschuld bieten
- „Sobald es etwas Neues gibt, sage ich Ihnen als erstem Bescheid!"

Kommunikation: des Pudels Kern

493

126 Checkliste
Öffnender Gesprächsausstieg am Telefon: Nach dem Abschluß

	relevant	nicht relevant	Anmerkungen

- „… wann immer sich etwas ändert, ich melde mich!"
- _____
- ⇨ konkrete Vereinbarung
- „… die gewünschte Information über …"
- … den Preis für …
- _____
- ⇨ Kontakt anbieten
  „Wann sprechen wir wieder …"
- ⇨ Holschuld vermitteln
  „Schön, wenn Sie mir …"
- ⇨ generell: Erlaubnis für aktives Tele-Marketing einholen
- „Sind Sie interessiert …"
- „Habe ich richtig verstanden, Sie …"
- Notieren mit Datum, Stichworten, Name Gesprächspartner, Unterschrift
- ☐ Termin fürs nächste Telefonat vereinbaren
- ⇨ lfd. Kontakt
- monatlich
- Aktion
- ⇨ mehrstufiger Kontakt
- nach Infos/Muster
- nach Besuchstermin
- ⇨ Sicherheitskontakt
- Lieferung o.k.?
- Gebrauch klar?

Checkliste **126**

Öffnender Gesprächsausstieg am Telefon: Nach dem Abschluß

	relevant	nicht relevant	Anmerkungen
☐ Ein anderes „nächstes Mal" vereinbaren			
⇨ persönlicher Kontakt			
• selbst			
• andere Person			
⇨ Messe			
⇨ Kongreß			
⇨ Seminar			

Kommunikation: des Pudels Kern

127 Checkliste
Argumentarium fürs Telefonieren: Die drei Vorteile

	relevant	nicht relevant	Anmerkungen

1. Die Basis: Ihr Angebot und die Nutzenvorteile

☐ Detailkatalog Angebot

⇨ Basis

- Grundmodell
- Standardangebot
- Mindestausstattung

⇨ Varianten

- Farbe
- Größe (Maße)
- Umfang der Leistung

⇨ Extras

- Sondermodell
- Zusatzausstattung
- Mehrleistung

⇨ Konditionen

- Preis, Abweichungen
- Zahlungsziel, Raten

⇨ Kundenkontakt

- individuell (z. B. Trainingsleistung)
- Kundenbeziehung (Alt-/Neukunde)

☐ Detailkenntnis Zielgruppenbedürfnisse

⇨ eher besitzorientiert?

- typisch: Hausbesitzer
- gehobene Bildung (Akademiker?)

⇨ eher prestigeorientiert

- Käufer von Sonderausstattungen
- wohnt in Villenviertel

Checkliste 127

Argumentarium fürs Telefonieren: Die drei Vorteile

	relevant	nicht relevant	Anmerkungen
• gehobene Stellung (Geschäftsführer)			
⇨ eher sicherheitsorientiert			
• Vielversicherter			
• Käufer von Alarmanlagen			
• eher älter			
⇨ Selbstverwirklicher			
Teilnehmer an speziellen Reisen (Studien, Abenteuer)			
⇨ Gruppenzugehörigkeit			
• Mitglieder von Clubs (Rotary, Lions)			
• Kreditkartennutzer			
• Vereinsmitglieder			
☐ Übersetzen in „Das bedeutet für Sie"			
⇨ … oder anders formuliert:			
• „Das heißt also …"			
• „Dann haben Sie davon …"			
• „Viele unserer Kunden reizt besonders …"			
⇨ konkreter Nutzen			
• „Mit Goldschnitt – Schutz und schöne Optik zugleich …"			
• „Nur 999 – Sie sparen …"			
• „10% weniger = …"			
⇨ bildhafter Nutzen			
• „10% günstiger – damit kriegen Sie einen von 10 Bänden quasi umsonst!"			
• „So, als hätten Sie das ganze Jahr über einen Berater allein zu Ihrer Verfügung – zum Preis von gerade mal einer Beratungsstunde!"			

Kommunikation: des Pudels Kern

127 Checkliste

Argumentarium fürs Telefonieren: Die drei Vorteile

	relevant	nicht relevant	Anmerkungen

⇨ zielgruppenspezifisch übersetzt
- z.B. Handwerker: „Damit setzen Sie einen soliden Sockel für Ihre Altersversorgung!"
- z.B. Akademiker: ....
- z.B. Familie: „Für Generationen ..."
- z.B. Pflegeberufe: ....

☐ konkrete Stichworte

⇨ Geld
- sparen
- billiger als früher
- Wertzuwachs gesichert

⇨ Prestige
- exklusiv
- nur in kleinster Menge verfügbar
- Sonderausstattung „nur für Sie"

⇨ Sicherheit
- Garantie
- Testpersonen (möglichst bekannte!)
- Rückgaberecht

⇨ Selbstverwirklichung
- für Generationen
- Verewigen Sie sich (Buch schreiben, Dr.-Titel machen)

⇨ Gruppe
- Kundenclub
- Für Sie als ...
- Sonderausgabe

2. Aller guten Dinge sind drei!

Checkliste **127**

Argumentarium fürs Telefonieren:
Die drei Vorteile

	relevant	nicht relevant	Anmerkungen

☐ Warum genau drei?

⇨ mehr als drei

- geht an die Grenze dessen, was das menschliche Hirn hintereinander an Informationen verarbeiten kann
- kann sonst wie Bauchladen aussehen (… da haben wir noch …)

⇨ weniger als drei

- fehlt evtl. einer für konkreten Gruppen-/Personennutzen
- Manche Menschen brauchen drei!

⇨ drei Grundnutzen

- aufs Wesentliche reduziert
- das Wichtigste herausgeholt

⇨ Katalog und Zugriff

- mehr als drei Nutzen: Untergliedern (Haupt- und Unternutzen)
- als Argumentenliste

☐ Ihr Dreier-Argumentarium

⇨ Ihr Angebot = die Fakten!

- _____
- _____

⇨ Vorteil „Besitzen"

   ....

⇨ Vorteil „Sicherheit"

   ....

⇨ Vorteil „Prestige"

   ....

Kommunikation: des Pudels Kern

128 Checkliste
Argumentarium fürs Telefonieren: Nutzenbeweis

	relevant	nicht relevant	Anmerkungen
☐ Eigenbeweise			
⇨ zur Ansicht			
• „Prüfen Sie selbst …"			
• „Ihr Urteil ist uns wichtig!"			
⇨ Muster			
• Eindruck gewinnen			
• vergleichen			
• andere(n) Entscheider einbeziehen			
⇨ Unterlagen			
⇨ Garantie			
⇨ Gebrauchsanleitung			
☐ Fremdbeweise: „Testimonials"			
⇨ Experten			
• unabhängig			
• glaubhaft			
• kompetent			
⇨ Kunden			
• nachprüfbar			
• echt!			
• sinnvoll?			
⇨ Zitat von Dritten			
• Prominente			
• Zulieferer			
• Abnehmer			
• öffentliche Stellen (siehe Bürgermeister für Stadtpläne)			
⇨ Presse/Medien			
• Berichte (Publikums-/Fachpresse)			

Checkliste **128**

Argumentarium fürs Telefonieren: Nutzenbeweis

	relevant	nicht relevant	Anmerkungen
• Anzeigen (jawohl!)			
• Jahresbericht			
☐ Rechtliche Belege			
⇨ Rückgaberecht			
• Haustürwiderrufsgesetz			
• Rückgaberecht Versandhandel			
• frei vereinbarter Testkauf			
⇨ Garantieansprüche			
• Wandlung			
• Minderung			
• Umtausch			
• Geld zurück			
• kostenlose Reparatur			
⇨ schwarz auf weiß			
• Zertifikat (u.ä.)			
• Auftragsbestätigung (Rückbestätigung?)			

Kommunikation: des Pudels Kern

501

129 Checkliste
Einwandbehandlung am Telefon

	relevant	nicht relevant	Anmerkungen

1. Einstellung zu Einwänden

☐ Was bedeuten Einwände?

⇨ Kundenreaktionen
- Offenbar ist ein Dialog entstanden
- Nutzen Sie die Chance, mehr zu erfahren
- Das spart Ihnen Fragen!

⇨ Interessebeweise
- Kunde möchte mehr wissen
- Kunde benötigt Details zum Entscheid
- Kunde hat zugehört

⇨ Kaufsignale
- Details zu Lieferung und Zahlung
- nur noch letzter Haken?
- jetzt gezielt antworten, … statt zuviel reinzupacken (lenkt vom Kauf ab!)

⇨ Mangel an Überzeugung
- Sachebene: Nutzen nochmals deutlicher klären?!
- Beziehungsebene: Sicherheit, Nähe, Partnerschaft?

⇨ Grund für Antworten
- gezielt die gewünschten Informationen geben
- Auswahl aus Ihrem Repertoire (statt Monolog)

⇨ Grund für Fragen
- Was ist noch zu klären?
- Haben Sie den Einwand richtig verstanden?

Checkliste **129**

Einwandbehandlung am Telefon

	relevant	nicht relevant	Anmerkungen
☐ Warum innere Widerstände gegen Einwände?			
⇨ Mit „nein" umgehen können			
• Jeder mag lieber Bestätigung als Ablehnung			
• Ein Einwand ist ein kleines „Nein"			
⇨ Unsicherheit Angebotskenntnis			
• Angst, bei Unkenntniss „ertappt" zu werden			
• ggf. Rückruf zur Klärung anbieten (akzeptiert jeder gern)			
• künftig in Unterlagen Antwort parat haben!			
⇨ Unsicherheit Gesprächsführung			
• zu strikt ans Skript gebunden – aus dem Konzept gebracht = künftig flexibler damit umgehen lernen			
• zuwenig ausformulierter Leitfaden = zu wenige Nebenpfade mit „Weg zurück" = künftig mehr formulieren			
⇨ zu starkes Betonen des Negativen			
• mehr positives Erleben erwähnen			
• Einwand und Argument zusammenziehen			
• weniger „Techniken" bringen			
☐ Einwände als positive Quelle sehen und nutzen			
⇨ Sprechen wir von Kundenfragen!			
⇨ Dialog entsteht durch Einwände			
⇨ Zeit sparen			
• weil Kunde selbst die für ihn wichtigen Punkte anspricht			

Kommunikation: des Pudels Kern

129 Checkliste
Einwandbehandlung am Telefon

	relevant	nicht relevant	Anmerkungen

- weil daraus ausgewählte Antworten folgen (statt langer Präsentation von A bis Z)

⇨ Einwände provozieren
- um Dialog in Gang zu setzen
- um selbst zu wissen, was konkret für eben diesen Partner wichtig ist

2. Mit Einwänden positiv umgehen

☐ Positive Aufnahme signalisieren

⇨ Lassen Sie das hören!
- statt Durchschnaufen „befreites Aufatmen"
- Lächeln klingt durch
- Bestätigungssignale wie erfreutes „Ja!"

⇨ Formulieren Sie Ihre Annahme
- „Gut, daß Sie darauf kommen!"
- „Toll, daß Sie das so offen sagen!"
- „Schön, daß Sie das ansprechen!"

⇨ Meiden Sie Übertreibungen
- „Sie haben recht" ist zu stark – wozu dann noch argumentieren?
- „Phantastisch, daß Sie darauf kommen" – weniger ist oft mehr!

⇨ Einwand vorziehen?
- häufige Einwände gleich in Präsentation einbauen (mit Antworten)
- Vorsicht: Dialogchance behalten = Kunde selbst Fragen stellen lassen
- Achtung: „häufig" heißt nicht „immer" – vielleicht hätte Kunde gar nicht diese Frage gestellt?!

Checkliste 129

Einwandbehandlung am Telefon

	relevant	nicht relevant	Anmerkungen

☐ Übergang zur Antwort schaffen

⇨ Verbindungsworte

- … deshalb …
- … damit …
- … weil …

⇨ „Ja – aber …" meiden

- Es entsteht ein (formaler) Gegensatz – die Partner werden „Gegner"
- Die (scheinbare) Bestätigung wird aufgeweicht

⇨ „Ja – und …" nutzen

z.B. „Ja …, aber da gibt es auch noch …" wird „Ja …, und wenn Sie … dazu nehmen …"

⇨ Antwort verschieben

- „Sie möchten wissen, …, komme gleich darauf zurück"
- „Schön, daß Sie … die Antwort kommt gleich"
- „… zunächst sollten Sie wissen, daß …"
- „… Vorschlag: … Einverstanden?!"

☐ Einwand beantworten

⇨ konkrete Antwort

- Sachaussage „Ist so und so"
- besser direkt „Nutzenargument" = „Das haben Sie davon"

⇨ umlenken

- „Zwei Wochen Lieferzeit sind Ihnen also zu lange … Was würde sich ändern, wenn wir innerhalb einer Woche liefern könnten?"

Kommunikation: des Pudels Kern

129 Checkliste
Einwandbehandlung am Telefon

	relevant	nicht relevant	Anmerkungen
• „Sie zögern … Was müßte sich ändern, damit …"			
⇨ Bumerang			
• „Sie wenden ein, daß … Genau deshalb sollten Sie unser Angebot wahrnehmen!"			
• „… Dazu würde mein Kollege aus der Technik …"			
• „Ah ja, Sie sind also der Meinung … Wollen wir genau das zur Nagelprobe machen?!"			
⇨ Gegenfrage			
• „Sie fragen … Was genau meinen Sie damit?"			
• „Sie sagen … Meinen Sie damit …"			
⇨ Abwägen lassen			
• Für und Wider katalogisieren – was überwiegt?			
• „Wieviel Zeit/welche Personen möchten Sie haben/hinzuziehen?"			
⇨ Bestätigung holen			
• „Ist das für Sie o.k.?"			
• „Habe ich Ihre Frage damit eingehend beantwortet?"			
• „Fürs erste – o.k.?"			
• „Was möchten Sie noch wissen – oder …?!"			
☐ Einwand – Vorwand?			
⇨ Die Einwandkette			
• Sie beantworten eine Frage – die nächste folgt …			

Einwandbehandlung am Telefon

Checkliste 129

	relevant	nicht relevant	Anmerkungen
• … und Ihre Antwort – und die nächste folgt …			
• Stoppen Sie!			
⇨ Die Kontrollfrage			
• „Wenn ich auf Ihre Frage die passende Antwort habe – sagen Sie dann ja?!"			
• „Wenn wir diese Frage geklärt haben – was sonst noch …?"			
⇨ „Das kläre ich gern für Sie und rufe Sie wieder an. Was sonst …?"			
⇨ Vorwand heißt, etwas anderes steckt dahinter			
• Partner versucht, Zeit zu gewinnen			
• Partner möchte „nein" sagen, ohne Ihnen weh zu tun			
• Partner versteckt einen anderen Grund, den er nicht nennen möchte			
⇨ Nein provozieren			
• Wiederholen Sie einen wichtigen Filter (Preis, Lieferzeit …)			
• Fragen Sie, ob besser zu einem späteren Zeitpunkt …			
• Fragen Sie konkret nach dem Auftrag!			
⇨ Erfragen Sie versteckte Gründe			
• Kunden vorschieben: „Viele … sagen, sie … – spielt das bei Ihnen auch eine Rolle?!"			
• Geld: „Es geht ja um … Paßt das in Ihre Budgetplanung?!"			
☐ Flexible Antworten			
⇨ Sie sind gewappnet			

Kommunikation: des Pudels Kern

129 Checkliste
Einwandbehandlung am Telefon

	relevant	nicht relevant	Anmerkungen
• Antworten parat haben			
• damit erst herausrücken, wenn erforderlich			
⇨ Zeitpunkt abwarten			
• Halten Sie Ihre Argumente zurück			
• Provozieren Sie Einwände nur, wenn Partner offensichtlich welche versteckt (Vorwand)			
⇨ Lernen aus Einwänden			
• Zuhören ist gerade bei Einwänden wichtig			
• Multiplizieren Sie Ihre Erfahrungen (Kollegen, Mitarbeiter …)			
• Achten Sie vor allem auf Erfolge aufgrund Ihrer Antworten: Was kommt gut an?!			
• Ändern Sie Antworten aufgrund von Erfahrungen			
⇨ kreativ um die Ecke denken			
• Überraschendes tun und sagen			
• Übertragen Sie Erfahrungen aus anderen Bereichen auf den Ihren			
3. Wie bereiten Sie sich/andere auf Einwände vor?			
☐ Sammeln			
⇨ Hören Sie gut zu – und notieren Sie!			
• Ihre Antworten			
• Welche Antworten geben andere (Meetings zum Austausch)?			
• Wie war die Kunden-Reaktion darauf?			
⇨ Sammeln Sie Antworten			

Einwandbehandlung am Telefon

Checkliste 129

	relevant	nicht relevant	Anmerkungen
• Es gibt immer mehrere zur gleichen Frage!			
• Verschiedene Menschen reagieren unterschiedlich auf Ihre Antworten			
• Was sagen Kollegen?			
⇨ Von Dritten lernen			
• Was sagt der Mitbewerb?			
• Welche Antworten geben Agenten in anderen Branchen zu ähnlichen Themen?			
• Was steht in Büchern, Magazinen?			
• Was ist auf Kongressen, in Schulungen zu erfahren?			
⇨ Testen Sie mögliche Antworten			
• intern: Wie finden das andere?			
• extern: Wie kommt was an?			
☐ Nutzenargumente			
⇨ Einwände können heißen, Nutzen ist nicht verständlich angekommen			
• Wiederholen Sie Ihre Nutzenvorteile (mit anderen Worten)			
• Ergänzen Sie sie (aus Ihrem Gesamtfundus)			
⇨ Formulieren Sie in Frageform			
• „Was halten Sie davon …?"			
• „Wäre das eine Antwort: …?"			
• „Sie meinen, es sollte …?"			
⇨ Lassen Sie andere sprechen			
• „Da meinte letzte Woche ein Kollege Ihrer Branche …"			
• „XYZ hat darüber geschrieben …"			

Kommunikation: des Pudels Kern

129 Checkliste
Einwandbehandlung am Telefon

	relevant	nicht relevant	Anmerkungen
• _____			
⇨ Übersetzen Sie („Das bedeutet …")			
• „… zwölf geliefert, nur zehn bezahlt"			
• „… drei mehr – und schon sind das fünf Prozent Rabatt!"			
• „… gleiche Leistung mit halbem Einsatz …"			
• „… amortisiert sich in nur drei Monaten!"			
• „… Sie sind der erste in Ihrer Branche … Nase vorn!"			
☐ Üben von Einstellungen			
⇨ Trockentraining			
• auf Zuruf Antworten verlangen			
• mit (z. B.) Karten: Einwand/Übergang/Antwort richtig zusammenstellen			
⇨ Rollenspiele			
• mit Videoaufzeichnung			
• mit Audioaufzeichnung			
• … und jeweiliger Analyse			
• … einzeln und/oder in der Gruppe			
⇨ Theater spielen			
• übertriebenes Darstellen „klassischer" Einwandtechniken			
• Diskussion von Gefühlen dazu			
☐ Einwandantworten als Unterlage aufbereitet			
⇨ Katalog			
• gedruckte Broschüre			
• Ordner (Loseblatt, änder-/ergänzbar)			

Checkliste **129**

Einwandbehandlung am Telefon

	relevant	nicht relevant	Anmerkungen
⇨ umgesetzte Unterlage			
• Klapp-Chart (unterschiedlich lange Blätter, Stichwort erkennbar zum Aufklappen)			
• Karteikartensystem			
• Rollage			
• Tisch-Display zum Klappen			
⇨ Pfad im PC			
• Stichwortweiterführung			
• Popup-Menü (Stichwort in Übersicht, Doppelklick …)			

130 Checkliste

Einwandbehandlung am Telefon: Einwände konkret

	relevant	nicht relevant	Anmerkungen

☐ Schicken Sie doch mal …

⇨ „Ja, gern. Was genau … Deshalb rufe ich Sie ja an! Interessiert Sie eher … oder …"

⇨ „Natürlich lasse ich Ihnen erste Unterlagen … vor unserem persönlichen Gespräch. Wann? … oder …?"

⇨ „Schön, daß Sie danach fragen: Den umfangreichen Katalog habe ich dann dabei. Da kann ich Ihnen gerne genau zeigen …"

⇨ „Sehen Sie, ich bin für Sie ein lebender Katalog – und mehr als das: Bei mir kriegen Sie Ihre Antworten gleich, ohne suchen zu müssen …"

⇨ „Und Sie möchten die Informationen gerne rasch? Dann nennen Sie mir doch Ihre Fax-Nummer, Sie haben die 2 Seiten A4 innerhalb der nächsten 5 Minuten. Wann rufe ich Sie wieder an …?!"

• Ihre Variante:

....

☐ Preisfrage

⇨ „Sie fragen nach dem Preis. An welche Menge denken Sie?"

⇨ „Aah, Sie sind schon bei der Preisfrage … Gern, bleibt zunächst zu klären, könnten wir denn zu Ihrem Wunsch-Zeitpunkt auch liefern?"

⇨ „Nun, was genau meinen Sie mit ‚zu teuer'? Womit vergleichen Sie?"

⇨ „Sie möchten den Wert einschätzen, das verstehe ich. Dazu gehört neben dem Preis natürlich auch die Aus-

Checkliste **130**

Einwandbehandlung am Telefon: Einwände konkret

	relevant	nicht relevant	Anmerkungen

stattung. Also z. B. ... Worauf würden Sie verzichten wollen?"

⇨ „Ja, natürlich kostet diese Leistung auch etwas. Überraschend wenig, sagen unsere Kunden. Nämlich ..."

⇨ „15 % Rabatt, aha. Was sagen Sie Ihrem Kunden, wenn er eine solche Forderung nennt, ohne sie zu begründen?"

- Ihre Variante:

  ....

☐ Platzfrage

⇨ „Die Regale sind voll ... Was müßte geschehen, damit ..."

⇨ „Danke, daß Sie das so offen sagen! Das bringt mich zum Thema ‚Verkaufshilfen', die gibt es ..."

⇨ „Ja, ein wichtiges Thema. Denn genau deshalb spreche ich ja mit Ihnen, Herr ...: Wir liefern das innovative Produkt zu günstigen Preisen. Sie sorgen für den Platz ..."

⇨ „Wenn Sie möchten, schaffe ich Ihnen zusätzlichen Platz, durch ein Rundregal, das braucht nur einen halben Quadratmeter ..."

- Ihre Variante:

  ....

☐ Zeitfrage

⇨ „Sie möchten ‚darüber schlafen', das verstehe ich. Frage – was ist morgen anders als heute?"

⇨ „Sie benötigen noch etwas Zeit, einverstanden. Was kann ich jetzt noch dazu tun ..."

Kommunikation: des Pudels Kern

130 Checkliste
Einwandbehandlung am Telefon: Einwände konkret

	relevant	nicht relevant	Anmerkungen

⇨ „Sie entscheiden dann, wenn Sie möchten! Mein Gefühl ist, ich habe Ihnen Ihre persönlichen Vorteile zuwenig gut präsentiert. Sagen Sie mir bitte, was …"

⇨ „Jetzt sind Sie anderweitig beschäftigt – statt zu stören, rufe ich gern zu einer für Sie günstigeren Zeit wieder an. Paßt Ihnen besser die gleiche Tageszeit am … oder generell eher …?!"

⇨ „Klar, Zeit ist Geld. Dieses Angebot darf ich Ihnen hier und heute geben. Danach gelten wieder die üblichen Preise, die sind ja auch günstig. Und heute noch … Prozent drunter!"

⇨ „Zeit wird immer wichtiger … Deshalb rufe ich Sie ja an, statt einfach vorbeizukommen. Damit Sie entscheiden können, wann Sie eine halbe Stunde … weil … Wann … oder …?!"

• Ihre Variante:

    ....

Checkliste **131**

Fragestrukturen im Telefongespräch

	relevant	nicht relevant	Anmerkungen
Frageformulierungen			
☐ Frage in Grammatik und Diskurs			
⇨ Aussage vs. Frage			
• Frage (Ist das so?) als Gegensatz zur Aussage (Das ist so!)			
• Eine Aussage ist inhaltlich eine Behauptung (die ggf. begründet werden muß)			
⇨ Frage und Dialog			
• Aussage ist einseitig auf den Partner gerichtet (übertrieben, also „friß oder stirb" = akzeptiere oder widersprich)			
• Frage fordert zur Antwort auf, verlangt also Dialog (und erwartet ihn)			
⇨ Satzstruktur zur Erkennung			
• Im Aussagesatz steht das Prädikat in der Mitte des Satzes (eben die „Satzaussage"): „Dr. Müller verkauft Brockhaus Enzyklopädien."			
• Gleiches gilt in „Befehlssätzen" (Aufforderung): „Dr. Müller, verkaufen Sie Brockhaus Enzyklopädien!"			
• Im Fragesatz steht das Prädikat am Anfang des Satzes: „Verkauft Dr. Müller Brockhaus Enzyklopädien?"			
⇨ Fragewörter zur Erkennung			
• An die zweite Stelle im Satz rückt die Aussage in der „W-Frage"			
• Entsprechende Fragewörter sind „wer, was, wo, wie, warum" usw.			
• Beispiele: „Warum verkauft Dr. Müller Brockhaus Enzyklopädien?" oder „Wann verkauft …?"			

Kommunikation: des Pudels Kern

131 *Checkliste*
Fragestrukturen im Telefongespräch

	relevant	nicht relevant	Anmerkungen

oder „An wen verkauft …?" oder „Wo verkauft …?"

⇨ Antworten auf Fragen

- Grammatikalisch normale Frageform führt nur zu Kurzantwort (ja/nein/eventuell) (schließende Fragen)

- W-Frage führt zu ausführlicher Antwort (öffnende Fragen)

- Wieso/warum/wozu fordert zu Meinungsäußerung und Begründung auf (Reklamation, Einwand)

⇨ Frage-Intonation

- Satzmelodie eindeutig unterschieden: Aussage = nach unten gehend mit Satzende

- Frage endet mit Hochgehen der Satzmelodie (unabhängig von Satzstruktur)

☐ Öffnende Fragen

⇨ Alle W-Fragen fordern zu ausführlicher Antwort auf

- Es entsteht ein Dialog: Schweigepartner werden ins Gespräch gezogen

- Mancher Partner fühlt sich ausgefragt

⇨ Informationsfragen

- Antworten bieten die Chance, genauer auf den Gesprächspartner einzugehen

- Eine geschickt gestellte Frage beinhaltet zugleich Informationen für den Partner

⇨ Denkfragen

Checkliste **131**

Fragestrukturen im Telefongespräch

	relevant	nicht relevant	Anmerkungen
• Aufforderung zur Antwort bedingt Nachdenken des Partners			
• Zugleich entsteht für den Frager eine „Denkpause" fürs Folgende			
☐ Schließende Fragen			
⇨ Fragengrundstruktur			
⇨ sind Kontaktfragen			
⇨ sorgen für Dialog			
• helfen dem Agenten, das Gespräch zu führen			
• geben dem Gesprächspartner die Chance, mitzureden			
• sind vor allem zu Beginn und am Ende des Gesprächs sinnvoll und hilfreich			
⇨ Leitfaden			
• am Ende jeder Präsentation einbauen			
• kontrolliert das Fließen des Dialogs			
• bremst den Agenten (sonst Gefahr eines Monologs)			
☐ Alternativfrage			
⇨ als Zwischenform von „öffnend und schließend"			
• läßt dem Partner die Wahl zwischen zwei (oder mehr) „Jas"			
• ist in gewissem Sinn suggestiv			
• überläßt die Entscheidung dem Partner, doch vorbereitet			
⇨ Frage-Einleitung			
• „Welche dieser drei Möglichkeiten kommt Ihnen am meisten entgegen: …?"			

Kommunikation: des Pudels Kern

517

131 Checkliste
Fragestrukturen im Telefongespräch

	relevant	nicht relevant	Anmerkungen
• „Was gefällt Ihnen besser – a oder b?"			
⇨ Typische Anwendungen			
• Bedarfsanalyse, gestützt durch zwei oder drei Wahlmöglichkeiten			
• Terminvereinbarung			
• Auswahl von Produktvariationen			
☐ Pseudofragen			
⇨ rhetorische Frage			
• Ist als Frage formuliert, ohne eine Antwort zu fordern			
• Antwort wird meist selbst gegeben			
• Beispiel: „Und warum wohl sollten wir noch ein altes Produkt im Angebot haben?!"			
⇨ Kontrollfrage			
• als bewußtes Unterbrechen eines eigenen Monologs, um den Dialog aufrechtzuerhalten			
• zur Klärung, ob Partner auch im Gespräch bleibt (also zuhört und mitdenkt)			
• um Bestätigung abzuholen für Akzeptanz eines Arguments			
• Beispiel: „… und so garantieren wir … Ist das auch für Sie wichtig, Herr Oberhuber?"			
⇨ Suggestivfrage			
• selten sinnvoll anzuwenden, meist abzulehnen			
• versucht, dem Partner die Entscheidung zu nehmen			
• scheinbare Akzeptanz weicht im nachhinein entstehender Ablehnung			

Checkliste 131

Fragestrukturen im Telefongespräch

	relevant	nicht relevant	Anmerkungen

- Beispiel: „Das ist doch sicher auch Ihre Meinung, oder?!"
⇨ Aussagefrage
- Frage ist formuliert wie eine Aussage
- Die Frage-Intonation zeigt dem Hörer deutlich, daß der Sprecher eine Frage stellt
☐ Frageketten
⇨ APINA-System (nach Günther Greff)

A Analysefragen stellen = „öffnende Frage"
(Beispiel: „Herr Oberhuber, über wieviele Kunden sprechen wir?", „Sind diese alle ähnlich strukturiert?", „Welche Menge käme in Frage?")

P Problemfragen stellen = „schließende Frage" (Nein-Antworten = Mangelerleben)
(Beispiel: „Sind Sie mit dem jetzigen Zustand zufrieden?" Lösung …)

I Implikationsfragen stellen = „öffnende Frage"
(Beispiel: „Sie sagen … Was geht da verloren an …?!")

N Nützlichkeitsfragen stellen = „schließende Frage"
(Beispiel: „Ist es richtig, daß mehr Neukunden für weniger Geld gewinnen für Sie interessant wäre?")

A Abschlußfragen stellen = „Alternativfrage" (schließend, Entscheid)
(Beispiel: „Wenn Sie sich entschließen, sich mein Angebot näher anzusehen – paßt Ihnen dann besser … oder …?!", „Genügt es Ihnen, wenn

Kommunikation: des Pudels Kern

131 Checkliste
Fragestrukturen im Telefongespräch

	relevant	nicht relevant	Anmerkungen
ich Ihnen zunächst ... zukommen lasse – oder entscheiden Sie lieber aufgrund einer konkreten ...?!")			
⇨ Ziel: Ja-Folge erreichen			
• Chance: Partner sagt am Ende „Ja", also natürliche Folge			
• Gefahr: Partner ermüdet, fühlt sich ausgefragt			
• Pseudodialog? Entscheidungschance Partner?			
⇨ Vorsicht vor suggestiven Fragen!			

Checkliste **132**

Fragen im Telefongespräch einsetzen

	relevant	nicht relevant	Anmerkungen

1. Wann welche Fragen im Gespräch?

☐ Gesprächseinstieg

⇨ schließende Fragen

- Partner klären: Zuständigkeit?
- Thema klären: Richtig dort?
- Bedarfsanalyse

⇨ öffnende Fragen

- Wer (sonst) ist zuständig? (Wenn nicht bekannt)
- Wann erreichbar? (Wenn nicht da)

⇨ Kontrollfragen

- Es ist doch richtig, daß … (Sie zuständig sind, Sie das und das anbieten…)
- Das ist doch interessant für Sie?! (Mein Angebot, diese Nutzen …)

☐ Frage-Antwort-Spiel: der Hauptteil

⇨ öffnende Fragen

- geben Informationen als Basis für einzusetzende Argumente
- helfen dem aktiven Partner, die Nutzen zu formulieren
- geben dem Gesprächspartner die Chance, „richtig" mitzureden

⇨ Alternativfragen (siehe oben)

⇨ Kontrollfragen

- die einzige Form der schließenden Frage, die in diesem Dialogteil vorkommen sollte
- halten den Dialog dann aufrecht, wenn Präsentation relativ lange dauert
- holen Bestätigung für Argumente

Kommunikation: des Pudels Kern

132 Checkliste
Fragen im Telefongespräch einsetzen

	relevant	nicht relevant	Anmerkungen

⇨ rhetorische Fragen
- halten den Dialog aufrecht
- Führung bleibt „trotzdem" beim Agenten

☐ Gesprächsabschluß

⇨ schließende Fragen
- Ist alles besprochen?
- „Habe ich alle Ihre Fragen beantwortet?"
- „Ist aus Ihrer Sicht noch Klärungsbedarf?"

⇨ Alternativfragen
- zum Treffen der Vereinbarung
- „Paßt es Ihnen besser … oder …?!"

⇨ Kontrollfragen
- Mißverständnisse rechtzeitig ausräumen
- „Habe ich also richtig verstanden, Sie möchten …"
- „Darf ich zusammenfassen? …"

⇨ Suggestivfragen
- Sehr vorsichtig handzuhaben!!
- Im Moment stimmt Gesprächspartner zu, im nachhinein entstehen Fragezeichen (und dann haben Sie keinerlei Einfluß mehr!)
- „Auch Sie sind doch bestimmt der Meinung wie XYZ, daß…?!"

2. Die Frage als „Retter"

☐ Dialog entwickeln

⇨ redefaule Gesprächspartner ins Gespräch ziehen

Checkliste **132**

Fragen im Telefongespräch einsetzen

	relevant	nicht relevant	Anmerkungen

- öffnende Fragen
- Kontrollfragen
- ⇨ Dauerredner bremsen
- in einer Form, die kaum als Unterbrechung empfunden wird
- schließende Fragen („Sie meinen also …" mit kurzer Wiederholung des Gesagten)
- Kontrollfragen („Habe ich Sie richtig verstanden …")
- ⇨ Gesprächspausen überbrücken
- Helfen Sie sich selbst
- „Sind Sie …", „Kennen Sie …"
- ☐ Gegenfrage
- ⇨ Zeit gewinnen
- in dieser Zeit Antwort überlegen
- Auch der Gesprächspartner denkt neuerlich über die eigene Frage nach
- ⇨ Einwand klären
- Signalisieren Sie gemeinsame Sicht
- Lassen Sie den Gesprächspartner Ihre Position einnehmen
- „Da sollten Sie uns aber mindestens 10 % Rabatt geben!!", „Was würden Sie sagen, wenn Ihr Kunde 10 % Rabatt von Ihnen verlangt?"
- ⇨ Gegenfrage als Rückfrage
- „Interessante Frage – was würden Sie selbst darauf antworten?"
- verlangt in jedem Fall zunächst Rückbestätigung an den Gesprächspartner

Kommunikation: des Pudels Kern

133 Checkliste
Telefongespräch: Zusammenfassung als Strategie für gelungene Kommunikation

	relevant	nicht relevant	Anmerkungen

1. Der kontrollierte Dialog

☐ Ankündigen

⇨ Thema benennen

- „Lassen Sie uns nun nochmals ansehen, was …"
- „Einverstanden, wenn ich jetzt kurz resümiere?!"

⇨ Dritter wird erwähnt (als Verstärker)

- „Ein Kunde sagte mir letzte Woche genau das gleiche"
- „Für viele unserer Kunden ist eben das besonders wichtig …"

⇨ Aufzählung

- „Die drei besonderen Vorteile sind also …"
- „Vor allem diese vier Aspekte sind demnach hervorzuheben …"

⇨ Gesprächseinstieg

- Wiederholen der Vereinbarung vom Vor-Telefonat
- definiert das Thema des aktuellen Telefonats

☐ Wiederholen

⇨ an einer anderen Stelle

- im Hauptdialog des Gesprächs
- evtl. ein zweites Mal einige Sätze später
- zum Gesprächsabschluß erneut

⇨ mit anderen Worten

- „Alles kommt komplett in einer Lieferung …"

Checkliste **133**

Telefongespräch: Zusammenfassung als Strategie für gelungene Kommunikation

	relevant	nicht relevant	Anmerkungen
• „Das bedeutet für Sie, Sie verfügen sofort über die …"			
⇨ in einer anderen Struktur			
• „500 Mark sparen – gleich alles geliefert kriegen – und die Einweisung ist gratis, das ist mein Angebot heute …"			
• „Nun, was ist für Sie das Wichtigste? 1. Sie sparen 500 Mark gegenüber dem späteren Preis. 2. Sie kriegen gleich alles komplett auf einmal und verfügen darüber. 3. Selbstverständlich weist unser Service-Techniker Sie ein – und gratis ist das auch noch …"			
⇨ in gleichen Worten			
• wenn Sie den Eindruck haben, Ihr Partner habe nur Teile aufgenommen (Weghören, Ablenkung)			
• wenn Sie eine Aussage besonders betonen möchten („nuanciert formulieren")			
• wenn Sie eine Aussage Ihres Gesprächspartners so gut finden, daß Sie sie verstärken möchten			
• wenn Sie Ihrem Partner signalisieren möchten „Finde ich gut, ich habe gut zugehört!"			
☐ Spezialanwendungen			
⇨ Einwandbehandlung			
• Überleitung „Ich verstehe das …" – und Ihre Aussage wiederholen			
• Wiederholen der Aussage des Partners, evtl. leicht verändert – und einen anderen Punkt anschließen			

Kommunikation: des Pudels Kern

525

133 Checkliste

Telefongespräch: Zusammenfassung als Strategie für gelungene Kommunikation

	relevant	nicht relevant	Anmerkungen

- Beispiel: „Also – kein Interesse!" „Eigentlich sind Sie also weniger interessiert. Was müßte sich ändern …"

⇨ Eigene Aussagen „kontrollieren"

- „Lassen Sie mich die wichtigsten Punkte zusammenfassen …"

- „… habe ich mich so verständlich gemacht?!"

⇨ Die Aussagen des Partners „kontrollieren"

- „Habe ich Sie richtig verstanden …"

- „Sie meinen also …"

⇨ Pausen-Management (siehe unten)

2. Zusammenfassung und Wiederholung als Dialogförderer

☐ Wiederholung als Bremse

⇨ statt zu unterbrechen

- Sie wiederholen Worte des Partners als Bestätigung

- Sie verleiten ihn so zum Schweigen (seinen eigenen Worten lauscht jeder gern!)

⇨ Retter bei renitenten Reklamierern

- lassen sich anders kaum unterbrechen

- fühlen sich bestätigt, ohne daß Sie „recht geben" (das wäre gefährlich!)

⇨ verbinden mit Hinweis auf „Notizen"

- Bestätigen Sie so, daß Sie den Anruf ernst nehmen

Checkliste **133**

Telefongespräch: Zusammenfassung als Strategie für gelungene Kommunikation

	relevant	nicht relevant	Anmerkungen
• Machen Sie aufmerksam, daß Aussagen des Anrufers durch Notieren natürlich festgehalten werden (und nicht mehr einfach so „dahingesagt" sein können!)			
☐ Wiederholung zum Gasgeben			
⇨ Bestätigung mit Aufforderung			
• „… – und was möchten Sie nun, daß …?"			
• „… und jetzt soll ich also …?!"			
• „Wenn Sie sagen (Wiederholung) – was meinen Sie genau damit?"			
⇨ starkes Zuhörsignal			
• „Sie sagen also …" – Pause –			
• „Aha – … (einige Worte wiederholt) – aha …"			
☐ Wiederholen für Pausen			
⇨ als Pausenfüller			
• Schweigen dauert zu lange			
• Sie sprechen, statt Pause entstehen zu lassen			
⇨ fürs eigene „Gedankenfassen"			
• Sie gewinnen Zeit, „in Ruhe" eine Antwort zu überlegen			
• Sie benötigen die Wiederholung, die Frage/Aussage besser zu verstehen			
⇨ dem anderen Gelegenheit zum Nachdenken geben			
• Sie verschaffen Ihrem Gesprächspartner Zeit			
• Ihr Partner kann das Gehörte nochmals in Ruhe verarbeiten			

Kommunikation: des Pudels Kern

133 Checkliste
Telefongespräch: Zusammenfassung als Strategie für gelungene Kommunikation

	relevant	nicht relevant	Anmerkungen

3. Zusammenfassung am Gesprächsabschluß

☐ Vereinbarung

⇨ Bestellung

- wiederholen und ergänzen (z.B. Liefertermin, Versandkosten, Gesamtsumme, Rabatt …)
- wiederholen und auffordern („Was sonst …", „Ist für Sie …")
- wiederholen und danken
- wiederholen und controllen („So richtig?!")
- wiederholen und verabschieden („Schönen Tag noch!")

⇨ Termin

- ins Gedächtnis einprägen
- kontrollieren, ob Übereinstimmung
- klarmachen durch Auffordern zum Eintragen (eigenen Kalender, Sekretärin …)
- absichern durch Kontrolle des Partners (hat er wirklich Zeit – oder einen anderen Termin übersehen)
- festigen durch Ergänzung („Wie komme ich zu Ihnen?", „Parken vor dem Haus?", „Kaffee steht dann schon für Sie bereit!")

⇨ Hol- und Bringschuld

- Einleitung „Dann machen wir das also wie vereinbart: …"
- kurzes Zusammenfassen, was geschehen soll
- bleibt im Gedächtnis positiv haften

Telefongespräch: Zusammenfassung als Strategie für gelungene Kommunikation

Checkliste **133**

	relevant	nicht relevant	Anmerkungen
• ist ein guter Einstieg fürs Folgetelefonat			
⇨ Verstärken wichtiger Argumente			
• ruft zum Abschluß die Nutzenvorteile für den Kunden ins Gedächtnis zurück			
• hilft, positive Sichtweisen zu plazieren			
• bietet die Chance, zusätzliche Vorteile einzubauen und zu ergänzen			
⇨ Basis fürs erneute Telefonat			
• beinhaltet Erlaubnis für weiteren Anruf			
• bringt Erinnerung ans Vortelefonat beim Folgekontakt			
☐ Gesprächsprotokoll			
⇨ Reklamationen			
• Alles richtig verstanden?			
• Steht Kunde im Detail zu den Aussagen?			
⇨ Bestellungen			
• Alles richtig verstanden?			
• Kunden möchte verändern?			
• rechtliche Absicherung „mündlich eindeutig vereinbart"			

134 Checkliste
Strukturen für den Aufbau des Gesprächsleitfadens

	relevant	nicht relevant	Anmerkungen

1. **Lineare Strukturen**
   (Zu jedem Stichwort gehört ein entsprechender Schlüsselsatz im Gesprächsablauf: Agent hangelt sich von Stichwort zu Stichwort und hat so einen klaren Weg vor sich – mit Beginn und Abschluß.)

☐ ... für den Gesprächsablauf

⇨ START – ZIEL

- aus vielerlei Wettbewerbsaktivitäten entlehntes, klares Bild
- paßt zu jedem Menschentyp
- paßt zum Gesprächsablauf: mindestens zwei laufen nebeneinander (nicht unbedingt gegeneinander!)
- Beispiel

  START

  gemeinsam aus den Blöcken

  Staffellauf „Frage und Antwort"

  Zwischenspurt

  Endspurt

  ZIEL

⇨ für Kinästheten

- in der Reihenfolge des Empfindens
- Elemente können sich wiederholen (warmhalten z. B.)
- kalt
- anwärmen
- lauwarm
- heißmachen
- warmhalten

Checkliste **134**

Strukturen für den Aufbau des Gesprächsleitfadens

	relevant	nicht relevant	Anmerkungen
• Schulterschluß			
⇨ für Visuelle: stockdunkel – gleißend hell			
• stockdunkel			
• Dämmerung			
• Aufblitzen von Interesse			
• Es hellt auf			
• gleißend hell			
⇨ für Auditive			
• Adagio … Furioso …			
• Funkstille			
• ruhige Begrüßung			
• leiser Austausch			
• Diskussion			
• Klangrepertoire			
• Kassenklingeln			
• Abschiedsgruß			
⇨ Begrüßung … Abschluß			
• geeignet für jede Art von Telefonat			
• Elemente können an anderer Stelle stehen (etwa „Small talk" erst nach „Abschluß" = Nachverkaufsgespräch!)			
Begrüßung			
Vorstellung			
(Small talk)			
Thematisierung			
Diskussion			
Fokussierung			

Kommunikation: des Pudels Kern

134 Checkliste

Strukturen für den Aufbau des Gesprächsleitfadens

	relevant	nicht relevant	Anmerkungen

- Vereinbarung
- Abschluß
- ⇨ klassische Gesprächsformeln, z.B. AIDA

  - A = Attention (Aufmerksamkeit gewinnen)
  - I = Interest (Interesse wecken)
  - D = Desire (Drang zum Kauf, Wunsch klären)
  - A = Action (Aufforderung, etwas zu tun)

- ☐ … nach einem Ziel-Motto
- ⇨ „Erfolg"
- mehr als Selbstbetrachtung und Eigenmotivation
- für jede Art von Outbound- …
- … oder auch Inbound-Gespräch

  - E Elegante Vorstellung: bravo!
  - R Ruhig den Bedarf analysiert – gut!
  - F Furios Interesse geweckt – stark!
  - O Ordentlich Nutzen vermittelt, es geht voran.
  - L Lauscher aufgestellt, Kaufsignale erkannt: Ja!
  - G Gratulation zum Erfolg!

- ⇨ „Auftrag"
- kommt als Belohnung, wenn Gespräch entsprechend geführt
- Kundensicht wird eingenommen

Checkliste **134**

Strukturen für den Aufbau des Gesprächsleitfadens

	relevant	nicht relevant	Anmerkungen

- für Telefonverkauf
- für Bestellannahme
  - A Angenehm: Meldetext und Stimme
  - U Unmittelbar: aufs Thema gekommen
  - F Freundlich: Bedürfnisse geklärt
  - T Talentiert: Argumente, Einwände
  - R Reagiert: Antworten gegeben
  - A Aufmerksam: zugehört
  - G Genehmigung: geklärt durch Zusammenfassen

⇨ „Kunden"

- in der Neukundenakquise
- in der Reklamationsbetreuung
  - K Kennenlernen (Wer? Was?)
  - U Unmittelbar einsteigen (Worum geht es?)
  - N Nähe signalisieren (nur für spezielle Kunden ... Zuhören)
  - D Diskussion (fragen, antworten)
  - E Einwände klären
  - N Nachhaltige Vereinbarungen treffen

⇨ _____
- _____
- _____

Kommunikation: des Pudels Kern

533

134 Checkliste

Strukturen für den Aufbau des Gesprächsleitfadens

	relevant	nicht relevant	Anmerkungen

- ☐ … nach einem Memo-Motto
- ⇨ Ihr Unternehmensname
- • ggf. Abkürzung
- • evtl. Name des Unternehmens Ihres Gesprächspartners
- ⇨ Ihr eigener Name
- • Vor- und/oder Nachname
- • Name des Partners
- ⇨ ALPEN (nach z.B. Rainer Frohnapfel)
- • als Bild, den Gipfel als Ziel zu erreichen
- • dynamisch nach oben gerichtet
  - A Ansprechen (den Anfang leicht machen – wie auf der Party)
  - L Loben (den Partner bestätigen, z.B. „nur für…")
  - P Pausieren (= Kunde sprechen lassen!)
  - E Einwände verstehen und als Interesse aufnehmen, beantworten
  - N Nachverkaufen (Small talk zum Ausklang)
- ⇨ APINA-Fragen (nach Günter Greff)
- • konsequent angewandt, kann diese Struktur das komplette Telefonat „bestreiten"
- • für Details siehe Checkliste 131
  - A Analyse-Fragen stellen
  - P Problem-Fragen stellen

Checkliste **134**

Strukturen für den Aufbau des Gesprächsleitfadens

	relevant	nicht relevant	Anmerkungen

- I Implikations-Fragen stellen
- N Nützlichkeits-Fragen stellen
- A Abschluß-Fragen stellen
- ☐ … mit Motivations-Motto
- ⇨ „Smiley"
  - S Start ins Gespräch
  - M Memo: warum Anruf?
  - I Interesse: wow!
  - L Lächeln und Lachen!!
  - E Einwände: toll!
  - Y YES!
- ⇨ „Beste"
- Winner-Winner-Sicht:
- „Ich bin der Beste – du bist der Beste!"
  - B „Bei Ihnen bin ich richtig!"
  - E „Es geht um Ihren Nutzen …"
  - S „Sehr gute Frage – genau deshalb …"
  - T „Tun Sie's lieber so – oder so?!"
  - E „Ein sehr guter Entscheid …"
- ⇨ Wettbewerbername
- Unternehmen (Top im Markt)
- Person (Bester im Unternehmen, im Markt)
- ⇨ privater Personenname
- Ehefrau, Tochter
- Idol, Leitbild (unabhängig vom Verkauf)

Kommunikation: des Pudels Kern

535

134 Checkliste
Strukturen für den Aufbau des Gesprächsleitfadens

	relevant	nicht relevant	Anmerkungen
⇨ „Zufrieden"			
• für Struktur „Reklamationsbearbeitung"			
• für Struktur „Kunden-Service" (Kundenbetreuung, Service-Hotline …)			
☐ Roter Faden und Checkliste			
⇨ Beibehalten des Weges			
• gerade für Neueinstieg (neuer Mitarbeiter, neue Aktion …)			
• Wegweiser bei Abweichungen im Gesprächsablauf			
⇨ Habe ich alles im Gespräch, was nötig ist? (Hier nur die Mittelteile des Gesprächs in Stichworten!)			
• Abonnenten gewinnen: +/- = 3 Ausgaben gratis/danach monatlich 69,–/ sollte wirklich nicht gefallen = faxen sie/mit jeder 4. Ausgabe Audio-Kassette bereits enthalten im Preis/von monatlich 69,–, wenn Sie Ihren Nutzen spüren/3 Ausgaben = Wert von 100,– Mark!/wenn Abo = Rechnung/ Abbuchung?/außerdem immer zum Monatsende Kündigung möglich			
• Termin für Finanzdienstleister: Gewünschter Partner? 3 Kriterien erfüllt (z.B. 1. Zahlt DM… Steuern, 2. Für ihn ist [Inflation] ein Thema, 3. Altersversorgung ist interessant)? Termin in Kalender eingetragen? Weg/Parken geklärt?			
• telefonische Mahnung: Korrekter Partner? Forderung geklärt/anerkannt? Art/Weg der Zahlung klar? Termin eindeutig? Nächster Schritt „ggf." klar? Controlling eingebaut?			

Checkliste **134**

Strukturen für den Aufbau des Gesprächsleitfadens

	relevant	nicht relevant	Anmerkungen

(z.B. Scheck gleich ausfüllen, vorab aufs Fax – und ab die Post!)

- Bestellannahme: Bereitschaft zur Annahme („Was kann ich für Sie tun?") – Identität Anrufer klären – alle Daten zur korrekten Bestellausführung erfragen/aufnehmen/erfassen – wiederholen und bestätigen lassen – Geburtsdatum o.ä. erforderlich? Mindestbestellwert erreicht? Alternative für „nicht lieferbar"? Liefertermin geklärt? Zusatzbestellung versucht? Dank und Freude

⇨ Führungsinstrument

- Leitfaden als feste Vorgabe, an der die erfolgte Leistung des Agenten gemessen wird
- Vereinbarung zwischen Agent und Leiter
- Lernfähigkeit des Agenten? (verinnerlichen statt auswendig lernen)

2. Optische Übersetzung

☐ Alternativführung

☐ Ja-Nein-Führung

☐ Motto visualisieren

⇨ Start-Ziel-Bahn

⇨ Auftragstreppe

3. Darstellung auf PC-Monitor

☐ Flußdiagramm

⇨ als „Guide-line" statt linearer Ablauf

⇨ als Übersetzung der Papiervorgabe

⇨ Springen durch „j" (für ja) und „n" (für nein)

Kommunikation: des Pudels Kern

134 Checkliste
Strukturen für den Aufbau des Gesprächsleitfadens

	relevant	nicht relevant	Anmerkungen
⇨ evtl. individuell ergänzbar/ausbaubar für jeden Agenten			
☐ Popup-Menü			
⇨ Pfadführung durchs Gespräch			
⇨ Direktsprünge möglich (Stichworteingabe)			
⇨ als Übersetzung der Papiervorgabe			
⇨ Querverbindung zwischen Aktionen			
• Spezialführung			
• universell gültige Teile des Gesprächs			
☐ Technische Hilfen			
⇨ Darstellung auf Großplakat			
⇨ Darstellung auf Großleinwand			
• Tele-Prompter			
• alternativ: Großbildschirm			
⇨ Darstellung im PC mit Hilfe eines Programms			
• z.B. CD-PHONE (Gabler Verlag, Wiesbaden)			
• z.B. IT-Train (ILT, Köln)			

Checkliste **135**

Varianten Marktforschung und Recherche

	relevant	nicht relevant	Anmerkungen

1. Basisdaten erheben zur Vorbereitung

☐ Vorqualifizieren

⇨ Datenbank Zieldefinition

- Wen erreichen? (Unternehmen, Personen)
- Wie viele erreichen?
- Mit welchen Daten?

⇨ Zieldatenbasis verändern

- komprimieren
- ausweiten

⇨ Stichprobe absichern

- Quotierung möglich?
- Zufallsverteilung möglich?

⇨ Datenbank vorbereiten

- Personen finden
- Kommunikationsdaten ergänzen

⇨ Erreichbarkeit der Gesprächspartner

- Zeit (und Dauer)
- Bereitschaft zum Gespräch
- Alternative („Stellvertretung")

☐ Aufwerten

⇨ Basis-Infos sind bereits vorhanden

- Unternehmensdaten
- Personendaten

⇨ Prüfen der Daten

- Abgleich
- Korrektur

⇨ Ergänzen der Daten

Kommunikation: des Pudels Kern

135 Checkliste
Varianten Marktforschung und Recherche

	relevant	nicht relevant	Anmerkungen
• zum Unternehmen			
• zur Person			
⇨ neue Daten			
• andere Personen			
• andere Themen			
☐ Identifizieren			
⇨ gewünschter Zielpartner			
• Unternehmen			
• Person im Unternehmen			
• Person privat			
⇨ zutreffender Kontakt (Funktion, Position)			
• zuständige Person im Unternehmen			
• privat: Interesse/Bedürfnis?			
⇨ Thema			
• zum Überwinden der „Schwellen"			
• zum raschen Finden			
• zum Vorbereiten des Gesprächspartners			
⇨ Kontaktfortsetzung			
• Wann?			
• Wo? (Evtl. andere Kommunikationsdaten, etwa statt privat = Büro oder umgekehrt)			
2. Recherchieren			
☐ Detailinterview			
⇨ W-Fragen klären			
• Wer was wann wo?			
• _____			

Checkliste **135**

Varianten Marktforschung und Recherche

	relevant	nicht relevant	Anmerkungen

⇨ Hintergründe erfragen
- Wann, wie und weshalb: Gründe
- Wozu? Ziele

⇨ Kontaktzahlen
- andere Jahre zum Vergleich
- andere Art von Vertiefung

⇨ weitere Quellen eruieren
- Personen
- Publikationen

☐ Journalistische Recherche

⇨ Kontaktrecherche
- Wer weiß mehr?
- Finden von Zeugen
- Aufspüren von Hintergrundbeteiligten

⇨ Inhaltsrecherche
  Was weiß Gesprächspartner?

⇨ Quellenrecherche
- Wo ist mehr zu erfahren?
- Direktabfrage per Telefon (Archiv …)

⇨ Kontaktschutz
- Pressefreiheit
- Anonymität zusichern?

⇨ Alternative
- Termin vereinbaren für persönliches Gespräch
- Schriftliche Unterlagen?

☐ Personalrecherche

⇨ Identifikation

Kommunikation: des Pudels Kern

135 Checkliste
Varianten Marktforschung und Recherche

	relevant	nicht relevant	Anmerkungen

- ist erfolgt und wird bestätigt
- wird ergänzt (weitere Details)
⇨ Interesse
- generell
- für die Position …
⇨ Bereitschaft
- Aktuell?
- Mobil?
⇨ Voraussetzungen
- vom Unternehmen gewünscht: Ausbildung, Erfahrung …
- vom Kontakt gewünscht: Position, Geld …
⇨ Vereinbarung
- persönliche Vorstellung (Ort, Zeit)
- späterer Wiederkontakt (Zeit, Thema)
☐ Bedarfsanalyse
⇨ Schließende Fragen
- „XYZ ist doch interessant für Sie?!"
- „Kommt … für Sie in Frage?!"
⇨ Öffnend gefragt
- „Welches Angebot kommt für Sie in Frage?"
- „Unter welcher Voraussetzung …?!"
⇨ Wahlfrage
  „Welches der folgenden … ist heute für Sie (und …) am ehesten interessant?!"

Varianten Marktforschung und Recherche

Checkliste 135

	relevant	nicht relevant	Anmerkungen

⇨ Was war bisher in diesem Bereich beim Gesprächspartner im Einsatz?

- Anbieter
- Produkt
- Über welchen Handelspartner?

⇨ Immer vorausgesetzt, Angebot ist interessant …

- Menge?
- Varianten?
- _____

136 Checkliste
Varianten Marktforschung und Recherche: Tiefergehende Sonderformen

	relevant	nicht relevant	Anmerkungen
☐ Fokus-Gruppe			
⇨ „Wichtiger Partner"			
• „Haben Sie als … ausgewählt"			
• „Ihr Urteil ist uns wichtig!"			
⇨ Thema			
• „Unser Ziel ist, folgendes herauszufinden: …"			
• (Kurzdefinition)			
⇨ Inhalt und Ablauf			
• „Dafür habe ich … Fragen"			
• Antworten vorgegeben			
• Ausführliche Aussagen?			
⇨ Ergänzungen			
• Weitere Anmerkungen, Anregungen?			
• Meinung zur Art der Befragung?			
⇨ Zusätze			
• 2. Stufe schriftlich			
• 2. Stufe persönlich			
☐ Vorverkaufen			
⇨ Information			
• Ankündigung			
• Einladung			
• Produkttest			
⇨ Begründung			
• Für gute Kunden			
• Für…………………………………			
• persönlich statt anonym!			
⇨ Welche Voraussetzungen?			

544   Die 166 besten Checklisten Call Center und Telefonmarketing

Checkliste **136**

Varianten Marktforschung und Recherche: Tiefergehende Sonderformen

	relevant	nicht relevant	Anmerkungen
• Kriterien?			
• „Was müßte geschehen/sich ändern, damit Sie …"			
⇨ Was wird gewünscht als nächster Schritt?			
• Präsentationsbesuch			
• Unterlagen (welche konkret?)			
⇨ Vorsicht, ob erwünscht!			
• Termin eher negativ (da Partner meint, vorentscheiden zu können)			
• Kompetenz für Beratung wäre erforderlich, ist jedoch nicht vorhanden			
• Ablehnung als Gefahr?			
☐ Bewerberinterview			
⇨ 3. Stufe am Telefon			
• nach Identifikationskontakt (1.)			
• nach Recherchetelefonat (2.)			
⇨ Personenwechsel im Kontakt?			
• evtl. jetzt Consultant direkt/ zuständiger Verantwortlicher			
• oder Ankündigung des Wechsels beim persönlichen Kontakt			
• Evtl. kristallisiert sich andere passende Stelle heraus?			
⇨ Hard facts im Detail			
• je nach Anforderung			
• Profil			
⇨ Soft facts			
• Einzelkämpfer/teamorientiert			
• eher lösungs-/prozeßorientiert			

Kommunikation: des Pudels Kern

136 Checkliste

Varianten Marktforschung und Recherche: Tiefergehende Sonderformen

	relevant	nicht relevant	Anmerkungen

- _____

☐ „all in one": mehrstufig vorantasten innerhalb eines Telefonats

⇨ Gesprächsthema mit Erstkontakt klären

⇨ Klären des passenden Gesprächspartners

⇨ Daten dazu erfragen

- Name, Vorname
- genaue Funktion/Position
- Telefonnebenstelle

- _____

⇨ Verbindung aufnehmen

- direkt weiterverbinden lassen
- erneuter Anruf bei Abwesenheit
- bewußt später anrufen und direkt anwählen

⇨ Gesprächsbereitschaft klären

- kann sprechen (allein, keine Besprechung ..., hat Zeit)
- will sprechen (jetzt oder später)

⇨ Thematisierung ...

- evtl. schon vorher
- kurz und prägnant
- evtl. mit Einleitung („Grund meines Anrufs ...")

Checkliste **137**

Leitfaden für Telefoninterviews: Marktforschung

	relevant	nicht relevant	Anmerkungen

1. Gestaltung des Leitfadens
- ☐ Strikte Vorgabe
- ⇨ Vergleichbarkeit
  - gleiche Fragen (und ggf. Antwortvorgaben)
  - gleiche Formulierungen
  - unvermeidbare Abweichungen durch Intonation etc. (dies auch im persönlichen Gespräch!)
- ⇨ Interviewereinfluss
  - geringer als im persönlichen Gespräch
  - im positiven Sinne stärker als „nur schriftlich"
- ⇨ Zeit
  - wird besser eingehalten
  - wichtig für Gesprächsbereitschaft!
- ☐ Vorerläuterung zur Frage
- ⇨ Situation
  - Partner kann sich eher ein Bild machen
  - Voraussetzungen klären
- ⇨ Begründung
  - stumme Fragen beantworten
  - Reaktanz vermeiden (Ablehnung)
- ⇨ Informationsbasis
  - in Erinnerung rufen
  - neu vermitteln
- ⇨ Absichern der Antworten
  - Verständnis ermöglichen
  - Sicherheit vermitteln (weil evt. Infos fehlen)

Kommunikation: des Pudels Kern

547

137 Checkliste
Leitfaden für Telefoninterviews: Marktforschung

	relevant	nicht relevant	Anmerkungen

- ☐ Öffnend – schließend?
- ⇨ Öffnend
  - Meinungen erfragen
  - Einstellungen herausfinden
- ⇨ schließend
  - Fakten ermitteln
  - Daten klären
- ⇨ Antworten vorgeben?
  - eine wählen/mehrere wählen
  - frei ergänzen
- ⇨ gestützt?
  - durch entsprechende Nennung
  - ohne Nennung
- ☐ Kritische Erfolgsfaktoren für hohe Antwortzahl
- ⇨ Stützen?
  - ungestützte Befragung
  - Nennung am Telefon
  - mehrstufig (Vorlagen schicken, vorher/nachher)
- ⇨ Zeit?
  - Kürze erhöht Antwortbereitschaft (Ermüdung vermeiden)
  - ankündigen und einhalten (Fragenzahl und erforderliche Interviewzeit)
- ⇨ Dankeschön-Geschenk
  - unabhängig von Antworten und vom Fragebogen, den der Agent ausfüllt
  - evt. alternativ/zusätzlich: Gewinnverlosung
- ⇨ Dankeschön-Versprechen

Checkliste **137**

Leitfaden für Telefoninterviews: Marktforschung

	relevant	nicht relevant	Anmerkungen
• Auswertung für alle, die möchten			
• Änderungen werden künftig berücksichtigt			
2. Ablauf des Telefoninterviews			
☐ Kontakt klären			
⇨ Begrüßung			
• Formel			
• Anrede Gesprächspartner			
• Klären Gesprächspartner (Spreche ich mit …/Bitte weiter an …)			
⇨ Vorstellung			
• Vorname, Name			
• Unternehmen, Ort (… bei …, …für …)			
⇨ Korrekter Partner?			
• Sie sind Herr…?!			
• Spreche ich mit dem Verantwortlichen für …?!			
⇨ Zeit?			
• Ist es für Sie o.k., wenn wir jetzt sprechen, dauert ca. … Minuten?!			
• Oder lieber (nahe Zeit!) …			
⇨ Thematisierung			
⇨ Bereitschaft?			
☐ Einleitung			
⇨ (Hinter-)Grund fürs Interview			
• Thema warum?			
• Gesprächspartner warum?			
• Wer steckt dahinter?			
⇨ Anonymisierung			
• wird verschlüsselt			
• ggf. kein Externer hat Zugang			

Kommunikation: des Pudels Kern

137 Checkliste
Leitfaden für Telefoninterviews: Marktforschung

	relevant	nicht relevant	Anmerkungen
⇨ Dankeschön-Geschenk, Incentive?			
• Giveaway (Kleinigkeit)			
• Verlosung			
• Preisausschreiben			
⇨ Interesse an Auswertung?			
• Sonderkonditionen für Teilnehmer			
• Vorab-Infos, falls gewünscht			
• Kurzbericht gratis?			
⇨ Basisdaten			
Je nach Erfordernis			
☐ Interview			
⇨ Fragenabfolge			
• Einleitung			
• … Fragen			
⇨ Einführung zur Frage			
⇨ Frage			
⇨ Antworten vorgegeben?			
⇨ Wahl/Antwort			
⇨ ggf. Bestätigung/Rückfrage			
☐ Ausklang			
⇨ Wie versprochen, nur … Minuten			
⇨ Danke fürs Mitmachen			
⇨ Was möchten Sie ergänzen/anmerken?			
⇨ evtl. ergänzende Daten abfragen			
• Haushalt			
• Unternehmen			
⇨ Bereitschaft, an weiteren Interviews teilzunehmen?			
⇨ Verabschiedung			

Checkliste 137

Leitfaden für Telefoninterviews: Marktforschung

	relevant	nicht relevant	Anmerkungen

3. Beispiel (in Stichworten)

☐ Kundenzufriedenheit: Befragung ehemaliger Kunden (Business)

⇨ Guten Tag – ich bin, Sie sind … Zeit für kurze Befragung (2 Minuten, 3 Fragen)? (Dankeschön-Geschenk)

⇨ Sie sind Kunde, länger nichts gekauft – dafür sicher Gründe

⇨ Haben Sie denn überhaupt noch Bedarf an XYZ? Sie oder wer sonst?

⇨ Wenn Sie letzte Lieferung erinnern …

- Qualität der Produkte (…) (Schulnoten 1–6)

- Sortiment: Breite und Tiefe?

- Preis-Leistungs-Verhältnis?

⇨ Wie waren Sie mit dem Service zufrieden?

- Beratung durch Verkäufer

- Begleitunterlagen und Aufstellen (…)

- Nach-Service per Telefon

⇨ Welches war letztlich der Grund, dass Sie nicht mehr bei uns gekauft haben?

- evtl. offen

- oder gestützt (je nach Wunsch mit obigen Punkte und evtl. weitere nennen)

⇨ Was müsste sich ändern, damit Sie wieder … (Achtung, Verkaufsgespräch sollte das weniger sein!)

Kommunikation: des Pudels Kern

138 Checkliste
Leitfaden für Besuchsterminierung

	relevant	nicht relevant	Anmerkungen

1. Leitfadengestaltung
- ☐ Relativ strikt
- ⇨ zielgerecht telefonieren
  „nur" Termin vereinbaren!
- ⇨ Vorverkaufen vermeiden
  - macht Termin eher unsicher (Gefahr des Abspringens)
  - Negativer Vorentscheid erschwert Kundengespräch bei Termin
- ⇨ Je nach Kompetenz des Agenten variieren?
- ⇨ gleichbleibende Qualität sichern
  - bei Tandem = zusammen mit dem festen Außendienstpartner
  - mit freien Terminpartnern
  - wechselnde Terminierer
- ⇨ je nach Gesprächspartner
  - Bekannter Kontakt?
  - Neuer Kontakt?
- ☐ Zieldefinition
- ⇨ Hauptziel
  - Termin erhalten
  - möglichst wunschgemäß (nahe, sicher)
- ⇨ Nebenziele
  - Qualifizieren des Kontakts
  - Bedarf klären
- ⇨ Alternativziele
  - Termin auf Messe
  - Gesprächspartner kommt ins Haus
  - _____

Checkliste 138

Leitfaden für Besuchsterminierung

	relevant	nicht relevant	Anmerkungen

⇨ „zur Not": Wiederanruf
☐ Termine für sich selbst legen
⇨ eher bei bestehendem Kontakt
⇨ flexibel im Gespräch
⇨ stärker vorqualifizieren
⇨ Vortelefonieren für Terminierer

2. Gesprächsablauf

☐ Kontakt klären
⇨ optimistische Begrüßung
- freundlich, offen, lächelnd
- landsmannschaftlich
- Formulierung je nach Tageszeit
⇨ Vorstellung
- Vorname, Name
- Unternehmen, Ort
- evtl. gleich „Ich rufe Sie an für …" (Partner, der dann kommt)
⇨ Gesprächspartner klären
- Vorname, Name
- Funktion, Position (oder mit „Thematisierung")
☐ Thema ins Spiel bringen
⇨ Bringschuld einlösen
   „Wir hatten Ihnen versprochen …"
⇨ Service
   „Jetzt gibt es den …"
⇨ Verpacken
- „Wenn es um… geht, da bin ich doch bei Ihnen richtig?!"
- „Sie sind doch derjenige, der sich um … kümmert?!"

Kommunikation: des Pudels Kern

138 Checkliste
Leitfaden für Besuchsterminierung

	relevant	nicht relevant	Anmerkungen

⇨ Memo
- „Sie hatten darum gebeten …"
- „Vereinbart hatten wir ja, 1mal im …"
☐ Gründe für Termin liefern
⇨ beim Kunden
- „Sie sind jetzt ja in der Vergabephase …"
- „Ihr Wunsch war es …"
⇨ nur noch kurze Zeit
  „… Vorteile für Sie!"
⇨ „Ich bin sowieso in der Nähe …"
- gefährlich: Nicht wichtig?
- Ablehnung provoziert?
☐ Termin vereinbaren
⇨ Zeitpunkt
- Tag, Datum
- Uhrzeit konkret (mehrfach nennen)
- evtl. krumme Uhrzeit wählen (merkt sich besser!)
⇨ Dauer
- „… genügen"
- „… es sei denn, Sie möchten länger"!
⇨ Alternativangebot
- „besser … oder…?"
- ferner/naher Termin
- erster Termin ungenau („vormittags"), zweiter Termin exakt (14:17 Uhr am Nachmittag)
- den selbst gewünschten zuletzt nennen (bleibt besser im Gedächtnis)

Leitfaden für Besuchsterminierung: Beispiel

Checkliste **139**

	relevant	nicht relevant	Anmerkungen
☐ Einstieg			
⇨ „Schönen guten Tag …"			
⇨ „… Herr Oberhuber …"			
⇨ „… ich bin …" (Vorname Name)			
⇨ „… ich rufe Sie an wegen XYZ …"			
⇨ „… Sie sind doch zuständig für …?!"			
⇨ „Deshalb rufe ich Sie an: …"			
☐ Dialog			
⇨ „Jetzt endlich können wir Ihnen persönlich etwas zeigen …"			
⇨ „… das Ihnen im Alltag ein Viertel Ihrer Arbeit abnimmt …"			
⇨ „Dafür genügt es, wenn Sie eine halbe Stunde reservieren,"			
⇨ „Herr XYZ kommt gerne zu Ihnen in die … Straße."			
⇨ „Paßt es Ihnen für diese Vorführung besser am … oder …?!"			
⇨ „Was ist der Grund dafür, daß Sie im Moment auf den Besuch verzichten möchten?"			
☐ Abschluß			
⇨ „Was müßte sich für Sie ändern …"			
⇨ „daß Sie sich … ohne Verpflichtung ansehen?"			
⇨ „Einverstanden, dann ruft Sie XYZ einen Tag vor dem Besuch direkt an …"			
⇨ „… um Ihr endgültiges o.k. einzuholen."			
⇨ „Dann machen wir das wie vereinbart: …"			

Kommunikation: des Pudels Kern

139 Checkliste
Leitfaden für Besuchsterminierung: Beispiel

	relevant	nicht relevant	Anmerkungen
⇨ „Herr …, danke Ihnen fürs freundliche Gespräch"			
⇨ „Schönen Tag noch!"			

Checkliste 140
Leitfaden für Messeterminierung

	relevant	nicht relevant	Anmerkungen

1. Leitfadengestaltung
- ☐ Relativ flexibel
- ⇨ individuelles Gespräch
- • Meist ist bereits ein Kontakt vorhanden
- • Information über den Gesprächspartner einbringen?!
- ⇨ Leitfadenvorgabe
- • Schlüsselsätze, die gut ankommen
- • „Light line" für die „einfachen" Gespräche
- ☐ Zieldefinition
- ⇨ Hauptziel
- • Zusage für Besuch am Messestand erhalten
- • Wunschtermin des Unternehmens (Start mit „schwierigen" Terminen = Zeiten nach und nach füllen)
- ⇨ Nebenziele
- • Daten aktualisieren
- • Vorplanung Folgejahr
- ☐ Innovativ: Kombiaktion
- ⇨ gesteuert vom Messeveranstalter
- • eigenes/fremdes Call Center
- • kostengünstiger als Einzelaktionen
- ⇨ für alle Aussteller
- • im Preis enthalten
- • auf Wunsch gegen Aufpreis
- ⇨ an alle (bekannten) Teilnehmer
- • nach Anmeldung

Kommunikation: des Pudels Kern

140 Checkliste
Leitfaden für Messeterminierung

	relevant	nicht relevant	Anmerkungen

- aus den vergangenen Jahren
- ⇨ an potentielle Teilnehmer
- zugleich Werbung für Teilnahme!
- auch an Kunden der Aussteller (auf Wunsch, Adressenpool)
- ⇨ Zusatzeffekte
- Koordination der Termine für die jeweiligen Aussteller
- Tour für Teilnehmer zusammenstellen
- Voraussetzung: gelungene Computersteuerung!

2. Gesprächsablauf

- ☐ Kontakt klären
- ⇨ optimistische Begrüßung
- freundlich, offen, lächelnd
- landsmannschaftlich
- je nach Tageszeit
- ⇨ Vorstellung
- Vorname, Name
- Unternehmen, Ort
- evtl. gleich „Ich rufe Sie an für …" (Partner, der dann kommt)
- ⇨ Gesprächspartner klären
- Vorname, Name
- Funktion, Position (oder mit „Thematisierung")
- ☐ Messebesuch generell ja/nein
- ⇨ aktueller Aufhänger
- Neues
- Aussteller (-Rekord?)

Checkliste 140

Leitfaden für Messeterminierung

	relevant	nicht relevant	Anmerkungen

⇨ gesprächspartnerbezogen (aus Kenntnis)

⇨ „Keine Zeit" (Argumente)

- Einmalige Chance …
- Je Kontakt nur … nötig!
- Wenn weitere Anreise: Bahn nutzen, Arbeitszeit gerettet!
- _____

⇨ „Kein Bedürfnis" (Argumente)

- Zusatzprodukte finden
- Konkurrenzanalyse
- Sich blicken lassen, Kontakte pflegen
- _____

⇨ Zusatzgründe

- Geschenk, wenn er zum Stand kommt
- günstigerer Eintritt im „Vorverkauf" (siehe Kombiaktion!)

☐ Besuch klären

⇨ Welcher Tag?

⇨ Tageszeit?

⇨ Konkrete Uhrzeit?

⇨ Konkreter Treffpunkt?

- Messestand
- anderswo
- Bei anderer Veranstaltung?

⇨ Alternative?

⇨ Welcher Partner aus dem Unternehmen?

Kommunikation: des Pudels Kern

140 Checkliste
Leitfaden für Messeterminierung

	relevant	nicht relevant	Anmerkungen

3. Nachfaßkontakt

☐ Kontakt wieder aufnehmen

⇨ Besuch geklappt?

- Messe generell
- Gespräch konkret
- Ausstellung/Stand?
- Danke, daß Sie da waren!

⇨ Vereinbarung?

　Bestätigen

⇨ (Verlosung, Preisausschreiben?)

☐ Nächsten Schritt vereinbaren

⇨ Kauf direkt?

⇨ Besuchstermin Außendienst? (Siehe Checkliste 138!)

⇨ Alternative

⇨ Wiedervorlage

⇨ Wiederkontakt telefonisch

⇨ Gleich Termin für Folgeveranstaltung vereinbaren?

Checkliste 141

Leitfaden für Messeterminierung: Beispiel

	relevant	nicht relevant	Anmerkungen

- ☐ Einstieg
- ⇨ „Schönen guten Tag, Herr…"
- ⇨ Vorname Name
- ⇨ „für XYZ"
- ⇨ „Herr …, zur ABC-Messe, da fahren Sie doch persönlich?"
- ⇨ (Ja, nein)
- ☐ Dialog
- ⇨ „Deshalb rufe ich Sie an",
- ⇨ „weil es dieses Mal ja … gibt, also weit mehr als bisher …"
- ⇨ „Und wir von der … haben Ihnen … zu bieten."
- ⇨ „Sie vor allem rufe ich zu Anfang an, damit Ihr Wunschtermin noch frei ist, mit …"
- ⇨ „Für Sie, Herr …, eher gleich am Vormittag – oder besser nach der Mittagspause, 14:18 Uhr z.B.?"
- ⇨ „Schade, daß Sie zunächst anders geplant haben …"
- ☐ Abschluß
- ⇨ „Womit könnte ich Sie locken?"
- • „Was könnte Sie noch umstimmen?"
- • „Mehr Übersicht über den Gesamtmarkt, wäre das interessant für Sie?"
- ⇨ „Natürlich biete ich Ihnen an, daß Herr … Sie im Unternehmen besucht."
- ⇨ „Eben wegen der Messe wäre das allerdings erst wieder… möglich."

Kommunikation: des Pudels Kern

141 Checkliste
Leitfaden für Messeterminierung: Beispiel

	relevant	nicht relevant	Anmerkungen
⇨ „Oder möchten Sie vielleicht doch die Messe mitnehmen, etwa mit einer Bahnreise, da läßt's ja ganz gut arbeiten auf der Fahrt?!"			
⇨ „Prima, dann machen wir das also so: …"			
⇨ „Danke Ihnen fürs Gespräch, schönen Tag noch – bis dahin!"			

Checkliste **142**

Leitfaden für Verkauf Business to business

	relevant	nicht relevant	Anmerkungen

1. Leitfadengestaltung
- ☐ Eher strikt
- ⇨ angesprochene Branche
  - Konsumgüter
  - Handel
- ⇨ eingesetzter Verkäufer
  - weniger erfahren
  - eingeschränkte Sachkenntnis
- ⇨ angestrebtes Ziel
  - geringer Auftragswert
  - Wiederkauf
- ⇨ zu verkaufendes Produkt
  - weniger erklärungsbedürftig
  - gut bekannt
- ☐ Eher flexibel
- ⇨ angesprochene Branche
  - Investgüter
  - Dienstleistung
- ⇨ eingesetzter Verkäufer
  - erfahren
  - tiefe/breite Sachkenntnis
- ⇨ angestrebtes Ziel
  - hoher Auftragswert
  - Neukauf
- ⇨ zu verkaufendes Produkt
  - erklärungsbedürftig
  - weniger gut bekannt
- ☐ Zieldefinition

Kommunikation: des Pudels Kern

142 Checkliste
Leitfaden für Verkauf Business to business

	relevant	nicht relevant	Anmerkungen
⇨ Erstkauf			
⇨ Wiederkauf			
⇨ Testkauf			
• erstmalig			
• neues Produkt			
• Rückgaberecht			
⇨ wiederkehrender Kauf			
• Abonnement			
• Vertrag über Leistung „bis auf weiteres"			
• „open end"			
☐ Zielgruppenansprache			
⇨ Gesprächspartner in seiner Funktion/Position „abholen"			
• erste Ebene			
• Manager („Verteiler")			
• Anwender			
⇨ Nutzen entsprechend präsentieren			
• Investor: viel Leistung für wenig Geld			
• Anwender: Alltagsvorteile			
⇨ Kompetenz anklingen lassen			
• durch Benützen einschlägiger Wörter			
• doch in Maßen: verständlich bleiben!			
☐ drei Vorteile			
⇨ Gewinn			
• sparen			
• mehr für weniger			
• statt … jetzt nur …			

Leitfaden für Verkauf Business to business

Checkliste 142

	relevant	nicht relevant	Anmerkungen

⇨ Sicherheit
- Garantie
- 24h-Service
- neutrale Testergebnisse

⇨ Image
- Markenname
- Ausstattung
- Wer hat's auch?

2. Gesprächsablauf

☐ Einstieg
⇨ Wer mit wem?
⇨ Zuständig für …?
⇨ Thema definieren
⇨ Grund: Für …
⇨ Vorteil

☐ Dialog
⇨ Angebot
⇨ Alternative
⇨ Einwand
⇨ Antwort
⇨ Vorschlag

☐ Abschluß
⇨ Vereinbarung
⇨ Alternative
⇨ Wiederholen
⇨ Danken
⇨ öffnender Abschied

☐ Varianten

Kommunikation: des Pudels Kern

142 Checkliste
Leitfaden für Verkauf Business to business

	relevant	nicht relevant	Anmerkungen

⇨ Wiederanruf

⇨ Zwischen-Info

⇨ verändertes Ziel

⇨ anderer Gesprächspartner

3. Verändertes Vorgehen

☐ Persönliche Präsentation

⇨ durch Außendienstbesuch

⇨ bei Referenzkunde

⇨ auf Messe

⇨ bei Hausmesse

⇨ Termin vereinbaren!

⇨ Nachtelefonat vereinbaren!

☐ Schriftliche Verhandlung

⇨ Unterlagen

⇨ Muster

⇨ evtl. multimedial (Video, CD)

⇨ Wiedertelefonat vereinbaren!

☐ Generelle Veränderung

⇨ Angebot

⇨ beteiligte Menschen

- Partner aus dem eigenen Unternehmen

- Dritte (als Präsenter!)

⇨ Zielgruppe

- aus der gleichen Branche, andere Kontakte

- andere Branche(n)

Checkliste **143**

Leitfaden für Verkauf Business to business: Beispiel

	relevant	nicht relevant	Anmerkungen

☐ Kontakt klären

⇨ (evtl. Zwischenkontakt …)

⇨ „Schönen guten Tag, Herr …"

⇨ Vorname/Name

⇨ „Für … in …"

⇨ „Sie sind zuständig für …, das ist doch richtig?!"

☐ Thema ins Spiel bringen

⇨ „Grund meines heutigen Anrufs: …"

⇨ „Für ausgewählte Innovatoren in … (Branche) bieten wir ausnahmsweise schon jetzt die Möglichkeit, das völlig neue … anzuwenden …"

⇨ „Ist es interessant für Sie, schon jetzt eines oder mehrere Geräte in Ihren Ablauf einzuplanen?"

⇨ „Dann könnte ich Ihnen den Einführungspreis zusichern – das macht immerhin volle 25 % aus!"

☐ Kaufverhandlung im Dialog

⇨ „Kämen denn gleich mehrere Teile für Sie in Frage?"

⇨ „Dann gibt es nämlich zusätzliche Staffelrabatte!"

⇨ „Wie gehen Sie denn vor bei sich im Haus, Herr …, wenn Sie neue Produkte wählen?"

⇨ „Ähnlich wie XYZ, der übrigens auch schon die ersten … Geräte stehen hat …"

⇨ „Unter welcher Voraussetzung ergänzen Sie denn Ihre Palette?"

☐ Einwände besprechen

Kommunikation: des Pudels Kern

567

143 Checkliste
Leitfaden für Verkauf Business to business: Beispiel

	relevant	nicht relevant	Anmerkungen
⇨ „Nun, der Einführungspreis würde Sie also schon reizen, das ist doch richtig?!"			
⇨ „Doch Sie zögern, weil Ihnen die Erfahrung in der täglichen Anwendung noch zu gering scheint, ja?!"			
⇨ „Genau deshalb rufe ich Sie ja an …"			
⇨ „… um Ihnen anzubieten, diese absolute Neuheit zu testen …"			
⇨ „… frei von jeglichem Risiko."			
⇨ „Genügen Ihnen 4 Wochen – oder hätten Sie gern 8 Wochen Zeit?"			
☐ Vereinbarung treffen			
⇨ „Ja, schön, dann notiere ich 8 Wochen!"			
⇨ „Und sollen es dann 3 Geräte sein – oder genügen Ihnen zunächst 2?"			
⇨ „Sollten Sie dann nach Abschluß der Testphase aufstocken wollen, sichere ich Ihnen schon jetzt zu, daß wir die beiden Vorabgeräte auch preislich umstellen …"			
⇨ „Eine Rechnung ist zwar dabei, doch auf 8 Wochen valutiert. Und wird natürlich storniert, sollten Sie tatsächlich …"			
☐ Nachverkauf			
⇨ „Wen sonst beziehen Sie in Ihre Überlegungen mit ein?"			
⇨ „Was benötigen Sie von mir an Unterlagen dazu?"			
⇨ „Dann machen wir das also wie besprochen …"			
⇨ (Vereinbarung wiederholt)			

Die 166 besten Checklisten Call Center und Telefonmarketing

Checkliste **143**

Leitfaden für Verkauf Business to business: Beispiel

	relevant	nicht relevant	Anmerkungen
⇨ „Vielen Dank fürs Gespräch!"			
⇨ „Ich habe das gute Gefühl …"			
⇨ „Schönen Tag noch!"			

Checkliste 144

Leitfaden für Verkauf an Privatkunden

	relevant	nicht relevant	Anmerkungen
1. Leitfadengestaltung			
☐ Eher strikt			
⇨ Wer ist Gesprächspartner?			
• lauwarmer Kontakt			
• z. B. Interessent			
⇨ Was wird angeboten?			
• gängiges Produkt			
• eher niedriger Preis			
⇨ Was ist Gegenleistung?			
• einmalige Zahlung			
• niedrige Teilbeträge			
⇨ Wer ruft an?			
• unbekannter Verkäufer			
• weniger bekanntes Unternehmen			
☐ Eher frei			
⇨ Wer ist Gesprächspartner?			
• enge Kundenbeziehung			
• z. B. Stammkunde			
⇨ Was wird angeboten?			
• erklärungsbedürftige Leistung			
• eher höherer Preis			
⇨ Was ist Gegenleistung?			
• wiederkehrende Zahlung			
• eher hohe (monatliche) Teilbeträge			
⇨ Wer ruft an?			
• bekannter Verkäufer			
• bekanntes Unternehmen			
☐ Zieldefinition			

Checkliste 144

Leitfaden für Verkauf an Privatkunden

	relevant	nicht relevant	Anmerkungen
⇨ Erstkauf			
⇨ Wiederkauf			
⇨ Probelieferung			
⇨ Abonnement			
⇨ Kontakt qualifizieren			
• (Kommmunikations-)Daten aktualisieren			
• Interesse klären			
• Erlaubnis für spätere Anrufe einholen (z.B. Cross-Selling)			
2. Gesprächsablauf			
☐ Kontakt klären			
⇨ Gruß			
⇨ Vorname/Name			
⇨ Unternehmen/Ort			
⇨ richtiger Gesprächspartner?			
⇨ Zeit o.k.?			
⇨ Stichwort „Erinnerung"			
☐ Lust aufs Thema machen			
⇨ Zeitpunkt			
• jetzt			
• nur für kurze Zeit			
⇨ Geld			
• noch …Vorteilspreis			
• günstiger als …			
⇨ exklusiv			
• nur für Kunden			
• nur bei mir			
⇨ kleine Menge			

Kommunikation: des Pudels Kern

144 Checkliste
Leitfaden für Verkauf an Privatkunden

	relevant	nicht relevant	Anmerkungen
• limitiert			
• Rest			
⇨ Aufhänger-Angebot			
☐ Bedarf klären			
⇨ „Welches der drei folgenden Themen kommt heute für Sie (und Ihre Familie) am ehesten in Frage?"			
1.			
2.			
3.			
⇨ „Wenn Sie wollen, informiere ich Sie dann detailliert über das Angebot Ihrer Wahl!"			
☐ Konkrete Vereinbarung treffen			
⇨ Interesse qualifizieren			
• Nur Abwimmler? („Schicken Sie mal …")			
• Echt interessiert?			
⇨ eher gleich mit Rückgaberecht (Testkauf)			
• oder zunächst schriftliche Infos			
• oder gleich fest (dann ohne Versandkosten?)			
⇨ Lieferung			
• Wohin?			
• Wie?			
• Wann?			
⇨ Zahlung			
• Überweisung?			
• bequemer Bankeinzug?			

Leitfaden für Verkauf an Privatkunden

Checkliste 144

	relevant	*nicht* relevant	Anmerkungen
• Raten?			
⇨ Dann wie vereinbart … (Wiederholung)			
⇨ Danke			
• fürs Gespräch			
• Was sonst noch …			
• Verabschiedung			

Kommunikation: des Pudels Kern

145 Checkliste
Leitfaden für Verkauf an Privatkunden: Beispiel

	relevant	nicht relevant	Anmerkungen
☐ Einstieg			
⇨ „Schönen guten Abend",			
⇨ „ich bin" (Vorname Name)			
⇨ „für XYZ/Ort"			
⇨ „Bin ich richtig bei"			
⇨ Vorname Name			
⇨ „Ist es jetzt eine gute Zeit für ein kurzes Gespräch, oder soll ich in einer halben Stunde nochmals anrufen?"			
☐ Dialog			
⇨ „Sie sind ja guter Kunde bei XYZ – und seinerzeit hatten wir Ihnen versprochen: Sobald es etwas Neues gibt zu …, informieren wir Sie!"			
⇨ „Jetzt ist's soweit: Nur noch kurze Zeit …"			
⇨ „… und nur bei mir auf diesem Weg, ohne großes Tamtam im Katalog …"			
⇨ „Sie haben vielleicht schon auf anderen Wegen davon gehört …"			
⇨ „über die neue …?!"			
☐ Einwände besprechen			
⇨ „Nun, ich verstehe, das kommt für Sie doch weniger in Frage."			
⇨ „Welches der folgenden drei Themen ist heute für Sie und Ihre Familie das interessanteste: …"			
⇨ „1. …, 2. …, 3. …"			
⇨ „Aha – und was darf … Ihrer Meinung nach kosten?"			
⇨ „Was wären Sie bereit, monatlich dafür zu investieren? Denn als guter			

Checkliste 145

Leitfaden für Verkauf an Privatkunden: Beispiel

	relevant	nicht relevant	Anmerkungen
Kunde erhalten Sie besondere Zahlungskonditionen …"			
⇨ „Genügt Ihnen zunächst ein ausführlicher Farbprospekt – oder hätten Sie lieber gleich ein Muster zur Verfügung, eines hätte ich noch, Schutzgebühr nur 45 Mark (die werden erstattet, wenn Sie später die Ausgabe kaufen!) …"			
☐ Vereinbarung			
⇨ „Gut, dann machen wir das so wie vereinbart: …"			
⇨ „Ich lasse Ihnen … schicken, an Ihre Adresse, die stimmt doch noch: …"			
⇨ „Ja, Herr …, welches andere Thema liegt Ihnen noch am Herzen?"			
⇨ „Dann danke ich Ihnen herzlich fürs Gespräch."			
⇨ „Ich rufe Sie wieder an wie vereinbart – schönen Abend noch!"			

Kommunikation: des Pudels Kern

146 Checkliste
Leitfaden „blanko" als Struktur

	relevant	nicht relevant	Anmerkungen
1. Leitspalte			

☐ Welche Gesprächsphase?

⇨ Einstieg

⇨ Präsentation

⇨ Frage-Antwort-Dialog

⇨ Vereinbarung

⇨ Verabschiedung

☐ Was ist damit erreichbar?

⇨ öffnender Kontakt

⇨ Interesse wecken

⇨ Einwände klären

⇨ Ziel(e) erreichen

⇨ Kontakt offenhalten

⇨ Mißverständnis(se) ausschließen

2. Gesprächsspalte

☐ Gewünschte Formulierung

⇨ „Schönen guten …"

⇨ Vorname Name

⇨ „für Unternehmen/Ort"

⇨ „Bei Ihnen bin ich richtig, wenn es um … geht?!"

☐ Schlüsselsätze

⇨ „Welches der drei folgenden Angebote ist aus Ihrer Sicht derzeit am interessantesten?"

„1. …, 2. …, 3. …"

⇨ „Genügt Ihnen dafür ein Muster per Post – oder hätten Sie gerne eine persönliche Vorführung durch den Berater?"

Checkliste **146**

Leitfaden „blanko" als Struktur

	relevant	nicht relevant	Anmerkungen

⇨ „Immer vorausgesetzt, ... gefällt Ihnen – wie wird bei Ihnen üblicherweise der ausgewiesene Betrag beglichen?"

☐ Variante(n)

⇨ Begrüßung

- je nach Tageszeit
- landsmannschaftlich

⇨ defensiv

- „Ich habe das Gefühl, Sie zögern noch ..."
- „Womit kann ich Ihnen helfen, vielleicht doch ...?!"

⇨ offensiv

- „Was hindert Sie noch daran, ja zu sagen?!"
- „Was habe ich falsch gemacht?!"

3. Eigenformulierung

☐ Wenn Flexibilität angesagt

⇨ individuelle Gespräche

⇨ planbare Abweichungen

- durch Einwandfragen
- durch „andere" Wünsche des Gesprächspartners

☐ Formulieren, wie es zu einem paßt

⇨ „Gesprochene" Sprache

- (leicht) dialektal
- (leicht) zielgruppenangepaßt

⇨ eher rational

„Ein guter Entscheid, Herr ... – damit sparen Sie also jetzt noch ..."

Kommunikation: des Pudels Kern

146 Checkliste
Leitfaden „blanko" als Struktur

	relevant	nicht relevant	Anmerkungen
⇨ eher emotional			
„Ich bin sicher, … macht Ihnen eine Menge Freude!"			
⇨ eher aktional			
„Am einfachsten ist es für Sie, wenn Sie jetzt …"			
⇨ Sinnestyp (siehe NLP, Checkliste 120)			
☐ Anpassen an die Praxis			
⇨ Leitfaden immer wieder prüfen und Varianten testen			
⇨ Eigenformulierung blanko lassen fürs Ausfüllen des Agenten			
⇨ später auch den Vorschlag anpassen			
⇨ zuletzt evt. nur noch Schlüsselsätze vorgeben			
4. Hinweisspalte			
☐ Begründung			
☐ Erläuterung			
☐ Abzufragen			
⇨ Antwortvorgabe(n)			
⇨ offen einzutragen			
⇨ nur als „Check" (an alles gedacht?!)			
☐ Leitfaden = zugleich Report?			
⇨ Schlüsselsätze			
⇨ zugleich Check für Gesprächsabläufe, wenn relativ strikt vorgegebener Ablauf o.k. ist			
⇨ Feedback sammeln			
⇨ Kundendaten notieren			
• Angebot (zum Ankreuzen/Eintragen)			

Leitfaden „blanko" als Struktur

Checkliste 146

	nicht relevant	relevant	Anmerkungen

- „Wiedervorlage"
5. Muster für Aufbau

Leit-spalte	Vor-schlag	Eigene Formu-lierung	Hin-weis

Kommunikation: des Pudels Kern

147 Checkliste
Leitfaden bei eingehendem Anruf
(als Chance für qualifiziertes und qualifizierendes Gespräch)

	relevant	nicht relevant	Anmerkungen

1. Gesprächseinstieg

☐ Begrüßung

⇨ „Schönen guten Tag"

   an Tageszeit anpassen

⇨ „Grüß Sie Gott"

⇨ „Hallo …" (bestimmte Branchen, z.B. Software, Medien)

⇨ „Guten Tag …" paßt allgemein

☐ Vorstellung

⇨ „Ich bin …"

⇨ „Hier spricht …"

- Vermeiden Sie „Mein Name ist …"
- alternativ „Hier ist …"

⇨ Vorname

   statt „Herr/Frau …"

⇨ Name

   evtl. mit „Bild" (z.B. „Reiter – wie der Mann auf dem Pferd!")

⇨ Unternehmen

- Langform?!
- ohne Rechtsform

⇨ Ort

   evtl. bekannteren in der Nähe (z.B. „München" statt „Herrsching")

☐ Überleitung

⇨ Schon klassisch: „Was kann ich für Sie tun?" = Standard

- zeigt Offenheit
- zeigt Konzentration auf den Anrufer

Die 166 besten Checklisten Call Center und Telefonmarketing

Checkliste **147**

Leitfaden bei eingehendem Anruf
(als Chance für qualifiziertes und qualifizierendes Gespräch)

	relevant	nicht relevant	Anmerkungen

⇨ „Womit kann ich dienen?"

⇨ „Ganz Ohr für Sie"

⇨ Dann Ihr Name nach dem des Unternehmens!

⇨ „Was hätten Sie denn gern?"
„Worum geht es Ihnen?"

⇨ „An wen soll ich Sie vermitteln?"
(Wenn Sie „nur" vermitteln)

☐ Formulieren Sie Ihren Einstieg:

⇨ _____

⇨ _____

⇨ _____

⇨ _____

2. Kundenwunsch im Dialog

☐ Das Thema bestimmt der Anrufer

⇨ evtl. durch Ihre Überleitungsfrage gesteuert:

- kommt direkt auf den Punkt
- braucht keine lange Vorrede

⇨ Zuhören ist angesagt

- Schweigen
- Zuhörsignale?

⇨ Helfen Sie ggf. nach (siehe unten)

☐ Dialogführung durch Agent

⇨ „Sie möchten also …

- … etwas bestellen
- … Ihre Kundenbetreuerin sprechen"
- _____

Kommunikation: des Pudels Kern

147 Checkliste
Leitfaden bei eingehendem Anruf (als Chance für qualifiziertes und qualifizierendes Gespräch)

	relevant	nicht relevant	Anmerkungen

⇨ „Wenn ich Sie recht verstehe …"

- „Sehe ich das richtig …"
- „Habe ich richtig begriffen …"

⇨ „Sagen Sie mir bitte …

- … Ihre Kundennummer
- … Name und Adresse
- … die Bestelldaten
- … die Auftragsdaten

⇨ … damit ich … (Begründung!)

- … für Sie das und das … kann
- … das für Sie optimal vorbereiten kann"

⇨ unterbrechen

- unauffällig, durch Wiederholen einiger Worte des Partners
- mit Überleitung – z.B. „Verstehe ich Sie richtig …"

☐ Bremsen und beschleunigen

⇨ bremsen

- schweigen statt Zuhörsignale
- schließende Fragen
- langsam sprechen

⇨ beschleunigen

- öffnende Fragen
- schnell sprechen
- leise sprechen (= Aufmerksamkeit fordern)

⇨ „normal" in Gang halten

- Zuhörsignale

Checkliste 147

Leitfaden bei eingehendem Anruf
(als Chance für qualifiziertes und qualifizierendes Gespräch)

	relevant	nicht relevant	Anmerkungen
• Fragen stellen			
• bestätigen			
☐ Vereinbarung treffen			
⇨ „Ist es Ihnen recht, wenn wir …?!"			
⇨ „Hilft es Ihnen …"			
⇨ „Dann sage ich Ihnen …"			
⇨ wiederholen und zusammenfassen			
⇨ nachverkaufen			
• Small talk			
• Zusatznutzen vermitteln			
☐ Verabschiedung			
⇨ danken			
• … für die Bestellung			
• … für den Anruf			
• … für …...................			
⇨ „Was kann ich sonst noch für Sie tun?"			
⇨ Aufforderung			
• „Rufen Sie (mich) jederzeit an …"			
• „Fragen Sie nach mir: Ich bin Ihre …"			
⇨ Kontakt offenhalten			
• „Schönen Tag noch!"			
3. Qualifizierendes Gespräch führen			
☐ Gesprächspartner qualifizieren			
⇨ Interessen(sgebiet) (Business, privat)			
⇨ Funktion (Business)			
⇨ Geburtsdatum (privat)			

Kommunikation: des Pudels Kern

147 Checkliste
Leitfaden bei eingehendem Anruf (als Chance für qualifiziertes und qualifizierendes Gespräch)

	relevant	nicht relevant	Anmerkungen

„Damit wir Ihnen immer zum Geburtstag gratulieren können"

☐ Gesprächsinhalt qualifizieren

⇨ absichern

- „Das ist also ... auf Seite ... im Katalog vom ...?!"
- „Damit ist das für Sie aus der Welt!"

⇨ „Darf ich Sie bei dieser Gelegenheit aufmerksam machen ..."

- ... auf Zusatzanwendung des Produkts
- ... auf ....

⇨ Erlaubnis für Aktivanruf einholen

⇨ Kundenzufriedenheit erfragen

- Feedback
- Qualitätskontrolle

☐ Zusatzerfolge plazieren

⇨ Upgrading

⇨ Cross-Selling

⇨ Empfehlungen gewinnen

⇨ weiteren Anruf vereinbaren

⇨ Nachbestellung „trotz" Reklamation

Checkliste **148**

Bestellannahme: Mustergespräch

	relevant	nicht relevant	Anmerkungen

1. Einstiegsvarianten

☐ Begrüßung

⇨ „Schönen guten Tag"

⇨ „Guten Tag"

⇨ individuell

- „Hallo"
- „Hi"
- „Grüezi"

⇨ (Herr/(Frau …)

- wenn bekannt (durch ANI)
- oder über Gesprächsvermittlung

☐ Vorstellen

⇨ „Ich bin …"

- „Hier ist …"
- „Hier spricht …"
- „Sie sind bei …"
- „Sie sprechen mit …"

⇨ Vorname, Name

⇨ Zentrale: Visitenkarte des Unternehmens!

Was steht auf der Visitenkarte?!

⇨ Unternehmen, Ort

⇨ „Ich bin zuständig für …"

(wenn entsprechende Nummernzuordnung Grund des Anrufs „verrät")

☐ Überleitung

⇨ „Was kann ich (heute) für Sie tun?"

⇨ „… ganz Ohr für Sie!"

Kommunikation: des Pudels Kern

148 Checkliste
Bestellannahme: Mustergespräch

	relevant	nicht relevant	Anmerkungen
⇨ „Möchten Sie eine Bestellung aufgeben?"			
⇨ „Was möchten Sie bestellen?"			
⇨ „(Soll ich Sie zur Bestellannahme durchstellen?)"			
⇨ „Schön, daß Sie uns anrufen!"			
2. Bestelldialog			
☐ Daten erfragen			
⇨ „Haben Sie Ihre …-Nummer zur Hand?"			
• Kundennummer			
• Bestellnummer			
⇨ „Ihr Name ist …?!"			
• Frageintonation!			
• Pause für Antwort			
⇨ „Buchstabieren Sie bitte …"			
☐ Bestellung klären			
⇨ „Was genau möchten Sie bestellen?"			
⇨ Details			
• Größe, Farbe, Gewicht			
• Leistungsumfang			
⇨ Menge			
• Stück			
• Laufzeit Vertrag			
• _____			
⇨ „Ist dies …" (siehe Seite …) absichern durch Beschreiben			
☐ Zahlungsweise klären			
⇨ „Wie möchten Sie bezahlen?"			

Bestellannahme: Mustergespräch

Checkliste **148**

	relevant	nicht relevant	Anmerkungen
• Überweisung?			
• Vorauszahlung?			
• Bankeinzug (dann Geschenk?)			
⇨ Datenabfrage			
• Einzug: …			
• Kreditkarte: …			
⇨ Bonität zu klären?			
• „Bei dieser Höhe ist es üblich …"			
• „Ich sehe, Sie bestellen erstmals. Bitte geben Sie mir …"			
☐ Bestellung/Zahlung bestätigen			
⇨ „Danke für Ihre Bestellung!"			
⇨ „Notiert habe ich für Sie: …"			
⇨ Lieferung klären			
• Wann?			
• Auf welchem Weg?			
• Wohin?			
• Zu welchen Konditionen?			
⇨ Wiederholen der Bestellung			
• verkürzte Zusammenfassung			
• zusätzliche Erläuterungen			
⇨ Wiederholung Zahlung			
3. Zusatzqualifikation			
☐ Besteller			
⇨ privat			
• Geburtsdatum			
• Interessengebiete			
• Haushalt (Kinder)			

Kommunikation: des Pudels Kern

148 Checkliste
Bestellannahme: Mustergespräch

	relevant	nicht relevant	Anmerkungen
⇨ Business			
• Funktion/Position			
• Branche			
⇨ „Marktforschung per Telefon"			
• je nach Erfordernis			
• Zusatzfragen: Achtung, wenn auf Kosten des Anrufers!			
⇨ Kundenzufriedenheit			
• Angebot			
• Service			
☐ Bestellung			
⇨ Wer zahlt das Gespräch?			
• Unternehmen (0800 …): Rechnet sich Zusatzfrage?			
• Kunde: Vorsicht!			
⇨ auch später erneut interessant			
• Infos automatisch!			
• Lieferung automatisch!			
⇨ Zusatzverkäufe			
• Was sonst noch?			
• Upgrading, Cross-Selling			
⇨ Neues plazieren			
• „Ihrer Lieferung liegt dann auch … bei: …"			
• „… gratis, zum Kennenlernen: Ihre Meinung interessiert uns!"			
⇨ („Wofür wenden Sie … an?")			
4. Verabschiedung			
☐ Abschiedsformel			

Bestellannahme: Mustergespräch

Checkliste 148

	relevant	nicht relevant	Anmerkungen

⇨ „Danke Ihnen fürs Gespräch … für die Bestellung"

⇨ „Viel Freude schon jetzt mit …"
„Viel Erfolg beim Einsatz von …"

⇨ „Auf Wiederhören"

⇨ „Schönen Tag noch!"

⇨ Varianten, wenn bekannter/individueller

- „Tschüs"
- „Ciao"

☐ Kontakt offenhalten

⇨ Nachverkaufen

- wenn Kunde selbst anspricht
- Small talk
- je nach Bekanntheit
- je nachdem, wer das Gespräch bezahlt!

⇨ „Gerne erwarten wir weiter Ihre Wünsche per Telefon"

⇨ „Sprechen Sie mich ruhig wieder direkt an …"

- (Name wiederholen)
- Nebenstelle nennen/wiederholen

Kommunikation: des Pudels Kern

149 Checkliste
Bestellannahme: konkretes Beispiel

	relevant	nicht relevant	Anmerkungen

1. Einstieg
- ☐ „Grüß Sie Gott"
- ☐ Vorname Name
- ☐ bei Unternehmen in Ort
- ☐ „Womit kann ich Ihnen dienen?"

2. Bestelldialog
- ☐ „Sie haben Ihre Kundennummer zur Hand? Danke Ihnen!"
- ☐ „Sie sind Herr XYZ …"
- ☐ „Was genau möchten Sie bestellen?"
- ☐ „Aha, das ist also der … aus dem neuen Katalog, Seite …"
- ☐ „Welche Größe …"
- ☐ „Wie möchten Sie bezahlen?"

3. Zusatzqualifikation
- ☐ „Herr …, sagen Sie mir bitte Ihr Geburtsdatum (es ist schon vorgekommen, daß jemand auf einen anderen Namen bestellt hat …)"
- ☐ „Haben Sie unser besonderes Dankeschön für gute Kunden gesehen, ein Mal je Haushalt, nur halber Preis?"
- ☐ „Was sonst kann ich heute für Sie tun?"

4. Verabschiedung
- ☐ „Vielen Dank für Ihre Bestellung"
- ☐ „Dann machen wir das wie besprochen: …"
- ☐ „Schon jetzt viel Freude mit …!"
- ☐ „Schönen Abend noch …"

Checkliste **150**

Reklamation: Mustergespräch

	relevant	nicht relevant	Anmerkungen

1. Einstiegsvarianten

☐ Begrüßung

⇨ „Schönen guten Tag!"

- wichtig, wenn (durch entsprechende Nummernvorgabe) klar ist: Dieser Anruf ist eine Reklamation!
- besonders optimistisch einsteigen!

⇨ „Grüß Sie herzlich aus …" (Ort) oder: „Ein herzliches Grüßgott aus …"

☐ Vorstellen

⇨ „Ich bin …" (Vorname Name)

⇨ „für …" Unternehmen (Ort)

☐ Überleitung

⇨ „Wie kann ich Ihnen (heute) helfen?"

⇨ „Ich bin Ihre zuständige … (Kundenbetreuerin)"

⇨ „Ganz Ohr für Sie!"

⇨ „Schön, daß Sie anrufen!"

- bremst Aggressionen
- löst Ärger
- programmiert einen selbst auf „positiv-optimistisch"!

2. Reklamationen annehmen

☐ Zuhörsignale

⇨ Geräusche

- „Aha …"
- „Hhmm …"
- „Ja …"

Kommunikation: des Pudels Kern

150 Checkliste
Reklamation: Mustergespräch

	relevant	nicht relevant	Anmerkungen
⇨ Wiederholen einiger Worte			
⇨ aktiv zuhören			
• bestätigen (siehe unten)			
• nachfragen (siehe unten)			
☐ Bestätigung			
⇨ „Nun, da ist aber eine Menge zusammengekommen …"			
⇨ „Danke, daß Sie mir das alles sagen!"			
⇨ „Schön, daß Sie das so offen sagen"			
☐ Nachfragen			
⇨ „Habe ich richtig verstanden …"			
⇨ „Sie meinen also …"			
⇨ „Ist es richtig, daß Sie …?!"			
⇨ „Ist es o.k. für Sie, wenn ich …?!"			
☐ Bremsen			
⇨ unterbrechen durch Wiederholen einiger Wörter			
⇨ schweigen (und aushalten!!)			
⇨ leise zu reden beginnen, während der andere spricht (leise!!)			
☐ Vereinbarung treffen			
⇨ „Was ist es, was Sie sich vorstellen?!"			
⇨ „Wie lösen wir das jetzt gemeinsam?"			
⇨ „Was halten Sie von diesem Vorschlag: …"			
⇨ „Einverstanden, wenn wir …?!"			
⇨ „Dann machen wir das so wie vereinbart …" (wiederholen)			

Reklamation: Mustergespräch

Checkliste **150**

	relevant	nicht relevant	Anmerkungen
3. Verabschiedung			
☐ Abschiedsgruß			
⇨ „Danke Ihnen für Ihr Verständnis!"			
⇨ „Schönen Tag noch!"			
☐ Ausblick			
⇨ „Bis zum nächsten Mal …			
⇨ … hoffentlich aus angenehmeren Gründen!"			

151 Checkliste
Reklamation: konkretes Beispiel

	relevant	nicht relevant	Anmerkungen

1. Einstieg
- ☐ „Einen schönen guten Tag"
- ☐ „wünscht Ihnen aus …"
- ☐ Vorname, Name
- ☐ „Ihre persönliche Kundenbetreuerin!"
- ☐ „Schön, daß Sie anrufen!"

2. Reklamation annehmen
- ☐ „Ja …"
- ☐ „Zunächst vielen Dank, daß Sie gleich anrufen und mir das so offen sagen!"
- ☐ „Es ist ja wichtig für mich, das zu erfahren – nur so kann ich Ihnen helfen …"
- ☐ „Habe ich das richtig verstanden – Sie …"
- ☐ „Vorschlag, Herr … – was halten Sie davon, wenn wir das jetzt so machen: Sie erhalten von mir …"
- ☐ „Inzwischen kläre ich parallel den Vorgang und lasse Sie anrufen von Herrn …"
- ☐ „Ist das o.k. für Sie?!"

3. Verabschiedung
- ☐ „Dann hören Sie von uns also wie vereinbart – und ich veranlasse …"
- ☐ „Vielen Dank für Ihren Anruf – und für Ihr Verständnis …"
- ☐ „Schön, wenn ich Ihnen damit helfen konnte!"
- ☐ „Ja, dann bis ein ander Mal, hoffentlich unter angenehmeren Umständen …"
- ☐ „Schönen Tag noch!"

Service-Hotline: Mustergespräch

Checkliste 152

	relevant	nicht relevant	Anmerkungen

1. Einstiegsvarianten
- ☐ Begrüßung
- ⇨ „Schönen guten Tag ..."
- ⇨ (Varianten)
- ⇨ (optimistisch, positiv, fröhlich!)
- ☐ Vorstellen
- ⇨ „Ich bin ..." („Hier spricht ...")
- ⇨ Vorname/Name
- ⇨ Unternehmen
- ⇨ „Ihre Hotline für ..."
- • Service-Hotline
- • Service-Line
- • _____
- ☐ Überleitung
- ⇨ „Ich hoffe, Sie mußten nur kurz warten ..."
- ⇨ „Womit kann ich dienen?!"
- ⇨ „Welche Fragen haben Sie?"
- ⇨ „Wobei kann ich Ihnen helfen?"

2. Kundenwunsch klären
- ☐ Zuhören
- ⇨ hörbare Signale senden
- ⇨ Fragen formulieren (siehe unten)
- ⇨ Bestätigung ausdrücken (siehe unten)
- ☐ Nachfragen
- ☐ „Wie ist Ihre ...?!"
- • Kundennummer

Kommunikation: des Pudels Kern

152 Checkliste
Service-Hotline: Mustergespräch

	relevant	nicht relevant	Anmerkungen
• Gerätekonfiguration			
• _____			
⇨ „Ist es richtig, Sie haben jetzt gerade … vor sich?!"			
⇨ „Was haben Sie bisher schon gemacht?"			
⇨ „Haben Sie bereits …?!"			
☐ Bestätigen			
⇨ „Sie haben das soweit schon sehr gut gemacht …"			
⇨ „Da sind Sie jetzt genau auf dem richtigen Weg!"			
⇨ „Jetzt sind es nur mehr … Schritte, dann haben Sie's geschafft!"			
☐ Lösen			
⇨ führen per Telefon			
• ausfüllen			
• Gerät installieren			
• _____			
⇨ „So, Sie haben jetzt vor sich … – das ist doch richtig?!"			
• Dann …			
• Und jetzt …			
⇨ „Ich bringe Sie jetzt in Kontakt zu dem Spezialisten, der Ihnen sofort helfen kann!"			
• Back-office			
• Rückruf			
• Besuch			
⇨ „Ich rufe Sie zurück – unter welcher Nummer erreiche ich Sie?"			

Service-Hotline: Mustergespräch

Checkliste 152

	relevant	nicht relevant	Anmerkungen

- günstiger fürs Unternehmen (Zeit gewinnen und sinnvoll einsetzen)
- günstiger für Kunde (Entgelt?)
3. Verabschiedung
- ☐ Abschiedsformel
- ⇨ „Danke für Ihre Geduld!"
- ⇨ „Schön, daß wir das gemeinsam lösen konnten!"
- Ihre Kompetenz
- seine Mitarbeit!
- ⇨ „Gut, daß Sie sich haben von mir leiten lassen!"
- ⇨ „Ich habe Ihnen gern geholfen!"
- ☐ Ausblick
- ⇨ „Sollte sich wider Erwarten tatsächlich ähnliches nochmals ergeben, rufen Sie mich umgehend an!"
- ⇨ „Helfen könnte Ihnen übrigens auch …"
- ⇨ „Schönen Tag noch …"
- ⇨ „… und gutes Gelingen mit …!" („reibungsloses Arbeiten mit …")

Kommunikation: des Pudels Kern

153 Checkliste
Service-Hotline: konkretes Beispiel

	relevant	nicht relevant	Anmerkungen
1. Einstieg			
☐ „Schönen guten Tag"			
☐ „Sie sind verbunden mit der Service-Hotline von …"			
☐ „Ich bin Ihr zuständiger Techniker – wie kann ich Ihnen helfen?"			
2. Kundenwunsch klären			
☐ „Aha …"			
☐ „Sie haben das Gerät jetzt angeschaltet, und es ist in dem Zustand, wie Sie ihn gerade beschrieben haben?"			
☐ „Habe ich recht verstanden, das Problem ist …"			
☐ „Schön, dann tun Sie jetzt Folgendes …" (Schritt für Schritt Details)			
☐ „Prima, lesen Sie jetzt bitte auf dem Display ab …"			
☐ „Ja, alles paletti – danke, daß Sie so gut mitgespielt haben!"			
☐ „Das Gerät ist aus Ihrer Sicht wieder voll einsatzfähig?"			
3. Verabschiedung			
☐ „Dann danke ich Ihnen für den raschen Anruf!"			
☐ „Schön, wenn wieder alles zufriedenstellend läuft …"			
☐ „Sollte sich nochmals so etwas ergeben, was sehr unwahrscheinlich ist, dann rufen Sie am besten gleich diese Nummer an – bitte notieren …"			
☐ „Gutes Arbeiten mit …"			
☐ „Und noch einen schönen Tag …"			

Kundenbetreuung: Mustergespräch

Checkliste **154**

	relevant	nicht relevant	Anmerkungen

1. Einstiegsvarianten
- ☐ Begrüßung
- ⇨ „Schönen guten Morgen"
  - Darf ruhig richtig fröhlich klingen!
  - landsmannschaftlich variieren
- ☐ Vorstellen
- ⇨ Unternehmen
  - Kurzform
  - ohne Ort (wenn Durchwahl)
  - mit Ort (wenn Weiterleitung)
- ⇨ „Ich bin" (Vorname Name)
- ⇨ „Ihre zuständige …"
  - „Kundenbetreuerin"
  - „Ansprechpartnerin für …"
- ☐ Überleitung
- ⇨ „Für Sie am Apparat!"
- ⇨ „Ganz Ohr für Sie."
- ⇨ „Was kann ich heute für Sie tun?"
- ⇨ „Möchten Sie, daß ich zurückrufe?" „Welche Nummer …"

2. Kundenwunsch klären
- ☐ Leiten
- ⇨ Fragen jeder Art stellen!
- ⇨ „Geht es bei Ihnen um …"
  - eine Bestellung
  - eine Lieferung
  - eine Zahlung
- ⇨ „Was würde Ihnen helfen?"

Kommunikation: des Pudels Kern

154 Checkliste
Kundenbetreuung: Mustergespräch

	relevant	nicht relevant	Anmerkungen

- z. B. Zahlung strecken
- z. B. Ersatzlieferung
- ⇨ evtl. weitervermitteln
- „Darf ich Sie gleich an die Kollegin weitergeben, die sofort eine Antwort für Sie hat?"
- „Da hilft Ihnen Frau ... weiter. Ich versuchen ... einverstanden?"
- „Ich lasse Sie umgehend zurückrufen. Ihr Gesprächspartner ist ... Unter welcher Nummer erreicht er Sie in den nächsten Minuten?"
- ☐ Zuhören
- ⇨ Signale jeglicher (passenden) Art
- ⇨ Bestätigung (siehe unten)
- ⇨ (wiederholen)
- (einiger Wörter)
- (mit Überleitung: gewinnen Sie Zeit)
- ⇨ „Verstehe ich Sie richtig?"
- Frage zur Anwendung
- Reklamation Lieferung
- neue Bestellung
- ☐ Bestätigen
- ⇨ „Danke, daß Sie gleich anrufen!"
- ⇨ „Danke, daß Sie das so offen sagen!"
- ⇨ „Ja, das können wir gleich gemeinsam ..."
- ⇨ „Das kann ich gut verstehen ..."
- ⇨ „Dann darf ich also jetzt von Ihnen erwarten, daß Sie ...?!"
- ☐ Zusatzqualifikation

Kundenbetreuung: Mustergespräch

Checkliste 154

	relevant	nicht relevant	Anmerkungen

⇨ „Damit wir Ihnen künftig (gratulieren) können: …"

• Ihr Geburtsdatum

• Kinder im Haushalt?

• Welche Themen interessieren Sie?

⇨ „Was sonst kann ich (heute) für Sie tun?"

⇨ „Ist auch … interessant für Sie?"

⇨ „Damit wir künftig derartige Schwierigkeiten von vornherein vermeiden …"

3. Verabschiedung

☐ Abschiedsformel

⇨ „Danke Ihnen fürs Gespräch"

⇨ „Dann machen wir das also wie vereinbart …"

⇨ „Herr/Frau …, aus Ihrer Sicht ist jetzt alles zu Ihrer Zufriedenheit geklärt?!"

⇨ „Viel Freude mit …

⇨ „Einen schönen Tag noch!"

☐ Kontakt offenhalten

⇨ „Dann bis zum nächsten Mal"

⇨ „Rufen Sie mich gern wieder an!"

• „Ich bin" (Vorname Name)

• „Sie erreichen mich übrigens direkt unter der Nebenstelle …"

155 Checkliste
Kundenbetreuung: konkretes Beispiel

	relevant	nicht relevant	Anmerkungen
1. Einstieg			
☐ „Schönen guten Morgen"			
☐ „Sie sind bei …" (Unternehmen)			
☐ „am Apparat für Sie:"			
☐ „Ihre zuständige Kundenbetreuerin"			
☐ „Ich bin" (Vorname/Name)			
☐ „Ganz Ohr für Sie!"			
2. Kundenwunsch klären			
☐ „Worum geht es bei Ihnen – um einen bereits laufenden Auftrag, oder möchten Sie neu bestellen?"			
☐ „Da sind Sie bei mir goldrichtig!"			
☐ „Was genau möchten Sie klären zu Ihrem Artikel …?"			
☐ „Sie haben den Auftrag vor sich – sagen Sie mir bitte die EDV-Nummer, die steht rechts …"			
☐ „Ja, habe ich auf dem Computer. Ich sehe schon, da sind …"			
☐ „Vorschlag, Herr …, ich veranlasse sofort, daß Sie als Ersatzlieferung … per … erhalten."			
☐ „Alles andere regele ich mit der Spedition, die nimmt dann das defekte Teil mit."			
☐ „Ist dann das so für Sie in Ordnung?"			
3. Verabschiedung			
☐ „Herr …, danke Ihnen, daß Sie sich gleich gemeldet haben."			
☐ „Jetzt dürfte alles passen, ja?"			
☐ „Dann wünsche ich Ihnen gutes Gelingen mit Ihrer …!"			
☐ „Schönen Tag noch – tschüs!"			

Blankoleitfaden „inbound"

Checkliste 156

	relevant	nicht relevant	Anmerkungen
Ihr Thema:			
Bestellannahme ()			
Reklamation ()			
Service-Hotline ()			
Kundenbetreuung ()			
Leitfadenstruktur:			

Gesprächsphase	Schlüsselsatz	Ihre Formulierung	Hinweis
Einstieg: Begrüßung			
Einstieg: Vorstellen			
Einstieg: Überleitung			
Kundendialog: Zuhören			
Kundendialog: Führen			
Kundendialog: Nachfragen			
Kundendialog: Bestätigen			
Kundendialog: Zusatzqualifikation			
Kundendialog: Extras			
Abschied: Abschiedsformel			
Abschied: Nachsatz			
Abschied: Kontakt offenhalten			
Ergänzung:			
Ergänzung:			

Kommunikation: des Pudels Kern

V. Highlights: bestens ans Ziel

Optimales Tele-Marketing auf einen Blick, vor allem kommunikatorische Aspekte zusammengefaßt, findet der interessierte Leser zum Abschluß – der nachschlagende Nutzer als Kurzreferenz in diesem Kapitel. Dreierlei Aspekte sind beleuchtet:

1. Der Telefonkommunikator und sein Umfeld.
2. Die Telefonkommunikation im optimalen Ablauf – im Vergleich zu „vorher".
3. Einige Spezial-Verstärker für Branchen, die besonders telefonaktiv sind.

Wer sich zum Einstieg in das Thema mit den Checklisten des Kapitels V beschäftigt, findet viele Anregungen, übers Inhaltsverzeichnis andere Checklisten zu nutzen. Immer mit dem Ziel „for a better understanding".

157 Checkliste

Vergleich „vorher – nachher": Gesprächsentwicklung, Punkt für Punkt!

	relevant	nicht relevant	Anmerkungen

1. Gesprächsinhalte

☐ Einstieg

⇨ „Einen (wunder-)schönen guten Tag!" Statt: gar nichts, „Tach", „Ja?!" und ähnlichem

⇨ „Ich bin …" (Vorname/Name) statt: „Mein Name ist" (nur Name)

⇨ „Sie sprechen mit Frau …" (Name)

⇨ „(bei)" Unternehmen (Ort) statt gar nichts oder Kurzform

⇨ „Was kann ich für Sie tun?" (o. ä.) statt gar nichts

⇨ Pausen dazwischen statt monotonem Runterleiern

⇨ klar und deutlich statt hastigem Runterhaspeln

⇨ Der Ton macht die Musik! Also: optimistische Ausstrahlung, fröhlicher Gesichtsausdruck, freundliches Sprechen!

☐ Dialog positiv

⇨ „Schon spätestens Mittwoch haben Sie Ihre Unterlagen!"

Statt: „Also, vor Montag nächster Woche geht gar nix!"

⇨ „Gerne suche ich gleich den zuständigen Gesprächspartner und lasse Sie zurück rufen!"

Statt: „Keiner da, der sich auskennt!"

⇨ „Ich bin der richtige Partner für Sie, wenn es darum geht, den passenden Termin für ein Gespräch zwischen Ihnen und Herrn XYZ zu vereinbaren!"

Checkliste **157**

Vergleich „vorher – nachher": Gesprächsentwicklung, Punkt für Punkt!

	relevant	nicht relevant	Anmerkungen

Statt: „Ich mache nur die Termine!"

⇨ „Und wenn sich daraus für Sie ein neues Geschäftsfeld ergäbe mit zusätzlichen Umsätzen?!"

Statt: „Ach so, Sie machen gar keinen Telefonverkauf …"

⇨ „Eben, gerade Profis nutzen unseren … besonders gern. Weil das eigene Wissen schon aufbereitet ist für Schulungen – spart eine Menge Vorarbeit, sagen jedenfalls die …!"

Statt: „Sie meinen also, Sie wissen eh alles besser?!"

⇨ „Das sollte ich dann wohl anders ausdrücken."

Statt: „Da müssen Sie mich völlig mißverstanden haben!!"

☐ Einwände positivieren

⇨ „Toll, daß Sie mich gleich darauf hinweisen!"

Statt: „Das hat mir aber noch keiner gesagt!"

⇨ „Genau deshalb rufe ich Sie ja an – weil …"

Statt: „Ääh – Sie meinen, Sie haben eigentlich genug davon?!"

⇨ „Ich verstehe wirklich gut, wenn Sie verärgert sind!"

Statt: „Tut mir leid, daß alles schiefgegangen ist."

⇨ „Ich freue mich, daß ich Sie jetzt endlich anrufen kann!"

Highlights: bestens ans Ziel

157 Checkliste

Vergleich „vorher – nachher": Gesprächsentwicklung, Punkt für Punkt!

	relevant	nicht relevant	Anmerkungen

Statt: „Nun ja, ich weiß – eigentlich hätte ich Sie schon vor drei Wochen anrufen sollen …"

⇨ „Ja, stimmt – den Preis fanden alle unsere Kunden etwas hoch, bevor sie all die Leistungen von … in der Praxis kennenlernen und für sich nutzen konnten … Deshalb …"

Statt: „Schade, daß Sie… für zu teuer halten!"

☐ Optimistischer Gesprächsschluß

⇨ „Danke Ihnen fürs Gespräch – hat mich sehr gefreut!"

Statt gar nichts oder: „Ja, dann sind wir wohl durch, oder?!"

⇨ „Dann machen wir das also wie besprochen: …" (Wiederholung)

Statt: „Gut, dann ist alles erledigt?"

⇨ „Schönen Tag noch!"

Statt: „Wiederhören."

⇨ „Ich freue mich schon aufs nächste Gespräch mit Ihnen!"

Statt: „Bis dann" oder so …

2. Feedback holen

☐ Manöverkritik intern

⇨ Was gefällt?

- Verhalten
- Formulierung
- Begründung

⇨ Was übernehmen andere?

- Verhalten
- Formulierung

Checkliste 157

Vergleich „vorher – nachher": Gesprächsentwicklung, Punkt für Punkt!

	relevant	nicht relevant	Anmerkungen

- Begründung
- ⇨ Was ist verstärkbar?
- Verhalten
- Formulierung
- Begründung
- ⇨ Jeweils einen bestimmten Aspekt herausgreifen
- ggf. Veränderung anstreben
- z.B. 1 Woche lang
- ☐ Externe Resonanz
- ⇨ Feedback in Kundengesprächen
- „Gefällt mir, wie Sie das machen!"
- „Ich fühle mich gut bedient."
- ⇨ Neutrale Meinungen einholen (von Nichtfachleuten)
- Familie
- Freunde
- _____
- ☐ Marktbeobachtung
- ⇨ Wie sagen andere was?
- Konkurrenzbeobachtung
- Alltagsgespräche
- Taucht eine bestimmte Formulierung immer wieder auf? Als Standard übernehmen!
- ⇨ Privatgespräche
  Kommunikation ist ähnlich!
- ⇨ Von „ganz anderen" mehr lernen
- andere Produkte

Highlights: bestens ans Ziel

157 Checkliste
Vergleich „vorher – nachher": Gesprächsentwicklung, Punkt für Punkt!

	relevant	nicht relevant	Anmerkungen

- andere Branchen

3. Entwicklung verstärken

☐ Gesprächsleitfaden

⇨ Auch für Inbound einsetzen!

- Hilft, Formulierungen zum Standard zu machen
- Hilft, Varianten zu testen

⇨ Gerade für Outbound einsetzen!

- Es kommt häufig „aufs Wort" an
- Was gut ist für den einen, kann dem anderen auch helfen (für besseren Erfolg)

⇨ Schneller Routine gewinnen

- statt Konzentration aufs Formulieren
- Kopf frei, darauf zu hören, wie der Gesprächspartner reagiert

⇨ Gesichertes Gespräch

- Mußformulierungen kommen garantiert
- Leitfaden zugleich als Checkliste!

☐ Schlüsselformulierungen

⇨ Bewährtes multiplizieren

- statt die gleichen Fehler wieder zu machen
- um leichter zum Erfolg zu kommen

⇨ Die nimmt jeder gerne an

- ohne sich gegängelt zu fühlen
- Kommen immer gut an! (Positive Erfahrung)

☐ Vor Augen führen

Checkliste 157

Vergleich „vorher – nachher":
Gesprächsentwicklung, Punkt für Punkt!

	relevant	nicht relevant	Anmerkungen
⇨ Gespräch anderer hören			
• Zuhören beim Telefonat			
• Trainingskassette nutzen			
⇨ … und reinhorchen lassen			
• Aufzeichnungen, soweit zulässig			
• z.B. nur eigenes Gespräch (ohne Gesprächspartner)			
• Rollenspiele			

Highlights: bestens ans Ziel

158 Checkliste

Die „don'ts" am Telefon

	relevant	nicht relevant	Anmerkungen

1. Nebenbei was anderes?!

☐ Vorgänge

⇨ Briefe

- lesen
- schreiben

⇨ Zeitschriften

- Bücher
- Prospekte

⇨ Unterlagen

- sortieren
- ablegen

⇨ zweites Telefonat „parallel"

- mehrfach hin- und herschalten
- zwei Aapparate zugleich

⇨ „multimedial"

- PC-aktiv
- Audio (Kassette)
- Video

☐ Non-business-Aktivitäten

⇨ essen oder trinken (weg damit, in den Pausenraum!)

⇨ rauchen oder kaugummikauen (raus damit, sobald Telefon!)

⇨ Nägel

- pflegen
- kauen

⇨ Nase

- putzen
- _____

Checkliste 158

Die „don'ts" am Telefon

	relevant	nicht relevant	Anmerkungen
⇨ Haare frisieren			
⇨ Brille putzen			
⇨ „multimedial"			
• Audio (Radio)			
• Video (TV)			
☐ Business-Aktivitäten			
⇨ Besucher			
• Kollegen, Mitarbeiter			
• Externe			
⇨ Reisen			
• auspacken (nach Rückkehr)			
• einpacken (vor Abreise)			
⇨ Unterlagen			
• suchen			
• (zu spät vorbereitet) blättern			
☐ Ist „alles andere" wichtiger?			
⇨ „Moment mal"			
• Hängenlassen			
• Anderes Gespräch kommt über die Leitung …			
⇨ In ein Ohr rein …			
• … durchs andere raus?			
• Einziges (ungeduldiges) Zuhörsignal ist „hmm" oder „ja …"			
2. Formulierungen			
☐ Schuldfrage			
⇨ „Da kann man nichts machen"			
⇨ „Das haben wir immer schon so gemacht"			

Highlights: bestens ans Ziel

158 Checkliste
Die „don'ts" am Telefon

	relevant	nicht relevant	Anmerkungen
⇨ „Nein, nein, das hätten Sie halt einfach anders machen müssen!"			
⇨ „Da sind Sie der erste, das habe ich ja noch nie gehört?!"			
⇨ „Mensch, warum können die's nicht erwarten??" (Versehentlich zu spät aufgelegt …)			
☐ Für etwas einstehen			
⇨ statt anderer Partner im Unternehmen			
„Mein Gott, was haben die (von …) bloß wieder gemacht!!"			
⇨ statt Gesprächspartner			
„Das müssen Sie mißverstanden haben!!"			
⇨ Verantwortung ablehnen			
„Dafür bin ich nicht zuständig"			
⇨ Kompetenz verweigern			
„Das kann nur mein Vorgesetzter entscheiden (und der ist nie da)!"			
☐ Ich statt Sie?			
⇨ „So etwas kann bei uns nicht passieren!"			
⇨ „Mein Gott, wie kommen Sie bloß darauf?"			
⇨ „Das meinen Sie doch wohl nicht ernst?!"			
⇨ „Mit mir nicht! – Was bilden Sie sich eigentlich ein??"			
⇨ „Das muß ich mir wirklich nicht anhören!!"			
☐ Ist alles negativ?!			
⇨ „Kein Problem"			

Checkliste **158**

Die „don'ts" am Telefon

	relevant	nicht relevant	Anmerkungen

- „Keine Frage"
⇨ „Geht nicht"
- „Können wir nicht"
⇨ „Nein"
⇨ „nie/niemals"
⇨ pessimistisch
- „Problem"
- „schwierig"

3. Körpersprache
☐ Kommt sehr wohl rüber!
⇨ Anspannung
- Einfluß auf Stimme und Stimmung!
- Spätfolgen aus Verspannungen
⇨ Einklemmen des Hörers
- Verändert die Stimme!
- Langzeitfolgen!
⇨ Sitzhaltung
- nach vorne eingeknickt (gequetschte Stimme)
- Füße auf den Tisch (zu entspannt!)
⇨ Weghalten des Hörers
☐ Mimik und Gestik
⇨ höhnisches Gesicht
- Zähne zeigen
- auslachen
⇨ wütendes Gesicht
- Lippen, Gesichtsmuskeln
- Stirnfalten

Highlights: bestens ans Ziel

158 Checkliste
Die „don'ts" am Telefon

	relevant	nicht relevant	Anmerkungen
⇨ Finger zeigen			
• Stirn, Auge, Stinke …			
• drohender Zeigefinger			
⇨ Hände			
• aggressive Klaue			
• Faust (drohend)			
• auf den Tisch hauen			
• wegschiebend/wegwerfend			
• Pistole			
• Handkante			
• wegwischend			

(Machen Sie's lieber positiv, siehe Checkliste 159)

Checkliste **159**

Positives Verhalten am Telefon

	relevant	nicht relevant	Anmerkungen

1. Jetzt ist nur der Gesprächspartner wichtig!

☐ Sich einstellen auf Inbound

⇨ Entscheiden Sie:

- Telefon hat immer Vorrang!
- Jeder Anruf ist toll – spart Zeit!

⇨ Ich freu mich auf den nächsten Anruf!

- Denn der Kunde zahlt mein Gehalt
- Das ist leichter verdient, wenn Vorgang gleich am Telefon geklärt wird!

⇨ Weggehen vom lfd. Vorgang

- Auf den stellt man sich schneller wieder ein
- sofort konzentriert auf den Kunden
- geht alles reibungsloser!

☐ Gut vorbereitet für Outbound

⇨ Warum möchte ich genau diesen Gesprächspartner als Kunden?

⇨ Warum ist mein Angebot optimal genau für diesen Kunden?

⇨ Warum sollte er ausgerechnet bei mir kaufen?

⇨ Was weiß ich über diesen Kunden?

⇨ Was möchte ich von ihm/über ihn wissen?

⇨ Welche(s) Ziel(e) habe ich?

⇨ Wie vermittle ich das dem Kunden?

☐ Was mit dem Umfeld tun?

⇨ bei Anruf – stop!

Highlights: bestens ans Ziel

159 Checkliste
Positives Verhalten am Telefon

	relevant	nicht relevant	Anmerkungen

- ggf. vorher den Gesprächspartnern (im Raum) ankündigen
- kurze Entschuldigung – übernehmen
⇨ Kundenumfeld?
- Paßt es jetzt – oder wann?!
- Soll ich Sie zurückrufen?
⇨ Unterlagen
- greifbar zur Hand
- direkt aus dem PC

2. Alles, was der Gesprächspartner sagt, ist zunächst einmal gut!

☐ Partner ist generell gesprächswillig
⇨ Deshalb ruft er an (inbound)
- statt zu schreiben
- statt zu schweigen
⇨ Deshalb akzeptiert er Ihren Anruf (outbound)

   statt aufzulegen ...
⇨ Er hat Erwartungen
- schnell
- präzise
- persönlich/individuell

☐ Einwände sind Signale
⇨ Positiv aufnehmen
- Einwände bringen Infos fürs weitere Gespräch
- Sie können gezielt argumentieren, statt alles „Pulver zu verschießen"
⇨ Auftrag machen

Checkliste 159

Positives Verhalten am Telefon

	relevant	nicht relevant	Anmerkungen
• Denn wenn Kunde konkret fragt, ist er nahe dran!			
• Oder noch unsicher, braucht Kopfargumente!			
⇨ Vorwand erkennen			
• Kunde möchte nicht ablehnen			
• Welches ist der wahre Grund?			
☐ Sprechen Sie selbst positiv			
⇨ Streichen Sie „keins"!			
Statt „Kein Problem" z.B. „Alles klar!"			
⇨ Sagen Sie: „Ja, ich habe verstanden" statt: „Nein, so geht das aber nicht!"			
⇨ Sagen Sie: „Genau deshalb suche ich Kontakt zu Ihnen!" statt: „Na ja, wenn Sie nicht wollen …"			
⇨ Danke und Bitte			
⇨ Ja und gerne			
☐ Strahlen Sie Optimismus aus			
⇨ Wie melden Sie sich am Telefon?			
• Distanz verkürzend (mit Vorname)			
• deutlich (Fragen sozusagen vorab beantwortend)			
⇨ Euphorie			
• begeistert sein			
• überzeugt sein			
⇨ Lächeln			
• fröhlich sein			
• freundlich sein			
⇨ Bleiben Sie „cool"			
• auch wenn Kunde verärgert ist			

Highlights: bestens ans Ziel

159 Checkliste
Positives Verhalten am Telefon

	relevant	nicht relevant	Anmerkungen

- auch wenn Kunde Einwände hat
3. Helfen Sie sich selbst
- ☐ Feedback
- ⇨ Fragen Sie, ob Kunde zufrieden ist
  - mit dem Gespräch
  - mit der getroffenen Vereinbarung
- ⇨ Kontrollfragen im Gespräch
  - „Verstehe ich Sie richtig …"
  - „Sie meinen also …"
  - „Was sonst …?!"
- ⇨ Stichproben in Aktionen
  - nachfassen
  - revisionieren (Terminvereinbarung)
- ☐ Umfeld
- ⇨ freundlich
  - helle Farben
  - helles Licht
- ⇨ ungestört
  - Headset
  - Schallschutz
- ⇨ organisiert
  - Unterlagen zum Angebot
  - Unterlagen über den Kunden
- ⇨ Motto
  - am Platz
  - als Motivationsposter
- ⇨ Smiley
  - am Platz
  - als Bildschirmschoner

Zielgerichtete Gesprächsführung am Telefon

Checkliste **160**

	relevant	nicht relevant	Anmerkungen

1. **Klare Aussagen**
- ☐ Wer mit wem?
- ⇨ Wer ist am Apparat?
- • Sich bekannt machen (Vorname …)
- • Ich bin … o.ä. als Einstimmung
- ⇨ Funktion/Position genannt
- • „Ich Ihr zuständiger …"
- • „Ich rufe an für …"
- • „Ich rufe Sie an, weil …"
- ⇨ Wer ist gewünscht?
- • Bekannt? Direkt
- • Wird glaubhafter, wenn neben Name auch Vorname!
- ⇨ Funktion/Position erfragt
- • „… (oder) wer …?!"
- • „Ihren (Geschäftsführer) bitte – wie ist doch gleich sein Name?! Seine Nebenstelle??"
- ☐ Worum geht's?
- ⇨ Fragen (inbound)
- • „Was kann ich für Sie tun?"
- • „Worum geht es Ihnen?"
- ⇨ Einleiten (outbound)
- • „Grund meines (heutigen) Anrufs ist …"
- • „Ziel unseres Gesprächs sollte sein …"
- ⇨ direkter
- • „Sie sind doch der Verantwortliche für …?!"

Highlights: bestens ans Ziel

160 Checkliste
Zielgerichtete Gesprächsführung am Telefon

	relevant	nicht relevant	Anmerkungen
• „Bei Ihnen bin ich doch richtig, wenn es um die Entscheidung zu … geht?!"			
☐ Warum gerade diese beiden Gesprächspartner zusammen?			
⇨ Grund liefern für die Vermittlung (Zentrale …)			
• Sache: zuständig, wenn's um … geht			
• Beziehung: Kennen sich (Messe, privat …)			
• vereinbarter Anruf (Kunde, Vorkontakt …)			
⇨ Grund für Partner (ähnlich wie oben)			
⇨ „Neutraler Grund"			
• Jetzt … Aktion			
• Vorab-Info (Terminvorschlag …)			
2. Weiterführende Fragen			
☐ Informationen für gezielte Gesprächsführung			
⇨ „Welches dieser drei Themen … ist heute für Sie besonders interessant?"			
• „Was hat Sie bewogen, sich ausgerechnet jetzt für … zu interessieren?"			
• „Was ist für Sie besonders wichtig?"			
⇨ „Welchen Hintergrund hat Ihre Frage?"			
„Was genau meinen Sie damit?"			
⇨ „Wozu setzen Sie … ein?"			
„Welche Erfahrungen haben Sie mit … gemacht?"			

Checkliste 160
Zielgerichtete Gesprächsführung am Telefon

	relevant	nicht relevant	Anmerkungen
⇨ Ziel durch öffnende Fragen ansteuern W-Fragen!			
⇨ „Was hindert Sie noch, ja zu sagen zu meinem Angebot?!"			
☐ Kontrolle für klares Abschließen einzelner Themen			
⇨ ankündigen (gehört auch dazu!)			
• „Ich schlage vor, wir sprechen jetzt über …"			
• „… einverstanden?"			
⇨ Zusammenfassen			
• „So, das heißt also …"			
• „Kurz zusammengefaßt bedeutet das …"			
⇨ Beendigung abfragen			
• „Herr …, zum Thema … – haben wir da jetzt alles besprochen, denke ich?!"			
• „Ja, dann haben wir besprochen, was zu klären war – was meinen Sie?"			
⇨ Weniger wichtig für …			
• … „einfache" Verhandlungen			
• … Kontakte zu Privatpersonen			
⇨ Besonders wichtig für …			
• … das Gelingen „schwieriger" Verhandlungen			
• … Kontakte zu gehobenem Management			
☐ Dialog, und zwar „geführt"			
⇨ Geschichten erzählen			
• Beispiele machen transparent			

Highlights: bestens ans Ziel

160 Checkliste
Zielgerichtete Gesprächsführung am Telefon

	relevant	nicht relevant	Anmerkungen
• Dritte überzeugen leichter			
⇨ Kontrollfragen			
• „… das ist doch richtig?"			
• „… einverstanden?!"			
⇨ rhetorische Fragen			
• Frage stellen („Und was machen wir da jetzt am besten?!")			
• sofort selbst beantworten („…")			
⇨ Alternativfragen (siehe unten)			

Checkliste 161
Entscheidungsfördernde Alternativangebote

	relevant	nicht relevant	Anmerkungen
☐ Grundsatzformulierung			
⇨ Welches von zweien?!			
• Angebot A oder B?			
• Jetzt oder später?			
• Form 1 oder 2?			
⇨ Gibt dem Partner das Gefühl, selbst entschieden zu haben			
• statt Suggestivfrage („Sie sind doch auch der Meinung …?!")			
• statt einem einzigen Vorschlag („Wäre es Ihnen recht, wenn wir …?!")			
☐ Jederzeit im Gespräch – die „Kür"			
⇨ Dialog fördern			
• Partner bleibt im Gespräch			
• Partner kommt (wieder) ins Gespräch			
⇨ Vorwandkette durchbrechen			
• klären, woran das Zögern wirklich liegt			
• z.B. „Wenn ich jetzt darauf für Sie eine befriedigende Antwort finde – sagen Sie dann ja zu meinem Angebot?!"			
• ggf. so rascher zum Gesprächsende kommen			
☐ „Pflicht" zum Gesprächsabschluß			
⇨ Entscheidungsfindung vorantreiben			
⇨ Vorschlag verpacken			
• Kaufsignal aufgenommen			
• Partner an die Hand nehmen …			

Highlights: bestens ans Ziel

161 Checkliste
Entscheidungsfördernde Alternativangebote

	relevant	nicht relevant	Anmerkungen
⇨ Klärung provozieren			
• Wenn trotzdem nein, dann klar!			
• Wenn trotzdem zögert, zurück zum Dialog!			
☐ „Soft Selling"			
⇨ Variante zum Abfedern			
• Entscheid fällt dem Kunden so leichter			
• besser als nichts für den Verkäufer			
⇨ Beispiele			
• Testkauf zu Festkauf			
• Aufpreis zu Mindestbestellwert			
• Minderung zu Umtausch			
• Wiederholungslieferung zu „Abwarten, ob's vielleicht noch kommt …"			
• Präsentationstermin zu Direktlieferung			
• _____			

Checkliste **162**

Passendes Umfeld, gelungene Umgebung: Kurzcheck

	relevant	nicht relevant	Anmerkungen
1. Alles im Griff			
☐ Technik			
⇨ Telefonanlage			
Endgerät(e)			
⇨ PC			
Software			
⇨ andere			
Headset			
⇨ Umgehen damit			
☐ Unterlagen zum Gesprächsthema			
⇨ Details			
⇨ Konditionen			
⇨ Mitbewerb			
⇨ Werbemittel			
⇨ Formulare			
• Gesprächsreport			
• Bestellung			
• _____			
☐ Kontakte			
⇨ Kommunikationsdaten			
• Fon (mehrere? Durchwahl?)			
• andere (Fax, Adresse, E-Mail)			
⇨ Kundenhistorie			
⇨ Special „Beziehung"			
⇨ intern			
• Vorgesetzter			
• Back-office			
• Vertretung			

Highlights: bestens ans Ziel

162 Checkliste

Passendes Umfeld, gelungene Umgebung: Kurzcheck

	relevant	nicht relevant	Anmerkungen
• nötiger Kontakt für Kunde (Reklamation …)			
2. Alles im Lot			
☐ Motivierend und individuell			
⇨ Informationsfluß gesichert			
⇨ Produktkenntnis vermittelt			
⇨ Gesprächsleitfaden zur Hand			
• Rahmen			
• flexibel			
⇨ Motto vor Augen			
⇨ Arbeitsplatz gestaltet			
☐ Störungsfrei			
⇨ Schallschutz			
• rundum			
• Headset			
⇨ Besuchsschutz „Sprechstunde"?			
⇨ weniger Streß			
⇨ mehr Konzentration			
⇨ Lösen von Vorgängen fällt leichter			
☐ Ergonomie			
⇨ Haltung			
• Sitzhöhe			
• Tischhöhe			
⇨ Zugriff			
• Unterlagen			
• Telefon			
• anderes			

Passendes Umfeld, gelungene Umgebung: Kurzcheck

Checkliste 162

	relevant	nicht relevant	Anmerkungen
⇨ getrennter Telefonarbeitsplatz			
• bei Kombiaufgaben (z.B. Sachbearbeitung)			
• bei Teilen eines Platzes (Schichten bzw. gleichzeitig)			
☐ Menschliches			
⇨ Teamwork			
⇨ Hilfe			
• durch Vorgesetzte			
• durch Kollegen			
⇨ Feedback			
⇨ Spiegel im Einsatz?			

Highlights: bestens ans Ziel

163 Checkliste

Special „Verlage": Argumente, Abläufe und Ansprechpartner

	relevant	nicht relevant	Anmerkungen

1. Wiederkehrende Publikationen

☐ Negativ-Option

⇨ klares Formulieren

- „Wenn Sie dann dabei bleiben, weil Sie von Ihrem Nutzen überzeugt sind, sind das dann nur … DM monatlich."
- „Sie erhalten … Ausgaben gratis, das ist ein Wert von immerhin … DM."

⇨ abwechseln von Filter und Verstärker

⇨ abfragen Zahlungsweise (zur Qualifizierung)

- „Wie wird dann üblicherweise bei Ihnen im Haus die Rechnung beglichen …"
- Überweisung
- bequem per Bankeinzug

⇨ ankündigen der Auftragsbestätigung

- „Das kriegen Sie von mir auch alles schwarz auf weiß …"
- per Brief/Fax
- (Wenn Widerstände gegen Negativ-Option) „Manche Kunden nutzen diese Bestätigung dann gleich als Wiedervorlage – für den Fall, daß sie doch noch stoppen möchten."

⇨ Thema klären

- Interessant fürs Unternehmen, weil …
- Richtiger Gesprächspartner?

☐ Positiv-Option

⇨ 1 Ausgabe gratis

Checkliste 163

Special „Verlage":
Argumente, Abläufe und Ansprechpartner

	relevant	nicht relevant	Anmerkungen
• verbunden allerdings mit Verpflichtung, sich damit zu befassen			
• Fragebogen liegt bei – bitte ausfüllen!			
• Wiederanruf Agent			
⇨ Konditionen klar			
• Wert DM …			
• Wenn o.k., monatlich DM …			
⇨ Extras für Abonnenten			
• ankündigen			
• schriftlich bestätigen			
• evtl. in der Hinterhand (für Wiederanruf)			
⇨ Wiederanruf			
• „Sie haben … Welche Fragen noch dazu?"			
• „… zunächst 3 Monate Schnupperabo oder gleich 1 Jahr – dann sparen Sie …"			
• „Was benötigen Sie noch von mir, sich Ihr Abo zu sichern – mit … Vorteil, wenn Sie heute ja sagen."			
☐ Rückgaberecht			
⇨ Nachschlagewerke „1 Band zur Ansicht"			
• Brockhaus Enzyklopädie			
• andere allgemeine Reihen			
• Fach- und Sachreihen			
⇨ Loseblattwerke			
• Grundausgabe Wert DM …			
• Sonst monatlich …			

Highlights: bestens ans Ziel

163 Checkliste

Special „Verlage":
Argumente, Abläufe und Ansprechpartner

	relevant	nicht relevant	Anmerkungen
• Laufzeit …			
⇨ Buch-/Medienclub			
• privat			
• Business			
• besondere Vorteile (Einstieg, lfd.)			
⇨ Extras nur für Dauerkunden			
• Auskunftsdienst			
• Sammelmappe			
• _____			
⇨ Andere			
• Partworks im Abo			
• Sammelwerke (Karten, Ringbuch)			
2. Einmalige Publikationen			
☐ Fachbücher			
⇨ Testsendung			
• für Mehrfachabnehmer			
• für Einzelkunden (besonderes hochpreisige Titel)			
⇨ Handbücher			
• entwickeln Seriencharakter			
• unterschiedliche Themen – verschiedene Ansprechpartner			
⇨ Institutionen, z. B. Bibliotheken			
☐ Bibliophile Editionen			
⇨ für Kunstinvestoren			
• limitierte Auflagen			
• besondere Einbände			
⇨ für Buchfreunde			

Checkliste **163**

Special „Verlage":
Argumente, Abläufe und Ansprechpartner

	relevant	nicht relevant	Anmerkungen

- Freude am Thema (z. B. mittelalterliche Buchkunst)
- Sammler
⇒ Historiker
- persönlich
- Institution (Museum)
⇒ Exklusivausgaben
- nur auf diesem Weg
- nur kurze Zeit
☐ Schenktitel
⇒ Business
- Jubiläen Firma
- Jubiläum Personen
- PR-Ausgaben
⇒ Spezialausgaben
- anderer Einband
- spezielle Zusatzteile (Vorwort, Prolog, Extrakapitel)
⇒ Geschenke für …
- … Mitarbeiter
- … Presse, Öffentlichkeit
- … Geschäftsfreunde, Kunden
- … Institution (als Sponsoring?)
⇒ Privatpersonen
- (Runde) Geburtstage
- Jubiläen (Hochzeitstage …)
⇒ Ausstattung
- Geschenkzertifikat /-urkunde
- Gutschein vorab (erscheint später?)

Highlights: bestens ans Ziel

633

163 Checkliste

Special „Verlage":
Argumente, Abläufe und Ansprechpartner

	relevant	nicht relevant	Anmerkungen

☐ Spezialitäten

⇨ Copyright in Gefahr?

- Kopieren vor Rückgabe?
- statt Buch vorab Prospekt, Probeheft (Originalseiten)

⇨ andere Medien

- CD-ROM
- Audio
- Video

⇨ Paketverkauf

- Buch + CD-ROM
- Buch + …

⇨ Autorenvermarktung

- Seminare, Vorträge
- Präsentation

3. Generell

☐ Preisbindung

⇨ Verhindert Preisdiskussion weitgehend

- Ist bekannt
- Ist (meist) anerkannt

⇨ Vorauszahlung

- als offizielle Preisvariante
- inoffiziell (zunächst Rechnung – Zahlung – dann Lieferung)

⇨ Subskriptionspreis

- Beachte maximalen Vorteil
- Beachte Zeitnennung

⇨ Preisvergleiche früher – jetzt

Checkliste **163**

Special „Verlage":
Argumente, Abläufe und Ansprechpartner

	relevant	nicht relevant	Anmerkungen

Zulässig nach UWG?
⇨ Außerhalb Preisbindung
- nicht preisgebundene Bücher („unverbindliche Preisempfehlung")
- aus der Preisbindung genommene Bücher

⇨ Rabatte
- Institutionen (Bibliotheken)
- Mengenstaffel
- Wiederverkauf

⇨ Preisvorteile im Abonnement
- ohne Versandkosten
- generell günstiger

☐ Zugaben
⇨ rechtlich
- geringwertig
- frei von psychologischem Kaufzwang

⇨ thematisch passend
⇨ Nur für Dauerbezieher?
⇨ Kundenclub?

☐ Kündiger
⇨ telefonisch nach Gründen befragen
⇨ Vorsicht bei Reaktivierung an Privatpersonen
⇨ Alternativangebot?
- anderes Werk
- gleiches Werk, Bezug jederzeit kündbar

☐ Empfehlung

Highlights: bestens ans Ziel

163 Checkliste
Special „Verlage":
Argumente, Abläufe und Ansprechpartner

	relevant	nicht relevant	Anmerkungen
⇨ Leser werben Leser			
• Aktiv ansprechen bei Nachfaßtelefonaten			
• Erhöht auch die Bindung des Empfehlenden!			
⇨ Prämien			
• bei Kauf			
• für Interessentenadressen			

Special „Finanzdienstleister"

Checkliste 164

	relevant	nicht relevant	Anmerkungen

1. **Qualifizierte Termine**
- ☐ Konkurrenzsituation
- ⇨ anders sein als andere
  - Was hebt Sie ab? („Spezialisiert auf …", „Freier Makler statt Bindung")
  - Was erwartet (potentieller) Kunde?
- ⇨ Sprüche vermeiden
  - „Wenn Sie Ihre Steuerlast auf Null senken wollen …"
  - „Das treibt dem Herrn Finanzminister die Tränen in die Augen …"
- ⇨ zur Situation stehen
  - „Sie wollen mir doch nur etwas verkaufen!!" Klar: „Wenn Sie das möchten und ich das passende Angebot für Sie habe – gern!"
  - „Hören Sie, geht es schon wieder ums Steuern sparen?!" Klar: „Wenn es Ihre Situation erlaubt, geht es natürlich auch darum – warum sollten Sie auf einen solchen Effekt verzichten?!"
- ☐ Verstärker
- ⇨ zu zweit
  - „Mit der Person Ihres Vertrauens – Partner, Banker, Steuerberater …"
  - „Kommen gern zu zweit zu Ihnen – dann haben Sie zu jeder möglichen Frage gleich den Spezialisten da!"
- ⇨ kostenlos
  - Gratis-Kostenanalyse
  - Gratis-Prämien-Checkup
- ⇨ faire Auswertung

Highlights: bestens ans Ziel

164 Checkliste
Special „Finanzdienstleister"

	relevant	nicht relevant	Anmerkungen
• „Allerdings nur möglich durch unser beider persönliches Gespräch."			
• über neutrale DV-Analyse			
⇨ seriöse Beratung			
• „Ich nehme maximal zwei Termine am Tag wahr, um so genügend Zeit für meine Geschäftspartner zu haben."			
• „Seit ... Jahren sind wir für unsere Kunden erfolgreich tätig – viele sind von Anfang an dabei!" (Mitarbeiter wie auch Kunden!)			
• „Diese Geschäfte erfordern eine sehr vertrauliche Basis. Deshalb sehen Sie von uns auch keinerlei Massenwerbung ..."			
☐ Filter			
⇨ Welche Voraussetzungen?			
• Alter?			
• Steuerlast/Jahr?			
• Haushaltsgröße?			
• Rechtsform Firma?			
⇨ Anlagen			
• mindestens DM ...			
• Laufzeit ...			
⇨ Suggestivfragen			
• „15.000 Mark auf die Hand – das ist doch auch für Sie interessant?!"			
• Das merkt der Kunde spätestens „danach"			
• Und die meisten reagieren sofort allergisch und ablehnend			

Checkliste **164**

Special „Finanzdienstleister"

	relevant	nicht relevant	Anmerkungen
⇨ Kommt das Angebot in Frage?			
• Hohe Rendite wichtig?			
• Sichere Anlage wichtig?			
• Jederzeitiger Zugriff wichtig?			
2. Sensible Bereiche			
☐ Mindesteinkommen nötig?			
⇨ Erfragen über Steuerlast			
• Mindestens ... DM im Jahr?			
• „Hat Ihr Steuerberater es bereits geschafft, Ihre Steuerzahlung auf weniger als ... DM zu drücken?"			
⇨ Alles anonym!			
• Alle Daten werden verschlüsselt			
• keinerlei Bezug zum Partner herzustellen ...			
☐ Prospekthaftung?			
• Mündliche Aussagen ...			
• ... gelten wie schriftliche			
• ... müssen belegbar sein			
⇨ Vermittler ...			
• ... haftet mit			
• ... ist erster/direkter Ansprechpartner!			
☐ Privat – Business?			
⇨ Vermengung vermeiden			
• Konstruktion „privat im Geschäft"?			
• Sog. Business-Angebote (siehe „Firmenwohnung für Mitarbeiter – Incentive-Reisen" usw.)			
⇨ Business			

Highlights: bestens ans Ziel

164 Checkliste
Special „Finanzdienstleister"

	relevant	nicht relevant	Anmerkungen

- Nur wenn hilfreich zur Erfüllung des Geschäftszwecks
- Geldanlage zur Gewinnthesaurierung?
⇨ privat
- Kontakteinverständnis für Telefon?
- Stillschweigend durch schriftliche Reaktion (mit Angabe Telefonnummer)?
- Anruf des Kunden?
⇨ Cross-Selling

  Bei Betreuungsanruf Erlaubnis für Anruf zu anderen Angeboten einholen?

3. Kontaktsystem aufbauen

☐ Betreuungstelefonate
⇨ regelmäßig
- monatlich
- jährlich
⇨ mit Infocharakter
- Hinweis auf Presse (schriftlich dann nur auf Wunsch)
- zum Geschäftsverlauf des Anbieterunternehmens
- neue Gesetzesentwicklungen
⇨ primär „Contacting"
- kein direkter Verkaufsversuch
- deshalb wohl auch als Nachfaß an Nicht-Interessenten zulässig
- deutlich erfolgreicher als Mailings

☐ Interessentenaktivierung
⇨ Vorwerbung schriftlich

Special „Finanzdienstleister"

Checkliste 164

	relevant	nicht relevant	Anmerkungen
• Kundenzeitung			
• Kunden-Mailing			
⇨ Empfehlungen			
• nennbar („Rufe Sie an, weil mir Herr ... empfohlen hat ...")			
• sinnvoll (vorher checken!)			
• Durch Prämie gestützt?			
⇨ Netzwerk			
• Vorsicht MLM			
• Gestützt auf Sachaussagen statt ausschließlich auf private bestehende Verbindungen – irgendwann Ende!			
☐ Besondere Anlässe			
⇨ Kündigungstermin Vertrag			
• rechtzeitig (deutlich) davor			
• Kurz vor Rechnungsversand?			
⇨ Schadensfall			
• Alles zur Zufriedenheit geregelt?			
• Änderungswünsche zum Vertrag?			
⇨ Geburtstage			
• generell			
• speziell (runde, 18, 21 ...)			
⇨ Nutzen ergänzend/alternativ zu			
• schriftlichem Kontakt (Mailing)			
• persönlichem Kontakt (Besuch)			

Highlights: bestens ans Ziel

165 Checkliste
Special „Direktvertrieb"

	relevant	nicht relevant	Anmerkungen

1. Abwehr gegen Hausbesuche?
- ☐ Termine bei Privathaushalten
- ⇨ Direkt per Hausbesuch?
- • an der Haustüre rechtlich o.k.
- • mehrstufig direkt persönlich
- ⇨ telefonisch vorab
- • Recht checken?
- • Kundenservice?
- ⇨ bei hochpreisigen Produkten
- • „nur telefonisch" kaum möglich
- • Bewußt Alternative bieten? („Oder wünschen Sie eher die telefonische Beratung mit Versand per Post?")
- ☐ Aufhänger
- ⇨ Aktion

    Saison …
- ⇨ Versprechen wird erfüllt

    „Seinerzeit hatten wir Ihnen versprochen …"
- ⇨ Erinnerung

    an früheren Kontakt
- ⇨ Empfehlung
- • anderer Kunde
- • „Mein Chef …"
- ☐ Verstärker
- ⇨ Neues
- ⇨ Nur für Sie …
- ⇨ „Sie entscheiden, wieviel Zeit ich für Sie reservieren soll."

Special „Direktvertrieb"

Checkliste 165

	relevant	nicht relevant	Anmerkungen
⇨ „Eine halbe Stunde genügt"			
⇨ „Jetzt sind wir in Ihrem Gebiet unterwegs."			
☐ Alle an einem Tisch!			
⇨ Investitionsentscheid			
• Um einen solchen handelt es sich!			
• Deshalb meist mehrere Entscheider, auch bei Privatpersonen			
⇨ Negativentwicklung vermeiden			
• Rücktritt privat			
• Entscheid wird verschoben (business)			
• evtl. weiterer Besuch nötig			
2. Hilfreiche Formulierungen			
☐ Machen Sie Besuch plausibel			
⇨ „Endlich können wir Ihnen etwas zeigen"			
⇨ haptisches Erleben			
• „Jetzt haben Sie Gelegenheit, … gleich zur Hand zu nehmen"			
• „… und auszuprobieren!"			
⇨ multimediale Präsentation: Geräte vorbereiten?			
☐ Stimmen Sie sich positiv darauf ein			
⇨ „Auf den Abend mit Ihnen freue ich mich!"			
⇨ „Übrigens bringe ich noch eine Überraschung für Sie mit!"			
⇨ „Selbstverständlich ist der Abend für Sie kostenlos."			
☐ Bringen Sie Vorteile rüber			

Highlights: bestens ans Ziel

165 Checkliste
Special „Direktvertrieb"

	relevant	nicht relevant	Anmerkungen
⇨ bequem zu Hause			
• „Sie sind da ganz ungezwungen."			
• „So sparen Sie sich auch, extra die Kinder unterbringen zu müssen."			
⇨ nur auf diesem Weg ...			
• statt im Katalog (spart Werbekosten, kommt Ihnen zugute!)			
• direkt vom ... ohne Zwischenhandel (günstiger für Sie!)			
⇨ Spart Ihnen lästiges Parkplatzsuchen			
• Zeit			
• Geld			
☐ Terminabsprache festigen			
⇨ Wiederholen			
• „Dann bin ich also am ... um ... Uhr bei Ihnen!"			
• „Sie haben den Termin auch notiert?"			
• „Dann sehen wir uns – Sie, Ihre Frau und ich ..."			
⇨ Wegbeschreibung			
• „Wie komme ich dann am besten in die ... Straße?"			
• „Wo in Ihrer Nähe parke ich am besten?"			
3. Sonderformen			
☐ Verkaufsparty			
⇨ „Kostet Sie keinen Pfennig!"			
• Bewirtung übernimmt Veranstalter			
• nur Räume vom Gastgeber			
⇨ Termine machen lassen			

Special „Direktvertrieb"

Checkliste **165**

	relevant	nicht relevant	Anmerkungen

- Gastgeber(in) lädt ein
- „Wie viele Einladungsbestätigungen benötigen Sie denn?"
⇨ Empfehlungscharakter
⇨ Unterhaltungscharakter
☐ Kaffeefahrt
⇨ Teilnehmer früherer Fahrten kontakten
- „Genießen Sie wieder ein paar schöne Stunden – lernen Sie wieder neue Ecken kennen …"
- „Sie wissen ja, die einzige Verpflichtung ist, daß Sie an der Verkaufsveranstaltung teilnehmen."
⇨ Empfehlung
- „Wem sonst würden Sie dieses preiswerte Vergnügen gönnen?"
- „Wer käme in Frage, den Sie auch mitnehmen möchten?"
⇨ (Externe) Großveranstaltung
- Gruppenerleben
- reißt mit
- gegenseitige Überzeugung
⇨ Multiplikation
- viele auf einmal (mit ähnlichem Personalaufwand)
- Vorsicht vor Negativeinfluß!
⇨ Moderator
- extern (bekannte Person)
- intern: der Boss!

Highlights: bestens ans Ziel

645

166 Checkliste

Checklisten-Einsatz

	kopieren	sofort	entfällt

1. Ausstattung
   _____
   _____

2. Mitarbeiter
   _____
   _____

3. Aktionsplanung
   _____
   _____

4. Kommunikation
   _____
   _____

5. Sofort erledigen
   _____
   _____

VI. Glossar zum Tele-Marketing

A

ABC-Analyse

Bewertungssystem für bestehende (oder auch neue) Kontakte, i.a. Einteilung nach A-Kunden (die besten), B- (mittlere) und C-Kunden (die „schlechtesten"). A entspricht meist jenen ca. 20%, mit denen 80% des Umsatzes geschaffen werden („Pareto-Regel", benannt nach einem Mathematiker). Je nach Vertriebsorganisation werden diese Kunden häufig getrennt betreut:

- A-Kunden (20%) werden regelmäßig vom Außendienst besucht
- B-Kunden (40%) werden per ⇨ Telemarketing betreut
- C-Kunden (40%) werden per ⇨ Direct Mail angesprochen

Basis der Bewertung ist dann z.B.

- Umsatz (per Einheit, z.B. Jahr)
- Absatz Stück
- branchenspezifische Werte (z.B. Gesprächsminuten eines Telefonproviders)

Das System ist übertragbar auf

- Neukontakte (z.B. nach bekannter Unternehmensgröße)
- Interessentengewinnung (z.B. nach Alter und Herkunft der Adressen)
- Lieferantenkontakte (z.B. nach Konditionen, Lieferschnelligkeit ...)

Andere Kriterien: Siehe ⇨ Scoring, ⇨ RFMR

ACD

-Anlage (automatic call distribution). Elektronisch gesteuerte Anrufzuordnung (über Telekommunikations- oder Datenverarbeitungsanlage). Softwareeinsatz mit dem Ziel, optimale Gesprächskontakte herzustellen, i.e.

- kurze Wartezeiten (für Anrufer von außen = ⇨ inbound wie für aktives Anrufen nach außen = ⇨ outbound)
- automatische Zuordnung (Wiedervorlage outbound zum vereinbarten Termin/Uhrzeit, Aktionen inbound)
- steuerbar durch Vorgaben oder manuelles Eingreifen (Warteschleifen und -zeiten, Nebenstelle zu bestimmten ⇨ Agenten, ewa aus sprachlichen Gründen, Zugriff ⇨ Supervisor)

Es existiert ein reichhaltiges Angebot an ACD-Software. Informationen erhältlich aus dem Internet oder aus Fachmagazinen (teleTalk usw.)

⇨ ANI/ANSI, ⇨ CTI

Agent

Im Sinne von Call Center Agent, aus dem Englischen übernommener Begriff, der den Telefonkontakter meint, der „aktiv ist" (also agiert). Es existieren viele Synonyme wie Tele-Kontakter, Telefon-Verkäufer, Kundenbetreuer, Service-Kontakter, Tele-Sales-Repräsentant usw. Als Agent wird also heute üblicherweise jeder benannt, der den Schwerpunkt seiner wirtschaftlichen Tätigkeit am Telefon hat, ⇨ inbound wie ⇨ outbound, extern beim Dienstleister oder inhouse. Die Tätigkeit ist als eine Stellung „ohne Führungsfunktion" definiert.

Alternativfrage

Mit dieser Art von Fragestellung überläßt der ⇨ Agent dem Gesprächspartner die Entscheidung zwischen zwei Möglichkeiten. Sie ist ein Zwischending von schließender („Möchten Sie

...?" = ja oder nein als Antwort) und öffnender Frage („W-Frage", z.B. „Was möchten Sie ...?" = folgt ausführliche Antwort). Vor allem zum Gesprächsabschluß am Telefon ist diese Form der Frage zu empfehlen. Durch die Antwortvorgabe(n) ist sie sozusagen „gestützt" (ein Begriff aus der Marktforschung) und hilft manchem Gesprächspartner über Entscheidungshemmnisse hinweg. Dem Agenten gelingt es so, die Gesprächsführung zu behalten. Die Alternativfrage tritt an die Stelle von

☐ schließender Frage („Möchten Sie ...?")
☐ Suggestivfrage („Sie möchten doch sicher auch ...?")
☐ Aussage („Am besten, Sie bestellen jetzt gleich!")

Gelegentlich hilft schon beim Gesprächseinstieg die A., z.B. bei Neukontakten: „... Verbinden Sie mich bitte mit XYZ – oder wer ist sonst verantwortlich für ABC?" Der Einsatz der A. empfiehlt sich in jeder Kommunikation, speziell am Telefon ist sie weiterführend.

ANI/ANSI

Eine Anrufnummernidentifikation ist heute bei jeder ISDN-Anlage bereits integriert (außer Rufnummernunterdrückung des Anrufers ist aktiviert). Für ⇨ Inbound ist sie extrem wichtig, so kann der Anruf individuell angenommen werden:

☐ Automatische Zuordnung aufgrund der angewählten Nebenstelle
☐ Zuordnen von Kundendaten aufgrund interner Nummernzuordnung
☐ Manuelles oder automatisches Zuordnen aufgrund Vorwahl (etwa bestimmte Agenten je Sprache/Dialekt)

Bei softwaregesteuerten Telekommunikations- oder Datenverarbeitungsanlagen heute Standard.

⇨ ACD, ⇨ CTI

API

Schnittstelle zur Verbindung von Telekommunikations- und Datenverarbeitungssoftware. Wichtig dort, wo Call Center und andere Unternehmensabläufe mit vorhandener Software zusammengeführt/kompatibel gemacht werden: ⇨ ACD mit ⇨ CAS und MIS (Managementinformationssystem). Es besteht ein Quasi-Monopol (durch Patentschutz) des Unternehmens CBS in Geilenkirchen bei Aachen. Eine Fülle von Abwandlungen/Anpassungen ermöglich die Kommunikation mit allen bekannten Betriebssystemen.

Auditiv

-Typen: Menschen, die Sinneseindrücke überwiegend übers Ohr verarbeiten (statt per Augen oder Tastsinn). Erinnerungen z.B. werden über Klangerlebnisse gesteuert (statt über Bilder oder Temperatur-/Druckempfinden). Wer übers Telefon genau diesen Hauptsinn des Partners anspricht, wird Gehör finden. Das gelingt primär über den Einsatz des entsprechenden Wortschatzes, z.B.:

☐ Eigenschaften wie laut/leise, klangvoll, tönend ...
☐ Namensbegriffe wie Glocke, Gong, Donner, Rauschen ...
☐ Tätigkeiten wie klingen, rascheln, sprechen, hören ...

Auch der Einsatz von Geräuschen (passend zum Angebot per Telefon) oder von Musik läßt den Gesprächspartner aufhorchen. Gerade fürs Tele-Marketing sind auditiv orientierte Verkäufer/⇨ Agenten gut geeignet – ist dies doch der einzige Sinn, der direkt und unmittelbar einsetzbar ist: das Ohr.

⇨ Kinästhetisch, ⇨ NLP, ⇨ Visuell

Auftragsbestätigung

Als „Gesprächsbestätigung" ein sinnvoller Sicherheitsfilter für Telefonabsprachen jeder Art. Denn diese eher unverbindliche Form der Kommunikation verführt dazu,

☐ ... rasch zu vergessen (verdrängen), was besprochen wurde
☐ ... ja zu sagen, um das Gespräch zu beenden, ohne dem netten Menschen am anderen Ende der Leitung nein sagen zu müssen
☐ ... mißverständlich zu kommunizieren

Der Einbau von Filterformulierungen („Habe ich Sie richtig verstanden, Sie meinen also ...?!") und Zusammenfassen zum Schluß des Gesprächs klären manches noch im Gespräch. Eine (angekündigte!) schriftliche Bestätigung (allgemein A. genannt, auch für Terminabsprachen und andere Kontakte) belegt schwarz auf weiß, was zumindest die eine Seite für besprochen hält. Dies gibt dem Gesprächspartner die Chance zu reagieren, bevor Weiteres geschieht. Eine A. sollte mehrfach personalisiert und individualisiert sein:

☐ Vorname, Name, Anrede Gesprächspartner
☐ Dito des ⇨ Agenten
☐ Benennung von Funktion (usw.)

Sie muß schnell geschehen (den Partner innerhalb 48 Stunden erreichen, am besten nach ein bis zwei Stunden per Fax).

⇨ Revisionieren, ⇨ Widerrufsrecht

B

B-Kunden
(siehe ABC-Analyse)

Back-office

Sobald Spezialwissen gefragt ist, wird der kompetente Fachmann eingeschaltet, primär im ⇨ Inbound. Die (meist über 90%) Routinefragen werden durch den Agenten des ⇨ Front-office (in Hotline, Service ...) geklärt. In dessen Händen sollte die Kompetenz liegen, ggf. ans B. weiterzuleiten. (Alternative: Klärt selbst und ruft zurück – oder bietet gleich Rückruf des kompetenten Partners an.)

Bedürfnispyramide

Beim Ermitteln und Darstellen von Kaufgründen und -motiven wird häufig die B. von Maslow herangezogen. Danach wird immer das Bedürfnis der nächsthöheren Stufe relevant, sobald jenes darunter erfüllt ist:

```
            Selbstver-
           wirklichung
          Selbstdarstellung
             (Prestige)
       Gewinnstreben (Geld erhalten/
          sparen, Wertzuwachs ...)
    Sicherheit (für jetzt und später, keine
     Verpflichtungen), Gruppenzugehörigkeit
   Grundbedürfnisse (Dach überm Kopf, Essen und Trinken,
              Sexualpartner ...)
```

Wichtig ist: Ein Bedürfnis existiert erst dann und wird ansprechbar, wenn alle darunter liegenden erfüllt sind. Klar scheint, daß ein Obdachloser unter der Brücke kaum mit dem

Aspekt „Selbstverwirklichung" zu locken ist (ein extremes Beispiel). Positiv gesehen: Sind alle Grundbedürfnisse erfüllt und Sicherheit sowie genügend Geld vorhanden, kann der Prestigeaspekt sehr wohl lohnen: größeres Auto, schönere Wohnungseinrichtung, längere Ferien(fern)reise, teure Bibliothek ... Dann wird eventuell ein Mangel empfunden, der (vom Anbieter) ausgeglichen werden kann. Vom Denken und Fühlen her reagieren die verschiedenen B.-Typen unterschiedlich: eher gewinnorientiert, sicherheitsbedürftig oder prestigezentriert.

Benchmark(ing)

Leistungen, Ergebnisse und Erfolge an ausgewählten Kennzahlen messen, meist des/der Besten z.B. der eigenen Branche. Im übertragenen Sinne jede Art von Wettbewerbsmessung, auch innerhalb des eigenen Unternehmens (Abteilungen, Vertriebswege, einzelne Mitarbeiter) oder der Gruppe ($\Rightarrow$ Profit Center). Ziel ist, möglichst objektive Meßlatten zu finden, die übertragbar sind, rasch zu erfassen und leicht zu ermitteln sind. Geeignet sind alle quantifizierbaren Kriterien, häufig ermittelt mit Hilfe von $\Rightarrow$ CTI oder $\Rightarrow$ CAS. Gängig werden angewandt z.B.:

☐ inbound: Wartezeiten, Kundenzufriedenheit, Artikel je Bestellung ...

☐ outbound: Umwandlungsquoten, Stornoraten, Akzeptanzwerte ...

☐ Verkauf: DM Umsatz je Auftrag, Wiederkaufrate, Kosten zu Umsatz ...

Benchmarkinguntersuchungen gibt es von Hochschulen, Unternehmensberatungen und den Unternehmen selbst. Interne Benchmarks sind z.B. Rennlisten.

Break-even-Point

Von diesem Punkt an macht eine Aktion auch betriebswirtschaftlich „Spaß": Die Gewinnschwelle ist erreicht. Definiert wird der BeP individuell unterschiedlich, immer bezogen auf das Verhältnis Kosten zu Ertrag, z.B.:

☐ Verkaufspreis netto (also exkl. MwSt.) ./. Einstandspreis netto (evtl. ./. anteilige Gemeinkosten) = Deckungsbeitrag je Verkauf in DM

☐ Gesamtkosten (direkt zuzurechnen) der Aktion per Telefon (*): Deckungsbeitrag je Verkauf = mindestens zu erzielende Verkäufe in Stück (oder: Kosten in %, wenn unterschiedliche Umsätze je nach Auftragsart)

☐ *) je nach Kalkulation z.B. Personal, Gebühren, Geräte, Unterlagen ...

Beispiel: 1.000 netto – 500 = 500 je Vertrag

Planungs-BeP: 10.000 Aktionskosten : 500 = 20 Aufträge erforderlich

500 Nettokontakte : 20 Aufträge = 1: 25 (oder 4% Umwandlung), Kosten 50%

Ergebnis-IST: 12.000 Kosten, 30 Aufträge, 1:17 (6%), aus 30 x 500 Deckungsbeitrag = 15.000 ./. 12.000 Kosten, also 3.000 Gewinn, Kosten 40%

Briefing

Geraffte Beschreibung von Aktionsziel(en) und dem Weg dorthin (Prozeß), kommt ursprünglich aus der Sprache der Werbeagenturen, wird allgemein auch auf Telefonaktionen angewandt. Inhalt sollte mindestens sein:

- ☐ Ziel(e), z.B. Ermitteln von Gesprächspartnern, Verkauf von XYZ, Termin ... (erwartete Umwandlung)
- ☐ Zielgruppe(n), z.B. Unternehmen der Branche(n) ABC, Größe oder Privat/Beruf...
- ☐ Alleinstellungsmerkmale des Produkts
- ☐ konkrete Nutzenvorteile (am besten drei), z.B. Paketpreis, inkl. Aufbau, nur per Telefon erhältlich
- ☐ Begründung/Beweis, z.B. Testimonials aus Presse oder Öffentlichkeit
- ☐ Zeit: Start, Dauer
- ☐ Umfang: Wie viele Kontakte ...
- ☐ Konditionen: pro Kontakt, Stunde, Provision in % ..., Fremdkosten
- ☐ Berichtswesen, Zwischenschritte, Kontaktschnittstellen zwischen den Beteiligten

Zur Absicherung gibt es gelegentlich ein Re-Briefing: Der ausführende Partner gibt eine Beschreibung in eigenen Worten (mündlich, besser schriftlich), wie er das B. verstanden hat und umsetzen möchte.

Das B. sollte Bestandteil eines Vertrages sein, bei Zusammenarbeit von Dienstleister und Auftraggeber. Es ist inzwischen auch firmenintern durchaus üblich (Inhouse-Call-Center z.B.).

Business-Kunden

In „Business-to-business"-Aktionen werden Partner outbound in Unternehmen angerufen (im Unterschied zu Privatkunden). Neben der Betreuung eigener Kunden ist auch Neukundenakquise üblich – sie unterliegt deutlich weniger rechtlichen Einschränkungen als der Kontakt zu Privatkunden. Die Gründe, telefonisch Kontakt aufzunehmen, sind vielfältig – z.B.:

- ☐ Recherche/Marktforschung/Qualifizieren (für Planung, Personal, Zielgruppen verdichten ...)
- ☐ Terminieren/Einladen (Besuch, Messevor- und -nachbereitung)
- ☐ Verkäufe jeder Art

Je nach Branche und/oder Funktion/Position des Gesprächspartners sind Zeiten der Erreichbarkeit (Abwesenheit? Meetings?...) und/oder Schwellenpartner (Zentrale, Assistent, Sekretärin ...) zu beachten.

Natürlich reagieren auch Business-Kunden ⇨ inbound und bieten interessante Ansätze für ⇨ Cross-Selling und ⇨ Upgrading.

⇨ ABC-Analyse, ⇨ Tele-Marketing

C

C-Kunden

(siehe ABC-Analyse)

Call Center

Unternehmenseinheit, die ausschließlich für telefonische Kontakte zuständig ist. Als eigenständiges Unternehmen = Dienstleister im Auftrag anderer (bis hin zur „externen Vertriebsabteilung"), als ⇨ Profit Center oder als Abteilung/Gruppe innerhalb eines Unternehmens. Meist räumlich klar getrennt, mit besonderer Arbeitsplatzgestaltung für die ⇨ Agenten (Telefonarbeitsplätze mit PC und Headsets etc.). Teils synonym gebraucht für alle Aktivitäten rund ums ⇨ Tele-Marketing, größenunabhängig (z.B. 5-Mann-Team innerhalb Vertriebsabteilung genauso wie Dienstleister mit 700 Plätzen und 3.000 Agenten). Gilt um die Jahrtausendwende als die Boom-Branche mit rund 100.000 Arbeitsplätzen 1999, weiter stark wachsend (in Deutschland und Europa). ⇨ Inbound vor allem als Service-Initiative, ⇨ outbound ergänzend und alternativ zu Außendienst und schriftlichen Verkaufskontakten: zeit- und kostensparend.

Call – Mail – Call

Gezielter, systematischer Einsatz schriftlicher Informationen erst nach vorherigem telefonischem Kontakt, mit vereinbartem Wiederanruf (statt abwarten, ob Partner reagiert). Da das Vorabschicken von Unterlagen rechtlich nichts an der Erlaubnissituation ändert, zugleich bekannt ist, daß nur etwa 10 % unaufgefordert verschickter ⇨ Direct Mails überhaupt wahrgenommen werden (privat weniger, ⇨ Business mehr), ist der Einsatz erst im zweiten Schritt absolut sinnvoll – und dann individualisiert und personalisiert. Spezialform: ⇨ Auftragsbestätigung, etwa vorm ⇨ Revisionieren von Terminen.

⇨ Mail – Call

Call-me-Button

Eine der modernsten von diversen Formen des Direktkontakts aus Internet-Präsentationen heraus. Hier wird der Partner sofort zurückgerufen, wenn er klickt und den Kontakt bekannt gibt. Andere Versionen erlauben eine Sofortverbindung über Internet-Telefonie (falls Software vorhanden!). Weitere Entwicklungen sind auf diesem Gebiet zu erwarten.

CAS (Computer Aided Selling)

Gruppenbegriff für Datenverarbeitungsprogramme, die vertriebsunterstützend eingesetzt werden. Themen sind:

☐ Selektion und Qualifizierung von Adressen per EDV (⇨ ABC-Analyse, veredeln)

☐ Auswerten und Bewerten von Aktionen

☐ Follow-up (Briefe, Wiedervorlagen, evtl. mit Direktanwahl)

Die Übergänge zu ⇨ CTI usw. sind fließend. Diverse Software speziell für den Telefonverkauf ist im Handel erhältlich und wird regelmäßig in der Fachpresse besprochen. Meist Demo-Versionen übers Internet.

Cost per... Order/Interest

Controlling-Werte u. a. für ⇨ Tele-Marketing-Aktionen (auch für Direktmarketing allgemein). Es werden die Kosten je Erfolg ermittelt, so daß Aktionen vergleichbar werden – z.B. je

☐ Zielgruppe (wenn diverse im Kontakt)

☐ Vertriebsweg (Tele-Marketing und Außendienst etc.)

☐ Werbeaktivitäten (für Inbound)

Einzurechnen sind immer die direkt zuordenbaren Kosten im Verhältnis zum erwirtschafteten Deckungsbeitrag (z.B. Verkaufspreis ./. Einstandspreis). Dabei ist konkret

☐ CPI = Cost Per Interest (etwa Qualifizierung mit Ansprechpartner etc.)

☐ CPO = Cost Per Order (pro erzielten Auftrag)

⇨ Benchmark(ing), ⇨ Break-even-Point

Cross-Selling

„Querverkaufen" durch Herausfinden, welches thematisch naheliegende Angebot für den Gesprächspartner (auch) in Frage kommt. Rechtliche Einschränkungen vor allem im privaten Bereich (⇨ outbound). Jederzeit ⇨ inbound möglich, also eine wichtige Chance bei telefonischer Bestellannahme oder auch Service-Aktionen. Ziel ist, Zusatz- und/oder Alternativkäufe zu erreichen. Typisch: Versicherung, Medien, Textilien, etwa:

- ☐ Accessoire zum Kleid (Handtasche, Schmuck ...)
- ☐ CD-ROM statt des (vergriffenen) Buches
- ☐ Rechtschutzversicherung zur (Betriebs-)Haftpflicht

⇨ Upgrading

CTI (Computer Telefonie Integration)

Verbindungssystem von Nebenstellen-(Telefonkommunikations-)Anlage und Computer, Hard- und Software. Ziel ist die Steuerung der Telefonanlage per Computer aufgrund von Informationen, die über die Telefonanlage kommen. Beinhaltet i.d.R. auch alle Funktionen von ⇨ ACD, inzwischen starke Tendenz zur Vollintegration (CT), in ein und derselben Anlage verschmolzen (Hard- und Software), siehe auch Internet-Telefonie als Trivialbeispiel.

D

Direct Mail

Adressierte Briefwerbung an (mehr oder weniger) bekannte Zielpersonen/Unternehmen, neben nichtadressierten Werbesendungen (an Haushalte, Firmen, Postfächer), Beilagen in Printmedien (Zeitungen, Zeitschriften – auch Couponanzeigen) und anderen Formen der Direkt-(Response-)Werbung (etwa DRTV = Fernsehspots mit Aufforderung, sofort anzurufen). D. dient z.B. der Interessentengewinnung für (erlaubte) Telefonkontakte. Als Massenwerbung besonders günstige Tarife der Post AG, nach und nach von privaten Anbietern möglich (Aufweichen des Postmonopols), etwa Infopost, Infobrief (besondere Voraussetzungen beachten, siehe Format, Sortierung – aktuell anfragen). Neben freien Beratern und Werbeagenturen bieten auch die Direktmarketing-Center der Post in vielen größeren Städten Unterstützung.

⇨ Call – Mail – Call, ⇨ Mail – Call

E

Einverständnis

Für einen ⇨ Outbound-Telefonkontakt: Wird durch die Rechtsprechung immer wieder/weiter eingeschränkt aufgrund Vorgaben aus dem UWG (Gesetz gegen den unlauteren Wettbewerb) und andere Rechtsnormen (Privatsphäre usw.). Es werden Ausnahmen positiv definiert, unter denen aktives ⇨ Tele-Marketing möglich ist:

- ☐ Einverständnis ist ausdrücklich gegeben („Ja, rufen Sie mich an ...")
- ☐ Kundenbeziehung ist vorhanden
- ☐ Einverständnis kann stillschweigend vorausgesetzt werden (Konkludenz)

Dies wird etwa dann unterstellt, wenn bei ⇨ Business-Kontakten der Anbieter den Geschäftszweck des Angerufenen anspricht (Kopierpapier an Büromaterial-Händler z.B.). Privat: Kunde hat Telefonnummer genannt in Verbindung mit einer Formulierung wie z.B. „für evtl. Rückfragen" oder „für weitere Infos". Gleiche Voraussetzungen gelten fürs Anbahnen von Zusatzgeschäften (⇨ Cross-Selling, ⇨ Upgrading). Bei bestehenden Kontakten empfiehlt es sich, die Erlaubnis für (weitere) Aktivanrufe einzuholen, etwa in diesen Situationen:

- ☐ ⇨ inbound: Kunde ruft selbst an
- ☐ Betreuungsanruf durch Agent (für lfd. Vertrag = erlaubt)
- ☐ Befragung per Telefon (zum ausschließlichen Zweck der Marktforschung, Vorsicht vor Vermischung!)

Es gibt kein ausgesprochenes Gesetz zum Telefon-Marketing – es empfiehlt sich, die aktuelle Rechtsprechung zu verfolgen.

Einwandbehandlung

Fürs Telefon gelten ähnliche Erfahrungen wie für Kommunikation generell. Die besondere Situation des Telefonierens erfordert allerdings eine Portion mehr „Fingerspitzengefühl" als sonst, denn:

- ☐ ... der Gesprächspartner kann jederzeit auflegen, wenn es ihm „zuviel" wird
- ☐ ... dem ⇨ Agenten steht nur einer der fünf Sinne zur Verfügung (⇨ auditiv)
- ☐ ... scheinbar klare Absprachen werden als „unverbindlich" empfunden, und der Gesprächspartner sagt einfach „Ja, ja", um der weiteren E. zu entgehen. So ist speziell für Telefonkontakte zu empfehlen:
- ☐ Jeder Einwand muß beantwortet werden (darf also nicht einfach „überhört" werden).
- ☐ Zunächst Gesprächspartner bestätigen („Aah, Sie meinen also ...")
- ☐ Vor dem Sachargument kommt die Beziehung („Ja, das könnte ich in Ihrer Situation vielleicht auch so empfinden. Wenn nun ...?!")

Für den Agenten ist wichtig, sich positiv auf Einwände einzustellen:

- Chance, Hemmnisse rechtzeitig auszuräumen (nach dem Telefonat ist die weg!)
- Einwände sind Interessenssignale (statt „nein danke – kein Interesse")
- Agent hat die Möglichkeit, konkret zu werden (statt alle Argumente ins Blaue loszuwerden)

In diesem Sinne sind Einwände also schlicht Fragen in anderer Formulierung ...

F

Follow-up

Sammelbegriff für alles, was folgt – nach dem Telefonkontakt: Gesprächsbestätigung, Unterlagen vor dem Wiederanruf, Begleitmaterial zur vereinbarten Lieferung. Intern die Information an andere Beteiligte (etwa bei Reklamationen), Wiedervorlagesysteme. Meist ist das F. Bestandteil der Telefonaktion und als solches vom ⇨ Agenten oder einem anderen Mitarbeiter des ⇨ Call Centers auszuführen bzw. mit moderner ⇨ CAS-Software automatisiert zu erledigen. Die besonders persönliche Form des Telefonkontakts sollte sich in personalisierten und individualisierten Begleitunterlagen widerspiegeln.

⇨ Auftragsbestätigung, ⇨ Call – Mail – Call, ⇨ Fulfillment

Front-office

Jene Crew von ⇨ Agenten im ⇨ Call Center, die eingehende Anrufe entgegennimmt und zu über 90 % (oder fast 100) auch direkt betreut (Hotline, Service, Bestellung, Reklamation …). Dies ist möglich bei Routinefragen, die die Masse der Anrufe ausmachen und auf die jene Agenten vorbereitet sind. Spezifische, seltene und komplizierte Vorgänge werden i. a. an ein ⇨ Back-office weitergeleitet, dessen Agenten entsprechend geschult sind und/oder auf vertiefende Unterlagen zugreifen können.

Fulfillment

Das körperliche Ausführen von Aufträgen, die (z.B.) per ⇨ Tele-Marketing vereinbart werden: Erstellen von Vorgängen sowie Papieren für Fakturierung (Rechnungsstellung …) und Lieferung, Einbinden von Buchhaltung, Lagerhaltung, Konfektionierung und Versand. Es empfiehlt sich, Telefonaufträge schriftlich zu bestätigen und der Lieferung spezielle Unterlagen beizufügen.

⇨ Auftragsbestätigung, ⇨ Follow-up

H

Hard-Selling

In positiver Definition: zielgerichtetes Verkaufen, primär ⇨ outbound. Voller Überzeugung, Begeisterung und Kompetenz (!) führt der ⇨ Agent das Telefonat auf den Kaufentscheid zu. H. wird häufig zur Abgrenzung innerhalb des ⇨ Tele-Marketing als Synonym für Telefonverkauf (gegenüber Qualifizieren, Vorverkaufen, Marktforschung, Terminieren …) herangezogen. Hartnäckig und mit Biss dranbleiben – das zeichnet den H.-Kommunikator aus, der gelegentlich allerdings auch Suggestivfragen einsetzt, um rascher zum Ziel zu kommen („Sie sind doch bestimmt auch der Überzeugung, daß Sie …!!"). Dafür nimmt im H. der Agent eher ein „Nein" in Kauf, statt zu (!) lange um das „Ja" zu kämpfen. Vor allem Finanzdienstleistern wird der Hang zum H. nachgesagt (siehe schwarze Schafe Diamantenverkäufer). H. entspricht mehr Männerkommunikation, während Frauen eher mit ⇨ Soft-Selling Erfolg suchen und haben.

Headset

Leichthörgarnitur mit einem oder zwei Ohrhörern und einem (Kehlkopf-)Mikrofon, Standardausstattung eines modernen Telefonarbeitsplatzes. Die Vorteile gegenüber den üblichen Hörern sind:

☐ Beide Hände bleiben frei (Gestik, Notizen, Bedienen PC …).
☐ Störende Nebengeräusche werden ausgefiltert (für ⇨ Agent und für Gesprächspartner).

☐ Körperliche Schäden für Agent werden vermieden (Sitzhaltung, Hörer einklemmen …).

Mit der stetig wachsenden Zahl potentieller Anwender steigt auch die Angebotsvielfalt. Bei weiter verbesserter technischer Ausstattung fallen zugleich die Preise. Zu achten ist auf Kompatibilität mit vorhandenen Geräten (Telefon, PC) sowie auf sinnvolle Sonderausstattung (Links-/Rechtsohr, Brillenträger …). Inzwischen sind bereits schnurlose H. mit Mini-Tatstatur (Funkimpuls) im Handel.

I

Incentive

Vielseitig angewandter Sammelbegriff für Gratisgaben jeder Art („Kleine Geschenke erhalten die Freundschaft"!), klassisch: Zusatz-Sachgabe für verdiente Mitarbeiter („Agent des Monats" ⇨ inbound, „Verkäufer des Jahres" ⇨ outbound), etwa als Preis bei Wettbewerben. Im Kundenkreis ähnlich, z.B. als Gewinn bei Preisausschreiben (oder bei Händlerwettbewerb). Beliebt sind Reisen. Weitestgehend synonym werden diese Begriffe verwendet:

☐ Dankeschön-Geschenk – meist unangekündigt, überraschend – etwa zur ⇨ Auftragsbestätigung dazu (Mehrwert bieten)
☐ Giveaway – meist angekündigt, etwa ein Trostpreis oder das Extra zur Ware bei Lieferung
☐ Early Bird – „der frühe Vogel fängt den Wurm" = Extra, wenn ⇨ Response innerhalb vorgegebener Zeit erfolgt (z.B. 10 Tage)

Rechtliche Vorgaben sind zu beachten, so z.B.

☐ Preisausschreiben: muß klar getrennt sein von Bestellvorgang (sonst „psychologischer Kaufzwang")
☐ Zugabeverordnung: nur Geringwertiges (im Verhältnis zum Angebot) ist erlaubt (sonst unerlaubter Rabatt)
☐ Steuern: bei Mitarbeitern als Sachleistung, ggf. pauschal vom Arbeitgeber. 75-DM-Grenze für Geschenke beachten!

Inbound

Entgegennehmen von Anrufen, die nach innen kommen, die klassische ⇨ Call-Center-Aufgabe, ein weites Feld:

☐ Bestellannahme (inkl. Vertrösten, ⇨ Cross-Selling, ⇨ Upgrading, Qualifizierung …)
☐ Kunden-Service (Reklamationsmanagement, Service-Hotline, Redaktionssprechstunde …)
☐ Mehrwertdienste (800er, 900er Nummern …)

Stark beeinflußt wurde die Call-Center-Entwicklung u.a. durch das DRTV (Fernsehspots mit Aufforderung zur telefonischen Reaktion „Rufen Sie jetzt an …"): Hier sind innerhalb kurzer Zeit nach Ausstrahlen eines Spots extrem viele Anrufe zu bewältigen. Versender erhalten heute z.T. über 90% ihrer Bestellungen per Telefon (Beispiel: Weltbild am 1. Tag nach Versenden des neuen Katalogs für Medien 11.000 Calls). I. ist durch hochtechnisierte Soft- und Hardwareausstattung per ISDN stark automatisiert, die Warteschleifen vermeiden helfen (sollen). ⇨ Agent im I. benötigt wenig Produktkenntnisse (i.a.). Starke Monotonie (viel Routine mit wenig Abwechslung) bedingt hohe Fluktuation (auch Krankheitsquote). Weiter wachsender Mitarbeiterbedarf bei nach wie vor mangelnder Ausbildung (vor allem der kommunikativen Fähigkeiten) bringt Marktenge. Keine rechtlichen Einschränkungen – am besten „bei Anruf" Einverständnis für aktive Anrufe erfragen (⇨ outbound).

⇨ ACD, ⇨ CTI

Inhouse

Steht für Leistungen (z.B. per Telefon), die im Anbieterunternehmen selbst geschehen (im Gegensatz zu externer, outgesourcter Dienstleistung). I.-⇨ Call Center sind Abteilungen oder ⇨ Profit Center, die stark in die Organisation eingebunden werden/bleiben (z.B. Auftragsbearbeitung, Vertrieb).

IVR (Interactive Voice Response)

Aufnahme- und Antwortersysteme, vom klassischen Anrufbeantworter über die Voice Box (im PC) hin zu umfassender Software, die etwa Anrufer computergesteuert durch eine Frage-Antwort-Abfolge leitet (evtl. völlig ohne direkte menschliche Beteiligung). Kann beim Anrufer zu ⇨ Reaktanz führen: Wer zum Telefon greift, sucht u.a. persönlichen Kontakt statt Computer. Und Schnelligkeit: Zeiten in Warteschleifen mit Ansagen und/oder Hinhaltemusik kosten den Anrufer zudem Geld, das er als unnötig ausgegeben erachtet.

K

Kinästhetisch

Repräsentiert jenen Sinnestyp, der Eindrücke vor allem mit dem Tastsinn verarbeitet, also z.B. Temperatur-, Gewicht- und Druckempfinden. Er fühlt sich am Telefon vor allem dann angesprochen, wenn der ⇨ Agent Wortschatz aus diesem Bereich verwendet, also

☐ Eigenschaften wie kalt/warm, schwer/leicht, handlich ...

☐ Namensbegriffe wie Griff, Werkzeug, Gewicht, Hitze ...

☐ Tätigkeiten wie zupacken, zur Hand haben, begreifen, heben ...

Hilfreich kann sein, dem Gesprächspartner parallel etwas per Post zukommen zu lassen, das ihm ein haptisches Erleben ermöglicht (Muster, Unterlagen ...). Der Agent sollte ihn dazu auffordern, während des Telefonats etwas zu tun (mitschreiben, in den PC eingeben ...), das macht es dem kinästetischen Typ leichter begreifbar ...

⇨ Auditiv, ⇨ NLP, ⇨ Visuell

Konkludenz

(s. Einverständnis)

Kontrollfrage

„Habe ich Sie so richtig verstanden ...?!" lautet eine der möglichen Formulierungen, Besprochenes *abzusichern*. Diese Art der Fragestellung dient auch dazu, die *Führung im Gespräch* beim ⇨ Agenten zu belassen und zugleich den *Dialog* zu fördern (Gesprächspartner antwortet „Ja" oder „Nein" auf diese schließende Frage). Sinnvoll häufig ins Gespräch eingebaut (ohne penetrant zu werden!), kennzeichnet die K. den guten Kommunikator, als Bestandteil des *aktiven Zuhörens*: Signal an den Gesprächspartner, seine Aussage gehört zu haben, und Resonanz im Sinne des „kontrol-

lierten Dialogs", sinnvoll in allen Gesprächsphasen:

- ☐ Anfang: „Es ist doch richtig, Sie sind zuständig für ...?!"
- ☐ Verhandlung: „Habe ich Sie so richtig verstanden ...?!"
- ☐ Abschluß: „Dann sind Sie also einverstanden, wenn wir das machen wie vereinbart: ...?!"

Diese Version ist die „Zusammenfassung", ansonsten schlicht Wiederholung (in gleichen oder ähnlichen Worten). Jede Art von Telefonaktion nutzt die K.:

- ☐ ⇨ Inbound: Bestellung korrekt aufgenommen? Reklamationsklärung so o.k.? Problem erkannt?
- ☐ ⇨ Outbound: Kaufwunsch richtig aufgenommen? Termin gemeinsam vereinbart?

Die Sonderform der Suggestivfrage ist mit Vorsicht einzusetzen, da auf ein „Sie sind doch sicher auch der Meinung, daß ...!!" verspätet ⇨ Reaktanz erfolgen kann.

⇨ Hard-Selling, ⇨ Rhetorische Frage

L

Least Cost Routing

Automatischer Vorgang beim ⇨ Outbound, den jeweils im Anrufmoment günstigsten Telefontarif zu nutzen (Deutsche Telekom vs. privatem Provider, Call-by-Call), mit Hilfe von Software (und evtl. auch Hardware), die regelmäßig aktualisiert wird. Die jeweilige Vorwahl wird automatisch angewählt, normalerweise vergehen nur Sekundenbruchteile für den Check im Gerät. Je nach Vorgabe wird bei „besetzt" (infolge Überlastung) die Anwahl wiederholt, bis der ⇨ Agent manuell eingreift, oder es wird der nächstgünstigere Anbieter genutzt. – Dieses Umleitungs-/Weiterleitungssystem ist auch denkbar für Zuordnen von ⇨ Inbound-Anrufen (etwa regional), wenn verschiedene Stellen/Niederlassungen /⇨ Agenten über ISDN zusammengeschaltet (routed) werden. – Auch manuell möglich (aufgrund vorliegender Infos auf Papier/aus PC) mit Anwahl der Vorwahl, evtl. als Kurzwahl in der ⇨ PBX gespeichert.

Leitfaden

Allgemeinster Begriff für die Vorgabe des Gesprächsablaufs am Telefon, primär ⇨ outbound. Je nach Aufgabe und Erfahrung des ⇨ Agenten wird der L. mehr oder weniger strikt ausformuliert (Skript), auch die Phase der Telefonaktion spielt eine Rolle (neu: Testlauf voll formuliert, später angepaßt, schließlich auf Schlüsselsätze reduziert). Ein „roter Faden" hilft, den Gesprächsweg zu verfolgen, ohne zu monotonem Ablesen oder Auswendiglernen zu verführen. Schlüsselformulierungen helfen als Art Checkliste, alle Vorgaben zu beachten (etwa Preise zu nennen etc.). Inzwischen gibt es auch Software mit Strukturbäumen, die eigenen Input ermöglichen, z.B. auf CD-ROM.

Listbroker

Vermittler von Adressendatenbanken und häufig auch den damit verbundenen EDV-Dienstleistungen (etwa zum Veredeln von Adressen, z.B. durch Zuspielen von aktuellen Telefonnummern etc.). Wichtig für jeden, der neue Kontakte fürs ⇨ Tele-Marketing sucht:

- ☐ ⇨ Inbound: ⇨ Response für Interessenten aufgrund von ⇨ Direct Mail

☐ ⇨ Outbound: Neukundengewinnung durch Direktkontakt am Telefon

Einschränkungen im Privatbereich können umgangen werden, wenn der Adressat sein schriftliches ⇨ Einverständnis gegeben hat. Solche Listen kennt ggf. gerade ein L., der sich durch Vermietungs- und Vermittlungsgebühren finanziert.

M

Mail – Call

Telefonischer Nachfaß von schriftlich vorbereiteten Kontakten. Ändert nichts an der Erlaubnissituation (etwa bei Privatleuten). Besteht noch keine Kundenbeziehung, ist die Beachtensquote sehr gering.

⇨ Call – Mail – Call, ⇨ Direct Mail, ⇨ Einverständnis

Mailing (s. Direct Mail)

MLM (Multilevel-Marketing)

Moderne Form des Direktvertriebs mit stark strukturierter Führungshierarchie (meist 5 – 10 Stufen!). Lebt vom „Empfehlungsverhalten" (Mitarbeiter werden aufgefordert, jeden nur denkbaren eigenen Kontakt zu nutzen, von Verwandten über Bekannte und Freude bis hin zu ehemaligen Schulkameraden und Berufskollegen) und davon, daß meist ein Mix aus Kunden- und Mitarbeitergewinnung angeregt wird. Neben Provisionen aus den Verkäufen gibt es Vermittlungsprämien sowie Beteiligungs-Boni aus den Verkäufen der angeworbenen Neuen. Hauptvorteil für die Beteiligten ist das angestrebte intensive Coaching untereinander. ⇨ Tele-Marketing wird hier vor allem ⇨ outbound fürs Terminieren von Besuchen (oder Verkaufspartys) eingesetzt. Gefahr des Abgleitens in Schneeballsysteme (einige wenige verdienen, die Masse hat die Arbeit bzw. muß kaufen), andere Bezeichnung: Network-Marketing. Hohe ⇨ Reaktanz bei Mitarbeitern und Kunden wegen des schlechten Images.

N

Negativ-Option

Form der Kundengewinnung durch Kennenlernen mit nur einer Verpflichtung: rechtzeitig innerhalb einer vorgegebenen Frist abzusagen, also zu kündigen = die Option abzulehnen, statt sie wahrzunehmen. Ansonsten gilt diese durch Stillschweigen als angenommen und wird z.B. zu einem Abonnement (üblich bei Printmedien). Ziel ist, die zunächst hohe Schwelle der Verpflichtung für einen längeren Zeitraum (z.B. 1 Jahr) zu überwinden und den potentiellen Käufer durch die Qualität des Angebots zu überzeugen, etwa durch 1 – 3 Ausgaben einer Zeitschrift. Zusätzlich verstärkt wird dieses Verhalten häufig durch ein ⇨ Incentive und durch kurze Kündigungsfristen nach dem automatischen Anlaufen des Abos (z.B. monatlich oder jederzeit = „open end" – dann zuviel bezahlte Beträge werden zurückerstattet). Sonderform bei Probe-Abo (= mehr als 1 Ausgabe, z.T. auch gegen Schutzgebühr statt gratis) ist z.B. die Kündigung schon nach der 2. (von insgesamt 3) Ausgabe. Bei telefonisch verabredeter N. empfiehlt sich eine schriftliche ⇨ Auftragsbestätigung. Auch der ⇨ Outbound-Anruf mit dem Ziel (einer zunächst kostenlosen) N. bedarf des vorherigen ⇨ Einverständnisses (jedenfalls bei Privatleuten). Zu achten ist auf gelegentliche ⇨ Reaktanz aus Sorge, den Zeitpunkt des Abbestellens zu versäumen. Wobei die Anbieter heutzutage sehr weich auf verspätetes Abbestellen reagieren (= akzeptieren).

⇨ Positiv-Option

NLP

Eines von diversen psychotherapeutischen Modellen, das auch auf die Verkaufskommunikation übertragen wurde. Besonders interessant fürs ⇨ Tele-Marketing durch den darin enthaltenen Sprach- und Sprechaspekt, Wortschatz an den Gesprächspartner angepaßt einzusetzen (⇨ auditiv, ⇨ kinästhetisch, ⇨ visuell). Auch ein Teil des ansonsten körpersprachebezogenen Ansatzes („nonverbal") läßt sich auf die Telefonsituation übertragen („spiegeln" = anpassen, „pacen" = führen). – Andere Modelle wie „Transaktionsanalyse" sind heute eher „out", sie beziehen sich fast ausschließlich auf die Beziehungsebene der Kommunikation (die wichtig ist, erinnere z.B. das „Win-win-Spiel").

O

Outbound

Das aktive Anrufen im ⇨ Tele-Marketing (nach außen), im Gegensatz zum Entgegennehmen (⇨ inbound), als Vertriebsform Mitte der 70er Jahre aus den USA übernommen, mit vielen Facetten:

☐ Verkauf
☐ Marktforschung
☐ Terminieren

Wurde bis vor wenigen Jahren noch strikt zwischen Inbound und O. getrennt, gibt es heute starke Tendenzen zum Übergang (z.B. durch „swinging agents", die mal dies, dann das telefonieren), viele freie Dienstleister unter den ⇨ Call Centern bieten beides. Im Sinne der Mitarbeiterentwicklung gehen versierte Inbound-⇨ Agenten ins O. über und finden dort mehr Herausforderung, Abwechslung und Aufstiegschancen.

⇨ CAS

P

PBX-Anlage (Private Branche Exchange)

Fachbegriff für Nebenstellenanlage (Deutsche Telekom endet mit „Hauseingang"), zu verknüpfen über ⇨ ACD oder ⇨ CTI mit EDV. Hat evtl. Konsequenzen bezüglich Kompatibilität oder Einsatz von Providern.

Positiv-Option

Verlangt eine Zusage des Kunden, die zu einem Vertrag führt (z.B. Abonnement), im Gegensatz zur ⇨ Negativ-Option (Vertrag entsteht durch Stillschweigen). Z.B. erhält der Gesprächspartner aufgrund telefonischer Absprache ein Probe-Exemplar, aufgrund dessen er entscheidet. Erfordert z.B. ein ⇨ Call-Mail-

Call-System = durch den ersten Anruf wird das Kennenlernen akquiriert, nach dem Erhalt folgt ein weiterer Anruf, um das „Ja" für ein zu bezahlendes Abo zu erreichen.

Power-Dialer (Predictive-, Preview-)

Hilfsprogramm zur Erleichterung der Administration des Telefonierens: Wahlwiederholung, automatische Wiederanwahl, Wiedervorlagen, Zuordnung zu ⇨ Agenten, meist in ⇨ ACD oder ⇨ CTI enthalten – oder teilweise mit ⇨ CAS zu schaffen. Über Popup-Menüs häufig Informationen zum Gesprächspartner, die helfen, sich individuell auf den Anrufer (resp. den Angerufenen) einzustellen. – Andere Begriffe in diesem Zusammenhang sind „preview dialing" (nähere Infos zum nächst Angewählten) und „predictive dialing" (Vorgaben mit Direktkontakt, der erst mit Freizeichen zustande kommt).

Profit Center

Organisationsform firmeninterner Abteilungen etwa fürs ⇨ Tele-Marketing, die mit hoher Eigenständigkeit und Ergebnisverantwortung geführt werden, quasi als „Unternehmen im Unternehmen". Treten häufig auch als Dienstleister für nicht-konkurrierende externe Auftraggeber auf. Ziel ist,

- unternehmerische Führung zu gewährleisten,
- rascheren Rückfluß der Investitionen zu erreichen,
- stärkeren Mitbewerb (intern Vertriebsweg, extern) zu schaffen.

Aus P. entstehen evtl. eigenständige Unternehmen (Outsourcing).

⇨ Call Center, ⇨ Inbound, ⇨ Outbound

Q

Qualifizierung

Optimieren vorhandener Kontaktdaten durch telefonische Befragung (⇨ outbound), um Verkaufsaktionen vorzubereiten und mit geringerem (oder dem gleichen) Aufwand zu besseren Ergebnissen zu kommen. Gängige Aufgaben der Q. sind:

- Ansprechpartner zu ermitteln (in Unternehmen, für bestimmte Zuständigkeiten, mit Nebenstelle usw.)
- Zusatzmerkmale zu erfragen (Geburtsdatum, Mitarbeiterzahl, Fax, E-Mail ...)
- Angebote vorzuchecken (Gerät „X" in Nutzung? Wie alt? Wann neu geplant?)

Q. dient auch dazu, optimierte Datenbanken zu verkaufen oder Marktforschungsergebnisse zu erzielen. Meist kommt ein sehr strikt formulierter ⇨ Leitfaden zur Anwendung, wenig Schulung ist für ⇨ Agenten erforderlich.

⇨ Tandem

R

Reaktanz

Ablehnungsverhalten von Verbrauchern als Wirtschaftssubjekte in privater Haushalts- oder auch beruflicher Anwender- bzw. Entscheidersituation. Entsteht am Telefon gelegentlich durch das Kommunikationsverhalten des ⇨ Agenten, etwa wenn die aktuelle Umfeldsituation des Gesprächspartners außer acht gelassen wird. Typische R. auch bei ⇨ Negativ-Option, Suggestivfragen oder ⇨ Outbound-Calls ohne ⇨ Einverständnis. Abhilfe schafft vor allem sensibles und situativ angewandtes ⇨ Soft-Selling (und entsprechende ⇨ Einwandbehandlung). R. äußert sich manchmal erst nach dem Telefonat, etwa als Kaufreue, und führt dann u.U. zum ⇨ Widerruf.

Re-Briefing (siehe Briefing)

Remote Monitoring

Aufzeichnen (auch Mithören) von Gesprächen am Telefon zu Schulungs- und Controllingzwecken, muß dem ⇨ Agenten bekannt sein und ist auch dann nur einseitig erlaubt (es sei denn, der Anrufer/Angerufene hat ebenfalls die Erlaubnis gegeben). Wo ⇨ IVR vorhanden ist, leicht möglich, meist schon über ISDN. Wichtiges Coachinginstrument.

Response

Durch werblichen Anstoß bewirkte Reaktion auf einen Privat- oder ⇨ Business-Kontakt, z.B. auf ⇨ Direct Mail oder auf Fersehspots (DRTV = direct respons[e] television). Neben direkter Bestellung (⇨ Inbound) auch Interessentengewinnung mit dem Ziel, aktiv anrufen zu dürfen (⇨ Outbound). Dafür sind strikte rechtliche Vorgaben zu beachten (⇨ Einverständnis). R.-Werbung rückt als Begriff (neben Dialog-Marketing) mehr und mehr an die Stelle der klassischen „Direktwerbung" (oder „Direkt-Marketing").

Revisionieren

Mündliche Vereinbarungen per Telefon sollten schriftlich festgehalten werden (⇨ Auftragsbestätigung) und/oder durch einen weiteren Anruf bestätigt. Das kann für Aufträge gelten, vor allem für Besuchstermine:

☐ Vermeiden von Mißverständnissen (und Fehlbesuchen, weil Gesprächspartner gar nicht anwesend)
☐ Vorstellen des Besuchers (wenn Termin mit ⇨ Tandem-Partner vereinbart)
☐ Vorbereiten des Gesprächs/der Präsentation (Details, Neugier ...)

RFMR

Mathematisch-statistisches Verfahren zur Kundenbewertung. Die Abkürzung steht für

- Recency = Datum letzter Kauf (also wieviel Zeit vergangen ist, z.B. „12", wenn 1 Jahr)
- Frequency = Kaufhäufigkeit (z.B. „x4", wenn 4x innerhalb gegebener Zeit gekauft wurde)
- Monetary Ratio = Umsatz (im Zeitraum „X", z.B. DM 100.000 in 5 Jahren)

Je nach Definition entsteht so z.B. ein Wert (4x100/12 = 33 gegenüber 1x10/4 = 2,5), der in ein ⇨ Scoring eingehen kann. Im nächsten Schritt werden Grenzwerte definiert und jeder Kunde einer Kategorie zugeteilt (A, B, C). Als Konsequenz entstehen sinnvolle Maßnahmen (z.B. ⇨ Telefon-Marketing statt Besuch). Auch Adressen über ⇨ Listbroker werden entsprechend bewertet. So kostet „Hotline" (Mehrfachkäufer des letzten Jahres mit Umsatz über DM „X") z.B. den doppelten Mietpreis gegenüber der Interessenten- oder Altkundenadresse des gleichen Anbieters.

Rhetorische Frage

Durch Einsatz veränderter Syntax (= grammatikalischer Satzbau) entsteht der Eindruck einer Dialog-Abfolge in der telefonischen Verhandlung: Formuliert wird eine Frage anstelle einer Aussage, die Antwort gibt der ⇨ Agent unmittelbar selbst. Diese Form ist kommunikativer als eine Suggestivfrage und ist eine interessante Alternative zur ⇨ Kontrollfrage. Beispiel: „Was meinen Sie, was hat mir ein Kunde letzte Woche dazu gesagt? Nun, er war der Meinung, daß ...!"

⇨ Alternativfrage, ⇨ Soft-Selling

Router, Routing (s. Least Cost Routing)

Rückgaberecht (s. Widerrufsrecht)

S

Scoring

Punktezuordnung z.B. in der ⇨ ABC-Analyse als Form der Kundenbewertung. Durch EDV-Software automatisch erfolgende Fortschreibung aufgrund des Kaufverhaltens eines Kunden, etwa als Vertiefung zu ⇨ RFMR. Zusätzlich einfließende Werte können z.B. sein: Zahlungsverhalten (Mahnungen?), Reklamations- und Rücksendeverhalten („Remissionen"), Empfehlung neuer Kunden, Kauf aus anderen Sortimenten ... S. ist nur mit modernen Programmen sinnvoll zu bewältigen (etwa ⇨ CAS). Für aktives ⇨ Tele-Marketing (⇨ Outbound) kommen vor allem Kunden mit mittleren S.-Werten in Frage.

Service-Grad, -Level

Meßlatten und Orientierungspunkte fürs ⇨ Benchmarking speziell im ⇨ Inbound-⇨ Tele-Marketing. Verschiedene Vorgehen sind üblich:

☐ Messung direkt per Software (⇨ ACD, ⇨ CTI, siehe Wartezeiten, Aufleger ...)
☐ Stichprobenrückfragen bei Anrufern per Telefon
☐ Systematische Befragung (Interview, meist schriftlich oder telefonisch)

⇨ Call Center beobachten selbst und lassen beobachten. Kundenzufriedenheit wird global z.B. durch das „Deutsche Kundenbarometer" ermittelt, u.a. für telefonische Kontakte.

Soft-Selling

Sensitiv und situativ flexibel angewandte Kommunikationsform, gerade im Verkauf (⇨ Outbound): Das war die Botschaft zur Jahrtausendwende! Im Gegensatz zum ⇨ Hard-Selling („Männerkommunikation") wird S. primär Frauen zugeschrieben. Dazu gehört „aktives Zuhören":

☐ Signale an den Gesprächspartner geben
☐ Spiegeln (z.B. durch Wiederholen bzw. Anpassen des Wortschatzes)
☐ Beziehung wichtiger als Sache (d.h., Verständnis ausdrücken bringt mehr als „nur argumentieren")

Im ⇨ Tele-Marketing wird S. häufig allen Outbound-Aktivitäten zugeschrieben „außer echtem Verkauf", also z.B. ⇨ Qualifizieren oder ⇨ Terminieren. Manchmal auch synonym für Zusatzverkäufe im ⇨ Inbound (z.B. ⇨ Cross-Selling, ⇨ Upgrading).

Supervisor

Eine Art Führungsposition im ⇨ Call Center, allerdings meist ohne Linienpersonalverantwortung (wie z.B. Team- oder Gruppenleiter, Call-Center-Manager), mehr Coaching- und Trainingsfunktion. Greift ggf. direkt ins Geschehen ein, etwa aufgrund ⇨ Remote Monitoring oder durch Beobachten von Engstellen und Warteschleifen (⇨ Inbound) bzw. Auskunftsnöten (Inbound wie ⇨ Outbound), übernimmt damit teilweise auch ⇨ Back-office-Funktionen. S. ist häufig ein besonders erfahrener ⇨ Agent, dessen Know-how und Persönlichkeit von den anderen Agenten anerkannt ist.

T

Tandem (im Tele-Marketing)

Enge Zusammenarbeit zweier Personen mit unterschiedlicher Aufgabenstellung für identische Ansprechpartner, wobei evtl. nur einer telefonisch tätig ist, z.B.

- ⇨ Terminierer (per Telefon) – Außendienst (persönlich)
- ⇨ Qualifizierer – Verkäufer (beide ⇨ outbound)
- ⇨ Front-office – ⇨ Back-office (beide ⇨ inbound)

Die Arbeit beider muß wechselseitig nachvollziehbar sein, eine gute Vertrauensbasis ist entscheidend für den Erfolg. Gibt es erfolgsbezogene Einkommen(steile), müssen beide profitieren. Ein gut vorbereiteter Termin trägt zum Verkaufserfolg des Außendienstlers bei, nur ein guter Außendienstmitarbeiter setzt Termine in Verkäufe um. Sonderform: Ein ⇨ Agent arbeitet mehreren Partnern zu (kann für alle obigen Beispiele gelten).

Tele-Marketing

Gattungsbegriff für alle Aktivitäten per Telefon, die wirtschaftlichen Charakter haben: Aktive Anrufe (⇨ outbound) und reaktives T. (⇨ inbound), ⇨ Business-Kontakte wie jene zu Privatleuten, firmenintern (⇨ inhouse) wie extern (⇨ Call Center), Verkaufen, Marktforschung, ⇨ Terminieren wie Bestellannahme, Service und Reklamationsmanagement.

Tele-Working, -Worker

Im Sinne des Wortes „Fernarbeit", i.a. als externes Büro von zu Hause aus, mit Online-Anbindung an die Zentrale. Als Modell für freie ⇨ Agenten, je nach Erfordernis zeitweise per ISDN-Routing verbunden und einzubinden (⇨ inbound) oder im Outbound tätig, bei freier Zeiteinteilung. (Beachte besondere Art der Zusammenarbeit, Scheinselbständigkeit usw.!)

Terminieren

Ursprünglich ausschließlich die Vereinbarung von Besuchsterminen des Außendienstes (per Telefon, häufig selbst), wird T. heute viel breiter verstanden, siehe Einladung zu Messen oder zu Firmen-Events. Verkauft wird ausschließlich der Termin, das Angebot ist erst später Thema. In diesem Sinne auch Teil von ⇨ Soft-Selling. ⇨ Revisionieren und ⇨ Auftragsbestätigung sind für Telefon-Termine entscheidend wichtig. Wenn Terminieren ⇨ outbound geschieht, gelten die gleichen rechtlichen Vorgaben wie für Verkaufsgespräche (⇨ Einverständnis).

⇨ Alternativfrage, ⇨ Tandem

U

Upgrading

Die hohe Kunst des Zusatzverkaufs, auch und gerade bei ⇨ Inbound. Gemeint ist, ein Mehr oder einen wertigeren Auftrag zu erreichen, z.B.

☐ 100 Stück statt 72 (dafür frei Haus)
☐ 30 Bände komplett (statt nur 24 A bis Z – dafür Komplettpreis)
☐ Zum Auto die Lederausstattung – zum Paketpreis

Natürlich braucht der Gesprächspartner jeweils einen Grund, mehr abzunehmen (und dafür mehr als geplant zu bezahlen). Entscheidend ist: Hat der Kunde „Ja" gesagt, ist er eher in der Stimmung, gleich mehr zu nehmen, als zu jedem späteren Zeitpunkt.

⇨ Cross-Selling, ⇨ Soft-Selling

V

Vanity-Nummer

Telefonnummer in Form einer Buchstabenkombination, die leichter zu merken ist als eine Nummernfolge – und ggf. auch zum Anbieter paßt, etwa „Telemarketing" zu einem ⇨ Call Center (anstelle der Nummer ...). Naturgemäß nur begrenzt verfügbar, da nur ein Mal zu vergeben – und die Zuordnung Nummer/Buchstabe passen muß. Zuständig für die Vergabe: Regulierungsbehörde (noch in Bonn). Sinnvoll für Massenanrufe.

Visuell

Jener Sinnestyp, der sich vor allem übers Auge orientiert. Er fordert vom ⇨ Agenten am Telefon eine besonders bilderreiche Sprache:

☐ Eigenschaften wie „Farben", hell/dunkel, strahlend, bunt, farbig ...
☐ Namensbegriffe wie Licht, Bild, Einblick, Durchblick ...
☐ Tätigkeiten wie leuchten, zeigen, auszeichnen, sehen ...

Der Einsatz eines Bildtelefons wird diesem Gesprächspartner helfen – und heute bereits Unterlagen per Post oder Darstellungen per Internet. Das Bild des Agenten in den Begleitunterlagen hilft auch ...

W

Widerrufsrecht

Ursprünglich als „Haustürwiderrufsgesetz" zum Schutz des privaten Verbrauchers vor Überredetwerden bei nicht bestellten Außendienstbesuchen: 7 Werktage Bedenkzeit (Ausnahmen bei kleinen Bargeschäften). Inzwischen stark ausgeweitet (siehe Kaffeefahrten, telefonische Terminvereinbarung usw.) – und auch gültig für Telefongeschäfte (⇨ outbound wie ⇨ inbound). Formale Vorgaben sind zu beachten, z.B. schriftliche Belehrung, Kopie beim Kunden, zweite Unterschrift (zwingend bei Sukzessivgeschäften, also Nach-und-nach-Lieferung bzw. Ratenvereinbarungen). Unklar ist, wie weit das Gesetz auch bei Kaufleuten gilt (siehe auch Kaufleute-Definition neu 1998). Im Versand tritt an die Stelle des W. ein Rückgaberecht, das meist freiwillig erweitert wird (10/14 Tage, 4 Wochen, 30 Tage, 6 Wochen ...). Neue Entwicklungen im Europarecht sind zu beachten. Ein generelles Rückgaberecht (siehe Land's End) wurde zuletzt von deutschen Gerichten noch verneint (UWG).

Trends Informationen Erfolgsgeheimnisse

Der „Meister des Werbebriefs" endlich in deutscher Sprache

Sie erhalten Hunderte erfolgreicher Tips, die Sie sofort einsetzen können, sowie unzählige Beispiele von Tops und Flops. Lewis liefert Ihnen alle Tricks für professionelle Werbebriefe.

„Lewis ist einfach der beste Texter unserer Zeit und in diesem Buch öffnet er wirklich seine Trickkiste." Schmid-Brief, Schweiz

„Dies ist das beste Ideenbuch für Direct-Mail-Texter, das ich je gesehen habe."
Jim Kobs, Vorsitzender von Kobs Grogory Passavant, USA

Herschell Gordon Lewis
Werbebriefe mit Power
100 Tips, Regeln und Erfolgsbeispiele
3. Auflage, 321 Seiten
DM 98,–
ISBN 3-478-23833-1

Evert Gummesson
Relationship-Marketing: Von 4P zu 30R
Wie Sie von den 4 Marketingprinzipien zu den 30 Erfolgsbeziehungen kommen
373 Seiten
DM 98,–
ISBN 3-478-24010-7

Das Buch zum Trend-Thema Beziehungsmarketing – ausgezeichnet als „Bestes Marketingbuch"

Sie erhalten konkrete Anleitungen für ein professionelles Beziehungsmarketing: Wie Sie die Beziehungen in Ihrem Unternehmensfeld so gestalten, daß Sie Ihre Kunden zufriedenstellen. Wie Sie Ihre Marketingkosten senken und die Preisakzeptanz im Markt steigern.

„In seinem anschaulichen und vorausschauenden Buch zeigt Evert Gumesson auf, welche Beziehungen das Unternehmen pflegen sollte, um langfristig am Markt agieren zu können. Dieses Buch ist ein absolutes Muß für jeden Manager, der es nicht versäumen will, sich proaktiv mit Fragestellungen des Beziehungs-, Interaktions- und Netzwerkmanagements zu beschäftigen."
Professor Dr. A. Meyer, Ludwigs-Maximilians-Universität München

---

Modernes Marketing auf den Punkt gebracht!

Das Autorenteam des IFAM-Instituts für angewandte Marketing-Wissenschaften BDU liefert Ihnen zum ersten Mal einen kompletten Leitfaden für alle Bereiche des modernen Marketing:

✔ Marketing-Informationen: Konkurrenzanalyse, Marktforschung, Informationsquellen
✔ Produktpolitik: Innovationen, Programmgestaltung, Positionierung
✔ Sales Promotion: Merchandising, Event-Marketing, Product Placement
✔ Strategie und Planung: Budgetierung, Positionierung, Ideenfindungsmethoden
✔ Werbepolitik: Psychologie, Käuferverhalten, Erfolgskontrollen

IFAM Institut für angewandte Marketing-Wissenschaften (Hrsg.)
Die 199 besten Checklisten für Ihr Marketing
650 Seiten
Subskriptionspreis bis zum 31.08.1998: DM 198,-, danach: DM 249,-,
ISBN 3-478-24060-3

Ihr Buchhändler berät Sie gerne.

mi **verlag moderne industrie**

STMARK 200 x 287